高等院校财经专业精品教材

U0674802

INTRODUCTION TO THE WORLD TRADE ORGANIZATION

世界贸易组织(WTO)概论

（第四版）

许立波 编著

东北财经大学出版社
Dongbei University of Finance & Economics Press

大连

图书在版编目（CIP）数据

世界贸易组织（WTO）概论 / 许立波编著. —4 版. —大连：东北
财经大学出版社，2018.8
（高等院校财经专业精品教材）
ISBN 978-7-5654-3285-9

Ⅰ．世…　Ⅱ．许…　Ⅲ．世界贸易组织–概论–高等学校–教材
Ⅳ．F743.1

中国版本图书馆 CIP 数据核字（2018）第 179744 号

东北财经大学出版社出版
（大连市黑石礁尖山街 217 号　邮政编码　116025）
网　　址：http：//www.dufep.cn
读者信箱：dufep@dufe.edu.cn
大连东泰彩印技术开发有限公司印刷　东北财经大学出版社发行
幅面尺寸：170mm×240mm　　字数：386 千字　　印张：18.75
2018 年 8 月第 4 版　　　　　2018 年 8 月第 10 次印刷
责任编辑：时　博　　　　　　　责任校对：贺　欣
封面设计：潘　凯　　　　　　　版式设计：钟福建
定价：38.00 元

教学支持　售后服务　联系电话：（0411）84710309
版权所有　侵权必究　举报电话：（0411）84710523
如有印装质量问题，请联系营销部：（0411）84710711

第四版前言

　　此次修订，正逢国际市场风云变幻、国际贸易异端纷呈、世界多边贸易体制遭遇空前挑战和困境的多事之秋。面对这种复杂局面，作为世界第一贸易大国和WTO的核心成员，中国别无选择，必须挺身而出，坚定地捍卫世界多边贸易体制的权威性和合法性，坚决反对各种形式的贸易保护主义，全力维护和争取自己应有的贸易利益。改革开放40年来，中国的国际地位空前提高，综合国力日益强大。我们有充分的理由期待并坚信，中国必将会有更加优异的表现，取得更加辉煌的成就，为世界多边贸易体制和整个国际社会做出更大的贡献。在此背景下，认真学习、研究和应用WTO的贸易规则就显得尤其迫切和重要。

　　本次修订，力求使全书的结构更加紧凑合理、内容更加丰富实用、资料数据更加新颖翔实、文字表述更加规范统一，并增加了"拓展阅读"栏目，读者可以通过扫描二维码获取相关内容。

　　本书自出版以来，得到了许多院校的采用。在使用过程中，一些教师、学生及专业人士都曾对本书提出过好的建议和要求。此次修订中，他们的真知灼见也得到了较为充分的体现，在此向他们致以真诚的谢意，诚望今后继续不吝赐教！

　　在本书修订过程中，作者借鉴了许多专家、学者和学术界同仁的最新研究成果，受益匪浅，收获颇多，在此一并向他们表示诚挚的感谢！

　　本次修订和出版还得到了东北财经大学出版社的大力支持，出版社的各位领导和编校人员为本书的修订给予了持续的关注并倾注了大量的精力和心血，在此向他们表示衷心的感谢！

　　由于作者水平和能力所限，书中的谬误和遗漏在所难免，恳请广大读者批评指正。

编著者

2018年7月

目录

第一章　世界贸易组织建立概述 ·················· 1

　第一节　世界贸易组织建立的基础 ·················· 1

　第二节　世界贸易组织的建立 ······················ 10

　第三节　世界贸易组织与关贸总协定的关系 ·········· 19

　第四节　世界贸易组织和其他国际组织的关系 ········ 21

　基本概念 ······································· 27

　复习思考题 ····································· 27

第二章　世界贸易组织的宗旨、地位和职能 ········ 29

　第一节　世界贸易组织的宗旨 ···················· 29

　第二节　世界贸易组织的地位 ···················· 32

　第三节　世界贸易组织的职能 ···················· 33

　基本概念 ······································· 36

　复习思考题 ····································· 36

第三章　世界贸易组织的法律体系与组织结构 ······ 37

　第一节　世界贸易组织的法律体系 ················ 37

　第二节　世界贸易组织的组织机构及其职能 ········ 40

　第三节　世界贸易组织成员 ······················ 50

　第四节　世界贸易组织贸易协定与协议 ············ 54

　基本概念 ······································· 60

　复习思考题 ····································· 60

第四章　世界贸易组织的基本原则 ················ 62

　第一节　非歧视待遇原则 ························ 62

第二节　贸易自由化原则 ·· 67

第三节　允许正当保护原则 ·· 69

第四节　公平竞争原则 ··· 70

第五节　特殊和差别待遇原则 ··· 72

第六节　透明度原则 ··· 73

基本概念 ·· 75

复习思考题 ·· 75

第五章　世界贸易组织的运行机制 ·· 77

第一节　世界贸易组织的决策机制 ·· 77

第二节　世界贸易组织的贸易政策审议机制 ··· 80

第三节　世界贸易组织的贸易争端解决机制 ··· 84

第四节　相关案例评析 ··· 104

基本概念 ·· 121

复习思考题 ·· 121

第六章　世界贸易组织货物贸易框架规则——《1994年关税与贸易总协定》 ····· 122

第一节　《1994年关税与贸易总协定》概述 ··· 122

第二节　《1994年关税与贸易总协定》的宗旨和基本原则 ··················· 126

第三节　《1994年关税与贸易总协定》的例外 ······································· 131

第四节　乌拉圭回合关税减让谈判成果 ·· 137

第五节　关税减让谈判 ··· 145

基本概念 ·· 149

复习思考题 ·· 149

第七章　非关税措施协议 ·· 151

第一节　技术性贸易壁垒协议 ··· 151

第二节　实施卫生与植物卫生措施协议 ·· 157

第三节　海关估价协议 ··· 163

第四节　装运前检验协议 ··· 171

第五节　原产地规则协议 ··· 176

第六节　进口许可程序协议 ··· 180

第七节　与贸易有关的投资措施协议 ·· 184

基本概念 ·· 188

复习思考题 ·· 188

第八章　过渡性的贸易协议 ·· 190

第一节　农业协议 ·· 190

第二节　纺织品与服装协议 ··· 195

基本概念 ·· 200

复习思考题 ·· 200

第九章　公平贸易与救济措施协议 ………………………………… 201

　　第一节　反倾销协议 ………………………………………………… 201

　　第二节　补贴与反补贴措施协议 …………………………………… 213

　　第三节　保障措施协议 ……………………………………………… 223

　　基本概念 ……………………………………………………………… 228

　　复习思考题 …………………………………………………………… 228

第十章　世界贸易组织服务贸易框架规则——《服务贸易总协定》 … 230

　　第一节　国际服务贸易概述 ………………………………………… 230

　　第二节　《服务贸易总协定》的产生与基本结构 ………………… 238

　　第三节　《服务贸易总协定》的主要内容 ………………………… 242

　　基本概念 ……………………………………………………………… 248

　　复习思考题 …………………………………………………………… 248

第十一章　世界贸易组织知识产权框架规则——《与贸易有关的知识产权协定》 … 250

　　第一节　《与贸易有关的知识产权协定》概述 …………………… 250

　　第二节　《与贸易有关的知识产权协定》的主要内容 …………… 252

　　第三节　知识产权执法 ……………………………………………… 260

　　基本概念 ……………………………………………………………… 265

　　复习思考题 …………………………………………………………… 266

第十二章　世界贸易组织诸边协议 …………………………………… 267

　　第一节　国际奶制品协议和国际牛肉协议 ………………………… 267

　　第二节　政府采购协议 ……………………………………………… 268

　　第三节　民用航空器贸易协议 ……………………………………… 272

　　基本概念 ……………………………………………………………… 274

　　复习思考题 …………………………………………………………… 274

附录一　马拉喀什建立世界贸易组织协定 ………………………… 275

附录二　中华人民共和国加入议定书 ……………………………… 283

参考文献 ……………………………………………………………… 292

第一章　世界贸易组织建立概述

第一节　世界贸易组织建立的基础

　　世界贸易组织（World Trade Organization，WTO）成立于 1995 年 1 月 1 日。它的诞生，既不是一个偶然事件，也不是各成员方的临时动议和即兴之作，而是国际政治、经济、社会发展到一定历史阶段的客观要求和必然结果。

一、理论与政策基础

　　世界贸易组织建立的理论与政策基础是有条件（有管制的）的自由贸易理论与政策。

　　（一）第二次世界大战前国际贸易理论与政策的演变

　　1.重商主义

　　16 世纪初至 19 世纪初，欧洲资本主义经历了从萌芽、资本原始积累到资本主义制度最终确立的不同历史发展时期。在此时期内，封建主义的经济基础逐渐瓦解，资本主义因素不断发展壮大。与此相适应，该时期产生并实行的是重商主义的对外贸易政策。

　　重商主义主张在国内积累货币财富，强调把贵重金属留在国内。重商主义分为早期和晚期。早期重商主义又称为重金主义或货币差额论，主张绝对禁止贵重金属和货币的出口，由国家垄断全部对外贸易。早期重商主义学说的代表人物是英国的威廉·斯塔福（W.Stafford，1554—1612），他们反对进口，强调和鼓励出口。晚期重商主义又称贸易差额论，其代表人物是托马斯·孟（Thomas Mun，1571—1641），其学说集中地体现在其 1644 年出版的《英国得自对外贸易的财富》一书中。从 16 世纪下半叶开始，随着商业资本的迅速发展，工场手工业开始产生，商品货币经济发展迅猛。于是，"他们开始明白，一动不动地放在钱柜里的资本是死的，而流通中的资本却会不断增值……人们开始把自己的金币当作诱鸟放出去，以便把别人的金币引回来"。[①]因此，他们开始把管制金银进出口的政策改变为管制货物进出口的政策，以求通过奖励出口和限制进口，即"奖出限入"的措施，来保证和扩大贸易顺差，进而达到使金银流入国内的最终目的。

　　2.自由贸易理论和政策

　　自由贸易理论起源于法国的重农主义，成论于英国古典政治经济学派；自由贸易政策实行于自由竞争资本主义时期（19 世纪初至第一次世界大战前）。

　　在西欧，随着资本主义生产方式在英国的确立，自 18 世纪中叶起以英国为代

---

　　① 马克思，恩格斯. 马克思恩格斯全集：第 1 卷［M］. 中共中央马克思恩格斯列宁斯大林著作编译局，译. 北京：人民出版社，1958：596.

表的资本主义社会开始进入自由竞争的大发展时期。此时重商主义的学说和政策已经不能适应工业资产阶级的经济社会和对外贸易发展的需要。在此背景下，自由贸易理论与政策应运而生，其代表人物是亚当·斯密（A.Smith，1723—1790）和大卫·李嘉图（D.Ricardo，1772—1823）。斯密在其名著《国民财富的性质和原因的研究》中首先提出了自由贸易理论，随后由李嘉图予以继承和发展，后来的一些经济学家，如穆勒、马歇尔等人又进一步对这一理论加以阐述和完善。

自由贸易政策主张国家对对外贸易活动不直接予以干预，即既不鼓励出口，也不限制进口，任由商品和生产要素在国家之间自由流动，在国内外市场进行自由竞争。主张实行自由贸易政策的国家和人士认为：自由贸易政策可以形成彼此互利的国际分工；能够扩大国民的实际收入；还可以通过进口廉价商品，减少国民消费开支，进而提高国民福利；自由贸易可以有效地防止垄断，促进竞争，提高经济效益；自由贸易有利于提高生产利润率。

自由贸易理论产生于英国，自由贸易政策也率先实行于英国。因此，自由贸易的理论和政策极大地促进了英国资本主义经济和对外贸易的迅速发展，使英国成为"日不落帝国"和"世界工厂"。到1870年，英国煤、铁、棉花等主要原材料的产量和消费量均占世界总量的一半左右，在世界工业生产中的比重达1/3，在世界贸易总额中的比重占近1/4，基本上相当于美、德、法3国的总和。

3.保护幼稚工业的贸易理论与政策

在19世纪资本主义自由竞争时期，当英国高唱自由贸易的赞歌，并使其成为当时资本主义社会的主流贸易理论和政策的同时，一些资本主义世界的后起之秀从自身的实际利益出发，为避免外国工业品的竞争，使自己能得到充分的发展，先后实行了保护幼稚工业的贸易理论与政策，这其中最有代表性的是美国和德国。保护幼稚工业的贸易理论与政策的代表人物是美国首任财政部长汉密尔顿（A.Hamilton，1757—1840）和德国历史学派的先驱人物李斯特（F.List，1789—1846）。在保护贸易政策方面，李斯特的保护幼稚工业的贸易理论更具影响力和代表性。他在1841年出版的《政治经济学的国民体系》一书中，系统地提出了保护幼稚工业的贸易学说。他们主张国家干预对外贸易，在保护对象上并不一概而论，不主张对所有的幼稚产业都实行国家保护，只对那些刚刚开始发展且存在强有力的外国竞争者的幼稚工业才予以保护，且以30年为最高保护期限。这一学说对新兴资本主义国家的经济发展、特别是对外贸易发展起到了相当大的促进作用。正是在这一理论与政策的扶植和推动下，以美国为首的新兴资本主义国家开始迅速发展起来，从而使美国在19世纪末和20世纪初全面超过英国，成为世界头号经济强国。

4.超保护贸易理论与政策

超保护贸易理论与政策产生并实行于第一次世界大战和第二次世界大战之间，其代表人物是20世纪最有影响的资产阶级经济学家凯恩斯（John Maynard Keynes，1883—1946）。凯恩斯在其代表作《就业、利息和货币通论》中，详细地阐述了其超保护贸易理论和政策的基本观点。此时期的资本主义社会已经完成了从自由竞争向垄断的过渡，进入了帝国主义阶段。在此期间，资本主义经济发展呈现出一些不同以往的新特点：垄断削弱并取代了自由竞争；国际经济制度发生了重大变化；1929—1933年资本主义世界发生的空前大危机，使市场和贸易的矛盾更加复杂化和尖锐化。在此背景下，主要资本主义国家纷纷放弃自由贸易理论与政策，纷纷祭起关税保护的大旗，通过外汇管制和数量限制等方法限制进口，鼓励出口，以图缓解和渡过危机。与以前的保护贸易政策相比，超保护贸易政策具有以下特点：第一，保护的范围扩大了，即不仅仅保护幼稚工业，而且更多的是保护国内高度发达或已经衰落了的工业；第二，保护的目的改变了，即保护不再是为了培养竞争能力，而是在于巩固和加强对国内外市场的垄断和独占；第三，保护的措施增加了，即不仅仅利用关税，还开始实行一些奖励出口和限制进口的非关税措施；第四，保护的对象不同了，即从保护一般的工业资产阶级开始转向保护大资产阶级；第五，进攻性明显了，即以前的保护政策只是防御性地限制进口，而此时则追求在垄断国内市场的基础上对国外市场进行进攻性的扩张。因而在此期间，关税壁垒高筑，非关税壁垒盛行，贸易障碍增多，各种贸易战频发，从而严重地阻碍了国际贸易的健康发展。

（二）第二次世界大战后的贸易理论与政策

第二次世界大战后，随着世界经济的复苏，尤其是在第三次科技革命的推动下，世界经济和经济全球化得到了前所未有的大发展。与此相适应，在国际贸易理论与政策方面出现了贸易自由化、新贸易保护主义和贸易自由化的深化三个阶段。

1. 贸易自由化

从第二次世界大战后至20世纪70年代中期，资本主义世界实行的贸易理论与政策是贸易自由化。

贸易自由化是指各国家（地区）之间通过签订双边或多边贸易条约和协定，彼此削减关税，减少并抑制非关税壁垒，逐步取消国际贸易中的障碍、歧视和扭曲，促进国际贸易的健康有序发展。

第二次世界大战后贸易自由化的主要表现首先是1947年关税与贸易总协定（又称为关税与贸易总协定或关贸总协定）的成立及卓有成效的工作；其次是以欧共体为代表的区域性经济贸易集团的出现及实际有效的运作；再次是在1968年第二届联合国贸易与发展会议上通过的普惠制决议及其实行；最后是主要发达国家开始逐步放宽进口数量限制，放松并逐步取消外汇管制。贸易自由化的兴起有众多原因：一是美国的积极倡导与鼎立推动；二是世界经济与贸易大发展的客观必然要求；三是跨国公司迅速发展的需要；四是关贸总协定等国际组织和条约的有力推动。尽管如此，还必须认识到，由于世界经济发展的严重不平衡，导致了此期间贸易自由化发展的不平衡。具体表现为：发达国家之间的贸易自由化程度远远超过了它们对发展中国家特别是社会主义国家的贸易自由化；区域性经济贸易集团内部的贸易自由化远远超过该集团对外部的贸易自由化；货物贸易上的自由化程度也很不一致，如工业制成品的贸易自由化远远超过农产品，机器、电子、设备的贸易自由化又远远超过一般工业制成品和消费品。

2.新贸易保护主义

新贸易保护主义是相对贸易自由化而言，1973—1974年由石油危机引起的世界性经济大危机的爆发，加之布雷顿森林体系的解体，使世界经济和国际贸易领域的问题和矛盾变得更为尖锐和复杂，从而在20世纪70年代中期至90年代中期出现了新贸易保护主义。

新贸易保护主义以改善不利的贸易条件、维持国内高水平的工资支出、增加国内就业、保证公平竞争、改善国际收支、保护知识产权、保护国家经济安全、保护生态环境、支持战略性产业的发展等为理由，重新在各自的国家全面实行新贸易保护主义理论与政策。与以往的贸易保护主义理论与政策相比，新贸易保护主义有其明显的特征：一是保护的范围进一步扩大。被保护的商品从传统产品、农产品转向高科技、高附加值的工业品和服务业部门。二是贸易保护措施更加多样化。限制措施实施的重点由关税壁垒转向非关税壁垒，"反倾销""反补贴"开始盛行，并开始违背1947年关贸总协定的基本原则，大搞"灰色区域措施"。三是贸易保护制度更为系统化。政府管理贸易制度正式演变为各国对外贸易体制中的重要组成部分，从而出现了管理贸易；同时还纷纷开始加强贸易法规的制定，力图使贸易保护措施法律化。四是贸易保护的程度不断提高。据统计，仅从1980年到1983年，在整个发达国家制成品贸易中受限制的进口商品就从20%提高到了30%。

新贸易保护主义理论与政策的实施，增加了消费者的开支，损害了消费者的福利，扭曲了国际贸易流向，使国际市场价格普遍提高，不利于扩大就业，不仅使发达国家为此付出了巨大的代价，更给发展中国家和社会主义国家的对外贸易带来了严重的损害，使发展中国家的贸易状况进一步恶化，债务负担进一步加剧。

3.贸易自由化的深化

从20世纪90年代开始，经济全球化进一步加速，特别是进入新世纪以来，主要发达资本主义国家经济复苏的迹象明显。因此，从20世纪90年代中期起，贸易自由化的浪潮又不断高涨，并迅速向纵深发展，成为世界各国对外贸易政策的主流。这期间最为引人注目的便是1995年1月1日诞生的世界贸易组织，它不仅是多边贸易体制的组织和法律基础，还使多边贸易体制的基础更具有长期性和稳定性。在世界贸易组织的体制下，多边贸易体制的职能和管理范围正不断向纵深发展，处理贸易争端的能力进一步加强，这些都为推进贸易自由化的深化起到了不可估量的作用。此外，此期间一些地区性、区域性的经贸集团也在不遗余力地推行贸易自由化。欧盟已实现了除农产品以外所有商品生产要素的自由化，欧元的发行和使用，以及欧盟宪法的颁布和实行，把欧盟带入了一个更新、更高的发展阶段。北美自由贸易区在目前也实现了货物和大部分服务贸易的自由化。加之广大发展中国家和经济转型国家也顺应时代潮流，开始积极主动推行贸易自由化，从而使得贸易自由化在全球范围内以前所未有的深度和广度向前推进和发展。

（三）世界贸易组织的贸易理论与政策

世界贸易组织的贸易理论与政策取向是有条件的（有管制的）自由贸易理论与政策。世界贸易组织秘书处在其出版的《贸易走向未来》中明确指出："世界贸易组织有时被称为'自由贸易'组织，但这并不完全准确……更确切地说，这是一个致力于开放、公平和无扭曲竞争的规则体制。"由此可见，世界贸易组织所倡导的自由贸易不是无限的，而是有条件的。这主要表现在：在世界贸易组织把贸易自由化作为其基本原则和目标的同时，贸易自由化的范围受到了一定限制，如与贸易有关的知识产权问题就被排除在贸易自由化的范围之外；此外还允许自由贸易与正当的贸易保护并存，即允许各成员方根据自己的经济发展阶段和水平实施不同程度的各种保护措施；对发展中成员特别是最不发达成员普遍地予以优惠和差别待遇等等。有条件的（有管制的）自由贸易理论和政策是世界贸易组织适应时代发展要求的明智而合理的选择，只有采取这样的政策措施，才能更好地促进现阶段国际贸易的健康发展。

（四）国际贸易理论与政策演变的规律

纵观近现代资本主义国家的经济贸易发展历史，可以从中发现国际贸易理论与政策演变的一些基本规律。

（1）在国家参与贸易的前提下，没有完全的自由贸易和保护贸易，只是自由与保护的程度强弱不同、力度大小不同而已。

（2）经济发展水平和阶段是贸易理论和政策实行的决定性因素。当世界经济处于高速稳定发展的时期，自由贸易理论和政策就会成为主流；反之，当世界经济出现衰退和危机时，保护贸易理论和政策就会成为主流。

（3）就单个国家而言，竞争力的高低是其实行何种贸易理论与政策的决定性因素。当一国的总体竞争力处于强势地位时，通常都会接受自由贸易理论，采取自由贸易政策；反之，则会愿意接受保护贸易理论和采取保护贸易政策。

（4）一国在总的贸易理论和政策下，在不同的产业之间会采取不同的政策；由于竞争力的差异，在同一时期，不同的产品也会采取不同的贸易政策。

（5）在贸易理论和政策的选择上，面向国内市场的企业和利益集团通常倾向于采取保护贸易理论和政策；而面向国际市场的跨国公司和利益集团更易于采取自由贸易理论和政策。

（6）从整个近现代国际经贸发展的过程来看，自由贸易理论和政策实行的时间要远远长于保护贸易主义理论和政策，从而对国际经贸发展的促进作用也远远大于保护贸易理论和政策。但无论采取哪种政策，都要注意政策的适度与合理，防止过度化倾向。

（7）贸易自由化是自由贸易过程中的一个必经阶段，它只是更多地带有自由贸易的倾向和成分，并不是完全意义上的自由贸易。事实上，在国际经贸发展过程中，从来也没有存在过真正意义上的完全自由贸易。在自由贸易的前提下，任何国家和地区的贸易都会受到不同程度的管制。

二、经济体制基础

市场经济体制是世界贸易组织建立的经济体制基础。世界贸易组织确立的贸易自由化目标，是市场经济发展的客观必然要求。在世界贸易组织负责管理和实施的各项贸易协定和协议中，都充分反映了市场经济体制的这一基本要求。而这些贸易协定和协议的实施，又必然会促进世界贸易组织各成员方市场经济体制的不断发展和完善，从而直接推动世界贸易组织贸易自由化目标的实现。

（一）市场经济体制的含义

市场经济体制（market-based economy system）是指一个国家在管理其社会经济活动的过程中，采取市场机制来配置资源，从而促进社会经济目标实现的管理体制、制度和措施。由于各国的国情不同以及对市场机制作用的认识差异，在建立市场经济体制的过程中形成了各自不同的市场经济模式。目前世界上现存的市场经济体制主要模式有：以美国为代表的竞争型市场经济模式；以德国为代表的社会型市场经济模式；以法国为代表的计划型市场经济模式；以日本为代表的政府主导型市场经济模式。

（二）市场经济体制的基本特征

1.市场主体的独立性

市场经济的主体即参与市场活动的当事人，包括生产者、经营者和购买者都必须拥有各自独立的物质利益和思想意识，对自己的行为具有完全独立的支配权和决定权。

2.市场关系的平等性

市场关系的平等性主要表现在：①参与市场活动的任何经济主体在市场上的地位都是平等的；②在市场交易活动中，必须实行等价交换的原则；③市场交换活动应遵循自愿的原则，一切交换活动都必须在各方自愿的基础上进行；④市场主体在其经营活动中，具有平等的宏观环境、具有平等的竞争条件和发展机遇。

3.市场行为的规范性

市场经济要健康顺利发展，就必须有科学规范的市场规则和市场秩序来调节、规范市场主体及其活动。同时，市场的交易和全部经济活动还必须在遵守国家的相关法律法规和政策、遵循相关的国际惯例和规则的条件下进行。

4.市场活动的竞争性

在市场经济活动中，市场主体为了获取最大的经济利益必然展开激烈的竞争，这也是市场经济的一个突出特点。只有通过竞争，市场经济才会不断地向前发展，从而使社会在竞争中不断发展——企业在竞争中不断进步、生产经营者在竞争中不断提高、消费者在竞争中不断获益。

5.市场过程的趋利性

追求并获取最大利润是市场经济产生和发展的原动力，市场过程的所有生产经营活动，如生产、交换、分配、消费等都是围绕这一目的展开和进行的。因此，追求最大的利润和价值，就像一只无形的手，自始至终都在操纵着市场经济的全部活动过程。

6.市场环境的开放性

市场经济必须是一种开放性的经济，它要求将市场向所有的市场参与者开放，不仅要开放和开拓国内市场，而且更要开放和拓展国际市场。只有在开放的环境下，各国才能利用国内外的各种有利因素来更好地发展自己的经济。

7.市场结果的分化性

在激烈严酷的市场竞争中，优胜劣汰、适者生存是不以人们的意志为转移的客观规律。竞争的结果必然导致市场经济的主体产生分化：其中一部分取得成功，在竞争中利用自身的优势发展壮大起来；一部分遭遇失败，被市场淘汰出局。这是市场经济的正常现象，而且，恰恰是市场结果的这种分化性，才更能警示、激励企业和生产经营者不断地发展和壮大自己，从而使整个社会经济机体的发展充满生机和活力。

市场经济体制的运行，离不开完备的市场法规，灵活有效的宏观调控体系，完善的市场体系，自由的企业制度，健全的社会保障制度和国际化、开放化的经济运行机制。不管哪一种类型的市场经济体制国家，都必须在这样的体制框架下才能保证其市场经济体制的健康发展。

（三）世界贸易组织对市场经济体制的发展与促进

世界贸易组织的规则和运行机制都来源于市场经济体制的基本要求，通过世界贸易组织的规则加强和完善了各成员方的市场经济体制，从而对市场经济体制予以发展和促进。

1.世界贸易组织的基本原则来源于市场经济体制

世界贸易组织在其管理和实施的协定和协议中所贯穿的基本原则都充分体现了市场经济体制的基本要求。这些原则主要有：非歧视原则（主要包括最惠国待遇条款和国民待遇条款）、市场准入原则、贸易自由化原则、公平竞争原则、透明度原则、鼓励发展和经济改革原则等。

2.世界贸易组织的运行机制体现了市场经济体制的基本要求

世界贸易组织的各种运行机制都不同程度地体现了市场经济体制的一些基本要求。例如，世界贸易组织的全部协定和协议都是通过各方的谈判达成的，成员方的权利和义务也基本上是对等的，这就充分体现了市场经济下的契约平等关系；世界贸易组织成员资格的获取、加入与退出的程序等都体现了市场经济条件下的平等性、自由性和开放性；世界贸易组织在决策程序中所遵循的"协商一致"原则（只有在无法协商一致时才投票表决，且每个成员都有一票投票权）也体现了市场经济条件下的自主性和平等性。

3.世界贸易组织促进其成员方市场经济体制的发展与完善

世界贸易组织始终致力于促进其成员方市场经济体制的发展与完善，具体表现为：成员方对《建立世界贸易组织马拉喀什协定》（Marrakesh Agreement Establishing the World Trade Organization），简称《建立世界贸易组织协定》或《马拉喀什协定》中的任何条款不得提出保留；对多边贸易协定与协议任何条款的保留都应仅以这些协定和协议规定的程度为限；对某个诸边贸易协议条款的保留应按该协议的规定执行；根据《建立世界贸易组织协定》的规定，成员方必须"一揽子"接受乌拉圭回合达成的所有贸易协定与协议；并且要求"每一成员应保证其法律、法规和行政程序"与世界贸易组织协定与协议规定的义务一致；新成员在加入谈判时均应做出承诺，要不断改革与世界贸易组织规则不相符的国内贸易法规和政策，以促进这些成员方的市场化水平不断提高等等。

三、经济全球化

经济全球化浪潮是推动世界贸易组织建立的动力源泉，而世界贸易组织的建立，又可以促进经济全球化向纵深发展。经济全球化向纵深发展中出现的一系列矛盾和问题，又困扰着世界贸易组织的发展进程和作用发挥。

（一）经济全球化的含义

经济全球化（economic globalization）一词，自20世纪80年代起出现于西方报刊以来，一直是各界关注的热门话题，但至今仍没有公认的有关这个概念的准确定义和权威说法。一般来说，经济全球化是指以市场经济和经济国际化为基础，以主要发达国家为主导，以跨国公司为主要载体，以信息技术革命为主要动力，以最大利润和经济效益为目标，在世界范围内实现生产资源的最佳配置，以达到世界各国市场和经济相互融合、共同发展的过程。它是全球化的基础和重要组成部分。一般认为，经济全球化已成为世界经济发展中不可逆转的历史潮流，对所有的国家都是难得的机遇和挑战。

（二）经济全球化的表现

经济全球化主要表现为：贸易活动全球化，生产活动全球化，金融活动全球化，投资活动全球化，企业活动全球化，消费活动全球化，经贸文化、观念和人才全球化。

（三）经济全球化与多边贸易体制的发展

经济全球化的产生与发展都源于市场经济的内在要求，它使得世界各国的经济相互交织、相互影响，生产要素在全球范围内可以较为自由地流动以达到最优配置，使世界经济逐渐融合为一个整体，形成"全球统一市场"。同时，经济全球化的发展还要求在世界范围内建立起一套规范经济和贸易行为的统一规则，这一规则要囊括世界各类国家和全部的交易对象，而当时的关贸总协定不仅缔约方不够广泛，且管辖的交易对象仅仅是货物（还不包括纺织品服装和农产品）。显然，关贸总协定无法承担起推动经济全球化的重任，从而就在客观上要求有一个更具权威性的国际多边贸易组织出现。因此，从这个角度来说，世界贸易组织的建立是世界经济和经济全球化发展到一定阶段的客观必然要求。

四、可持续发展

可持续发展是世界贸易组织的宗旨之一，也是世界贸易组织致力追求的一个发展目标。

（一）可持续发展的含义

对可持续发展（sustainable development）的含义，许多学者和组织从各自的角度提出了许多不同的解释。

可持续发展是国际社会20世纪80年代开始提出的一个全新的概念。1987年世界环境与发展委员会在《我们共同的未来》的报告中首次提出了可持续发展的概念，报告提出："需要一种新的发展途径，这种发展途径能使人类进步不局限在区区几处，寥寥几年，而是要将整个地球持续到遥远的未来。"该报告将可持续发展定义为："既满足当代人类的需求，又不损害子孙后代满足其自身需求的能力。"[①]这一概念从提出至今，已得到了国际社会的普遍关注和广泛认可。

一般而言，可持续发展是指既满足现代人类的发展需求又不损害后代满足需求的能力，它是经济、社会、资源和环境保护协调发展，既要达到发展经济的现实目的，又要保护好人类赖以生存的大气、淡水、海洋、土地和森林等自然资源和环境，使环境和发展之间相互依存、相互促进、相互制约，进而达到二者彼此和谐、共同发展的目的。可持续发展应包括环境保护、能源开发、发展援助、清洁水源和绿色贸易五大基本方面的内容。

（二）实现可持续发展的途径

由于历史、经济、文化、民族和地域等差异的存在，世界各国实现可持续发展的具体途径和模式也会有所不同，但共同之处都是：转变原有观念，摒弃旧的经济增长模式，实施全新的可持续发展战略。

实现可持续发展战略的主要途径有：建立国家持续发展的能力；把发展人而非改造人作为发展的中心；改变现有的经济发展模式和经济增长战略；实行为可持续发展服务的环境和资源管理制度；建立相应的环境与发展方面的法律法规体系；各国建立新的、公正的全球战略伙伴关系；各国在环境与发展问题上应制定并执行统一的战略和政策等等。

（三）可持续发展与多边贸易体制

1971年，关贸总协定就成立了"环境措施与国际贸易小组"，开始关注并研究环境与贸易问题。世界贸易组织建立后，将可持续发展正式纳入多边贸易体制，并将可持续发展作为其一项重要宗旨在《建立世界贸易组织协定》的序言中正式予以明确提出。不仅如此，在世界贸易组织负责管理和实施的各项协定、协议中都明确体现了可持续发展的要求。此外，在世界贸易组织成立之初就正式成立了一个贸易与环境委员会来负责协调贸易与环境措施问题。这些办法和措施都能充分保障世界贸易组织为实现可持续发展的宗旨而做出长期不懈的努力。

五、协调国际贸易利益的现实要求

更好地协调国际贸易利益是世界贸易组织建立的现实需求和基础。

国际贸易利益协调（harmonization of international trade interests）是指世界经济

---

① 世界环境与发展委员会. 我们共同的未来［M］. 牛津：牛津大学出版社，1987：4，8.

主体之间相互协调其贸易政策、共同对国际贸易的运行和国际贸易关系的发展进程予以干预和调节，以便及时解决其中存在的问题，克服面临的困难，促进国际贸易关系和国际贸易活动正常发展的行为。既然国际贸易是国与国之间进行的货物和服务等的交换活动，因此，也只有各国（地区）参与的国际贸易组织才可能对国际贸易活动做出实质性的干预和调节。

在整个社会的再生产中，贸易起着媒介的作用，而在现代社会中对外贸易在社会再生产过程中处于不可或缺的"中间环节"的媒介地位。只有通过贸易途径，世界各国的社会产品实现问题才能得到圆满的解决，并且还能促使社会再生产持续进行。通过国际贸易还可以降低绝对成本，带来巨大的经济效益，并完成各国经济活动的相互影响和传递效应。关贸总协定由于其自身的缺陷和局限，很难在符合经济全球化和可持续发展的要求下实现国际贸易利益的协调任务。这样就需要全新的国际多边贸易组织来对当前及今后的国际贸易利益予以强有力的干预和协调，世界贸易组织便应运而生并切实地承担起了这一重要的职责。

第二节　世界贸易组织的建立

一、1947 年关税与贸易总协定（GATT 1947）

在世界贸易组织建立之前，1947 年关税与贸易总协定（General Agreement on Tariffs and Trade，GATT 1947）是协调和处理缔约方之间关税与贸易政策的主要多边协定。

（一）1947 年关贸总协定产生的背景

1. 两次世界大战的教训

19 世纪末 20 世纪初，资本主义世界从自由竞争过渡到垄断阶段，世界市场被老牌资本主义国家瓜分完毕。后起的资本主义国家随着经济实力的膨胀，必然要求获得更多的国际市场份额；加之周期性爆发的经济危机，以及为摆脱危机而采取的贸易保护主义措施都更加激化了各国原本就不可调和的经济矛盾，于是以武力解决经济问题的世界大战便不可避免地爆发了。20 世纪上半叶，世界经济是在危机与战争交替中度过的。因此，人们在感叹战争的残酷和经济危机破坏巨大的同时，也在思考和反省如何使人类后世免遭惨不堪言的战祸，如何使各国同舟共济避免大规模的经济危机，如何在战后促进世界经济的尽快复苏与稳定有序发展，等等。这些问题都成为第二次世界大战后期的同盟国，特别是美国必须考虑的重大问题。

2. 美国的崛起与西欧列强的衰落

两次世界大战的爆发使美国大发战争横财，其国力尤其是经济实力和军事实力空前增强。第二次世界大战中，美国迅速崛起成为世界新霸主，而西欧列强则衰落于战争的炮火之中，由它们主导国际政治经济秩序的时代结束了。此时美国必然要从自身利益出发，在全球建立起一套全新的以美国为核心和主宰的国际政治经济新体系。这就为成立以美国为主导的多边国际贸易体制提供了有利的国际环境。

3.联合国的建立和有效运作

1944年8—10月，美、苏、英、中在华盛顿的敦巴顿橡树园召开会议，为随后联合国的成立奠定了基本框架。联合国成立后，从政治上和组织上把世界各国团结起来，共同管理世界重大事务，其有效的运作方式宣告了武力瓜分世界市场时代的结束，也宣告了通过国际谈判和合作开拓世界市场全新时代的开始。鉴于国际贸易在世界经济中独特的重要性，成立一个专门的世界性的国际贸易组织并建立相应的国际贸易制度来管理和协调国际贸易事务，就成为联合国当时的主要工作之一。

4.多边贸易体制的建立符合各国的利益

尽管美国是国际贸易组织的发起者和倡导者，但在第二次世界大战后的国际形势下，建立多边贸易体制亦符合各国的利益和诉求。特别是广大的殖民地、半殖民地国家在战后纷纷独立，成为主权国家，它们为了维护经济主权和发展民族经济，迫切要求在平等互利的基础上与发达国家建立起全新的经贸关系。因此，一个稳定的、透明的、可预期的多边贸易体制的建立是符合各国共同利益的，也是当时各国经济发展的客观现实需求。

（二）1947年关税与贸易总协定的产生

1943年2月，作为第二次世界大战历史转折点的斯大林格勒战役胜利结束，世界反法西斯战争的最后胜利仅仅是个时间长短的问题了。此时，以美国为首的同盟国已经开始考虑战后重建国际政治经济新秩序的问题了。

美国为了在战后进一步扩大其势力范围，采取了一系列重大的措施和举动，使其理所当然地成为战后重建国际政治经济新秩序的倡导者、发起者、组织者和主宰者。美国拟在战后成立一系列由其控制的国际组织。具体来说，在政治方面，美国建议成立"联合国"，由其负责维护国际和平与安全以及国际政治与社会方面的安排。在经济领域，美国建议：在金融方面，成立国际货币基金组织来负责国际金融的稳定；在投资方面，成立国际复兴开发银行（世界银行）来负责国际投资事务；在贸易方面，成立国际贸易组织来负责国际贸易秩序。在上述方面，美国都先后提出了具体的实施方案。

1944年7月，由美国提议并主持召开了布雷顿森林会议，国际货币基金组织（International Monetary Fund，IMF）与国际复兴与开发银行（International Bank for Reconstruction and Development，IBRD）（世界银行，WB）诞生。同时，美国还提议组建一个国际贸易组织（International Trade Organization，ITO），以便在多边基础上，通过相互减让关税等手段，逐步消除贸易壁垒，促进国际贸易的自由发展。为此，美国于1946年2月正式拟订了《国际贸易组织宪章草案》，提交联合国经济与社会理事会（以下简称"经社理事会"）会议。经社理事会针对美国提出的草案成立了专门的筹备委员会来筹建国际贸易组织，同年10月在伦敦召开的第一次筹委会讨论了该宪章草案并决定成立宪章起草委员会对草案进行修改。1947年1—2月，该委员会在纽约召开专门会议，根据宪章草案中的贸易规则部分，完成了《关税与贸易总协定》条款的起草工作。

1947年4—10月，美国、英国、中国、法国等23个国家在日内瓦召开第二次筹委会会议，在继续起草宪章草案的同时，还就具体商品的关税减让进行了谈判，并达成了123项双边协议。由于谈判进行得较为顺利，而谈判结果的保密时间又不可能太长，所以应越早实施越好。为了保证其有效实施，在国际贸易组织成立之前，一个临时性的制度是不可缺少的。于是，谈判各方将已拟定完毕的《国际贸易组织宪章》第四章中的"贸易政策"部分单独抽取出来，添头加尾，起草了一份文件，即《1947年关税与贸易总协定》。当时考虑到1947年关贸总协定只是一个临时性条约，《国际贸易组织宪章》一经生效，宪章中的贸易规则部分将取代1947年的关贸总协定，如果也将其提交各国立法机关审批，不仅会拖延时间，也没必要，甚至还有可能不被批准。因此，谈判各方决定以"行政协定"的形式签订一份《临时适用议定书》，以绕过各自国内立法机关的审批程序，使关贸总协定尽快生效。在联合国贸易与就业会议期间，美国联合英国、法国、比利时、荷兰、卢森堡、澳大利亚、加拿大8国于1947年10月30日签署了关贸总协定《临时适用议定书》，规定自1948年1月1日起关贸总协定"临时适用"。随后不久又有15个国家和地区签署了该议定书，从而使签署国达到23个。它们是澳大利亚、比利时、巴西、缅甸、加拿大、锡兰（今斯里兰卡）、智利、中国、古巴、捷克斯洛伐克、法国、印度、黎巴嫩、卢森堡、荷兰、新西兰、挪威、巴基斯坦、南罗得西亚（今津巴布韦）、叙利亚、南非、英国、美国。这23个国家就成为关贸总协定的创始缔约方，中国也是其中之一。各缔约方还一致同意，待《国际贸易组织宪章》生效后，将以宪章的贸易规则部分来取代关贸总协定的有关条款。

1947年11—1948年3月，在古巴首都哈瓦那举行的联合国贸易和就业会议上，56个国家审议并通过了《国际贸易组织宪章》（即《哈瓦那宪章》）。《哈瓦那宪章》的目标是建立一个全面处理国际贸易和经济合作事宜的国际组织。该宪章共分为9章和1个附件，主要内容有：宗旨和目标、就业和经济活动、经济发展与重建、一般贸易政策、限制性贸易措施、政府间商品协定、国际贸易组织的建立、争端解决、一般规定等。

《哈瓦那宪章》通过后，美国的国内政治局势发生了变化，政治天平开始向右严重倾斜。1946年选出的由共和党占大多数的第80届美国国会，高举贸易保护主义大旗，取消了"罗斯福新政"中的一系列措施。他们认为《哈瓦那宪章》在自由贸易的道路上走得太远，限制了美国的立法主权，不符合美国社会的现实和长远利益，因而美国国会对《哈瓦那宪章》未予批准。受美国这一举动的影响，其他所有签署国除个别国家外，均未将《哈瓦那宪章》提交本国立法机关通过。至此，建立国际贸易组织的计划由始作俑者美国自己加以扼杀，使其胎死腹中。从此，关贸总协定就一直以临时适用的多边协定形式存在于世，在其存在的近半个世纪的时间里，它实际上挑起了重建战后国际贸易新秩序和协调国际经贸关系的重担。在此期间，1947年关贸总协定实际上担负起了大部分国际贸易组织的职能，因而被称为"准国际贸易组织"，在世界贸易组织成立之前，成为国际社会多边贸易体制的组织和法律基础。至1994年年底，关贸总协定的缔约方已达128个。

（三）《1947年关税与贸易总协定》的基本内容

《1947年关税与贸易总协定》产生以来，经过了几次重大的修订，其全部内容由序言和4个部分组成，共38条，另附9个附件和一份《关税与贸易总协定临时适用议定书》。

序言部分概括阐明了参加《关税与贸易总协定》谈判的创始方政府达成此协定的宗旨以及实现这个宗旨的手段。首先，序言按照英文字母排列次序列出23个创始缔约方。接着，序言定义了其宗旨是缔约方"认为在处理它们的贸易和经济事务关系方面，应以提高生活水平，保证充分就业，保证实际收入和有效需求的持续增长，扩大世界资源的充分利用以及发展商品的生产与交换为目的……期望达成互惠互利协议，导致大幅度地削减关税和其他贸易障碍，取消国际贸易中的歧视待遇，以对上述目的做出贡献"。

1.第一部分（第1、2条）

第1条　一般最惠国待遇。

第2条　减让表。

2.第二部分（第3至第23条）

总协定是"临时性"实施的，它要求每一缔约方应在不违背其加入时存在的国内立法的最大限度内适用总协定第二部分条款。

第3条　国内税和国内规章的国民待遇。

第4条　有关电影片的特殊规定。

第5条　过境自由。

第6条　反倾销税与反补贴税。

第7条　海关估价。

第8条　规费与进出口手续。

第9条　原产地标记。

第10条　贸易规章的公布与实施。

第11条　数量限制的一般取消。

第12条　为保障国际收支平衡而实施的限制。

第13条　非歧视地实施数量限制。

第14条　非歧视原则的例外。

第15条　外汇安排。

第16条　补贴。

第17条　国营贸易企业。

第18条　政府对经济发展的援助。

第19条　对某些产品进口的紧急措施。

第20条　一般例外。

第21条　安全例外。

第22条　磋商。

第23条　争端解决。

3.第三部分（第24至第35条）

第24条　适用的领土范围、边境贸易、关税同盟和自由贸易区。

第25条　缔约方的联合行动。

第26条　本协定的接受、生效和登记。

第27条　减让的停止或撤销。

第28条　减让表的修改。

第28条　附加关税谈判。

第29条　本协定与哈瓦那宪章的关系。

第30条　本协定的修正。

第31条　本协定的退出。

第32条　缔约方。

第33条　本协定的加入。

第34条　附件。

第35条　在特定的缔约方之间互不适用本协定。

4.第四部分（第36至第38条）

此部分是在发展中国家强烈要求下，于1965年增加的。它以"贸易与发展"为题，专门就发展中国家的贸易与发展问题做出规定。

第36条　原则和目标。

第37条　承诺的义务。

第38条　联合行动。

（四）1947年关税与贸易总协定的发展历程

多边贸易谈判是1947年关贸总协定发展的主要形式和动力来源。从关贸总协定成立到被世界贸易组织所取代，它共举行了八轮多边贸易谈判，这些谈判结果的实施直接导致了缔约方之间关税水平的大幅度降低和非关税壁垒的大量消除或削减。现将前七轮多边贸易谈判简介如下：

1.第一轮多边贸易谈判

1947年4月至10月在瑞士日内瓦举行，23个缔约方达成了123项双边关税减让协议。涉及45 000项商品，使占各方进口总值54%的应税商品平均降低关税35%，影响近100亿美元的贸易额。这是当时有史以来最大规模的多边关税减让谈判，促进了第二次世界大战后资本主义国家经济、贸易的恢复和发展。这轮谈判虽然在1947年关贸总协定生效之前举行，但人们仍习惯地将其视为关贸总协定第一轮多边贸易谈判。

2.第二轮多边贸易谈判

1949年4月至10月在法国安纳西举行。这轮谈判的目的是给处于创始阶段的欧洲经济合作组织（OEEC）成员提供进入多边贸易体制的机会，敦促这些国家为承担关税减让做出必要的让步。此轮谈判除在原有的23个缔约方之间进行外，还同丹麦、多米尼加、芬兰、希腊、海地、意大利、利比里亚、尼加拉瓜、瑞典和乌拉圭10国进行了加入谈判，其中9国入关。谈判结果总计达成147项关税减让协议，增加关税减让商品5 000多项，使占应税进口商品总值56%的商品平均降低关税35%。此轮谈判后，美国的进口关税平均税率降为14.5%。

3. 第三轮多边贸易谈判

1950年9月至1951年4月在英国托奎举行。在这轮谈判中，奥地利、联邦德国、韩国、秘鲁、菲律宾和土耳其入关。谈判方扩大为39个，贸易额已超过世界总额的80%，达成关税减让协议150个，增加关税减让商品8 700项，使应税进口值占11.7%的商品平均降低关税26%。需要指出的是，在这轮谈判中，由于英联邦国家不愿在美国未做出对等减让的情况下放弃彼此间的贸易优惠，因此，美国与英国、澳大利亚、新西兰未能在此轮谈判中达成关税减让协议。

4. 第四轮多边贸易谈判

1956年1月至5月在瑞士日内瓦举行。美国国会认为前几轮谈判，美国的关税减让幅度明显大于其他缔约方，因此对美国代表团的谈判权限进行了限制，因而影响了有关缔约方的参与热情，仅有28个缔约方参加了谈判。美国对进口只给予了9亿美元的关税减让，而其所享受的减让约4亿美元，英国的减让幅度较大。这轮谈判共涉及25亿美元的贸易额，共达成3 000多项商品的关税减让，使占进口值16%的商品平均降低关税15%。日本在本轮谈判中入关。

5. 第五轮多边贸易谈判

1960年9月至1962年7月在瑞士日内瓦举行，共有45个缔约方参加了谈判。由于该轮谈判由时任美国副国务卿的道格拉斯·狄龙倡议发起，故又称狄龙回合。谈判分两个阶段进行，前一阶段于1960年9月开始12月结束，着重就欧共体建立所引起的关税同盟等问题与有关缔约方进行谈判，同时还就第四轮谈判结果进行了再谈判。后一阶段于1961年1月开始，就缔约方进一步减让关税进行谈判。这轮谈判在条款上对关税同盟等问题进行了规范，并就近4 400种商品达成了新的关税减让，使占进口值20%的商品平均降低关税20%，影响世界贸易额45亿美元，但农产品和一些敏感性的商品被排除在协议之外。欧共体六国统一的对外关税也达成了减让，其关税水平平均降低了6.5%。

6. 第六轮多边贸易谈判

1964年5月至1967年6月在瑞士日内瓦举行。由于谈判是当时的美国总统肯尼迪提议发起的，故又称肯尼迪回合，共有54个缔约方参加。此次谈判是关贸总协定主持的谈判中最广泛、最复杂的一次。鉴于产品对产品的谈判方式取得的成果有限，在谈判中，美、欧各自提出了不同的方案。美国提出的是"直线减税"方案，建议各缔约方各自减税50%；欧共体则提出"削平"方案，即高关税缔约方多减，低关税缔约方少减。美国提出的方案有利于高关税以及关税差别较大的缔约方，不利于低关税以及关税差别较小的缔约方，而欧共体的方案则恰恰相反。最终各方达成协议，原则上采取"直线减税"方案，但允许少量例外，这些例外主要集中在农产品、纺织品以及某些初级产品等敏感部门。最终该轮谈判使关税平均下降35%，影响400亿美元的贸易额。值得一提的是，这轮谈判首次涉及了非关税壁垒措施和发展中国家缔约方的特殊优惠待遇问题，从而导致了反倾销协议的诞生，并在关贸总协定中增加了第四部分"贸易与发展"，规定了对发展中缔约方的特殊优惠待遇，明确指出发达缔约方不应期望发展中缔约方做出对等的减让承诺。此外，该轮谈判还吸收波兰入关，开创了"中央计划经济国家"参加关贸总协定的先例。

7.第七轮多边贸易谈判

1973年9月至1979年4月在瑞士日内瓦举行，共有73个缔约方和29个非缔约方参加了谈判。因该轮谈判由时任美国总统尼克松发起，故称尼克松回合。后因"水门事件"，尼克松下台，各方便改以发起该轮谈判的贸易部长会议举行地日本东京，称呼该轮谈判为东京回合。肯尼迪回合后，总体关税水平大幅下降；但非关税壁垒彰显，因而本轮谈判主要是针对非关税壁垒和发展中国家待遇问题而发起的。该轮谈判前后历时5年多，主要成果包括：①开始按既定公式削减关税，从1980年起的8年内，关税削减幅度达33%，且包括了部分农产品，该轮谈判最终关税减让和约束涉及3 000多亿美元的贸易额。②签订了一些只对签字方生效的非关税措施协议，包括《技术性贸易壁垒协议》《补贴与反补贴措施协议》《反倾销协议》《进口许可程序协议》《海关估价协议》《国际牛肉协议》《国际奶制品协议》《政府采购协议》《民用航空器贸易协议》等，这些协议统称为"东京回合守则"。③通过了对发展中缔约方的授权条款，允许发达缔约方给予发展中缔约方普遍优惠制待遇，发展中缔约方可以享受差别和优惠待遇，并可以在其相互之间签订区域性或全球性贸易协定，相互减免关税，减少或取消非关税措施，而不必给予非协定参加方这种待遇。值得注意的是，这轮谈判是在世界经济三足鼎立格局的形成时期举行的，美、欧、日发挥着主导作用，而发展中国家由于数量众多，地位也在提高，得到了普惠制待遇。

关贸总协定前七轮谈判情况见表1-1。

表1-1　　　　　　　　　　关贸总协定前七轮谈判情况表

谈判回合	谈判时间	谈判地点	参加方（个）	关税减让幅度（%）	影响贸易额（亿美元）
第一轮	1947年4月至10月	瑞士日内瓦	23	35	100
第二轮	1949年4月至10月	法国安纳西	33	35	—
第三轮	1950年9月至1951年4月	英国托奎	39	26	—
第四轮	1956年1月至5月	瑞士日内瓦	28	15	25
第五轮	1960年9月至1962年7月	瑞士日内瓦	45	20	45
第六轮	1964年5月至1967年6月	瑞士日内瓦	54	35	400
第七轮	1973年9月至1979年4月	瑞士日内瓦	102	33	3 000

资料来源　世界贸易组织秘书处.

二、乌拉圭回合与世界贸易组织的建立

关贸总协定的第八轮多边贸易谈判，从1986年9月开始启动，至1994年4月签署最终协议，前后历时8年。因谈判始于1986年9月15日在乌拉圭埃斯特角城召开的贸易部长会议，故称为乌拉圭回合。参加此轮谈判的国家和地区由最初的103个，到结束时达到117个。1994年4月15日，本轮谈判于摩洛哥的马拉喀什正式结束。乌拉圭回合是关贸总协定历史上规模最为庞大、内容最为复杂、议题最为广泛、进程最为艰难、对世界经济影响最为深远的、具有历史阶段性意义的一轮多边贸易谈判，也是关贸总协定结束其自身历史使命的最后一轮谈判。中国全程参加了本轮谈判，并在最终协议上签字。

（一）乌拉圭回合启动的背景、目标及主要议题

进入20世纪80年代以后，资本主义世界经济开始普遍进入了滞胀时期，世界经济发展出现严重不平衡，国际金融货币体系极不稳定，发展中国家陷入了更加严重的债务危机，以政府补贴、双边数量限制、市场瓜分等非关税措施为特征的新贸易保护主义重新抬头，致使80年代曾出现世界贸易额有几年绝对下降的现象。此外，农产品和纺织品长期游离于关贸总协定之外，成为贸易保护主义最为严重的两个领域，使它们回归关贸总协定已成为当务之急。此外，服务贸易、与贸易有关的知识产权和投资等方面也亟需制定行之有效的规则，如此等等，出现了一系列新的亟待解决的问题。为了有效地遏制贸易保护主义，避免全面贸易战的发生，建立一个更加开放、持久的多边贸易体制，美国、欧共体、日本等国共同倡导并发起了这轮多边贸易谈判。

在启动该回合谈判的部长宣言中，明确了该轮谈判的主要目标：

（1）通过减少或取消关税、数量限制或其他非关税措施，改善市场准入条件，进一步扩大世界贸易。

（2）完善多边贸易体制，将更大范围的世界贸易置于统一的、有效的多边规则之下。

（3）强化多边贸易体制对国际经济环境变化的适应能力。

（4）促进国际合作，增强关贸总协定同有关国际组织的联系，加强贸易政策和其他经济政策之间的协调。

乌拉圭回合的谈判内容包括传统议题和新议题，共计15个。传统议题包括关税、非关税措施、热带产品、自然资源产品、纺织品服装、农产品、保障条款、补贴和反补贴措施、争端解决等。新议题有服务贸易、与贸易有关的知识产权、与贸易有关的投资措施等。

（二）乌拉圭回合的主要成果

乌拉圭回合经过8年的谈判取得了一系列重大成果，总体来说：多边贸易体制的法律框架更加明确，争端解决机制更加有效与可靠；进一步降低关税，达成内容更为广泛的货物贸易市场开放协议，改善了市场准入条件；就服务贸易和与贸易有关的知识产权达成协定；在农产品和纺织品服装贸易方面加强了多边纪律约束；成

立了世界贸易组织，取代临时适用了近半个世纪的1947年关贸总协定。

1. 货物贸易方面

乌拉圭回合货物贸易谈判的内容主要包括关税减让谈判和规则制定谈判，在这两个方面都取得了丰硕的成果。

（1）关税减让谈判。

发达成员方总体关税削减37%左右，工业品达40%，加权平均税率由6.3%降为3.8%，承诺减让关税的税号占全部税号的93%，涉及84%的贸易额，其中承诺零关税的税号比例由21%提高到32%，涉及的贸易额由20%上升到44%。税率在15%以上的高峰税率占全部税号的比例由23%下降为12%，涉及贸易额的5%，主要是纺织品和鞋类。承诺关税约束的税号占全部税号的比例由78%上升到99%，涉及的贸易额由94%上升到99%。

发展中成员方总体关税削减24%左右，工业品加权平均税率由20.5%降为14.4%，约束关税税号比例由21%上升为73%，涉及贸易额由13%提高到61%。乌拉圭回合后，大部分发展中成员方都扩大了约束关税的范围，有些国家如印度、韩国、印度尼西亚、马来西亚、泰国等国的约束关税比例达到90%左右。

（2）规则制定谈判。

这主要体现在以下4组协议中：

①GATT 1994。

②两项具体部门协议，即《农业协议》《纺织品与服装协议》。

③《技术性贸易壁垒协议》《实施卫生与植物卫生措施协议》《海关估价协议》《装运前检验协议》《原产地规则协议》《进口许可程序协议》《与贸易有关的投资措施协议》等7项部门协议。

④《反倾销协议》《补贴与反补贴协议》《保障措施协议》等3项贸易救济措施协议。

2. 服务贸易方面

乌拉圭回合之前的1947年关贸总协定多边贸易谈判只在货物贸易领域进行。随着服务贸易额的不断扩大，服务贸易在国际贸易中的作用和重要性日益增强。为了更好地推动国际服务贸易的发展，乌拉圭回合将服务贸易首次纳入多边贸易体制，达成了《服务贸易总协定》，为服务贸易制定了一系列基本原则和框架规则，并允许发展中成员方在服务业的开放方面享有更多的差别优惠待遇。

3. 与贸易有关的知识产权方面

随着高科技产品在国际贸易中的比重不断提高，知识产权与国际贸易的关系也更加紧密，但当时已有的国际知识产权保护制度明显缺乏强制性，争端解决机制也很不完善，对知识产权难以起到有效的保护作用。为此，乌拉圭回合达成了《与贸易有关的知识产权协定》，该协定明确了知识产权保护的目标，切实加强了对知识产权的保护。

4. 制度建设方面

在制度建设方面，乌拉圭回合建立了贸易政策审议机制（Trade Policy Review

Mechanism，TPRM）和贸易争端解决机制（Understanding on Rules and Procedures Governing the Settlement of Disputes，DSU）。

5.组织结构方面

乌拉圭回合根据国际贸易发展的现实需要，在谈判中适时突破原有的谈判议题，达成了《建立世界贸易组织协定》。通过建立世界贸易组织，并为其设立完善的组织结构，取代了1947年关贸总协定，完善和加强了多边贸易体制，从而为乌拉圭回合谈判成果的执行确立了组织基础。这也是乌拉圭回合所取得的最为突出的成就。

（三）世界贸易组织的建立

乌拉圭回合之初，15项谈判议题中并没有建立世界贸易组织的议题，可以说世界贸易组织的建立是该回合的一项意外而又必然的成果。鉴于1947年关贸总协定的局限性，随着谈判不断取得重大成果，各主要缔约方均认为，在原有的关贸总协定体制下已无法保证本轮谈判结果的执行，因为谈判结果已经远远超过了关贸总协定的框架规则。因而，各方普遍认为应在关贸总协定基础上成立一个正式的国际贸易组织来协调、监督、执行乌拉圭回合所达成的谈判成果。早在1990年年初，欧共体轮值主席国意大利就代表欧共体12国最早提出了建立多边贸易组织（MTO）的设想，并于这年的7月9日向关贸总协定体制职能谈判小组正式提出。同年4月，加拿大也非正式地提出过类似的设想。瑞士和美国分别于1990年5月17日和10月18日正式向谈判小组提出建立多边贸易组织的提案。由于美、欧等贸易大国的倡议与支持，1990年12月，在乌拉圭回合的布鲁塞尔部长会议上，贸易谈判委员会起草了一个组织性决议，据此谈判小组于1991年12月起草了"建立多边贸易组织协定"草案。时任关贸总协定总干事的阿瑟·邓克尔将该草案和其他议题案文汇总，形成"邓克尔最后案文"。以此为基础，经过两年的修改、研究、补充和完善，1993年12月在该回合结束前，各方原则上形成了"建立多边贸易组织协定"；同时，根据美国的提议，把"多边贸易组织"（MTO）改为"世界贸易组织"（WTO）。

1994年4月15日，乌拉圭回合的各参加方在摩洛哥的马拉喀什通过了《建立世界贸易组织马拉喀什协定》，它与其他附件和部长宣言及决定共同构成了乌拉圭回合谈判的"一揽子"成果，经123个成员方代表签署，于1995年1月1日正式生效。同时，为了保证工作的连续性，决定将1947年关贸总协定与世界贸易组织在1995年共存一年。

第三节　世界贸易组织与关贸总协定的关系

1995年1月1日建立的世界贸易组织与1947年关贸总协定相比，既有其合理的历史继承性，更具有明显的实质性区别。

一、世界贸易组织与1947年关贸总协定的联系

1.世界贸易组织和关贸总协定存在着内在的历史继承性。世界贸易组织继承了

关贸总协定的合理内核，包括其宗旨、职能、基本原则及规则等，而且还将这些原则和规则推广到服务贸易、知识产权保护、与贸易有关的投资措施等领域。

2.在组织机构上，世界贸易组织保留了关贸总协定的秘书处，负责世界贸易组织的日常工作；关贸总协定最后一任总干事继续担任世界贸易组织总干事；世界贸易组织的部长级会议也是从关贸总协定的部长级缔约方全体大会发展而来的，等等。

3.世界贸易组织将1947年关贸总协定及其附件作为1994年关贸总协定的重要组成部分予以保留，仍然是管辖各成员间货物贸易关系的核心规范和准则，并指导其他相关协定、协议的制定。此外，世界贸易组织还保留了1947年关贸总协定达成的几个诸边贸易协议，如《政府采购协议》《民用航空器协议》等。

4.在运行机制上，世界贸易组织继承了1947年关贸总协定的争端解决机制，并继续主张通过多边方式解决成员方之间的贸易争端和纠纷。

二、世界贸易组织与1947年关贸总协定的区别

世界贸易组织绝不是对1947年关贸总协定的简单继承、扩大或沿袭，而是对其创造性继承和发展，二者的主要区别体现在如下几个方面：

1.法律地位不同

世界贸易组织是一个具有国际法人资格的永久性的国际组织，是根据《维也纳条约法公约》正式批准生效的国际组织，具有独立的国际法人资格；而1947年关贸总协定是以"临时适用"的多边贸易协定形式存在的，不是一个正式的国际组织，不具有国际法人资格。

2.管辖范围不同

1947年关贸总协定只能处理货物贸易问题，并且对发展中国家至关重要的纺织品服装和农产品还被排除在外；世界贸易组织则不仅管辖全部货物贸易，而且还要管辖服务贸易和与贸易有关的知识产权贸易，以及与贸易有关的投资措施等，其协调和监督的范围远远大于1947年关贸总协定。世界贸易组织将货物、服务、知识产权有机地融为一体，置于其管辖之下，并且与国际货币基金组织、世界银行等国际组织开展有效的合作，成为维护当今世界经济运行的三大支柱之一。

3.争端解决机制不同

1947年关贸总协定的争端解决机制遵循的是"完全协商一致"的原则，且对争端的解决没有规定期限。在这样的体制下，只要有任何一个缔约方（包括被申诉方）提出反对通过争端解决机构的裁决报告，就会被认为没有达成"完全协商一致"，关贸总协定就不能做出裁决，这极大地削弱了关贸总协定争端解决机制的严肃性、权威性和有效性。因此，当时人们形象地戏称关贸总协定的争端解决机制是"一只没有牙齿的老虎"。世界贸易组织的争端解决机制以法律形式确立了其权威性。因为一国（地区）加入世界贸易组织必须由其国内的立法机构批准，这样一来，世界贸易组织的协定、协议与其国内法律应该处于平等的地位，且不得与世界贸易组织的规定相抵触。全体成员方须遵守世界贸易组织各协定、协议的规定，执行其争端解决机构的裁决。而且，世界贸易组织的争端解决机制采取的是"反向协商一致"的规则，即"除非世界贸易组织成员完全一致反对通过裁决报告"，否则视为"完全协商一致"通过裁决，从而使其裁决具有了自动执行的效力；同时，还明确规定了争端解决和裁决实施的时间表。因此，世界贸易组织争端裁决的实施更容易得到保证，争端解决机制的效率更高，约束力更强，更加具有权威性和时效性。

4.成员承担的义务不同

世界贸易组织成员不分强弱大小，对其管辖的多边协定、协议必须一律遵守，以"一揽子"方式全部接受，而不能有选择性地只接受或参加某一个或某几个协定、协议，且不能对这些协定、协议提出任何保留；而1947年关贸总协定的许多协议是以守则式的方式加以实施的，缔约方可以选择性地接受，也可以不接受。

5.关贸总协定的性质和作用不同

GATT 1947转化为GATT 1994之后，其仅仅是世界贸易组织负责管理和实施的一个多边货物贸易协定，不再具有"准国际贸易组织"的性质和职能，不再是多边贸易体制的组织和法律基础。

6.世界贸易组织更具有广泛性

从世界贸易组织成立至2018年6月，其成员已达到164个，另外还有20多个国家和地区正在积极申请加入世界贸易组织。目前，世界贸易组织成员的贸易额已占世界贸易额的95%以上。

第四节 世界贸易组织和其他国际组织的关系

一、世界贸易组织与其他国际组织关系概述

《建立世界贸易组织协定》第5条对世界贸易组织与其他国际组织的关系做出了原则性规定，该条共分两款：第一款规定，"总理事会应就与职责上与世界贸易组织有关的政府间组织进行有效合作做出适当安排"；第二款规定，"总理事会可就与涉及世界贸易组织有关事项的非政府组织进行磋商和合作做出适当安排"。根据这些原则规定，世界贸易组织负责管理和实施的贸易协定与协议又分别做出了一些具体的规定。

世界贸易组织所管辖的范围虽然涉及国际经济贸易的各个方面，如从农业到工业、从服务贸易到知识产权都在其管辖范围之内，但世界贸易组织主要处理的毕竟是贸易或与贸易有关的问题，其他问题如果确实影响到国际贸易的正常发展，世界贸易组织本身就无能为力了。这就需要与其他国际组织密切配合，协调解决。因而，世界贸易组织与其他国际组织的关系主要是合作、配合和协调的关系，并且这些合作正日益成为世界贸易组织工作内容的重要组成部分。

二、与联合国的关系

联合国是根据1945年6月25日旧金山会议通过的《联合国宪章》成立的一个

国际组织，在世界范围内具有最广泛的影响。其宗旨是：

（1）维持国际和平与安全。

（2）发展各国间的友好关系。

（3）促进国际合作。

（4）协调各国行动。

联合国在当今国际社会发挥着独一无二的作用，其工作范围涉及政治、经济、军事、文化等各个方面，在整个国际组织体系中处于领导和核心地位。许多重要的专门性国际组织都是联合国下属的专门机构，例如世界银行、国际货币基金组织、世界卫生组织、联合国贸易与发展会议及国际劳工组织等等。作为世界贸易组织的前身，关贸总协定虽然只是一个非正式的准国际组织，但从它与联合国的关系及缔约方之间合作的实际程度来分析，其地位与联合国的专门机构相似。有趣的是，虽然世界贸易组织总干事于1995年11月与联合国秘书长通信，保证两个组织在今后进行密切合作，但此前世界贸易组织已决定"世界贸易组织不宜寻求与联合国建立一种更为正式的专门机构的关系"。为什么世界贸易组织在与联合国的关系上会采取与1947年关贸总协定以及世界银行和国际货币基金组织均大相径庭的做法呢？这里有一个时代背景的问题。联合国、世界银行、国际货币基金组织等都是第二次世界大战后不久成立的国际组织，战后的非殖民化运动使得大批新独立的发展中国家加入这些国际组织，极大地改变了这些组织的性质。世界贸易组织是冷战结束后成立的第一个重要的国际经贸组织，发达国家当然不希望它成为发展中国家的又一个舞台，更不希望联合国对它指手画脚，于是极力阻挠世界贸易组织成为联合国的专门机构。因而，世界贸易组织与联合国的关系也就仅限于两个最有影响的国际组织的正常合作和协调而已。

三、与国际货币基金组织的关系

在当今的国际社会中，世界贸易组织与国际货币基金组织和世界银行并称为世界经济的三大支柱。它们分别在国际贸易、国际金融、国际投资领域发挥着各自的至关重要的作用。

（一）国际货币基金组织的宗旨

国际货币基金组织是根据1944年布雷顿森林会议上通过的《国际货币基金协定》而建立起来的一个政府间的国际金融组织。它于1945年12月27日正式成立，1947年3月1日开始办理业务，同年11月15日成为联合国的专门机构。

国际货币基金组织的宗旨是：

（1）通过设置一个常设机构就国际货币问题进行磋商与协作，从而促进国际货币领域的合作。

（2）促进国际贸易的扩大和平衡发展，从而有助于提高和保持高水平的就业和实际收入以及各成员生产性资源的开发，并以此作为经济政策的首要目标。

（3）促进汇率的稳定，保持成员之间有秩序的汇兑安排，避免竞争性通货贬值。

（4）协助在成员之间建立经常性交易的多边支付体系，取消阻碍国际贸易发展的外汇限制。

（5）在具有充分保障的前提下，向成员提供暂时性普通资金，以增强其信心，使其能有机会在无须采取有损本国和国际繁荣措施的情况下，纠正国际收支失调。

（6）缩短成员国际收支失衡的时间，减轻失衡的程度。

从国际货币基金组织的宗旨中我们可以看出，国际货币基金组织和世界贸易组织的宗旨有着相似和一致之处，这决定了它们之间开展合作的必然性。

（二）关贸总协定与国际货币基金组织的关系

从历史关系上来看，长期以来国际货币基金组织与关贸总协定一直是有密切业务联系的两个国际机构。关贸总协定的历届多边贸易谈判在涉及各缔约方的非关税措施，如货币金融、外汇汇率、国际收支平衡等问题时，主要依靠的是与国际货币基金组织的配合与协调。根据乌拉圭回合通过的《关于世界贸易组织与国际货币基金组织关系的宣言》的规定："除非在最后文本中另有规定，在《建立世界贸易组织协定》附件1A的多边贸易协定范围内的世界贸易组织与国际货币基金组织的关系问题，应以缔约方全体和1947年关贸总协定与国际货币基金组织关系的已有规则为准。"关贸总协定与国际货币基金组织的合作，在《1947年关贸总协定》第15条"外汇安排"中有明确规定："缔约方全体应谋求与国际货币基金组织合作，以便在基金所主管的外汇问题和缔约方全体所主管的数量限制或其他贸易措施方面，缔约方全体与国际货币基金组织可以执行一个协调的政策。""缔约方全体如果被请求考虑或处理有关货币储备、国际收支或外汇安排的问题，它们应与国际货币基金组织进行充分的协商"。"缔约各方不得以外汇方面的行动，来妨碍本协定各项规定的意图的实现，也不得以贸易方面的行动妨碍国际货币基金组织各项规定的意图的实现。""如缔约方全体认为，某缔约方现行的有关进口货物的支付和转账方面的外汇限制与本协定对数量限制的例外规定不符，则缔约方全体应将这一情况向国际货币基金组织报告。"

（三）世界贸易组织与国际货币基金组织的关系

根据《关于世界贸易组织与国际货币基金组织关系的宣言》所确立的原则和关贸总协定时期的长期富有成效的合作实践，1996年12月9日世界贸易组织与国际货币基金组织正式签订了两个组织之间的合作协议，即《国际货币基金组织与世界贸易组织合作的协议》，该协议就世界贸易组织与国际货币基金组织的合作事宜具体规定如下：

1.相互协商

有关国际货币基金组织和世界贸易组织之间协商的规定为：

（1）根据协议履行各自的职责，这是保证机构合作的基础。

（2）在制定全球经济政策时，力求最大限度地协商。

（3）相互通报国际货币基金组织和世界贸易组织的各项决定。例如，有关国际货币基金组织成员在国际贸易的经常项目中所制定的支付和汇兑上的限制规定、歧视性的货币安排和多种货币使用以及资金外流等。

（4）双方可以在世界贸易组织的国际收支限制委员会对为保障世界贸易组织某一成员的收支地位而采取的审议措施进行协商，相互交流各自机构或各自下属机构的意见，包括争端解决专家小组以及关于相互感兴趣事宜的书面材料等。

2.出席对方召开的各种会议

国际货币基金组织召开讨论全球或区域贸易政策的会议时，世界贸易组织秘书处的工作人员将被邀请参加。反之，世界贸易组织也邀请国际货币基金组织的工作人员作为观察员参加世界贸易组织及其下属机构的有关国际货币基金组织管辖范围内的事宜的相关会议。

3.相互交换文件和信息资料

凡涉及同时是两个组织的成员，或某一组织的成员正在申请加入另一组织，经该成员同意，两个组织可以按一定程序相互交换有关的文件、信息、资料和观点。

4.共同协调

国际货币基金组织的人员和世界贸易组织秘书处在讨论同时是两个组织的成员的事宜时，若发生该成员根据世界贸易组织协议和《国际货币基金协定》在应尽义务上有不一致时，应先在两个组织工作人员一级上进行协调。

《国际货币基金组织与世界贸易组织合作的协议》为国际货币基金组织与世界贸易组织的合作确定了法律框架，在该框架的指导下，国际货币基金组织与世界贸易组织的合作已经取得了许多令人满意的成果。我们有充分的理由相信，今后这两个国际组织的合作必将会取得更大的成就。

四、与世界银行的关系

世界银行是根据 1944 年布雷顿森林会议上通过的《国际复兴开发银行协定》建立的一个政府间国际经济组织。

世界银行的宗旨是：

（1）对用于生产目的的投资提供便利，以协助成员的复兴与开发；鼓励较不发达国家的生产与资源的开发。

（2）利用担保或参加私人贷款及其他私人投资的方式，促进成员的外国私人投资。当外国私人投资不能获得时，在条件合适的情况下，运用自有资本或筹集的资金及其他资金，为成员生产提供资金，以补充外国私人投资的不足，促进成员外国私人投资的增加。

（3）用鼓励国际投资以开发成员生产资源的方法，促进国际贸易的长期平衡发展，并维持国际收支的平衡。

（4）在贷款、担保或组织其他渠道的资金中，保证重要项目或在时间上紧迫的项目，不管大小都能得到安排。

（5）在具体业务中适当照顾各成员国内工商业，使其免受国际投资的影响。

从世界银行的宗旨可以看出，它与世界贸易组织有重合和一致之处。虽然乌拉圭回合未像与国际货币基金组织一样专门通过一个关于世界贸易组织与世界银行关系的宣言，但在《关于世界贸易组织对实现全球经济决策更大一致性所做贡献的宣言》中，明确提到"世界银行和国际货币基金组织在支持贸易自由化调整过程中的作用，包括对面临农产品贸易改革所产生的短期成本的粮食净进口发展中国家的支持"。该宣言最后要求"世界贸易组织总干事与国际货币基金组织总裁和世界银行行长一起，审议世界贸易组织与布雷顿森林体系机构合作的职责所产生的含义，以及此种合作可能采取的形式，以期实现全球经济决策的更大一致性"。根据宣言的要求，1996年世界贸易组织与世界银行签订了合作协议，由于其内容与《国际货币基金组织与世界贸易组织合作的协议》大体相似，在此就不再赘述了。

五、与联合国贸易与发展会议的关系

联合国贸易与发展会议（UNCTAD）是根据联合国大会的批准于1964年成立的联合国常设机构，简称"联合国贸发会议"，是处理有关经济发展和国际贸易问题的国际经济组织，总部设在瑞士日内瓦，目前参加该机构的国家和地区共有190多个。联合国贸发会议每4年在一个成员国的首都举行一次会议，闭会期间由贸易和发展理事会执行职责，每年向联大提出报告，并筹备下届会议。由于在国际社会中该机构在维护发展中国家的利益方面发挥着突出的作用，因而被誉为"发展中国家的良心"。

联合国贸易与发展会议的宗旨是：

（1）促进国际贸易，特别是促进发展中国家的经贸发展。

（2）制定国际贸易和有关经济发展问题的原则和政策。

（3）推动发展中国家与发达国家在国际经济、贸易领域的重大问题谈判的进展。

（4）检查和协调联合国系统其他机构在国际贸易和经济发展方面的各项活动。

（5）采取行动以通过多边贸易协定。

（6）协调各国政府和区域经济集团的贸易和发展战略。

从联合国贸易与发展会议的宗旨可以看出，贸易、发展、投资等问题是联合国贸易与发展会议和世界贸易组织共同关心的问题，可以开展有效的合作。根据世界贸易组织首任总干事鲁杰罗的工作总结，世界贸易组织与联合国贸易与发展会议的合作主要包括以下几方面：

（1）自1995年1月开始，每6个月举行一次会议，由双方轮流主持。

（2）在两个机构的各个层次上加强工作联系，如研究贸易与投资、贸易与竞争、贸易与环境、贸易与发展等领域的问题。

（3）为了改进跨境协调并合理利用资源，在技术合作方面努力促成更广泛的合作。

六、与各区域贸易集团的关系

由于各区域贸易集团的成员大多数同时又是世界贸易组织的成员，这就带来一个问题，即如何处理世界贸易组织与各区域贸易集团的关系。世界贸易组织并不反对区域贸易集团的存在，但要求其遵守世界贸易组织的相关规定。这些规定包括：

《1994年关贸总协定》第24条及《关于解释1994年关贸总协定第24条的谅解》，1979年东京回合"授权条款"及《服务贸易总协定》的有关规定，其中的核心规定是《1994年关贸总协定》第24条。该条允许世界贸易组织成员建立自由贸易区、关税同盟或者二者的过渡安排，并具体规定了建立自由贸易区、关税同盟或者二者的过渡安排应遵守的规则。这些规则是：

（1）建立自由贸易区和关税同盟的目的必须是促进参加成员之间更紧密的经济一体化，而且是为增加自由贸易区或关税同盟的贸易自由提供便利，而不是增加参加成员与其他世界贸易组织成员之间的贸易壁垒（见第24条第4款）。

（2）对非自由贸易区或关税同盟的世界贸易组织成员实施的关税或其他贸易规章，不得高于或严于该自由贸易区或关税同盟建立以前的相应关税和其他贸易规章（见第24条第5款）；如果对非关税同盟成员实施的关税高于以前的水平，应给予相应的补偿（见第24条第6款）。

（3）对于原产于自由贸易区或关税同盟的产品实质上的贸易，应取消关税或其他限制性贸易规章（见第24条第8款）。

（4）任何决定建立自由贸易区或关税同盟或其过渡安排的世界贸易组织成员应及时通知世界贸易组织（见第24条第7款）。

1996年2月6日，世界贸易组织总理事会决定成立区域贸易协议委员会（Committee on Regional Trade Agreements，CRTA），其目的是监督区域贸易集团并对它们是否遵守世界贸易组织规则进行评审。区域贸易协议委员会的另一项任务是研究区域贸易安排对多边贸易体制的影响以及区域贸易安排与多边贸易安排的关系。目前，世界贸易组织成员间达成的数百项区域贸易协定均处于该委员会的审查之下。审查如此大量的区域贸易协定，对区域贸易协议委员会来说无疑是一项极为繁重的工作。尽管世界贸易组织对区域贸易集团的活动进行了规范，但要真正实现对区域贸易集团的有效监管，并非是一朝一夕的事，还有很长的一段路要走。

七、与非政府组织的关系

近些年来，随着市民社会（civil society）这一概念的兴起和发展，与非政府组织（Non-Governmental Organization，NGO）的合作成为世界贸易组织工作日程中越来越重要的组成部分。

（一）与非政府组织关系确立的基础

根据《建立世界贸易组织协定》第5条的规定，总理事会可就与涉及世界贸易组织有关事项的非政府组织进行磋商和合作做出适当安排。1996年7月18日，总理事会通过了《与非政府组织关系安排的指导方针》。这些指导方针对世界贸易组织成员方和世界贸易组织秘书处在保持与市民社会的各个组成部分开展积极的、非正式的对话方面具有指导性作用。

（二）与非政府组织合作的主要形式

1.出席部长级会议

从1996年新加坡会议开始，世界贸易组织决定：

（1）非政府组织可以参加部长级会议的全过程。

（2）世界贸易组织秘书处应在《建立世界贸易组织协定》第5条第2款的基础上接受非政府组织的注册申请，只要它们能证明其活动与世界贸易组织的事务有关。

在世界贸易组织第一届部长级会议上，共有159个非政府组织登记出席，新加坡非政府组织中心为非政府组织提供了大量的会议室、计算机设备及官方活动的文件。多边贸易体制50周年庆典进一步燃起了非政府组织参与世界贸易组织事务的热情，也显示了市民社会对世界贸易组织工作的关注日益增多。西雅图会议和坎昆会议的失败，使世界贸易组织从另一角度认识到：必须处理好与非政府组织的关系。

2.座谈会

从1996年起，根据市民社会的兴趣，世界贸易组织秘书处就特定议题为非政府组织安排了一系列座谈会，既有关于贸易与环境的问题，也有关于贸易与发展的问题，还有关于贸易便利的问题。这些座谈会以一种非正式的形式为非政府组织讨论特定议题提供了机会。

3.日常联系

世界贸易组织秘书处每天收到大量来自世界各地的非政府组织的各种意见，秘书处人员还定期与非政府组织会晤。

4.加强信息沟通

1998年7月15日，世界贸易组织总干事宣布采取一系列新步骤以增进与市民社会的对话与沟通，这些步骤包括给非政府组织定期提供简报和在世界贸易组织网站上开辟一个非政府组织专栏等。

基本概念

贸易自由化　市场经济体制　经济全球化　可持续发展　国际贸易利益协调　狄龙回合　肯尼迪回合　尼克松回合　东京回合　乌拉圭回合　1947年关税与贸易总协定　1994年关税与贸易总协定　世界贸易组织　联合国　国际货币基金组织　世界银行　联合国贸易与发展会议

复习思考题

1.试论世界贸易组织确立与发展的基础。

2.世界贸易组织确立的理论基础是什么？

3.世界贸易组织确立的经济体制基础是什么？

4.经济全球化对世界贸易组织的建立有什么影响？

5.世界贸易组织为什么特别重视可持续发展？

6.在国际贸易利益协调中，世界贸易组织起到了哪些作用？

7.试述1947年关税与贸易总协定。

8.试述1947年关税与贸易总协定的发展历程。

9.试述乌拉圭回合的背景及主要成果。

10.试述1947年关税与贸易总协定与世界贸易组织的关系。

11.乌拉圭回合与世界贸易组织的建立是什么关系？

12.世界贸易组织都与哪些国际组织合作？合作的具体内容是什么？

拓展阅读1-1

拓展阅读1-2

第二章　世界贸易组织的宗旨、地位和职能

第一节　世界贸易组织的宗旨

1994 年 4 月 15 日，乌拉圭回合各参加方在摩洛哥的马拉喀什通过并签署了《建立世界贸易组织马拉喀什协定》，即《建立世界贸易组织协定》。在该协定的序言部分，开宗明义地集中表述了世界贸易组织的宗旨：

"本协定各参加方：

认识到在处理它们在贸易和经济领域的关系时，应以提高生活水平、保证充分就业、保证实际收入和有效需求的大幅稳定增长以及扩大货物和服务的生产和贸易为目的，同时应依照可持续发展的目标，考虑对世界资源的最佳利用，寻求既保护和维护环境，又以与它们各自在不同经济发展水平的需要和关注相一致的方式，加强为此采取的措施。

进一步认识到需要做出积极努力，以保证发展中国家、特别是其中的最不发达国家，在国际贸易增长中获得与其经济发展需要相当的份额。

期望通过达成互惠互利安排，实质性削减关税和其他贸易壁垒，消除国际贸易关系中的歧视待遇，从而为实现这些目标做出贡献。

因此决定建立一个完整的、更可行的和持久的多边贸易体制，以包含关税与贸易总协定、以往贸易自由化努力的结果以及乌拉圭回合多边贸易谈判的全部结果。

决心维护多边贸易体制的基本原则，并促进该体制目标的实现。"

由此可以看出，世界贸易组织的宗旨既秉承了关税与贸易总协定在过去所一贯遵循的基本准则，同时又针对国际经济贸易领域的新情况和新趋势做出了重大的创新和发展。

据此，我们将世界贸易组织的宗旨集中归纳为如下几个方面：

一、以充分就业为保障，提高全体成员方人民的生活水平，提高实际收入和有效需求

1947 年关贸总协定在其序言中明确指出，各缔约方"在处理它们在贸易和经济领域的关系时，应以提高生活水平、保证充分就业、保证实际收入和有效需求的大幅稳定增长……为目的"。在科学技术迅猛发展、经济全球化日益深化的今天，世界贸易组织紧紧抓住关贸总协定这一科学、合理的基本宗旨，继续将提高生活水平、保证充分就业作为其首要的发展宗旨，不仅符合世界贸易组织建立和发展的基础，更符合和顺应国际经济社会发展的大潮流和大趋势，同时也极其符合一般经济学和国际贸易学的基本原理。世界贸易组织通过这一宗旨的提出和实现，就能达到其致力于推动整个国际经济贸易的健康顺利发展，进而提高各成员方人民生活水平

这一终极目的。这一提法因为完全符合各成员方的经济发展目标，因而广受各成员方的欢迎和普遍接受。

自世界贸易组织成立以来，这一宗旨在其全部活动中始终得到了很好的贯彻和体现。因而，我们有充分的理由相信并预见，在未来的发展过程中，世界贸易组织在这一宗旨的指引下，在管理和协调国际经济贸易事务中必将日益发挥更为重要的作用，也必将更有力地促进各成员方的经济发展，提高人民生活水平。

二、扩大货物（商品）、服务的生产和贸易

在20世纪末期以前，在国际经贸领域，货物（商品）贸易独占鳌头，是全球贸易中最重要的内容，亦是带动全球经济发展的"引擎"。但自20世纪末期以来，新的科学技术突飞猛进，经济全球化进程迅速向纵深化发展，经济发展方式和途径空前综合化和多样化，从而使国际服务贸易迅猛发展并日益在国际经贸活动中占有举足轻重的地位，成为国际经贸领域竞争的制高点。近些年来，国际服务贸易的年平均增长率均超过11%，远远超过同期世界货物贸易年均8%左右的增长速度。正因为如此，在世界贸易组织建立之时，各成员方均明确地认识到服务贸易对世界经济增长和发展具的重要性日益增加，进而将服务贸易置于与货物贸易同等重要的地位，从而实质性地扩展了国际贸易的外延和内涵，这必将更加有利于服务贸易在全球的进一步发展。

在乌拉圭回合谈判中，服务贸易被作为新的议题之一列入谈判内容，同时，服务贸易也是各方代表讨论的重点和焦点及难点问题之一。最后经过各方认真、充分的讨论，达成了《服务贸易总协定》。该协定作为乌拉圭回合谈判一揽子协议的重要成果之一，对服务贸易的市场准入和国民待遇等一系列重大问题做出了明确规范。《服务贸易总协定》的制定和实施，标志着以世界贸易组织为基础的全球多边贸易体制正在逐步趋向科学和完善；同时，更是为国际服务贸易的大发展提供了全新的制度保障和坚实平台。

三、坚持走可持续发展之路

可持续发展（sustainable development）是联合国在20世纪末期提出的一个全新的发展观。这一观念强调对世界资源必须合理利用（optimal use），而不是以前一直强调和注重的充分利用（full use）。要切实保护自然环境，才能既避免造成资源浪费，影响国际贸易发展，又防止资源的过度利用，造成资源枯竭，以至危及人类的生存。从关贸总协定倡导的对世界资源的充分利用，发展到世界贸易组织对世界资源的合理利用，充分反映出世界贸易组织寻求的人类对资源利用能力的扩大和深化，主要表现在对资源利用质的提高而非量的扩大。①

《建立世界贸易组织协定》明确地将可持续发展写入序言并作为世界贸易组织的一个重要宗旨，这是对关贸总协定宗旨的重大创新和发展。有了这样的一个宗旨，就能使全体成员在致力于国际贸易的发展过程中始终牢记可持续发展的重大目

---

① 曹建明，贺小勇. 世界贸易组织［M］. 北京：法律出版社，1999：318.

标，始终着眼于全球的长远利益和子孙后代的幸福，从而能够防止片面追求眼前利益的倾向，防止由于一味地追求某一时期生产与贸易的发展，而造成对环境的污染和生态的破坏，以至于从根本上动摇国际贸易的根基，降低人类的生活水平。这是具有战略意义的根本大计，对今后全球的稳定和繁荣具有重大而深远的影响。

我国自入世以来，十分重视并很好地贯彻了可持续发展这一宗旨，适时地提出了科学发展观和构建和谐社会的先进理念，将可持续发展作为中国经济发展的首要目标。2005年联合国提出了"可持续发展十年教育计划"，该计划要求全球每个人都有机会接受高质量的教育，学习创造一个可持续的未来及实现积极的社会文化转型所必备的新型价值观、行为模式和生活方式。相信中国在世界贸易组织宗旨和联合国计划的指导下，必定会找到实现中国可持续发展目标的最优方式和最佳途径。

四、保证并促进发展中国家经济和贸易的发展

在关贸总协定建立初期的一系列文件中，发展中国家（包括最不发达国家）并未被作为一个特殊群体而予以特别的关注。第二次世界大战后，随着一系列发展中国家纷纷摆脱殖民统治，建立了独立国家并不断发展壮大，这一群体在国际社会中的数量不断增多，地位也在逐步提高。这种现象在关税总协定中也有很好的体现，如1965年在1947年关贸总协定中加入了第四部分"贸易与发展"（第36~38条），通过具体的3个条款来促进发展中缔约方的贸易发展。第36条明确规定："发展中国家和其他国家之间的生活水平有很大的差距"，"单独和联合行动对促进发展中的各缔约方的经济发展，并使这些国家的生活水平得到迅速提高是必要的"。

第36条同时还就向发展中国家实行政策倾斜做出如下规定：

"有必要做出积极努力，以保证发展中的各缔约方在国际贸易中能占有与其经济发展需要相适应的份额。"

"对与发展中的各缔约方目前或潜在的出口利益特别相关的某些加工品或制成品，要在有利条件下，尽最大可能增加其进入市场的机会。"

"减轻发展中的各缔约方在经济发展中的负担。"

"发达的各缔约方对它们在贸易谈判中对发展中的各缔约方的贸易所承诺的减少或取消关税和其他壁垒的义务，不能希望得到互惠。"

1947年关贸总协定的上述措施和规定在世界贸易组织中进一步得到重视和加强，在《建立世界贸易组织协定》的序言中就明确指出，世界贸易组织全体成员方"进一步认识到需要做出积极努力，以保证发展中国家，特别是其中的最不发达国家，在国际贸易增长中获得与其经济发展需要相当的份额"。为此，在世界贸易组织负责管理和实施的一系列贸易协定与协议中，都明确规定了对发展中国家要给予特殊和差别待遇。这一方面说明了发展中国家在世界贸易组织中整体地位的提高，同时也以制度的形式实实在在地明确了发达国家必须承担的相关义务，从而在实质上必将有助于发展中国家成员方经济和贸易的不断发展。

五、建立更趋完善的多边贸易体制

1947年关贸总协定仅仅构建了世界多边贸易体制的初步框架，距一个合理完

善的多边贸易体制仍有相当大的差距。由于其是一个临时适用性的协定，无法实现多边贸易体制的一体化和合法化，且这一多边贸易体制本身就相当不完善，它所管辖的仅仅是货物贸易的范畴，对发展中国家至关重要的农产品、纺织品还长期游离于关贸总协定的体制之外（这是其多边体制不完善的最典型一例）。《建立世界贸易组织协定》则完全修正了关贸总协定的上述做法，确立了"建立一个完整的、更可行的和持久的多边贸易体制"。为此，不仅要巩固和发展1947年关贸总协定48年的贸易自由化成果，还新增加了乌拉圭回合多边谈判的所有成果，在此基础上建立的多边贸易体制，必然会更趋完善、更具活力和更加持久。

世界贸易组织的这一宗旨极具战略意义，它从根本上解决了关贸总协定中长期悬而未决的问题，还扩大了自身的管辖范围，不仅包括了全部的货物贸易领域，而且还将服务贸易和与贸易有关的知识产权和投资措施等方面的内容都涵盖其中。

世界贸易组织成立以来，尽管历经风雨和磨难，但始终都在竭力维护并努力保证上述宗旨的贯彻和实现，从而使其自身的影响力和作用力日益增强。同时，这些年来，上述宗旨也得到了广大成员方的普遍理解、赞同和支持。我们有充分的理由相信，上述宗旨在今后的国际经贸发展中必将发挥更大的作用。

第二节　世界贸易组织的地位

《建立世界贸易组织协定》第8条集中地表述了世界贸易组织的法律地位。

一、世界贸易组织具有国际法人资格条件

世界贸易组织是根据《维也纳条约法公约》正式批准生效成立的，是一个常设性、永久性存在的国际组织，具有独立的国际法人资格。根据国际法院在关于"履行联合国职务中遭受损害之赔偿"的"咨询意见"中应用的客观方式，国际法院提出了国际组织具备法人资格的必要前提条件：

（1）为达到共同目标而设立的比协调各国行为的中心更高级的组织。

（2）建立本身的机构（infrastructure）。

（3）具有特定的任务。

（4）独立于其成员，能表达其本身的意志。

确定某国际组织是否具有法人资格的主要依据是该国际组织成为国际法主体，能独立行使国际权利和承担国际义务。国际组织具有法人资格，一般具体表现为具有缔约、取得和处置财产以及进行法律诉讼的能力，并享有特权和豁免权。[①]

《建立世界贸易组织协定》第8条第1款规定：世界贸易组织具有法律人格，即法人资格，其各成员方均应赋予世界贸易组织在履行其职能时所必需的法定能力。这是世界贸易组织依据国际法采取行动，享有国际法规定的特权和豁免权的法律基础。这就意味着世界贸易组织在国际上可以独立地缔结条约，可以提起国际损害赔

---

① 陈安. 国际经济法学［M］. 北京：北京大学出版社，2001：460-463.

偿诉讼，可以享受特权及豁免权，可以在其成员范围内订立契约，取得和处置动产和不动产，以及提起诉讼等。

二、世界贸易组织本身的特权和豁免

《建立世界贸易组织协定》第8条第2款对世界贸易组织自身所享有的特权和豁免做出了明确的规定：每一成员方均应给予世界贸易组织履行其职能所必需的特权和豁免。世界贸易组织的特权与豁免是其具有法律人格的一个具体体现。为此，它要求各成员方应赋予世界贸易组织为履行其职能而在办公用房、档案、文件、通讯、财产和资产等方面的特权和豁免。

三、世界贸易组织官员和成员方代表的特权和豁免

《建立世界贸易组织协定》第8条第3款对世界贸易组织官员和成员方代表所享有的特权和豁免做出了明确规定：每一成员方应同样给予世界贸易组织官员和各成员方的代表独立履行与世界贸易组织有关的职能所必需的特权与豁免。从上述规定可以看出，给予以上各相关人员的特权和豁免并非为其个人本身的私人利益，而是为了保障他们能更好地独立履行其相关的世界贸易组织的职务行为。

四、世界贸易组织特权与豁免的标准

《建立世界贸易组织协定》第8条第4款对世界贸易组织及其相关人员所享有的特权与豁免的标准做出了明确的规定：每个成员方给予世界贸易组织、世界贸易组织官员和各方代表的特权和豁免应与1947年11月21日联合国大会批准的《专门机构特权及豁免公约》所规定的特权和豁免相同。根据这一公约，世界贸易组织可以和联合国一样，具体享有如下特权与豁免权：任何形式的法律程序豁免，财产、金融及货币管制豁免，所有的直接税、关税豁免及公务用品和出版物的进出口限制豁免等。

五、世界贸易组织可订立总部协议

由于世界贸易组织是具有国际法人资格的永久性国际组织，因而其可以订立一个总部协议，并与其他国际组织进行较为密切的沟通、协商与合作。世界贸易组织总理事会要做出适当的安排，同那些与履行世界贸易组织职责关系密切的其他国际组织，如国际货币基金组织、世界银行、海关合作理事会、世界知识产权组织、联合国贸发会议、联合国经济及社会理事会等组织进行富有成效的联系和合作。此外，世界贸易组织总理事会还可以做出适当安排，同那些与履行世界贸易组织职责所从事的活动有关联的各非政府机构和组织进行广泛的交流和合作。

第三节　世界贸易组织的职能

世界贸易组织作为一个管理国际贸易的专门性的国际组织，有其特定的工作范围和职能。对世界贸易组织职能的规定在乌拉圭回合一揽子协议的各项协定、协议中均有阐述，但其中最主要、最集中的条款是《建立世界贸易组织协定》第3条。

根据该条的表述，我们将世界贸易组织的主要职能介绍如下。

一、管理和实施协定、协议

世界贸易组织首要的和最主要的职能就是促进《建立世界贸易组织协定》本身条款以及各项贸易协定、协议的履行、管理、运用及目标的实现。《建立世界贸易组织协定》第3条第1款对此有明确的论述，即应"便利本协定和多边贸易协定的实施、管理和运用，并促进其目标的实现"。除此之外，该款还对各诸边贸易协议①的履行、管理和运用做出了明确规定，即"还应为诸边贸易协议提供实施、管理和运用的体制"。

《建立世界贸易组织协定》和各多边贸易协定、协议是由120多个国家和地区经过8年的漫长而艰苦的谈判最终达成的巨大成果，它们共同构成了建立新的国际贸易体制和秩序的基本法律基础和框架，是世界贸易组织法律体系基本的、主要的内容。因此，使这些法律文件得以切实贯彻执行，并对其加以科学统一的管理和合理有效的运用，以及不断地促进其各项既定目标的顺利实现是世界贸易组织首要的和最主要的职能。

二、为各成员方提供多边贸易谈判的最佳场所

《建立世界贸易组织协定》第3条第2款，对此予以了明确阐述。值得注意的是，世界贸易组织为各成员方提供的多边贸易谈判场所与一般意义上的为谈判提供一个场所是有本质区别的，主要表现在：

（1）在该场所进行的谈判有其特定的内容。各成员方在此举行的是就世界贸易组织各协定、协议所涉及的相关事项所进行的多边贸易谈判，且是对1947年关贸总协定的诸多遗留问题和乌拉圭回合新涉及议题的谈判。因而，这是只有世界贸易组织才涉及的特定内容。

（2）该场所还对新的领域、新的问题进行谈判。在世界经济发展日新月异，新领域、新问题不断出现的今天，原有的谈判议题不可能包罗万象，尤其是不可能对新问题予以包括；而有了这样一个常设的、永久性的谈判场所，就能随时就新矛盾和新问题进行谈判，当新的矛盾和问题较集中和普遍时，甚至可以发起新一轮谈判。

三、管理和解决贸易争端

《建立世界贸易组织协定》第3条第3款规定，世界贸易组织应管理本协定附件二所列《关于争端解决规则与程序的谅解》，这是世界贸易组织关于争端解决的基本法律文件。众所周知，1947年关贸总协定在解决贸易争端方面显得过于软弱、分散和低效率。世界贸易组织在吸取关贸总协定经验的基础上，建立了更加务实、具体、富有成效的争端解决机制。自世界贸易组织成立后，各成员方之间如就《1994年关税与贸易总协定》及其附属协议、《服务贸易总协定》以及《与贸易有关的知识产权协定》产生的任何争端，经双方协商后不能予以解决的，均可诉诸世

---

① 诸边贸易协议是指世界贸易组织成员自愿加入的协议，它只在协议的签署方之间生效，其所确立的权利与义务并不当然地及于世界贸易组织的全体成员方。

界贸易组织的争端解决机制，寻求公平合理的解决。

世界贸易组织的争端解决机制对其所有成员方来说，都不失为一条解决国际贸易争端的重要途径。争端解决机制运作的本身可以发挥双重作用，即一方面能较好地保护成员方的利益少受或不受损失；而另一方面，又能很好地督促各成员方切实地履行其在世界贸易组织体制下应尽的义务。因此，世界贸易组织的争端解决机制对多边贸易体制的发展起到了重要的安全保障作用。

四、审议各成员方的贸易政策

《建立世界贸易组织协定》第3条第4款规定，世界贸易组织应管理本协定附件三规定的《贸易政策审议机制》。建立贸易政策审议机制的目的：一是了解成员方遵守和实施多边贸易协定、协议的具体情况；二是确保世界贸易组织的贸易规则在各成员方能够得以正确贯彻实施；三是为了避免和减少不必要的贸易摩擦和争端；四是切实提高各成员方实施的贸易政策的透明度。

世界贸易组织的贸易政策审议机制规定：占世界贸易额前4位的4个贸易实体，对其贸易政策每两年审议一次，其后的16个贸易实体每4年审议一次，其他成员每6年审议一次，对最不发达国家成员可确定更长的审议期限。

五、与其他国际组织进行合作

《建立世界贸易组织协定》第3条第5款明确规定："为实现全球经济决策的更大一致性，世界贸易组织应酌情与国际货币基金组织和国际复兴开发银行（世界银行）及其附属机构进行合作。"在第5条中又进一步明确说明，世界贸易组织的"总理事会应就与职责上同世界贸易组织有关的政府间组织进行有效合作做出适当安排，总理事会可就与涉及世界贸易组织有关事项的非政府组织进行磋商和合作做出适当安排"。这一规定和安排必将进一步促进全球统一的经济政策的制定，从而推动经济全球化向更深、更广的领域发展。

六、提供技术支持和培训

世界贸易组织对发展中国家成员，特别是最不发达国家成员提供技术支持和培训。具体是：

（1）技术援助。与发展中国家的教育研究机构合作，开展有关世界贸易组织方面的教育培训，为发展中国家培养相关的专业师资队伍，并通过互联网和电化教学手段开展远程教育等方面的内容。

（2）培训。世界贸易组织在其总部所在地——瑞士日内瓦历年都举办培训活动，包括经常举办的为期3个月的贸易政策培训班和其他方面的短期培训课程。这些培训课程的对象主要是各国派驻世界贸易组织的官员，以及发展中国家负责世界贸易组织方面事务的高级政府官员。

综上，我们可以清楚地看到世界贸易组织的目标是非常宏伟的，地位是极其稳固的，职责是十分明确和具体的。正因如此，世界贸易组织自成立以来，在国际经济社会中的作用日益明显和重要。

基本概念

可持续发展　合理利用

复习思考题

1.世界贸易组织的宗旨具体表现在哪几个方面？试分别对其加以论述。

2.试述世界贸易组织的法律地位。

3.世界贸易组织的主要职能是什么？试分别对其加以论述。

　　拓展阅读2-1　　　　　　拓展阅读2-2　　　　　　拓展阅读2-3

第三章　世界贸易组织的法律体系与组织结构

第一节　世界贸易组织的法律体系

世界贸易组织的法律体系是由一系列协定、协议所组成的宏大体系，可谓浩如烟海，博大精深，其主要内容集中收录于《乌拉圭回合多边贸易谈判最后文本》（Final Act Embodying the Results of the Uruguay Round of Multilateral Trade Negotiations，以下简称《乌拉圭回合最后文本》）。该文本包括29个独立的法律文件，其范围既包括货物贸易、服务贸易、与贸易有关的知识产权和投资措施等实体法方面的内容，也包括争端解决机制和贸易政策审议机制等程序法方面的内容，此外还包括27个附加的部长宣言和决定，堪称是一部内容详尽的世界贸易法典，世界贸易组织的法律框架如图3-1所示。

一、世界贸易组织法

世界贸易组织的组织法是《建立世界贸易组织协定》，这是世界贸易组织的章程，即纲领性文件，堪称世界贸易组织的"贸易宪法"。它是世界贸易组织所有其他文件的来源和制定依据，因而它在世界贸易组织的法律体系中居于最高地位，是所有法律文件中最重要、最核心的部分。其正文有16个条款，分别规定了世界贸易组织的宗旨和原则、调整范围、职能、组织结构、法律地位、决策机制、成员资格以及《建立世界贸易组织协定》本身及世界贸易组织法律体系内其他协定、协议的接受、生效、保留和修正等内容。

二、货物贸易法律文件

货物贸易是1947年关贸总协定管辖和调整的唯一领域。世界贸易组织成立后，将1947年关贸总协定的核心内容予以保留和继承，并在此基础上制定了1994年关贸总协定，作为世界贸易组织管理货物贸易的框架协定和法律文件，并以《建立世界贸易组织协定》附件1A的形式予以出现。其主要内容有：

（一）《1994年关税与贸易总协定》

《1994年关税与贸易总协定》即GATT 1994，主要包括如下内容：

1.《1947年关税与贸易总协定》（GATT 1947）

2.《建立世界贸易组织协定》生效之前在GATT 1947项下已实施的法律文件

（1）与关税减让相关的各项议定书和核准书。

（2）加入议定书（但不包括关于临时适用和撤销临时适用的规定，及规定应在与议定书订立之日已存在的与立法不相抵触的最大限度内临时适用GATT 1947第二部分的条款）。

（3）根据GATT 1947第25条给予的，且在《建立世界贸易组织协定》生效之

《建立世界贸易组织协定》

附件1A：
货物贸易多边协定
《1994年关税与贸易总协定》

附件1B：
《服务贸易总协定》

附件1C：
《与贸易有关的知识
产权协定》

《技术性贸易壁垒协议》

《实施卫生与植物卫生措施协议》

《海关估价协议》

《原产地规则协议》

《装运前检验协议》

《进口许可程序协议》

《与贸易有关的投资措施协议》

《纺织品与服装协议》

《农业协议》

《反倾销协议》

《补贴与反补贴措施协议》

《保障措施协议》

《〈服务贸易总协定〉第二
议定书》——金融服务

《〈服务贸易总协定〉第三
议定书》——自然人流动

《〈服务贸易总协定〉第四
议定书》——基础电信

《〈服务贸易总协定〉第五
议定书》——金融服务

附件2：《关于争端解决规则与程序的谅解》

附件3：《贸易政策审议机制》

附件4：诸边贸易协议

《政府采购协议》

《民用航空器贸易协议》

《国际牛肉协议》

《国际奶制品协议》

《信息技术协议》

部长宣言和决定

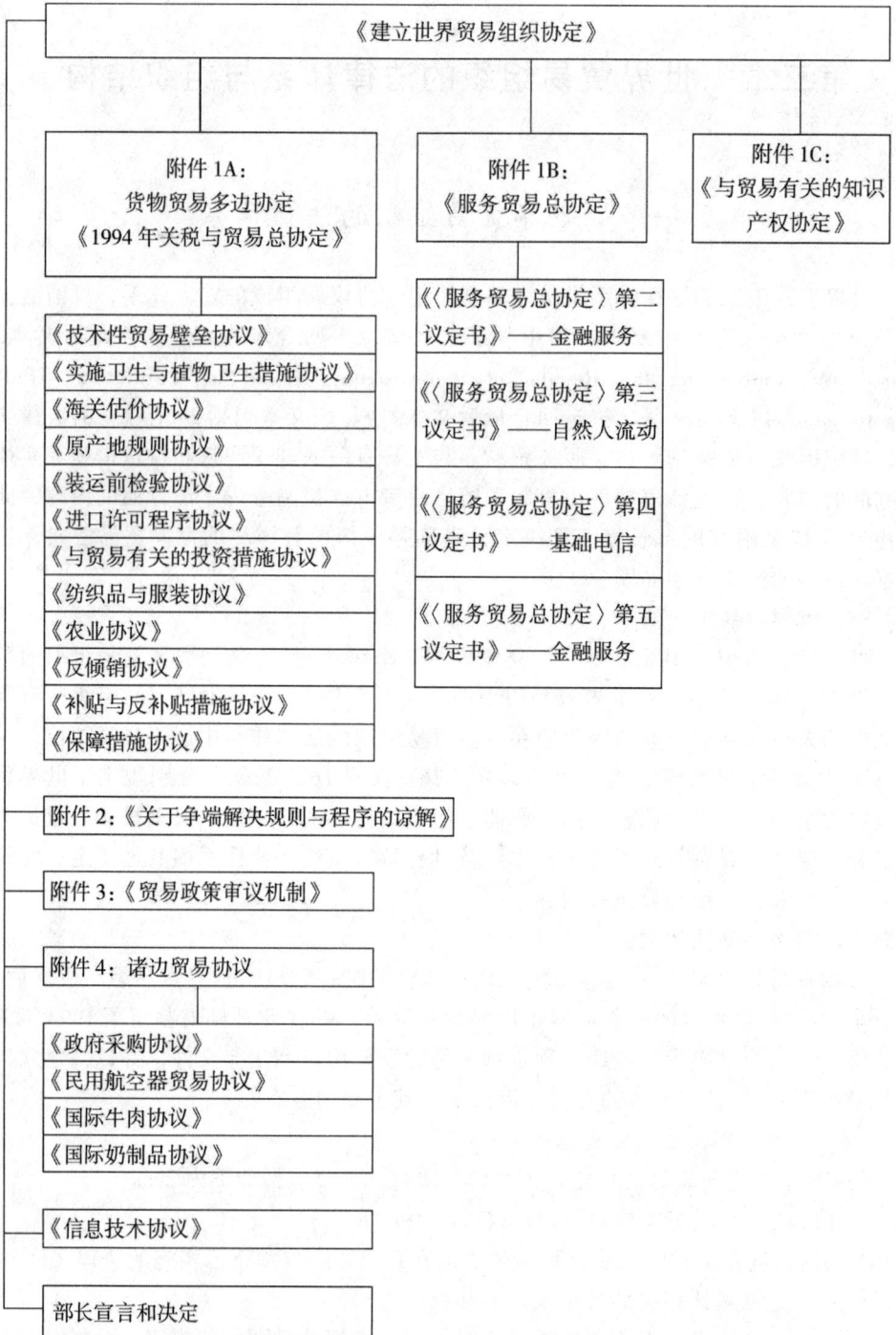

图3-1　世界贸易组织的法律框架

日仍然有效的有关豁免的决定。

（4）GATT 1947缔约方全体的其他决定。

3.乌拉圭回合达成的下列谅解

（1）《关于解释〈1994年关税与贸易总协定〉第2条第1款（b）项的谅解》。

（2）《关于解释〈1994年关税与贸易总协定〉第17条的谅解》。

（3）《关于〈1994年关税与贸易总协定〉国际收支条款的谅解》。

（4）《关于解释〈1994年关税与贸易总协定〉第24条的谅解》。

（5）《关于豁免〈1994年关税与贸易总协定〉义务的谅解》。

（6）《关于解释〈1994年关税与贸易总协定〉第28条的谅解》。

4.《〈1994年关税与贸易总协定〉马拉喀什议定书》

（二）有关货物贸易的多边协议

1.非关税措施协议

（1）技术性贸易壁垒协议。

（2）实施卫生与植物卫生措施协议。

（3）海关估价协议。

（4）装运前检验协议。

（5）原产地规则协议。

（6）进口许可程序协议。

（7）与贸易有关的投资措施协议。

2."回归"性（过渡性）贸易协议[①]

（1）纺织品与服装协议。

（2）农业协议。

3.公平贸易与补救措施协议

（1）反倾销协议。

（2）补贴与反补贴措施协议。

（3）保障措施协议。

三、服务贸易法律文件

世界贸易组织首次将服务贸易问题纳入多边贸易体制的框架之中，其关于服务贸易的原则、规则和制度主要体现在《建立世界贸易组织协定》附件1B，即《服务贸易总协定》及其附件之中。此外，《乌拉圭回合最后文本》中的诸多部长会议宣言和决定中亦有相当部分的内容涉及服务贸易问题，如《关于服务贸易与环境的决定》《关于自然人流动问题谈判的决定》《关于专业服务谈判的决定》《关于〈服务贸易总协定〉机构安排的决定》《关于〈服务贸易总协定〉部分争端解决程序的决定》等。

[①] 之所以这样称谓，是因为在GATT 1947中一直故意将这两个领域排除在外，世界贸易组织成立后首次将这两个领域纳入了多边贸易体制的有效约束之中。

四、与贸易有关的知识产权方面的法律文件

世界贸易组织与贸易有关的知识产权法律规范集中体现在《建立世界贸易组织协定》附件1C，即《与贸易有关的知识产权协定》中。该协定对版权、商标、地理标志、工业品外观设计、专利、集成电路布图设计、未披露信息的保护、对许可合同中限制竞争行为的控制等八类知识产权保护的国际标准做出规定，制定了保护的基本原则，明确了知识产权的效力、范围、取得保护的相关程序以及争端解决等诸方面的问题。

五、关于争端解决的法律文件

《建立世界贸易组织协定》附件2，即《关于争端解决规则与程序的谅解》中所规定的规则和程序是世界贸易组织争端解决机制的主要内容，其中的争端解决程序，亦被称为世界贸易组织争端解决机制中的普遍程序。除此之外，《关于服务贸易总协定中某些争端处理程序的决定》，则是针对服务贸易某些领域的特殊性而专门制定的，既可看作是对世界贸易组织争端解决机制的必要补充，也可看作是世界贸易组织关于服务贸易某些争端处理的特别程序。

六、关于贸易政策审议的法律文件

《建立世界贸易组织协定》附件3，即《贸易政策审议机制》，集中规定了世界贸易组织贸易政策审议机制的目标、机构、审议范围、审议程序等各方面的法律制度。

七、关于诸边贸易协议的法律文件

《建立世界贸易组织协定》附件4，即诸边贸易协议。迄今为止总共达成了4个诸边贸易协议，即《政府采购协议》《民用航空器贸易协议》《国际牛肉协议》《国际奶制品协议》[1]。它们均源自于1947年关贸总协定东京回合所达成的四项守则，其中的三项——《政府采购协议》《国际牛肉协议》《国际奶制品协议》为经过乌拉圭回合谈判所产生的新协议，但这三项新协议最终未能被全体谈判参加方所接受。乌拉圭回合谈判也曾试图就民用航空器贸易谈判达成新协议，但未获成功，因此，现行的《民用航空器贸易协议》仍是东京回合达成的原协议条款和内容。目前生效的诸边贸易协议只有《民用航空器贸易协议》和《政府采购协议》两个，它们不属于乌拉圭回合一揽子协议的范围，只对协议的签署方生效。因而，这两个协议的接受和生效办法从其自身的规定。

第二节　世界贸易组织的组织机构及其职能

在《建立世界贸易组织协定》中，世界贸易组织对其组织内部的机构设置、职责范围以及议事规则等都做了明确的规定。世界贸易组织的组织结构如图3-2所示。

---

[1]　《国际奶制品协议》和《国际牛肉协议》已于1997年年底并入《农业协议》。

```
                              ┌──────────┐
                              │ 部长级会议 │
                              └──────────┘
                                    │
      ┌─────────────────────────────┼─────────────────────────────┐
┌────────────────────────┐   ┌──────────┐   ┌────────────────────────┐
│总理事会会议（贸易政策审议机构）│   │ 总理事会 │   │总理事会会议（争端解决机构）│
└────────────────────────┘   └──────────┘   └────────────────────────┘
                                                       │
                                                    上诉机构
                                                    专家组

  ┌────────────┬─────────────────┬──────────────────────┬──────────────┐
各专门委员会：  ┌──────────────┐  ┌──────────────────────┐  ┌──────────────┐
贸易与环境委员会 │货物贸易理事会 │  │与贸易有关的知识产权理事会│  │服务贸易理事会 │
贸易与发展委员会 └──────────────┘  └──────────────────────┘  └──────────────┘
```

各专门委员会：
贸易与环境委员会
贸易与发展委员会
最不发达国家分委员会
国际收支限制委员会
区域贸易协议委员会
预算、财务与行政委员会

工作组：
加入世界贸易组织工作组

工作小组：
贸易与债务工作小组
贸易与技术转移工作小组
（未启动：贸易与投资关
系工作小组 贸易与竞争
相互关系工作小组 政府
采购透明度工作小组）

展边：
信息技术协议委员会

各专门委员会：
市场准入委员会
农业委员会
实施卫生与植物卫生措施委员会
技术性贸易壁垒委员会
补贴与反补贴措施委员会
反倾销措施委员会
海关估价委员会
原产地规则委员会
进口许可程序委员会
与贸易有关的投资措施委员会
保障措施委员会

工作组：
国营贸易企业工作组

各专门委员会：
金融服务贸易委员会
具体承诺委员会

工作组：
专业服务工作组
《服务贸易总协定》
规则工作组

诸边：
政府采购委员会
民用航空器贸易委员会

多哈发展回合：
跨国公司及其机构
贸易谈判委员会

特别会议：服务理事会 / TRIPS 理事会 / 争端
解决机构 / 农业委员会和谷物分委员会 / 贸易
与发展委员会 / 贸易与环境委员会
谈判小组：
市场准入 / 规则 / 贸易便利化

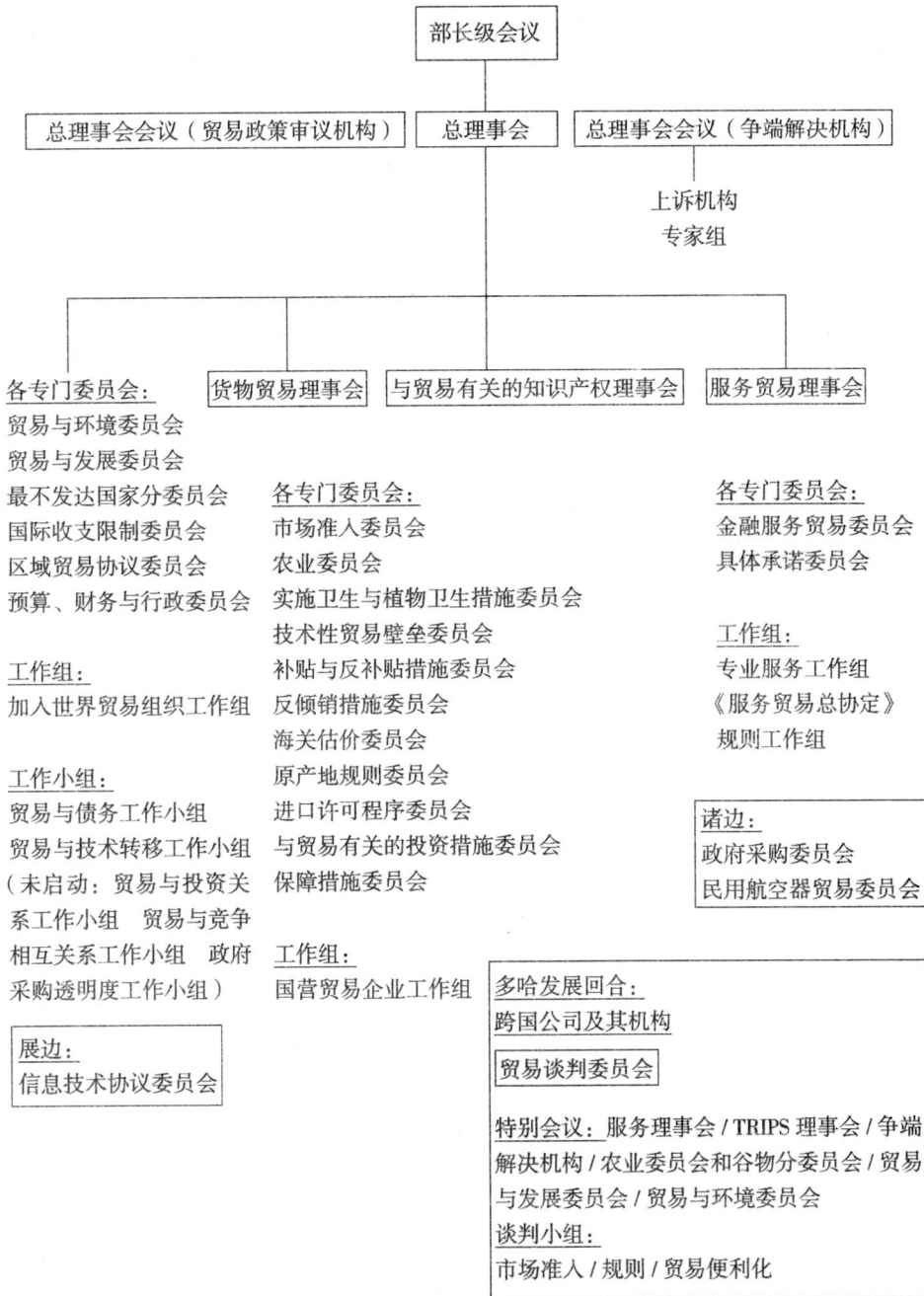

注：诸边贸易协议委员会向总理事会或货物贸易理事会通知，贸易谈判委员会向总理事会报告。

图3-2 世界贸易组织的组织结构

世界贸易组织于 1995 年 1 月 1 日成立，其总部设在瑞士日内瓦，是在 1947 年关贸总协定的原址上扩建而成的。在世界贸易组织成立之初，其各种专门机构共有 35 个，之后会根据需要增加或减少。世界贸易组织的主要机构及其职能分述如下。

一、部长级会议

部长级会议（ministerial conference）由所有成员方的副部长级以上代表组成，是世界贸易组织的最高权力机构，它负责执行世界贸易组织的职能和为此所采取的必要行动，也是各成员方最重要的谈判场所。根据《建立世界贸易组织协定》第 4 条第 1 款的规定，部长级会议至少每两年举行一次，所有成员方的代表都有资格参加会议。部长级会议"有权对多边贸易协议下的所有事项做出决定"，应全权"履行 WTO 的职能，并为此采取必要的行动"。在关贸总协定时期，虽然也召开部长级会议，但并不确定期限，也无议事范围与规则。世界贸易组织成立后则更加制度化，职责更为明确，也提高了国际贸易在国际政治事务中的地位。到目前为止，世界贸易组织共召开过十一届部长级会议，即新加坡第一届部长级会议（1997 年）、瑞士日内瓦第二届部长级会议（1998 年）、美国西雅图第三届部长级会议（1999 年）、卡塔尔多哈第四届部长级会议（2001 年）、墨西哥坎昆第五届部长级会议（2003 年）、中国香港第六届部长级会议（2005 年）、瑞士日内瓦第七届部长级会议（2009 年）、瑞士日内瓦第八届部长级会议（2011 年）、印尼巴厘岛第九届部长级会议（2013 年）、肯尼亚内罗毕第十届部长级会议（2015 年）、阿根廷布宜诺斯艾利斯第十一届部长级会议（2017 年）。

根据《建立世界贸易组织协定》，并结合其他相关条款的规定，部长级会议具有以下具体权力和职能。

（一）立法权

部长级会议有权依照一定的程序（主要是通过多边贸易谈判）就国际贸易问题制定规则或者对既有的《建立世界贸易组织协定》及其附件做出修改。当然，如果有关规则的制定构成对《建立世界贸易组织协定》条款的修改时，仍然需要遵守该协定第 10 条关于修改的规定。

（二）最高决策权

根据《建立世界贸易组织协定》第 4 条第 1 款的规定，部长级会议有权对各多边贸易协定中的任何事项做出决定，包括对世界贸易组织总理事会、专门理事会、委员会及其附属机构和各成员方所提交的议案，均有最终决定权。当然，部长级会议的决策需要根据各有关协定关于决策的具体规定做出。

（三）机构设置权

根据《建立世界贸易组织协定》第 4 条第 7 款的规定，部长级会议有权设立贸易与发展委员会（Committee on Trade and Development）、国际收支限制委员会（Committee on Balance of Payments Restrictions）和预算、财政与行政管理委员会，并可在适宜的情况下，设立其他委员会来履行此类职责。

（四）人事权

根据《建立世界贸易组织协定》第6条的规定，部长级会议有权任命一名总干事，并制定有关规则以确定总干事的权力、责任、任职条件和任期以及秘书处工作人员的职责及任职条件。

（五）对《建立世界贸易组织协定》及其附件的法定解释权

根据《建立世界贸易组织协定》第9条第2款的规定，部长级会议和总理事会对该协定和多边贸易协定有专门解释权。当有关成员方在《建立世界贸易组织协定》及其附件条款的具体问题上发生争议的时候，争议各方均可请求部长级会议做出解释，部长级会议的解释对争议各方乃至其他成员方均有约束力。但是，部长级会议和总理事会对附件1中多边贸易协定的解释，应基于负责这些协定运作的理事会的意见做出，且不得违反《建立世界贸易组织协定》第10条关于修改的规定。

（六）对成员义务的豁免权

根据《建立世界贸易组织协定》第9条第3款的规定，在有关协定规定的例外情况下，部长级会议有权豁免某成员在特定的情况下根据该协定及其附件所承担的义务（这种决定一般需要经3/4成员的批准），还对超过1年的豁免按规定进行审议，决定对豁免的延长、修改或终止。

（七）批准有关国家或单独关税区加入世界贸易组织的权力

根据《建立世界贸易组织协定》第12条的规定，任何国家和在协定规定事项方面充分自治的单独关税区都可加入该协定，但加入应由部长级会议做出决定。

（八）其他权力

（1）审议成员方提出的对《建立世界贸易组织协定》或多边贸易协定进行修改的动议。

（2）决定将某一贸易协议补充进诸边贸易协议或将其从该协议中删除。

（3）审议互不适用多边贸易协定的执行情况并提出适当建议。

（4）决定《建立世界贸易组织协定》、各多边贸易协定生效的日期以及这些协定在生效后2年可否继续开放接受。

需要指出的是，部长级会议及其附属机构所举行的会议一般都不对外界公开，外界只能通过其发布的公报和有关新闻发布会以及有关成员方发布的公报和新闻来了解有关会议的情况。

此外，世界贸易组织有关会议的议题都被限定为贸易问题，不允许就政治问题进行辩论。这是因为世界贸易组织往往会受到各种因素的影响和制约，其中影响最大的就是政治因素。鉴于政治问题的敏感性，世界贸易组织限于自身的贸易属性，除了通过贸易问题来间接影响有关政治问题的解决外，对政治问题几乎无能为力；而且，由于政治问题往往牵涉国家主权及民族尊严等问题，这些问题解决起来往往旷日持久且复杂多变，一旦卷入其中，必将对世界贸易组织本身职能的正常发挥产生严重的负面影响。所以，世界贸易组织将政治问题排除在会议议题之外，实属明智之举。这样不仅可以最大限度地降低政治对贸易的消极影响，还可以有效提高自身的工作效率。

二、总理事会

部长级会议虽然是最高权力机构，但由于它是非常设性机构，通常每两年才开会一次，因此，为了确保《建立世界贸易组织协定》能够得到有效的实施，根据《建立世界贸易组织协定》第4条第2款的规定，在部长级会议下设立一个常设性机构——总理事会（General Council）。

总理事会是部长级会议之外的世界贸易组织的次高权力机构，由全体成员方的代表组成，主要是在部长级会议休会期间履行部长级会议的职责，负责世界贸易组织的日常管理与领导。总理事会会议可根据需要适时召开，通常每年召开6次左右，同时履行《建立世界贸易组织协定》所赋予的各项职能。

根据相关规定，总理事会具有以下权力和职能：

（1）在部长级会议休会期间代为行使部长级会议的职能和协定赋予的其他职能，并有权制定为执行其各项职能所需的程序规则。

（2）负责部长级会议的筹备工作。

（3）行使世界贸易组织争端解决机构的职能。根据《建立世界贸易组织协定》第4条第3款的规定，总理事会可以行使争端解决机构的职责。

（4）行使世界贸易组织贸易政策审议机构（Trade Policy Review Body，TPRB）的职能。根据《建立世界贸易组织协定》第4条第4款的规定，总理事会可以行使贸易政策审议机构的职责。

（5）总理事会下设货物贸易理事会（Council for Trade in Goods）、服务贸易理事会（Council for Trade in Services）和与贸易有关的知识产权理事会（Council on Trade-related Aspects of Intellectual Property Rights）。总理事会指导这三个理事会的工作并为其安排有关工作，批准上述三个理事会的程序规则。

（6）为贸易与发展委员会，贸易与环境委员会（Committee on Trade and Environment），国际收支限制委员会，区域贸易协议委员会和预算、财务与行政委员会（Committee on Budget，Finance and Administration）安排工作。听取贸易与发展委员会关于执行多边贸易协定中对最不发达国家优惠条款的执行情况的报告，并决定采取必要的行动。

（7）了解诸边贸易协议执行机构的运作情况。

（8）同与世界贸易组织工作有关的政府间组织和非政府间组织进行有效的协商与合作。

（9）批准世界贸易组织的年度预算和财务报告，批准有关成员方应缴纳会费的财务规则。

（10）对《建立世界贸易组织协定》和多边贸易协定进行解释。

总理事会的开会时间并不确定，但根据规定，总理事会有权在其认为适当的任何时候召开会议。由于各成员方均在世界贸易组织有常驻代表，因此，总理事会召开会议是很容易的。总理事会由所有成员方的代表组成，并在部长级会议闭会期间代行部长级会议的职能。所以，从理论上说，一项议案只要能在总理事会会议上通过，在部长级会议上也应该能够通过。如果有成员方对总理事会的决议持反对意见，可以向部长级会议提出申诉。

当然，在世界贸易组织的日常工作中，并不是所有成员方都对总理事会的工作感兴趣并积极参与，尤其是那些最不发达成员方，它们往往因自身的主客观条件限制，可能只参加部长级会议的活动。对于这些成员方来讲，如果它们没参加有关会议或者没有在总理事会会议中提出异议，那么，就可以认为它们放弃了此种权利。从理论上说，既然它们已经放弃了在总理事会会议上提出异议的机会和权利，那么，它们也因此而丧失了向部长级会议提出申诉的权利。

三、理事会及下属委员会

世界贸易组织为使其各项协定、协议得到切实执行，并使成员方之间发生的贸易争端得到迅速有效解决，在部长级会议或总理事会之下又设立了一系列常设理事会、委员会。其中负责世界贸易组织主要职能的货物贸易理事会、服务贸易理事会和与贸易有关的知识产权理事会为最重要的理事会，由所有成员方代表组成，每一理事会每年至少举行8次会议。

1.货物贸易理事会

货物贸易理事会涵盖了《建立世界贸易组织协定》附件1A所列的协定、协议，主要负责监督《1994年关税与贸易总协定》及其附属的协议的执行。货物贸易理事会下设以下各专门委员会：

（1）市场准入委员会。

（2）农业委员会。

（3）实施卫生与植物卫生措施委员会。

（4）技术性贸易壁垒委员会。

（5）补贴与反补贴措施委员会。

（6）反倾销措施委员会。

（7）海关估价委员会。

（8）原产地规则委员会。

（9）进口许可程序委员会。

（10）与贸易有关的投资措施委员会。

（11）保障措施委员会。

以上各专门委员会具体负责各专项协议的执行。

2.服务贸易理事会

服务贸易理事会涵盖了《建立世界贸易组织协定》附件1B所列的协定，主要负责管理监督《服务贸易总协定》的实施。

3.与贸易有关的知识产权理事会

与贸易有关的知识产权理事会涵盖了《建立世界贸易组织协定》附件1C所列的协定，主要负责管理、监督世界贸易组织《与贸易有关的知识产权协定》的执行。在该协定中，最关键的是规定了所有成员方在知识产权保护方面都必须达到的最低标准，明确了实施该标准的法律义务，把知识产权问题列入世界贸易组织争端解决机制的调整范畴。

四、各专门委员会

根据《建立世界贸易组织协定》的相关规定，部长级会议设立了各专门委员会，负责处理三个理事会的共性事务以及三个理事会管辖范围以外的事务。各专门委员会向总理事会直接负责。

1.贸易与发展委员会

该委员会由1947年关税与贸易总协定转来，其主要职责是定期审议多边贸易协定中有利于最不发达成员方的特殊条款，还设立了"最不发达国家分委员会"，并定期向总理事会报告，以便采取进一步行动。

2.贸易与环境委员会

该委员会是根据1994年4月15日马拉喀什部长级会议决定成立的，其主要职责是协调贸易与环境措施之间的矛盾，制定必要的规范，以促进贸易的持久发展。

3.国际收支限制委员会

该委员会是由1947年关税与贸易总协定转入世界贸易组织的机构，负责监督审查有关协定中涉及国际收支平衡条款以及依据这些条款而采取限制进口措施的执行情况。

4.预算、财务与行政委员会

该委员会主要负责接受总干事提交的世界贸易组织的年度预算和决算，提出建议供总理事会做出决策。该委员会还负责起草财务条例，这些条例"应尽可能依据GATT 1947的条例和做法"；负责提出世界贸易组织年度财务报告及预算；负责世界贸易组织的财产及内部行政事务。财务条例中最重要的内容体现在《建立世界贸易组织协定》第4条第7款中，即"根据WTO费用确定的各成员方会费分摊比例，及时对拖欠会费成员方所采取的措施"。这一比例确定了每一成员方政府应交纳的在世界贸易组织费用中分摊的份额。基本原则是，交纳的会费按每一成员方的出口额在世界贸易组织总贸易额中所占的比例分摊。在《关贸总协定》中，这一份额只按货物的出口额计算，而世界贸易组织是按货物和服务的总出口额计算。最少的分摊比例为0.03%，这一比例对贸易额在世界贸易组织总贸易额中所占份额不足0.03%的成员方适用。

5.区域贸易协议委员会

该委员会于1996年2月根据总理事会的决定设立，其职能为审查所有双边、区域和诸边优惠贸易协议，并审议此类协议和区域性倡议对多边贸易体制的影响。

根据《建立世界贸易组织协定》第4条第7款的规定，部长级会议尚可根据需要建立新的委员会。目前酝酿中的有"投资""竞争规则""劳动标准或贸易与劳工"等委员会。

五、争端解决机构和贸易政策审议机构

这两个机构都直接隶属于部长级会议或总理事会。

（一）争端解决机构

争端解决机构是根据《建立世界贸易组织协定》附件2，即《关于争端解决规则与程序的谅解》建立的一个常设机构，其职责是负责处理成员方之间基于各有关协定、协议所产生的贸易争端。尽管根据《建立世界贸易组织协定》的规定，争端解决机构的职责由总理事会行使，但是，由于争端解决机构内还设有专家小组和上诉机构，且这些机构的成员都有极为严格的资格限制。因此，总理事会虽然同时挂着"争端解决机构"的牌子，但是，二者却有着不同的运行机制，总理事会实际上只是对专家小组或上诉机构的裁决进行最终表决而已。根据《建立世界贸易组织协定》第4条第3款的规定，争端解决机构可以设立自己的主席，并可以制定其认为必要的程序、规则以行使其职责。

（二）贸易政策审议机构

贸易政策审议机构是根据《建立世界贸易组织协定》附件3，即《贸易政策审议机制》成立的一个常设性机构，其职能主要是通过定期对各成员方的贸易政策、法律与实践及其对多边贸易体制的影响等进行集体鉴定和评估，并就此做出指导，从而增加各成员方贸易政策、法律与实践的透明度，督促各成员方遵守《建立世界贸易组织协定》及其附件的规定，履行其所承担的义务。需要指出的是，该机构对各成员方的审议结果并不会对其贸易政策和实践产生直接的影响。根据规定，其他成员方不能将贸易政策审议结果作为其启动争端解决程序的依据，也不能据此要求被审议成员方做出新的承诺。尽管如此，由于相关审议和评估结果对各成员方来说都是公开的，其他成员方可以据此搜集有关资料信息，并可通过各种途径对被审议成员方施加影响。因此，贸易政策审议机构的影响是可以预期的，各成员方一般都会慎重对待。

此外，世界贸易组织的其他专门机构包括专门理事会和专门委员会，也都有审议各成员方贸易政策的职能。但是，这些机构的审议只涉及其管辖范围内有关成员方贸易政策的一部分，而不是整体审议。

六、总干事与秘书处

根据《建立世界贸易组织协定》第16条第2款的规定，世界贸易组织总干事与秘书处的设置均是从GATT 1947继承来的。为了确保工作的延续性和多边贸易体制的稳定性，世界贸易组织直接继承了GATT 1947的秘书处，在世界贸易组织部长级会议任命总干事之前，GATT 1947的总干事应担任世界贸易组织的总干事。也正因为有此规定，彼得·萨瑟兰才成为世界贸易组织的第一任总干事。

（一）总干事

GATT 1947前总干事奥利维尔·朗对GATT总干事有过精彩而准确的描述。他认为GATT总干事是多边贸易体制的"监护人"、实现各成员方共同利益的"引导

人"、各成员方之间矛盾的"调停人"、GATT 的经营者、谈判家。[①] 其实，这些描述也完全适用于世界贸易组织总干事。

总干事是世界贸易组织的行政首脑，由部长级会议直接任命，其权力、职责、任职条件和任期等也均由部长级会议确定。总干事具有国际性质，是国际官员，不从属于任何政府或当局。因此，总干事在行使职权时不得寻求和接受世界贸易组织之外的任何政府或当局的指示，应避免任何有损其国际官员身份的行为。任何世界贸易组织成员都应当尊重总干事在履行其职责方面的国际性质，不应对其行使职权施加任何影响。世界贸易组织总干事的正常任期是 4 年，可以连任。总干事的职责和权力主要包括：

（1）任命秘书处职员，确定其职责和任职条件，并领导其工作。

（2）负责向预算、财务和行政管理委员会提交世界贸易组织的年度预算和财务报告。

（3）世界贸易组织以及有关成员方赋予其的其他职能。

（二）秘书处

根据《建立世界贸易组织协定》第 6 条的规定，世界贸易组织设立秘书处，由部长级会议直接任命总干事一人，副总干事四人。秘书处是总干事领导下的世界贸易组织的日常办事机构，其职责由部长级会议通过专门的规则确定，其主要任务是为世界贸易组织多边贸易谈判或协定、协议服务。秘书处的工作人员由总干事根据部长级会议制定的规则来任命，其职责和任职条件也由总干事确定。秘书处的职员纯粹属于国际性质，是国际官员。在履行职责方面，秘书处职员不得寻求和接受世界贸易组织之外的任何政府或当局的指示，应避免任何有损其国际官员身份的行为。各成员方亦应尊重秘书处及其工作人员的国际性质，不得影响他们履行职责，并不应对其行使职权施加任何影响。秘书处现下设总干事办公室等 25 个机构，共有 700 多名工作人员，主要由精通世界贸易组织规则的经济学家、统计学家和法律专家所组成。

世界贸易组织秘书处虽然从形式上说是从关贸总协定秘书处继承而来，但二者却有着本质的不同。过去关贸总协定的秘书处由于关贸总协定本身就缺乏法律上的明确地位，其工作通常是处于被动地位，主要从事国际货物贸易问题的研究和管理，为关贸总协定各项活动提供服务，培训缔约方政府官员，监督各委员会的工作以及争端解决程序的执行，促进缔约方之间的贸易谈判等。由于制定了《建立世界贸易组织协定》，世界贸易组织的秘书处正式取得了合法资格，其地位得到提高，职责得到拓宽，作用得到扩大，姿态也就更加积极主动了，从而起着不断促进国际贸易发展的作用。尤其是在贸易政策审议机制方面，秘书处将负责定期审议各成员方的贸易政策，如出版被审议成员方的贸易政策报告，要求有关成员方"澄清其贸易政策与实践"。秘书处甚至可以指出有关成员方应予纠正或改进的贸易政策与实

---

① 朗. 关税与贸易总协定（GATT）概论［M］. 张杰，陆跃平，译. 北京：中国对外经济贸易出版社，1989：63-65.

践，敦促其做出必要的修正和改革。

世界贸易组织的第一任总干事为彼得·萨瑟兰（爱尔兰人）。总干事的正常任期为4年。自1995年5月1日起经所有成员方协商一致，任命瑞那托·鲁杰罗（意大利前贸易部长）为世界贸易组织的第二任总干事。迈克·穆尔（新西兰前总理）是世界贸易组织的第三任总干事，他的任期从1999年9月1日开始，任期3年。素帕猜·巴尼巴滴（泰国前副总理）为世界贸易组织的第四任总干事，他的任期从2002年9月1日开始，任期也是3年。之所以出现两任总干事各任期3年的情况，是因为迈克·穆尔和素帕猜·巴尼巴滴于1999年上半年同时竞选世界贸易组织总干事一职，两人分别得到发达成员方和发展中成员方的支持，双方各不相让，相持不下。最后各成员方只能做出史无前例的妥协，同意迈克·穆尔和素帕猜·巴尼巴滴先后出任总干事，各自任期为3年，不得连任。2005年起，帕斯卡尔·拉米（前欧盟贸易代表）就任世界贸易组织第五任总干事，其任期从2005年9月1日起。2009年，拉米在没有竞争对手的情况下连任一届，从而出现了世界贸易组织总干事一职的首次连任，成为世界贸易组织第六任总干事，其任期从2009年9月1日起。2013年5月14日，世界贸易组织总理事会在日内瓦总部召开会议，通过了对巴西外交官罗伯托·阿泽维多的任命。阿泽维多于2013年9月1日接替帕斯卡尔·拉米，正式就任世界贸易组织第七任总干事。2017年2月28日，世界贸易组织总理事会会议在日内瓦闭幕，现任总干事罗伯托·阿泽维多成功获得连任，就任世界贸易组织第八任总干事，任期至2021年。罗伯托·阿泽维多也是继帕斯卡尔·拉米之后第二个获得连任的世界贸易组织总干事。世界贸易组织历任总干事见表3-1。

表3-1　　　　　　　　　　世界贸易组织历任总干事

姓名	国籍	任职年限
彼得·萨瑟兰	爱尔兰	1994—1995年
瑞那托·鲁杰罗	意大利	1995—1999年
迈克·穆尔	新西兰	1999—2002年
素帕猜·巴尼巴滴	泰国	2002—2005年
帕斯卡尔·拉米	法国	2005—2009年
帕斯卡尔·拉米	法国	2009—2013年
罗伯托·阿泽维多	巴西	2013—2017年
罗伯托·阿泽维多	巴西	2017—2021年

七、诸边委员会

在世界贸易组织成立之初，在《建立世界贸易组织协定》附件4，即《诸边贸易协议》中共有四个诸边协议。当时，为了有效地管理这四个诸边贸易协议，总理事会下设了四个诸边协议理事会。它们分别是民用航空器贸易理事会、政府采购委员会理事会、国际乳制品理事会和国际牛肉理事会。由于诸边协议只对签署方生效，因此，这四个理事会的职责由其各自的协议所赋予，但要在世界贸易组织的体制下管理和运作，并定期向总理事会报告。1997年年底，《国际牛肉协议》和《国际奶制品协议》并入《农业协议》，这两个诸边协议理事会也随即撤销。目前，诸边贸易协议委员会只有民用航空器贸易理事会和政府采购委员会理事会两个理事会。

八、各成员方常驻机构

为了方便联系和沟通，更为了增强自身在世界贸易组织中的作用和影响力，各成员方都会在世界贸易组织的总部所在地瑞士日内瓦设立常驻机构。各成员方的常驻机构是世界贸易组织的外围组织，它们对世界贸易组织的决策往往能产生重要的影响。世界贸易组织是由各成员方平行组成的国际组织，其决策机制多采用"协商一致"的方式。因此，各成员方在世界贸易组织的常驻机构的活动、沟通和公关能力，对该决策机制将会起到相当大的作用和影响。

世界贸易组织多边贸易谈判的正式会议、涉及影响成员方权利与义务的重大会议和讨论特定议题时，通常由各成员方国内派出相关主管部门代表与常驻世界贸易组织代表共同参加；而世界贸易组织平时的各项会议则多由成员方派驻日内瓦的代表团参加。各成员方派驻日内瓦代表团的人数由其根据具体情况视需要确定。世界贸易组织每天都有会议，而且还常常多个会议同时举行。这样，若想要在每个会议上都能表达自己的意见和观点，就必须派出多人常驻。通常发达成员方派驻的人员较多，如美国、日本常驻代表团的人数都超过20人，发展中国家成员方，特别是其中的最不发达国家成员方往往因国内经济原因或因经贸地位不高、影响力有限等因素，派驻的人员较少，甚至有的成员根本就不派常驻代表。

第三节　世界贸易组织成员

在世界贸易组织成员中，有为数不多但经贸实力强大的发达国家成员，由于它们经济发达并通晓国际贸易惯例与规则，因而在世界贸易组织的决策和谈判中居于主导地位；有数目众多但整体经贸实力比较薄弱的发展中国家成员，它们整体上处于弱势地位，需要享受特殊和差别待遇。值得注意的是，近三四十年来，经过自身的努力发展，在发展中国家成员中出现了一批新兴工业化国家和地区，它们的经济实力直逼发达国家和地区，在世界贸易组织中的影响力日益提高。因此，更准确地说，只有发展中国家的不发达成员，特别是其中的最不发达成员，才是享受特殊和差别待遇的主要对象。

一、世界贸易组织成员的来源

由于世界贸易组织与1947年关税与贸易总协定有着历史上的继承关系，因此其成员有两个来源：一个是创始成员；一个是加入成员。根据《建立世界贸易组织协定》的有关规定，这两种成员资格的获得程序是不同的。

（一）创始成员（original member）

根据《建立世界贸易组织协定》第11条的规定，创始成员必须具备两个条件：第一，在1995年1月1日《建立世界贸易组织协定》生效之日前，已经成为1947年关税与贸易总协定缔约方或者欧洲经济共同体的缔约国，并在《建立世界贸易组织协定》生效后两年内接受该协定及其多边贸易协定，在货物贸易和服务贸易领域做出关税减让和承诺（有关关税减让和承诺表分别附在《1994年关税与贸易总协定》和《服务贸易总协定》之后）。第二，联合国承认的最不发达国家只需承担与其各自发展、财政和贸易需要或其管理和机构能力相符的承诺和减让即可成为创始成员。从上述规定可以看出，要想成为世界贸易组织的创始成员，并不是无条件和无期限的。几乎所有符合条件的缔约方，都在1996年年底前成为世界贸易组织的创始成员。唯一的例外是刚果（布）到1997年3月才成为创始成员。

中国香港特别行政区和中国澳门特别行政区都是1947年关贸总协定缔约方，按世界贸易组织的上述规定，1995年1月1日，它们都成为世界贸易组织的创始成员。

（二）加入成员（acceding member）

根据《建立世界贸易组织协定》第12条的规定："任何国家或在处理对外贸易关系及本协定和多边贸易协定规定的其他事项方面拥有完全自主权的单独关税区，可按它与世界贸易组织协议的条件加入本协定。"从上述规定中可以看出，任何国家和符合条件的单独关税区均可以在《建立世界贸易组织协定》生效后申请加入世界贸易组织，且没有最后期限的限制。依照该项条款，中国作为主权国家可以申请加入世界贸易组织，中国台湾作为单独关税区也有资格申请加入世界贸易组织，在世界贸易组织第四次部长级会议上，中国和中国台湾均先后成为世界贸易组织的加入成员。

（三）创始成员与加入成员的区别

在部长级会议1994年4月15日于马拉喀什贸易谈判会议上通过的《关于接受和加入〈世界贸易组织协定〉的决定》中，部长们一致承认："建立世界贸易组织协定并不区分按第11条和第14条加入世界贸易组织的成员与按第12条加入世界贸易的成员。"而且，从《建立世界贸易协定》及其有关附件的规定来看，在创始成员与加入成员之间，二者除了身份获得的程序有所不同之外，在权利和义务方面并无任何区别，即创始成员并不享有任何特权。

二、世界贸易组织的加入和退出

（一）世界贸易组织的加入程序

任何申请者要获得世界贸易组织的加入成员资格都必须具备一定的条件，并经过一定的程序，还要履行一定的手续。就加入条件而言，需要和世界贸易组织议定，并最终体现在其加入议定书和减让表之中。就加入世界贸易组织的程序而言，要获得加入成员资格，大致要经过以下程序：

1.提出申请与受理

申请加入的国家或单独关税区首先要向世界贸易组织总干事递交正式书面申请

函，表明其加入世界贸易组织的愿望。

总干事接到申请函后，交秘书处将申请函散发给全体成员方，并把审议加入申请列入总理事会会议议程。

在随后举行的总理事会会议上对有关加入申请进行审议，如果认为可以考虑，则就申请方的加入问题成立一个专门工作组，所有对申请加入方感兴趣的成员方都可以参加工作组。总理事会经与申请加入方和工作组成员磋商后，任命工作组主席。

2.对外贸易制度的审议和双边市场准入谈判

申请加入方应向工作组提交其对外贸易制度备忘录、现行关税税则及有关法律、法规，由工作组进行审议。工作组以会议的形式进行审议，审议过程中如有疑问，工作组通常会以书面形式要求申请加入方进一步说明和澄清其对外贸易制度的运作情况，申请加入方需要做出书面答复。工作组将根据需要召开若干次会议，审议申请加入方的对外贸易制度及有关答复。

在对外贸易制度审议后期，当对有关申请加入方对外贸易方面的问题基本了解清楚之后，申请加入方同有利害关系的成员方开始双边货物贸易和服务贸易的市场准入谈判。凡是提出双边市场准入谈判要求的成员方，申请加入方都要与其逐一进行谈判。一般情况下，谈判双方需要在申请加入方加入前达成双边市场准入协议。

3.多边谈判和起草加入文件

在双边谈判的后期，多边谈判开始；同时，工作组着手起草"加入议定书"和"工作组报告书"。加入议定书包括申请加入方与工作组成员议定的加入条件，并附有货物贸易和服务贸易承诺减让表。工作组报告书包括工作组讨论情况总结。在工作组举行的最后一次正式会议上，工作组成员采取协商一致的方式通过上述文件，达成关于同意申请加入方加入世界贸易组织的决定，提交部长级会议审议。

4.表决、接受和生效

世界贸易组织部长级会议对加入议定书、工作组报告书和决定草案进行表决，需经2/3的多数成员同意方可通过。

申请加入方以签署或其他方式向世界贸易组织表示接受加入议定书。

申请方在收到部长级会议同意其加入世界贸易组织的决定后，并不能当然地成为世界贸易组织成员，还必须通过其国内的批准程序，即申请加入方政府行政首脑向其最高立法机关提出审议批准加入世界贸易组织协定的书面请求，立法机关批准后，将有关决定书递交世界贸易组织。

根据《建立世界贸易组织协定》第14条的规定，在世界贸易组织接到申请加入方表示接受的文件之日起第30天，申请方的有关加入文件开始生效，此时申请加入方才能够成为世界贸易组织的正式成员。

（二）影响加入的主要因素

影响申请方加入世界贸易组织的因素很多，归纳起来主要有如下方面：

1.政治因素

政治因素主要包括申请加入方的政治体制、对外政策、国际关系及其在国际社会的认同度及影响力等。

2.经济体制因素

世界贸易组织是建立在市场经济体制基础上的国际贸易组织，因此，申请加入方的经济体制对其加入过程及加入时所享有的权利和承担的义务都会产生较大的影响。通常来看，采取计划经济体制或正从计划经济体制向市场经济体制转型的申请加入方较市场经济体制的申请加入方加入难度要大，过程要长，且所承诺的义务也要更多。

3.发展水平因素

发展水平因素主要是指申请加入方的经济发展阶段与经济发展水平，这一因素对其加入条件的谈判也会产生重大影响。一般来说，经济实力较强，在国际贸易中影响力较大的国家和地区在加入谈判中会被提出更高的要价。从以往的加入谈判来看，对发展中国家和地区的要价一般要低于发达国家和地区。而在发展中国家和地区中，对一般发展中国家和地区的要价通常要低于新兴工业化国家和地区，对最不发达国家和地区的要价又远远低于一般发展中国家和地区。

4.综合因素

综合因素主要是指申请加入方在国际社会的地位与影响力、自身的外贸水平与实力及国际竞争力、国际沟通及公关能力、谈判人员对世界贸易组织规则的熟悉及运用能力、谈判人员的谈判能力与技巧、国际形势变化及重特大国际突发事件等等，这些都会在相当大的程度上影响申请加入方的谈判进程和谈判结果。

上述各种因素综合在一起就决定了申请加入方加入谈判时间的长短、享有权力和承诺义务的多寡。中国从1986年正式提出申请"复关"开始，到2001年12月11日才成为世界贸易组织的正式成员，前后长达15年之久的马拉松式的艰难曲折的复关/入世谈判就是上述因素综合作用的结果的最好证明。

截至2018年6月，世界贸易组织共有164个成员方，其中120个为创始成员，余下的44个为加入成员。此外，世界贸易组织还有30多个观察员。

（三）世界贸易组织成员的退出程序

《建立世界贸易组织协定》第15条规定，任何成员都可以退出世界贸易组织。欲退出世界贸易组织的成员应向世界贸易组织提出书面退出通知，在世界贸易组织总干事收到其书面退出通知之日起的6个月期满后，退出生效。退出应同时适用于《建立世界贸易组织协定》和其他多边贸易协定。退出以后，与其他世界贸易组织成员的经贸关系从多边回到双边，不再享有世界贸易组织成员的权利，同时也不再履行作为世界贸易组织成员应尽的义务。

迄今为止，尚没有成员提出退出世界贸易组织。

三、世界贸易组织成员的互不适用

由于历史、政治或其他原因，一些成员不同意相互之间适用世界贸易组织协定，即互不适用。《建立世界贸易组织协定》第13条规定："任何成员，如在自己成为成员时或在另一成员成为成员时，不同意在彼此之间适用本协定及附件1和附件2所列多边贸易协定，则这些协定在该两成员之间不适用。"

采取互不适用的条件是：第一，在成为世界贸易组织成员时，双方均可做出互不适用的决定，此种互不适用应是在双方成为世界贸易组织成员开始时做出，而不能在双方成为世界贸易组织成员之后再做出。第二，1947年关贸总协定缔约方转变成世界贸易组织创始成员时已采取的互不适用可以沿用。第三，对新加入成员，在部长级会议批准前已通知部长级会议的前提下，可以使用。第四，诸边贸易协议参加方的互不适用，按该协议的规定执行。此外，互不适用可以撤销，而且一旦撤销就不得再重新启用。尽管世界贸易组织允许其成员引用互不适用条款，但对这种做法并不鼓励和支持。

四、世界贸易组织成员的权利与义务

加入世界贸易组织后，各成员应享有一定的权利并履行相应的义务。

（一）世界贸易组织成员的基本权利

1.在现有成员中享受多边的、无条件的和稳定的最惠国待遇。

2.享受其他成员开放或扩大货物、服务市场准入的利益。

3.发展中国家成员可享受一定范围的普惠制待遇及针对发展中国家成员的大多数优惠或过渡期安排。

4.利用世界贸易组织的贸易争端解决机制和程序，公平、公正、客观、合理地解决与其他国家的经贸摩擦，营造良好的经贸发展环境。

5.享有利用世界贸易组织各项规则、采取相应措施促进本国经济贸易发展的权利。

（二）世界贸易组织成员的基本义务

1.在货物、服务、与贸易有关的知识产权等方面，根据世界贸易组织的规定，给予其他成员最惠国待遇。

2.遵守世界贸易组织有关协定、协议的规定，扩大货物、服务的市场准入程度，即具体要求降低关税和规范非关税措施，逐步扩大服务贸易领域市场的开放。

3.根据《与贸易有关的知识产权协定》的规定，进一步规范知识产权的保护措施。

4.根据世界贸易组织贸易争端解决机制与程序，与其他成员公正地解决贸易摩擦，不搞单边报复。

5.增加贸易政策和有关法规的透明度。

6.按在世界出口中所占比例缴纳一定会费。

第四节　世界贸易组织贸易协定与协议

一、贸易协定与协议的构成特点

世界贸易组织的贸易协定与协议是在遵循世界贸易组织各项基本原则的基

础上，通过多边贸易谈判在各个贸易领域达成的框架规则和具体规则。有了这些具体的贸易协定与协议，世界贸易组织的宗旨和目标才能切实得到贯彻和实施。

世界贸易组织的贸易协定与协议构成具有如下特点：

1.层次性

在贸易"协定"与"协议"的表述上，英文均是 agreement。在译成中文时，为了表示它们之间的从属关系，我们把表述带有框架规则的 agreement 翻译成协定，它们是各贸易领域达成各项具体贸易协议的指导原则和规则，如《1994年关税与贸易总协定》《服务贸易总协定》《与贸易有关的知识产权协定》；而把表述这些协定领域中具体贸易规则的 agreement 翻译成协议。例如，《1994年关税与贸易总协定》下面就有12个具体部门协议，诸如《技术性贸易壁垒协议》《原产地规则协议》《进口许可程序协议》等；《服务贸易总协定》下也有各种协议。

2.结合性

世界贸易组织的贸易协定与协议是其基本原则与各贸易领域具体情况结合后经多边贸易谈判而达成的，由于涉及的具体贸易领域不同，各个协定与协议结合的内容和表述的方式也有所不同。

3.时效性

世界贸易组织的贸易协定与协议是根据比较优势和竞争能力，通过多边贸易谈判在相互妥协和彼此让步的基础上达成的。随着国际贸易的不断发展，比较优势和竞争能力也会发生变化，这些协定与协议的内容也必然会随之调整和修改，从而体现出明显的时效性和阶段性。

4.延展性

随着科学技术的不断发展和进步，国际贸易的内容和形式都会发生明显的变化，世界贸易组织的贸易协定与协议也会适应时代发展的要求不断向新的领域延伸和细化。不过，与货物贸易领域相比，服务贸易领域具有更大的延伸和细化的空间。

5.介入性

《建立世界贸易组织协定》明确规定，世界贸易组织成员应保证其国内的相关贸易法律、法规和行政程序与其所接受的世界贸易组织协定与协议的规定相一致，如果不一致，成员方就要适时修改国内立法。由此可见，世界贸易组织的规则已经开始介入各成员方的国内立法。

二、贸易协定与协议的类别

（一）按贸易范围划分

《建立世界贸易组织协定》第2条明确规定了世界贸易组织所管辖的贸易范围。据此，世界贸易组织协定与协议的范围包括三大领域，即货物贸易协定与协议、服务贸易协定与协议、与贸易有关的知识产权协定与协议。

（二）按规则层次划分

世界贸易组织把其负责管理和实施的全部贸易规则统称为 agreement。为了更好地划分贸易规则的层次和明确隶属关系，我们把某一大的领域的框架式的总体贸易规则称为协定，把某一特定部门的具体贸易规则称为协议。在同一领域内，协议隶属于协定之下。

按此规则划分，世界贸易组织共有三大协定，即《1994 年关税与贸易总协定》《服务贸易总协定》《与贸易有关的知识产权协定》。在这三大协定之下可达成本领域各部门具体贸易规则的各项协议。如在《1994 年关税与贸易总协定》之下就达成了以下 12 项协议：《技术性贸易壁垒协议》《实施卫生与植物卫生措施协议》《海关估价协议》《装运前检验协议》《原产地规则协议》《进口许可程序协议》《与贸易有关的投资措施协议》《纺织品与服装协议》《农业协议》《反倾销协议》《补贴与反补贴措施协议》《保障措施协议》。

（三）按接受程度划分

按成员和非成员接受的程度，世界贸易组织的贸易协定与协议分为多边、诸边和展边三种。

1.多边贸易协定与协议

多边贸易协定与协议是指那些世界贸易组织成员方必须无条件全部接受的贸易协定与协议，也就是《建立世界贸易组织协定》附件 1 所列的全部贸易协定与协议。具体来说，是指《1994 年关税与贸易总协定》及其附属的各种货物贸易协议、《服务贸易总协定》及其附属的规定、《与贸易有关的知识产权协定》。

2.诸边贸易协议

诸边贸易协议是指世界贸易组织成员可以根据自己的需要有选择性地自愿接受（加入）的贸易协议。此类协议只对接受（加入）者生效，即只有接受（加入）者才受其约束，不接受（加入）者就不受其约束。《建立世界贸易组织协定》附件 4 即为诸边贸易协议，此类协议不多，只达成了 4 个：《政府采购协议》《民用航空器贸易协议》《国际牛肉协议》《国际奶制品协议》，其中，《国际牛肉协议》和《国际奶制品协议》因 1997 年年底并入《农业协议》而终止执行。目前仍然生效的诸边贸易协议只有《政府采购协议》和《民用航空器贸易协议》两个。

3.展边贸易协议

展边贸易协议是指世界贸易组织成员方和正在申请加入世界贸易组织的国家和地区均可根据自己的需要自愿加入的贸易协议，该类协议只对参加者生效。世界贸易组织成立后达成的《信息技术协议》即属此类协议。《信息技术协议》规定，任何世界贸易组织成员方及申请加入世界贸易组织的国家和单独关税区均可参加该协议，但需要提交关税减让表、产品清单等文件，并要获得该协议已有成员方的审议通过。

（四）按贸易问题划分

按照管理和规范的贸易问题划分，世界贸易组织的贸易协定与协议可以分为以下几类。

1. 自由化的协定与协议

此类协定与协议管理和规范的是世界贸易组织成员方逐步开放国内货物、服务和其他要素市场，进而逐步实现贸易自由化的问题。其主要包括《建立世界贸易组织协定》附件1A即《1994年关税与贸易总协定》及其附属的全部货物贸易协议、附件1B即《服务贸易总协定》及其附属的协议。

2. 知识产权保护协定

为了更好地保护人类的发明创造，有效地促进科学与技术的发展，乌拉圭回合达成了《与贸易有关的知识产权协定》，加强了对与贸易有关的知识产权的保护，规范了知识产权保护的规则和措施。

3. 非关税措施协议

1947年关税与贸易总协定举行的多轮多边贸易谈判将各缔约方的关税水平大幅度降低，从而使得关税这种传统的贸易保护手段难以起到保护国内市场的作用。为了有效地保护国内市场，增强自身的贸易竞争力，近30年来各国纷纷采取各种非关税保护措施。这些非关税措施可谓层出不穷、鱼龙混杂，常常是正当保护和恶意限制措施交织在一起。为了防止非关税措施的滥用和无限扩大化，就需要对它们进行必要的规范。为此，乌拉圭回合达成了7项规范非关税措施的协议，它们是《技术性贸易壁垒协议》《实施卫生与植物卫生措施协议》《海关估价协议》《装运前检验协议》《原产地规则协议》《进口许可程序协议》《与贸易有关的投资措施协议》。

4. 公平贸易与补救措施协议

为了给世界贸易组织全体成员方创造出一个"开放、公平和无扭曲竞争"的贸易环境，使其免受因忠实履行成员义务而遭受的伤害和损失，乌拉圭回合达成了规范公平贸易和补救措施方面的协议，即通常所说的贸易救济措施协议，共有三个：《反倾销协议》《补贴与反补贴措施协议》《保障措施协议》。

5. "回归"性的贸易协议

《农业协议》《纺织品与服装协议》被称为"回归"性的贸易协议。农产品和纺织品本来就是国际贸易众多商品中的两个普通大类的商品，其贸易规则理应与其他商品相同，但1947年关税与贸易总协定却把这两类商品排除在外，对其大搞贸易歧视和贸易保护。世界贸易组织通过《农业协议》《纺织品与服装协议》这两个过渡性的协议，将农产品和纺织品的管理重新纳入多边贸易体制的轨道，此乃"回归"的真实含义。由于农产品和纺织品是广大发展中国家具有比较优势的出口产品，因此，在以GATT 1947为基础的多边贸易体制下，在农产品贸易中，一些主要的发达缔约方通过巨额出口补贴及各种非关税壁垒措施等方式加强对国内农业市场和农产品的保护；在纺织品贸易中，以美欧为首的发达国家对纺织品服装进口实行配额限制，以保护国内的纺织业。这些做法完全背离了1947年关税与贸易总协定的宗旨和基本原则，严重阻碍了农产品和纺织品的贸易自由化进程。为了彻底改变这种状况，乌拉圭回合达成了《农业协议》《纺织品与服装协议》，以期通过逐步减少出口补贴、约束国内价格支持和取消数量限制等措施，使农产品和纺织品贸易逐步回归到多边贸易体制的正常轨道上来。2004年12月31日，《纺织品与服装协议》已顺利如期执行完毕，全球范围内的纺织品服装配额从此彻底取消。

三、贸易协定的构成

（一）贸易协定的整体构成

贸易协定一般由主体和附件两大部分构成。

（二）贸易协定主体构成的要件

贸易协定主体内容一般包括：协定序言、协定组成部分与条款。

1.贸易协定的序言

（1）序言的位置是在贸易协定的开始。

（2）序言的内容。以序言表明该贸易协定的宗旨、目标和达到目标的途径。由于贸易规则涉及的领域不同，各协定序言的表达方式也不尽相同。

2.贸易协定组成部分与条款

贸易协定组成部分列出贸易协定大体的要件，诸如协定的内涵、一般规则、成员的权利与义务、协定的实施与组织机构等，组成部分再具体化为条款。组成部分有的列出名称，有的不列出名称。例如，《1994年关贸总协定》由四部分构成，前三部分未列出名称，第四部分列出名称；《与贸易有关的知识产权协定》由七个部分构成，《服务贸易总协定》由六部分构成，这两个协定各部分都列出了名称。《服务贸易总协定》第五、六两个部分的名称与条款为：

第五部分　机构条款

第22条　磋商

第23条　争端解决和执行

第24条　服务贸易理事会

第25条　技术合作

第26条　与其他国际组织的关系

第六部分　最后条款

第27条　利益的拒绝给予

第28条　定义

第29条　附件

（三）附件

1.位置：在贸易协定文本之后单列。

2.意义：对贸易协定文本的补充。

3.内容：对贸易协定文本的注释、条款的修订、后续工作的安排等。

例如，《服务贸易总协定》文本后的附件包括：

（1）关于第2条豁免的附件。

（2）关于本协定项下提供服务的自然人流动的附件。

（3）关于空运服务的附件。

（4）关于金融服务的附件。

（5）关于金融服务的第二附件。

（6）关于海运服务谈判的附件。

（7）关于电信服务的附件。

（8）关于基础电信谈判的附件。

四、贸易协议的构成

（一）贸易协议的整体构成

贸易协议一般由正文与附件构成。

（二）贸易协议正文构成的要件

贸易协议正文通常包括：序言与构成部分和条款。

1.序言

（1）位置：贸易协议开头。

（2）意义：表明贸易协议的意义、宗旨和实现宗旨及目标的途径。

2.贸易协议部分与条款的构成

（1）单一式，即内容比较简单的贸易协议，这类协议只列条款，不分部分。例如《技术性贸易壁垒协议》《实施卫生与植物卫生措施协议》《与贸易有关的投资措施协议》《装运前检验协议》《进口许可程序协议》《保障措施协议》《纺织品与服装协议》《政府采购协议》《民用航空器贸易协议》等。这些协议通过条款顺次列出总则、成员权利与义务、发展中国家成员特殊待遇、争端解决和管理等。例如，《与贸易有关的投资措施协议》只有9个条款：

第1条　范围

第2条　国民待遇和数量限制

第3条　例外

第4条　发展中国家成员

第5条　通知和过渡性安排

第6条　透明度

第7条　与贸易有关的投资措施委员会

第8条　磋商和争端解决

第9条　货物贸易理事会的审议

还有的协议中条款只有内容，没有冠名，如《纺织品与服装协议》只列出7个条款，各个条款没有具体冠名。

（2）综合式，即内容比较复杂的贸易协议，不仅分出部分，还纳入相关的条款机构等内容。这类协议有的在条款前冠名，有的不冠名。一般顺次列出协议的定义和范围、成员的权利及义务、争端解决和组织机构等。如《农业协议》只列出13

个部分，分别纳入21个条款：

第一部分

第1条　术语和定义

第2条　产品范围

第二部分

第3条　减让和承诺的并入

……

而有的贸易协议既有部分名称，又有条款名称。如《补贴与反补贴措施协议》由11个部分32个条款构成：

第一部分　总则

第1条　补贴的定义

第2条　专向性

第二部分　禁止性补贴

第3条　禁止

第4条　补救

……

（三）附件

1.位置：文本后单独列出。

2.意义：对贸易协议文本的补充。

3.内容：对贸易协议文本的注释、有关清单、解释性说明、具体的组织机构等。附件多少不一，如《原产地规则协议》只有两个附件，而《补贴和反补贴措施协议》则有7个附件。

基本概念

部长级会议　总理事会　贸易争端解决机构　贸易政策审议机构　分理事会专门委员会　总干事　秘书处　创始成员　加入成员　贸易协定　贸易协议　诸边协议　展边协议

复习思考题

1.试述世界贸易组织的法律体系。

2.世界贸易组织货物贸易法律文件的主要内容是什么？

3.世界贸易组织服务贸易法律文件的主要内容是什么？

4.世界贸易组织知识产权法律文件的主要内容是什么？

5.世界贸易组织的组织机构有哪些？其主要职责是什么？

6.世界贸易组织的常设机构是什么？其职责是什么？

7.简述世界贸易组织成员的来源。

8.试述世界贸易组织成员的权利和义务。

9.新成员如何加入世界贸易组织？

10.在什么情况下世界贸易组织的成员间可以互不适用？

11.试述影响加入世界贸易组织的主要因素。

12.世界贸易组织的贸易协定与协议构成有哪些特点？

13.试述世界贸易组织贸易协定与协议的划分类别。

拓展阅读3-1

拓展阅读3-2

拓展阅读3-3

第四章　世界贸易组织的基本原则

在世界贸易组织负责管理和实施的贸易协定与协议中，始终贯穿了一系列基本原则，这些原则是各成员方在世界贸易组织的框架内处理和调整贸易关系时所应遵循的制度和准则。这些基本原则是由若干具体规则和一些规则的例外所组成的，主要包括：非歧视待遇原则、贸易自由化原则、允许正当保护原则、公平竞争原则、鼓励发展和经济改革原则、稳定贸易发展原则、优惠和差别待遇原则、地区贸易原则、透明度原则、例外和免责原则等。这些原则是世界贸易组织各项协定、协议确立、实施和发展的法律基础，并在各项协定、协议中将这些基本原则转化为各领域具体的贸易规则。本章对其中的一些主要原则加以介绍。

第一节　非歧视待遇原则

非歧视待遇原则又称为无差别待遇原则，是世界贸易组织的最基本原则，它是针对歧视待遇而设立的一项缔约原则。这一原则规定：一缔约方在实施某种优惠或限制、禁止措施时，不得对其他缔约方实施歧视待遇。根据这一原则，一缔约方对另一缔约方只要不采用对任何其他缔约方所同样不适用的优惠或限制、禁止，即视为符合非歧视待遇原则。同理，如果一缔约方根据世界贸易组织协定、协议的规定实施某种优惠或限制、禁止同样适用于其他全体缔约方时，也是完全符合非歧视待遇原则的。非歧视待遇原则充分体现了世界贸易组织各成员方不论大小，地位一律平等的原则，也完全符合各主权国家一律平等这一国际法的基本准则。在世界贸易组织中，非歧视待遇原则是通过最惠国待遇条款和国民待遇条款具体加以体现和实现的。

一、最惠国待遇条款

（一）最惠国待遇的含义

最惠国待遇（most-favored-nation treatment，MFN）是指缔约方一方现在和将来给予任何第三方的优惠和豁免，立即和无条件地也给予缔约方对方。

在世界贸易组织中，最惠国待遇是指一成员方将在货物贸易、服务贸易和知识产权领域给予任何其他国家和地区（无论是否是世界贸易组织成员方）的优惠待遇，立即和无条件地给予其他各成员方。

在国际贸易领域实施最惠国待遇条款的实质在于保证各成员方市场竞争机会均等。它最初是双边协定中的一项规定，要求一方保证把给予任何其他国家的贸易优惠，同时给予对方。1947年关贸总协定将双边贸易协定中的最惠国待遇作为最主要的基本原则纳入国际多边贸易体制，适用于其缔约方之间的货物贸易。乌拉圭回合谈判则将这一原则进一步扩展至服务贸易和与贸易有关的知识产权领域。

最惠国待遇条款的萌芽可以追溯到12—13世纪的欧洲，但是一直到17世纪末，才正式出现了"最惠国待遇"的提法。当时，欧洲正处于资本原始积累时期，重商主义盛行，各国为了保护本国的贸易利益，都要求获得贸易对象国在相关商品上给予第三方的优惠和豁免。由于当时最惠国待遇只适用于特定的国家，所以是真正意义上的"最惠"。后来，随着重商主义的衰落，最惠国待遇开始日益广泛地适用于所有的国家，所谓的"最惠"已经是一种普遍的现象，不再是什么特别的优惠了。从此，最惠国待遇条款就变成了"公平贸易"的代名词。

世界贸易组织将最惠国待遇条款从货物贸易领域延伸至服务贸易和与贸易有关的知识产权领域。

（二）最惠国待遇条款的实施要点

1.自动性

这是实施最惠国待遇条款的内在机制要求，它体现在"立即和无条件"的要求上。当一成员方给予其他国家（地区）的某项优惠超过了给予其他成员方已享有的优惠时，这一机制就自动启动了，即其他成员方就自动享受了这种新的优惠。例如，甲国和乙国均为世界贸易组织成员，当甲国把从丙国进口电脑的关税从10%降为5%时，无论丙国是否是世界贸易组织的成员方，这个5%的电脑进口关税率同样要立即和无条件地自动适用于从乙国等其他世界贸易组织成员方进口的同样的电脑。

2.同一性

这是指当一成员方给予其他国家（地区）的某项优惠，自动转给其他成员方时，受惠的标的必须相同。仍以上述甲、乙、丙三国为例，甲国给予丙国进口电脑的关税优惠，只能自动地适用于从乙国等其他世界贸易组织成员方进口的电脑，而不是其他任何产品。这种同一性要求从客观上明确产品的受惠范围，不至于使受惠范围任意扩大或缩小，可以有效地保护给惠方和受惠方的利益。

3.相互性和多边性

这是指世界贸易组织中的任何一个成员方在实施最惠国待遇条款时，本身既是受惠方，同时也是给惠方（施惠方），即任何一个成员方在享受最惠国待遇权利的同时，还必须相应地承担最惠国待遇的义务。这也就是说在世界贸易组织中最惠国待遇的给予是多边性的，而不是简单的双边相互给予。正是这种多边相互给予的特点，使得各方大大降低了贸易谈判成本，促进了国际贸易的更快发展；而且，多边贸易谈判的方式也因而被越来越多的国家和地区所采用。

4.普遍性

这是指在世界贸易组织的框架内，最惠国待遇条款不仅适用于货物贸易的各个领域，还适用于服务贸易领域的各个部门和知识产权领域，包括知识产权的所有者和持有者。由于相关国家在签订双边最惠国待遇条款时，往往会限定其适用的范围，这就给最惠国待遇的适用带来了很大的局限性。各国之间的谈判成本因而大大增加，国际贸易秩序的稳定性和可预见性也因而增加了不确定性。在世界贸易组织中，最惠国待遇条款适用范围的空前扩大，不仅大大节省了各成员方之间的谈判成本，还大大增加了国际贸易秩序的可预见性和稳定性。

（三）最惠国待遇条款的例外

实施最惠国待遇条款时通常有如下例外情况：

（1）《关贸总协定》第20条规定的"一般（普遍）例外"，包括为保障人、动植物的生命或健康所必需的措施；有关输出或输入黄金或白银的措施；为保护本国具有艺术、历史或考古价值的文物而采取的禁令等，都不适用最惠国待遇条款。

（2）《关贸总协定》第21条规定的"安全例外"，是指为保护国家基本安全利益而制定的规定和禁令。

（3）《关贸总协定》第24条"适用的领土范围——边境贸易——关税同盟和自由贸易区"中规定：最惠国待遇条款不适用于任何缔约一方为便利边境贸易所提供的或将来要提供的权利和优惠；结成同盟的国家间在关税方面的特殊待遇不能给予订立最惠国待遇条款的缔约方；建立自由贸易区的某些国家之间相互给予的特别优惠和豁免也不给予订立最惠国待遇条款的国家。也就是说，对于关税同盟或自由贸易区成员方之间相互给予的优惠，关贸总协定其他缔约方不能自动获得。缔约方之间边境小额贸易的优惠不得自动延伸到其他缔约方。

（4）《关贸总协定》有关条款、规定的其他例外情况主要还有：第25条关于在特殊情况下可以在一定时间内暂时免除成员方对《关贸总协定》所承担的某项义务的规定；第12条和第18条b款允许缔约方为保持国际收支平衡而采取进口限制措施；第19条允许发展中成员方为了经济发展目的而采取政府援助，允许为保护国内产业而对某些产品采取紧急措施；第6条和第16条允许征收反倾销税和反补贴等。

（5）《关贸总协定》缔约方全体于1979年11月28日在东京回合谈判结束时通过的"授权条款"（enabling clause）。该条款允许仅对发展中成员方实行优惠以及发展中成员方相互之间实行优惠，而不将优惠待遇扩大到发达成员方。在众多的例外以及特惠协定中，对发展中成员方实行普遍优惠制（简称普惠制）应当看作是最惠国待遇条款的一个重大例外。

（6）在《服务贸易总协定》以及乌拉圭回合的其他协议中也有关于最惠国待遇条款的许多例外规定。《服务贸易总协定》规定，一成员方可以采取与最惠国待遇条款不相一致的措施，但应包括在附件中，并要符合其条件。《服务贸易总协定》还明确规定了毗邻国家为了方便它们在双方毗邻边境地区交换限于当地生产和消费的服务所应提供或授予的利益。

（7）《与贸易有关的知识产权协定》规定的最惠国待遇条款的例外，包括基于国际司法协助条约而做出的一般法律强制措施，基于1971年《伯尔尼公约》或《罗马公约》所给予的待遇；该知识产权协定规定之外的有关唱片的表演者、制作者以及广播者的权利；在该协定生效之前已生效的保护知识产权的国际公约所给予的优惠待遇。

二、国民待遇条款

（一）国民待遇的含义

国民待遇（national treatment，NT）是指在贸易条约或协定中，缔约方之间相互保证给予另一方的公民（自然人）、法人（企业）和商船在本国境内享有与本国公民、法人和商船相同的待遇。

在世界贸易组织中，国民待遇是指对其他成员方的产品、服务或服务提供者及知识产权所有者和持有者提供的待遇，不低于本国同类产品、服务或服务提供者及知识产权所有者和持有者所享有的待遇。

国民待遇条款同最惠国待遇条款一样，都是经过长期的历史实践形成的。在18—19世纪欧美各国签订的"通商条约"中，大都包含有国民待遇条款。不过，就适用的对象而言，有些条约中国民待遇条款是以"人"为对象的，有些则是以"物"或"产品"为对象的。就世界贸易组织来看，其国民待遇条款则因相关附件规定的不同而有所不同。

世界贸易组织将国民待遇条款适用于货物贸易、服务贸易和与贸易有关的知识产权领域。

在货物贸易领域，《1994年关税与贸易总协定》第3条对国民待遇条款做出了具体的规定。其主要内容：一是不对进口产品征收超过本国相同产品所征收的国内税或其他国内费用；二是在本国产品与进口产品具有直接竞争或可替代竞争关系时，不以保护国内生产的方式对两者实施不同的税率；三是在影响产品的国内销售、购买、运输、分销与使用的所有法律、法规、规章和要求中，包括影响进口产品在国内销售分销与使用的投资管理措施等方面，进口产品所享有的待遇不低于本国相同产品；四是成员方对产品的混合、加工或使用实施国内数量管理时，不能强制要求生产者必须使用特定数量或比例的国内产品。

在服务贸易领域，《服务贸易总协定》在第17条将国民待遇不是作为普遍义务而是作为具体承诺加以规定。该条规定，每一成员方应在其承诺减让表所列的服务部门或分部门中，根据该表内所列条件和资格给予其他成员方的服务和服务提供者，就所有影响服务提供的政府措施而言，其待遇不低于给予本国相同的服务和服务提供者。根据这一规定，一成员方给予其他成员方服务和服务提供者的待遇不应低于给予本国服务和服务提供者享受的待遇，但以该成员方在服务贸易承诺减让表中所列的条件或限制为准，并且在该成员方没有做出开放承诺的部门，外国服务或服务提供者不享有国民待遇。

在与贸易有关的知识产权领域，《与贸易有关的知识产权协定》的总则和基本原则规定，在保护知识产权方面，任何成员方对其他成员方国民提供的待遇不得低于对本国国民所提供的待遇，其适用范围包括专利、商标、版权、工业设计、地理标志、集成电路、外观设计及未公开信息等知识产权的所有人。此外，还包括成员方采取的保护知识产权的相关措施，如法律、法规、规章和政策措施等等。

（二）国民待遇条款的实施要点

1.使用存在差异

国民待遇条款适用的对象是产品、服务或服务提供者及知识产权所有者和持有者，但因产品、服务和知识产权领域具体受惠对象不同，国民待遇条款的适用范围、具体规则和重要性也有所不同。

2.待遇只在进口方境内享受

国民待遇条款只涉及其他成员方的产品、服务或服务提供者及知识产权所有者和持有者在进口成员方境内所享有的待遇。

3."不低于"是最低要求

国民待遇定义中"不低于"一词的含义是指其他成员方的产品、服务或服务提供者及知识产权所有者和持有者，应与进口成员方同类产品、相同服务或服务提供者及知识产权所有者和持有者享有同等待遇，若进口成员方给予前者更高的待遇，即超国民待遇，并不违背国民待遇条款的要求。

（三）国民待遇条款的例外

1.《关贸总协定》对国民待遇条款的例外规定，集中体现在第20条的"一般（普遍）例外"条款之中。例如，成员方可依据该条款，为维护公共道德和保障人或动植物的生命或健康，对进口产品实施有别于本国产品的待遇。又如，"在国内原料的价格被压低到低于国际价格水平时，在作为政府稳定计划的一部分的期间，为了保证国内加工工业对这些原料的基本需要，有必要采取限制这些原料出口的措施"。

2.《服务贸易总协定》将国民待遇条款作为成员方谈判的具体承诺，而不是必须遵守的义务，这一规定与总协定的其他原则规定是有区别的。此外，它还规定了不少例外，如"一般（普遍）例外""安全例外"等。同时它还规定，成员方谈判承担义务时可不按照国民待遇条款的安排，包括那些有关条件、标准或许可。

3.《与贸易有关的知识产权协定》对国民待遇条款也规定了不少例外，如有关保护知识产权方面的《巴黎公约》《伯尔尼公约》《罗马公约》《有关集成电路知识产权的条约》中的各自例外规定均构成该协定的例外。此外，还有包括司法和行政程序方面的例外，如对服务地点的指定、对代理人的规定等。

4.《与贸易有关的投资措施协议》中关于国民待遇条款例外的规定的范围更广，它不仅规定所有在《关贸总协定》项下的所有例外规定都适用于该协议的各项规定（当然包括国民待遇条款的规定），而且还规定发展中成员方可以暂时自由地背离适用国民待遇条款和数量限制规定。

三、最惠国待遇条款与国民待遇条款的关系

最惠国待遇条款与国民待遇条款有着极为密切的联系。最惠国待遇条款和国民待遇条款都是世界贸易组织非歧视原则的重要构成部分。如果说设立最惠国待遇条款的目的在于使来自不同缔约方的同类产品和服务或服务提供者在进口方获得非歧视待遇的话，那么，设立国民待遇条款的目的则在于防止各成员方政府在削减关税壁垒措施的同时，采取新的措施来抑制进口产品在其市场上的销售，从而使进口的产品和服务或服务提供者在进口方获得与进口方本国同类产品和服务或服务提供者同等或更优惠的待遇。因此，很难说哪个原则具有更重要的法律地位和作用。

在某种意义上，国民待遇也是最惠国待遇中所谓"待遇"的一部分。譬如，如果一成员方决定给来自另一成员方的特定产品以国民待遇，那么这种待遇也要根据最惠国待遇条款给予来自其他所有成员方的同类产品。

第二节　贸易自由化原则

贸易自由化原则也称为市场准入原则。世界贸易组织从成立伊始，就始终倡导并致力于推动贸易自由化，并把贸易自由化作为其主要宗旨之一。为此，要求成员方要尽可能多地取消不必要的贸易障碍，最大限度地开放市场，以便为货物和服务在国际间的自由流动提供便利。

一、贸易自由化的含义

在世界贸易组织的框架下，贸易自由化是指各成员方通过多边贸易谈判，实质性地削减、限制和取消一切妨碍和阻止国际贸易发展的各项关税和其他非关税贸易壁垒措施，不断扩大成员方之间的货物和服务等贸易。

二、贸易自由化原则的实施要点

1.以世界贸易组织共同规则为基础

各成员方应根据世界贸易组织制定的贸易自由化原则、规则，有序地实行贸易自由化。

2.以多边贸易谈判为主要手段

各成员方的贸易自由化原则主要是通过多边谈判的方式进行，各方通过多边贸易谈判达成协议和承诺，逐步地推进贸易自由化更深入、更广泛的发展。具体表现在：在货物贸易领域主要是逐步削减关税和减少非关税贸易壁垒措施；而在服务贸易领域则更多的是扩大市场准入程度，要求不断增加开放的服务部门并扩大开放程度，实质性地减少对服务提供方式的限制。

3.以争端解决机制为保障

与关贸总协定不同，世界贸易组织的争端解决机制具有相当大的强制性。如某成员方被诉违反规则，经争端解决机构裁决其败诉，该成员方就应无条件地执行相关裁决。否则，世界贸易组织可以授权申诉方采取相应的贸易报复措施。

4.以例外条款和贸易救济措施为辅助

这是指世界贸易组织成员方可以通过援引有关的例外条款或者采取各种贸易救济措施，部分地消除或减少因实施贸易自由化原则而给其带来的某些负面影响。

5.以过渡期体现优惠和差别待遇

世界贸易组织在坚持非歧视原则、主张公平贸易的同时，也从实际情况出发，承认不同成员方之间经济发展水平的差异，并对此制定相应的解决办法。通常在实施贸易自由化原则的政策和措施时，都允许发展中成员方尤其是最不发达成员方有更长的过渡期。

三、贸易自由化原则的具体体现

1.关税减让

关税作为一项传统的贸易壁垒措施，具有公开、透明，便于操作，便于衡量和比较等特点。由于关税的高低直接影响到进出口商品的价格，因此，世界贸易组织在允许成员方使用关税手段的同时，还要求成员方必须逐步下调关税水平并加以约束，以不断推动贸易自由化进程。"关税约束"是指成员方承诺把进口商品的关税限定在某一水平，且今后不能再提高。如果一成员方确因实际困难需要提高关税约束水平，则必须同其他成员方进行谈判。

在关贸总协定存在的近半个世纪中，其所做的突出贡献就是实质性地降低了各缔约方的关税水平。在前七轮多边贸易谈判使关税总体水平大幅度降低的同时，乌拉圭回合又达成了长达23 000多页的成员方具体产品关税减让表，大幅度降低了关税水平，扩大了受关税约束的产品范围。在成员方履行了各自的关税减让承诺后，发达成员的工业品平均关税水平由6.3%降至3.8%，发展中成员由20.5%降至14.4%。从1995年开始，工业品约束关税税号占整个税号的比例，发达成员由78%上升至99%，发展中成员由21%上升至73%，经济转型国家由73%上升至98%。美国、欧盟、日本、加拿大等发达成员还进一步做出承诺，在药品、医疗设备、建筑机械、农业机械、家具、啤酒、蒸馏酒、纸和纸制品、钢材、玩具等10个部门实行零关税。其他发达成员和少数发展中成员，则有选择地对其中几个部门实行零关税。自世界贸易组织成立以来，各成员方的关税水平不断下降，实行零关税的部门和产品也在逐年增加。

2.减少非关税贸易壁垒

非关税贸易壁垒通常指除关税以外各种限制贸易的措施。随着关税水平的逐步降低，关税作为贸易壁垒的功能就被逐步削弱，各国为了保护自己的贸易利益，在无法更多地利用关税壁垒的情况下，各种非关税贸易壁垒就纷纷出笼，成为阻碍国际贸易发展的主要障碍。由于非关税贸易壁垒种类繁多、形式多样且极具隐蔽性，如果任其发展，势必会使国际贸易难以正常发展。为此，世界贸易组织针对非关税贸易壁垒专门制定了若干协议和规则，以规范成员方的相关行为，从而达到减少非关税贸易壁垒，不断推动贸易自由化的发展目标。

3.扩大服务贸易的市场准入程度

20世纪70—80年代以来，国际服务贸易开始迅速发展，为此客观上要求各国相互开放服务市场，但由于服务业自身的一些特点，使得各国对服务业的开放都持慎重的态度。为了保护本国的服务业并增强其竞争力，各国对外国服务业的进入都采取了诸多或公开或不公开的限制性措施。这些措施主要包括限制服务提供者数量；限制服务交易或资产总值；限制服务业总量或服务产出总值；限制特定服务部门或服务提供者的雇佣人数；要求通过特定类型的法律实体提供服务；限制外国资本总额或参与比例以及国民待遇限制等。这些限制都能从根本上影响服务业的公平竞争，影响服务质量的提高和服务领域资源的有效配置，不仅对服务贸易本身，而且还会对货物贸易乃至对整个世界经济发展带来极大的不利影响。

为了解决上述问题，乌拉圭回合通过长期艰苦努力，终于达成了《服务贸易总协定》。该协定要求各成员方为其他成员方的服务产品和服务提供者提供更多的投资与经营机会，分阶段地逐步开放商务、金融、电信、分销、旅游、运输、教育、医疗保健、建筑、环境、娱乐等服务领域。在乌拉圭回合谈判中，各成员方均就服务领域的开放做出了各自的承诺，从而较好地解决了服务贸易的市场准入问题。

第三节　允许正当保护原则

世界贸易组织在倡导和致力于贸易自由化的同时，也允许各成员方对自身的贸易利益按既定的规则做出正当的保护。

一、正当保护的含义

世界贸易组织允许其成员方根据各自经济发展水平和发展阶段的不同，依据工业、农业和服务业竞争能力的强弱，考虑可持续发展的需要，维护本国国民安全和健康的要求，可以通过谈判达成协议对自己做出正当的保护。这项原则可以看作是非歧视原则的一项例外。

二、正当保护原则的具体表现

1.发展中成员方的保护程度可以高于发达成员方

在货物贸易领域，具体表现在发展中成员方的关税总体水平可以高于发达成员方。在1986年乌拉圭回合谈判开始的时候，发展中成员方的平均进口关税水平为14%~15%，发达成员方平均为5%左右。在此回合的关税减让谈判中，发展中成员方的关税减让程度可以低于发达成员方。乌拉圭回合谈判结束后，发达成员方承诺总体关税削减37%左右，而发展中成员方承诺的总体关税削减幅度仅为4%左右。在服务贸易领域，发展中成员方服务业的开放度可以低于发达成员方。除此之外，在其他诸多领域中发展中成员方均享有特殊和差别待遇。

2.根据自身情况采取不同的保护办法

世界贸易组织成员方可根据其不同产业和服务业竞争力的强弱，设置不同的关税税率；对新兴产业（幼稚产业）的保护程度可以高于已经较为成熟和发达的产业；服务业中没有做出承诺的服务部门，不适用国民待遇条款。

3.加强知识产权的保护

与货物和服务贸易不同的是，根据《与贸易有关的知识产权协定》的有关规定要求，世界贸易组织所有成员方都必须达到知识产权保护的最低标准。

4.进出口方面的保护措施

世界贸易组织成员方为了实现可持续发展的目标，可以限制某些国内急需和短缺的重要战略物资和产品的出口；为了保护本国国民的安全和健康，对进口产品可以设置严格的技术、安全、质量乃至劳工标准，达不到标准和规格限定要求的产品可以禁止进口。

三、正当保护的具体措施

1.在货物贸易领域

提倡以关税作为保护的主要措施，一般（普遍）地取消数量限制。关税是各国保护国内市场、增加财政收入、调整进出口商品结构的重要手段。关贸总协定和世界贸易组织均认可以关税手段保护国内市场的合法性，其原因就在于关税具有透明度高、谈判较为容易、谈判的成果较易得到执行、贸易商较易掌握和利用、符合市场经济发展的要求等特点。而各种非关税壁垒，尤其是各种形式的数量限制对国际贸易的发展极为不利。这是因为：首先，数量限制不公开不透明，保护程度和效果难以测算；其次，数量限制较为隐蔽，容易导致贸易扭曲；再次，会使企业无法对国际市场的正常需求做出正确的判断，不利于市场经济的有序发展；最后，数量限制会人为地延缓和阻碍贸易自由化的进程，使正常的贸易问题复杂化。正是基于这些原因，世界贸易组织才极力主张各成员方应以关税为主要保护手段，提出一般（普遍）地取消数量限制原则，将非关税壁垒关税化，而且只要已经取消的非关税壁垒措施就不得再实施。同时还规定，在不得不采取数量限制时，必须遵守非歧视原则。

2.在服务贸易领域

按《服务贸易总协定》的相关规定，允许世界贸易组织成员方逐步开放其服务部门，在已经承诺开放的部门应实施国民待遇条款。

3.在知识产权领域

《与贸易有关的知识产权协定》规定了在知识产权方面对不同保护标的的保护时间、保护方式和维权措施。如果发现侵权、盗版等不法行为，各成员方对侵权者可以采取罚款、道歉、边境扣留措施直至刑事措施等。

第四节　公平竞争原则

公平竞争原则（fair competition principle），又称为公平贸易原则，是世界贸易组织从关贸总协定继承的一项基本原则。原来这一原则主要针对出口贸易，现在这一原则已经不仅仅局限在这一领域，而是扩展至国际贸易的所有领域。世界贸易组织是建立在市场经济体制基础上的国际多边贸易体制，公平竞争是市场经济体制的客观要求和重要保障。

一、公平竞争的含义

在世界贸易组织体制下，公平竞争是指各成员方应避免采取扭曲市场竞争的措施，克服不公平贸易行为，在货物贸易、服务贸易和与贸易有关的知识产权领域，创造和维护公开、公平、公正的贸易环境。公平竞争原则的适用范围为货物、服务及知识产权诸领域的所有贸易主体。

二、公平竞争原则的要点

1.公平竞争原则具体体现在货物贸易领域、服务贸易领域和与贸易有关的知识产权领域。

2.公平竞争原则既涉及成员方的政府行为，也涉及成员方的企业行为，即政府和企业要共同创造和维护本国市场的公平竞争环境。

3.公平竞争原则要求各成员方应维护产品、服务或服务提供者在本国市场的公平竞争，无论这些产品、服务或服务提供者是来国内或任何其他成员方。

三、公平竞争原则的具体表现

1.在货物贸易领域

世界贸易组织管理货物贸易的法律框架是《1994年关税与贸易总协定》，该协定的各项条款都充分体现了公平竞争的原则。例如，要求成员方逐步降低关税并加以限制；取消数量限制和实施国民待遇，以便使外国产品与本国产品处于平等的竞争地位；要求成员方实施最惠国待遇，以使来自不同国家的产品能够公平竞争，等等。

货物贸易领域其他的具体部门协议，如《反倾销协议》《补贴与反补贴措施协议》《保障措施协议》等，也都充分体现了公平竞争的原则。通过以上协议的制定，就可以防止因产品倾销和出口补贴而形成的不公平竞争，通过征收反倾销税和反补贴税等形式，来弥补外国产品倾销和出口补贴给本国产业所造成的实质性损害。同时，世界贸易组织为防止成员方出于保护本国产业的目的，滥用反倾销和反补贴措施，造成新的不公平竞争行为，也对成员方实施反倾销和反补贴措施规定了严格的条件和程序，只有符合规定的条件并按规定的程序办理，才能被世界贸易组织所认可。

2.在服务贸易领域

世界贸易组织在服务贸易领域鼓励各成员方相互开放国内服务贸易市场并给予国民待遇，逐步为外国的服务和服务提供者创造市场准入和公平竞争的机会。为了使得其他成员的服务和服务提供者能在本国服务市场享有同等待遇，进行公平竞争，《服务贸易总协定》要求成员方实施最惠国待遇，无论有关服务部门是否列入服务贸易承诺减让表。同时，为了在本国市场给其他成员方的服务和服务提供者创造公平竞争的环境，《服务贸易总协定》还要求，成员方提供的市场准入机会和国民待遇不得低于服务贸易承诺减让表中所做出的承诺。对于本国的垄断和专营服务提供者，《服务贸易总协定》要求成员方保证服务提供者的行为，符合最惠国待遇原则及该成员方在服务贸易承诺减让表中的具体承诺。为防止服务贸易提供者的某些商业惯例抑制竞争，限制服务贸易的发展，《服务贸易总协定》要求成员方在其他成员方的请求下进行磋商、交流信息，直至最终取消这些违背公平竞争原则的商业惯例。

3.在知识产权领域

在知识产权领域，公平竞争原则主要体现为对知识产权的有效保护和防止不正当竞争。《与贸易有关的知识产权协定》要求成员方加强对知识产权的保护，防止拥有知识产权的产品和品牌被仿造、假冒或盗用。无论是本国国民的知识产权，还是其他成员方国民的知识产权，都应得到同等程度的有效保护。同时，反不正当竞争也是知识产权保护的一个重要方面，一些限制竞争的知识产权许可活动或条件，不仅妨碍技术的转化和传播，也必然会对贸易活动产生不利的影响。为此，《与贸易有关的知识产权协定》专门对知识产权许可协议中限制竞争的行为做出了明确规定，允许成员方采取适当措施，防止或限制排他性条件、强制性一揽子许可等。

4.约束垄断和国营贸易企业

为了防止垄断和国营贸易企业的生产经营活动对国际贸易造成扭曲影响，世界贸易组织要求成员方的国营贸易企业必须按非歧视原则，以价格等商业因素作为经营活动的依据，并定期向世界贸易组织通报本国国营贸易企业的相关情况。

5.约束政府采购金额

在世界贸易组织管理和实施的诸边贸易协议之一——《政府采购协议》中，对政府优先购买本国产品和服务的金额作了上限约束，对超出上限金额的政府采购产品和服务要让国内外供应商公平竞争。

第五节　特殊和差别待遇原则

在世界贸易组织成员中，发展中成员占绝大多数，达到2/3以上。长期以来，广大发展中成员为建立国际经济贸易新秩序做出了巨大的努力，在世界贸易组织中的地位也在日益提高。针对世界贸易组织成员中的大多数是发展中成员这一现实状况，为了鼓励这些成员的经济发展与改革，使它们更好地融入多边贸易体制，世界贸易组织在所有贸易协定与协议中都对发展中成员特别是最不发达成员实行特殊和差别待遇（special and differential treatment）。

一、《关税与贸易总协定》的规定

《关税与贸易总协定》对在货物贸易领域给予发展中成员实行特殊和差别待遇做出了规定。在各大贸易领域中，《关税与贸易总协定》（即货物贸易领域）对发展中成员给予的特殊和差别待遇最多，最集中的表述为该协定第18条和第四部分的第36、37、38条。

二、《服务贸易总协定》的规定

由于国际服务贸易发展的极端不平衡，因而在当前的国际服务贸易中，发达成员占据绝对优势，而广大发展中成员作为一个整体尚处于绝对劣势，绝大部分发展中成员在国际服务贸易中长期处于逆差的状态。为此，《服务贸易总协定》第4条明确规定为促进发展中成员在服务贸易中的更多参与，承诺发达成员将采取具体措施帮助发展中成员扩大服务出口，特别要对发展中成员的服务出口给予有效的市场准入，而发展中成员可以通过对外国服务提供者附加一些限制条件来达到其目标。此外，在该协定的第五部分"经济一体化"中，也允许给予发展中成员部分优惠待遇。

三、《与贸易有关的知识产权协定》的规定

《与贸易有关的知识产权协定》规定，考虑到发展中成员在实施该协定时的具体困难，发达成员有义务对发展中成员提供相关协助；同时，考虑到发展中成员在实施协议时需要一定的时间和物质准备，还规定了发展中成员以及最不发达成员可以享受一定期限的过渡期，做出了与它们的情况相适应的5年和10年的过渡期优惠安排。发展中成员还可以再推迟5年实施某些产品的专利，如医药、化工和食品的专利。

此外，在世界贸易组织的其他一系列协议如《技术性贸易壁垒协议》《海关估价协议》《与贸易有关的投资措施协议》《反倾销协议》《补贴与反补贴措施协议》《保障措施协议》《农产品协议》等诸协议中，都对发展中成员特别是最不发达成员规定了相应的特殊和差别待遇。

第六节　透明度原则

一、透明度原则的含义

世界贸易组织的透明度原则主要有以下两方面的含义：

一是就世界贸易组织本身的透明度而言。世界贸易组织应对所有成员方公开其运作程序，并公开其有关法律规则，包括有关协定与协议、决定以及争端解决机构的裁决和其他法律文件，以避免组织内的暗箱操作行为。

二是就各成员方政策的透明度而言。要求各成员方应公布其所制定和实施的有关贸易的法律、法规、规章、政策、措施和其参加的对其国际经贸政策有影响的国际协定及其变化情况等，并将这些信息通知世界贸易组织，未公布和通知的不得实施，以确保所有影响货物贸易、服务贸易和知识产权保护的措施能够以合理、客观和公正的方式实施。

在世界贸易组织的规则中，透明度原则主要表现在《1994年关税与贸易总协定》第10条、《服务贸易总协定》第3条和《与贸易有关的知识产权协定》第63条。这些条款主要体现为两方面的规定：一是关于"贸易措施的公布"的规定，二是关于"贸易措施的通知"的规定。实施透明度原则的主要目的在于监督成员方更好地履行其所承诺的义务并保持贸易环境的可预见性。

二、贸易措施的公布

公布有关贸易措施，是世界贸易组织成员最基本的义务之一。如果不公布有关的贸易措施，成员方就很难保证提供稳定的、可预见的贸易环境，其他成员方就难以监督其履行世界贸易组织义务的情况，世界贸易组织的全部规则也就难以得到充分、有效的实施。为此，世界贸易组织要求，成员方应承担公布和公开有关贸易措施及其变化情况的义务。

公布的具体内容包括以下方面：产品的海关分类和海关估价等海关事务；对产品征收的关税税率、国内税税率和其他费用；对产品进出口所设立的禁止或限制等

措施；对进出口支付转账所设立的禁止或限制等措施；影响进出口产品的销售、分销、运输、保险、仓储、检验、展览、加工、与本国产品混合使用或其他用途的要求；有关服务贸易的法律、法规、政策和措施；有关知识产权的法律、法规、司法判决和行政裁定；以及与世界贸易组织成员签署的其他影响国际贸易政策的协议等。

关于公布的时间，世界贸易组织规定，成员方应迅速公布和公开有关贸易的法律、法规、政策、措施、司法判决和行政裁定，最迟应在生效之时公布或公开，使世界贸易组织其他成员和贸易商及时得以知晓。而且，贸易措施在公布之前不得提前实行，如提高进口产品的关税税率或其他费用，对进口产品或进口产品的支付转账实施新的限制或禁止措施等。此外，还承担应其他成员方要求提供有关信息和咨询的义务。

三、贸易措施的通知

世界贸易组织对成员方需要通知的事项和程序都作了规定，以保证其他成员方能够及时获得有关成员方在贸易措施方面的信息。

世界贸易组织关于通知的规定是在运行实践中不断完善的。关税与贸易总协定建立时就明确，缔约方应公布有关贸易措施的所有信息。但当时并没有要求把这些信息都通知关税与贸易总协定，只是要求通知由国营贸易经营的进出口产品清单，或者缔约方决定参加某个关税同盟或自由贸易区的意向等少数事项。东京回合结束后，关税与贸易总协定的管辖范围扩展到了非关税领域，缔约方的义务变得更加广泛和具体。东京回合通过的《关于通知、磋商、争端解决和监督的谅解》，要求缔约方尽最大可能地通知所采取的贸易措施。关税与贸易总协定还建立了专门的委员会进行监督，要求东京回合守则的每个签署方，定期向关税与贸易总协定通知有关贸易措施的制定、实施和变化情况。

乌拉圭回合在东京回合守则的基础上进一步强化了世界贸易组织成员方承担的通知义务，通知的范围从货物贸易扩大到服务贸易和知识产权领域。《关于通知程序的部长决定》作为乌拉圭回合一揽子协议的一部分，重申了上述谅解中规定的一般性通知义务，成立了由世界贸易组织秘书处负责的通知登记中心，负责记录收到的所有通知，向成员方提供有关通知内容，并提醒成员方履行通知义务。

为了指导成员方履行通知义务，《关于通知程序的部长决定》附件列出了一份例示性清单，包含需要通知的19项具体措施和有关多边贸易协定与协议规定的其他措施。这19项主要是影响货物贸易的措施，基本上涵盖了所有货物贸易协定与协议规定的通知内容，它们是：关税；关税配额和附加税；数量限制；许可程序和国产化要求等其他非关税措施，以及征收差价税的情况；海关估价；原产地规则；政府采购；技术性贸易壁垒；保障措施；反倾销措施；反补贴措施；出口税；出口补贴、免税和出口优惠融资；自由贸易区的情况，包括保税货物的生产情况；出口限制，包括农产品等产品的出口限制，世界贸易组织限期取消的自愿出口限制和有序销售安排等；其他政府援助（包括补贴和免税）；国营贸易企业的作用；与进出口有关的外汇管制；政府授权进行的对销贸易。

为便于成员方履行通知义务，世界贸易组织相继制定了100多项有关通知的具体程序与规则，包括通知的项目、通知的内容、通知的期限、通知的格式等。

各项协定与协议对通知的期限做出了不同的规定，有的要求不定期通知，有的要求定期通知。

不定期通知主要适用于法律、法规、政策、措施的更新，如《技术性贸易壁垒协议》要求，只要成员方国内通过了新的技术法规和合格评定程序，就要立即通知。

定期通知包括两种情况：一种是一次性通知，如《装运前检验协议》要求，在《建立世界贸易组织协定》对有关成员方生效时，一次性通知其国内有关装运前检验的法律和法规；《海关估价协议》要求，发展中成员方如要推迟实施该协议，加入时就应通知其意向。另一种是多次通知，有的要求半年通知一次，大部分则要求每年通知一次，如《农业协议》要求，成员方应每年通知对国内生产者提供的补贴总量。

为了确保其他成员方能够得到有关成员方的相关贸易的法律法规、司法判决和行政裁决以及国际协定等信息，并有机会澄清其含义，世界贸易组织各协定均规定各成员方应设立一个或多个咨询点，以便应其他成员方的请求提供具体资料。

成员方还可进行"反向通知"，监督有关成员方履行其义务。反向通知是指，其他成员方可以将某成员方理应通知而没有通知的措施，通知世界贸易组织。这种反向通知在本质上应属于其他成员方行使监督权利的一种方式。

世界贸易组织的通知要求比较复杂，成员方履行这些义务，工作量相当大，需要准确理解世界贸易组织的各项协议，并具备健全的信息统计系统。

世界贸易组织不要求成员方公布的信息，同样也不要求成员方通知世界贸易组织。

此外，为提高成员方贸易政策的透明度，世界贸易组织要求所有成员方的贸易政策都要定期接受审议。这已成为世界贸易组织的一种机制，即贸易政策审议机制。贸易政策审议的内容一般为世界贸易组织成员最新的贸易政策，它可从一个侧面反映出被审议成员履行世界贸易组织义务的情况。

基本概念

非歧视原则　最惠国待遇　国民待遇　贸易自由化原则　关税约束　正当保护原则　公平竞争原则　透明度原则　反向通知

复习思考题

1.世界贸易组织的基本原则有哪些？

2.非歧视原则是由什么待遇条款构成的？

3.试述最惠国待遇条款的含义、实施要点及例外。

4.试述国民待遇条款的含义、实施要点和例外。

5.试述贸易自由化原则的含义、实施要点及具体表现。

6.正当保护原则具体表现在哪些方面?都有哪些具体措施?

7.公平竞争原则具体表现在哪些方面?

8.试述世界贸易组织的透明度原则。

拓展阅读 4-1　　　　拓展阅读 4-2

第五章　世界贸易组织的运行机制

第一节　世界贸易组织的决策机制

世界贸易组织的决策机制是指该组织在对有关事项做出决策时应遵循的程序原则，包括通过新协议、对协议条文的解释和修正、豁免某成员方义务以及接受新成员等决策。《建立世界贸易组织协定》第9条规定了世界贸易组织的决策机制。世界贸易组织就有关事项进行决策时，主要遵循的是"协商一致"的原则，只有在无法协商一致时才通过投票表决。

一、协商一致规则

《建立世界贸易组织协定》第9条规定：世界贸易组织应当继续实行1947年关贸总协定遵循的经协商一致做出决定的惯例。协商一致是指在就提交事项做出决定的会议上，与会成员方未正式提出反对该决定，就视为以协商一致的方式做出了决定。协商一致并不等于意见一致，也不等于对一项决定成员方都表示拥护、支持。缺席、保持沉默或弃权等都不构成反对意见，都不能阻止决定的通过。

根据《建立世界贸易组织协定》的规定，下列事项除非另有规定，都要求以协商一致方式做出决定：对《建立世界贸易组织协定》及多边贸易协定（即附件1）的修改；豁免义务；对争端谅解协议的修改；争端解决机构依照争端谅解协议作决定时，需以协商一致同意方式做出；对《建立世界贸易组织协定》附件4诸边贸易协议的增加；《国际奶制品协议》和《国际牛肉协议》理事会的决定等。

二、投票表决规则

投票表决是在无法通过"协商一致"做出决策时的一种解决方法。在世界贸易组织部长级会议或总理事会进行表决时，每一成员方拥有一票（欧盟按其拥有的成员数目计）。除世界贸易组织另有规定外，部长级会议和总理事会的决定应以多数通过，但就具体事项而言，所需要的多数票比例也不完全一样。总的来说，随着有关决策事项重要性的递减，其所需的多数票的比例也就越小。

（一）一方一票多数同意规则

《建立世界贸易组织协定》第9条规定："除另有规定外，若某一决定无法取得一致意见时，则由投票决定。在部长级会议和总理事会会议上，世界贸易组织的每一成员方均有投票权。除本协定和多边贸易协定另有规定外，部长级会议和总理事会的决定应以多数表决通过。"这就是一方一票多数同意规则。它包括：

1.简单多数规则

除非另有规定，一般事项由简单多数表决通过，对重大事项的决策协定都做了特殊规定。

2.2/3 多数规则

这是简单多数规则的一项例外。当世界贸易组织的决定不能够经协商一致通过时，应以成员方代表的2/3多数通过。下列事项需以2/3多数通过：对《建立世界贸易组织协定》附件1中的《1994年关税与贸易总协定》和《与贸易有关的知识产权协定》的修改建议；对《服务贸易总协定》第一至第三部分及其附件的修改意见；将某些对《建立世界贸易组织协定》和多边贸易协定的修改提请成员方接受的决定；加入世界贸易组织的决定；财务规则和年度预算。

世界贸易组织的任何成员方均可向部长级会议提出修正《建立世界贸易组织协定》和多边贸易协定条款的提案。部长级会议应在90天或确定的更长期限内，首先按照协商一致原则，做出关于将修正案提请各成员方接受的决定。若在确定的期限内未能协商一致，则进行投票表决，需由成员的2/3多数通过，才能做出关于将修正案提请各成员方接受的决定。

世界贸易组织成员的接受书应在部长级会议指定的期限内，交存世界贸易组织总干事。

对《建立世界贸易组织协定》《1994年关税与贸易总协定》《与贸易有关的知识产权协定》所列出的一般条款的修正，如果不改变各成员方的权利和义务，在成员的2/3多数接受后，对所有成员方生效；如果上述修正改变了各成员方的权利和义务，在成员方的2/3多数接受后，对接受修正的成员生效，此后接受修正的成员自接受之日起生效。

对《服务贸易总协定》第一部分"范围和定义"、第二部分"普遍义务和原则"、第三部分"具体承诺"及相应附件的修正，经成员方的2/3多数接受后，对接受修正的成员生效，此后接受修正的成员方自接受之日起生效。第四部分"逐步自由化"、第五部分"组织机构条款"、第六部分"最后条款"及相应附件的修正，经成员方的2/3多数接受后，对所有成员生效。

对《与贸易有关的知识产权协定》第71条第2款关于"修正"的要求做出的修正，可由部长级会议通过，无须进一步的正式接受程序。

对《建立世界贸易组织协定》附件2《关于争端解决规则与程序的谅解》的修正，应该经过协商一致做出，经部长级会议批准后，对所有成员方生效；对附件3《贸易政策审议机制》的修正，经部长级会议批准后，对所有成员方生效；对附件4《诸边贸易协议》的修正，按各诸边贸易协议中的具体规定执行。

2/3多数通过的事项属于一般程序性或事务性的事项。对于重大事项，《建立世界贸易组织协定》规定了更严格的通过决策的规则。

3.3/4 多数规则

这是世界贸易组织对涉及成员方权利、义务或重大事项做出决策的规则，主要用于对《建立世界贸易组织协定》及其多边贸易协定的条文解释、修改以及豁免义务等。

（1）关于条款解释的投票表决

部长级会议或总理事会拥有解释《建立世界贸易组织协定》和多边贸易协定的专有权。对多边贸易协定和协议条款的解释，部长级会议或总理事会应根据监督实施协定的相应理事会的建议进行表决，并获得成员的 3/4 多数支持才能通过。

（2）关于义务豁免的投票表决

按照《建立世界贸易组织协定》及多边贸易协定和协议的规定，任何世界贸易组织成员既享受一定的权利，也要履行相应的义务。但在特殊情况下，对某一世界贸易组织成员应承担的某项义务，部长级会议可决定给予豁免。对成员方提出的义务豁免请求，部长级会议应确定一个不超过 90 天的期限进行审议。首先，应按照协商一致原则做出决定；如果在确定的期限内未能协商一致，则进行投票表决，需由世界贸易组织成员的 3/4 多数通过才能做出义务豁免决定。

世界贸易组织成员提出的义务豁免请求，若与货物贸易、服务贸易和与贸易有关的知识产权等任何一个多边贸易协定、协议及其附件有关，应首先分别提交给货物贸易理事会、服务贸易理事会和知识产权理事会审议，审议期限不超过 90 天。审议期限结束时，相应理事会应将审议结果向部长级会议报告。部长级会议做出的义务豁免决定有明确的适用期限。如义务豁免期限不超过 1 年，到期自动终止；如期限超过 1 年，部长级会议应在给予义务豁免后的 1 年内进行审议，并在此后每年审议一次，直至豁免终止。部长级会议根据年度审议情况，可延长、修改或终止该项义务豁免。

对未在部长级会议规定的期限内接受已生效修正的成员方，部长级会议经成员的 3/4 多数通过做出决定，任何未接受修正的成员方可以退出世界贸易组织，或经部长级会议同意，仍为世界贸易组织成员。

（二）一方一票一致同意规则

一方一票一致同意规则也称为所有成员方接受规则，即世界贸易组织做出某项决定时，不仅没有任何成员方表示正式反对，而且所有成员方都明确表示同意，这一规则主要运用在对世界贸易组织最基本原则的修改上。必须由每一个成员方同意接受才可做出修改的事项包括：

（1）关于《建立世界贸易组织协定》第 9 条"决策"和第 10 条"修正"制度的修改。

（2）对《1994 年关税与贸易总协定》第 1 条"最惠国待遇"和第 2 条"减让表"的修改，即关于成员方之间享受无条件最惠国待遇的规定和关税减让的规定。

（3）对《服务贸易总协定》第 2 条第 1 款"最惠国待遇"的修改，即成员方对其他成员方的服务和服务提供者应给予立即和无条件的最惠国待遇。

（4）《与贸易相关的知识产权协定》第 4 条关于最惠国待遇的规定。

一方一票一致同意规则与协商一致规则有本质的区别。协商一致是指不出席会议或出席会议但保持沉默，或弃权，或发言只属于一般性评论等，都不构成反对意见，应视为获得协商一致通过。而一方一票一致同意规则要求每一个成员方必须以明示的方式表示接受。实际上，依照此规则通过修改决定的可能性微乎其微。因此，可确保世界贸易组织在决策机制、最惠国待遇及关税减让等最重大原则上能长期保持稳定。

（三）反向协商一致规则

反向协商一致规则是以协商一致做出否定的表示，此规则是乌拉圭回合谈判对过去GATT决策机制的一项重大而富有创新意义的改革，主要应用于世界贸易组织争端解决机构的决策。《关于争端解决规则与程序的谅解》第6条规定："当起诉方提出建立专家小组的请求，除非在争端解决机构的会议上以协商一致方式不同意成立专家小组，否则应成立专家小组。"第16条第4款规定：在争端解决机构讨论通过专家小组报告时，如果纠纷当事方不提出上诉，或争端解决机构未以一致决议不通过此报告，则报告应在争端解决机构会议上通过。

反向协商一致规则是世界贸易组织一项新的程序规则，可以防止对纠纷解决程序的阻挠或对专家小组、争端解决机构及其仲裁的建议、裁决与决定的置之不理，使各成员方真正重视运用世界贸易组织的争端解决机制来解决贸易争端。同时，还可保证争端解决机制的独立运行，保证各成员方在世界贸易组织中行使自己的权利，并履行其义务。

第二节　世界贸易组织的贸易政策审议机制

一、贸易政策审议机制的含义与目的

贸易政策审议机制是指，世界贸易组织成员集体对各成员方的贸易政策及其对多边贸易体制的影响，定期进行全面审议。实施贸易政策审议机制的目的是促使成员方提高贸易政策和措施的透明度，履行所做的承诺，更好地遵守世界贸易组织规则，从而可确保各成员方的贸易政策与世界贸易组织规则的一致性，有助于多边贸易体制平稳运行。

二、贸易政策审议机制的建立与要点

如何在体制上增强多边贸易体制的监督职能，确保有效监督各缔约方的贸易政策及其对多边贸易体制规则和法律的遵守，一直是1947年关税与贸易总协定所追求的目标之一。贸易政策审议机制是乌拉圭回合谈判最先建立的一个机制，也是乌拉圭回合谈判最先取得的成果之一。

在乌拉圭回合谈判中，对各缔约方贸易政策和实践进行定期审议被列为谈判中的一项重要议题。1988年12月，在其他重要领域谈判尚步履维艰，没有取得实质性进展的时候，参加乌拉圭回合谈判的代表们便就建立定期审议贸易政策与措施的制度达成了协议，而且同意从1989年4月开始试行。这样，在其他各项谈判仍在进行之时，对美国、欧共体、日本和加拿大等重要缔约方的贸易政策审议便陆续开始。

世界贸易组织正式成立后，贸易政策审议职责由总理事会承担，即总理事会同时也是贸易政策审议机构。

贸易政策审议对象主要是世界贸易组织各成员方的全部贸易政策和措施，审议范围从货物贸易扩大到服务贸易和知识产权领域。贸易政策审议机制还要求对世界贸易环境的发展变化情况进行年度评议。贸易政策审议的结果，不能作为启动争端解决程序的依据，也不能以此要求成员方增加新的政策承诺。

贸易政策审议机构的审议有别于世界贸易组织各专门机构的审议。世界贸易组织专门机构，如纺织品监督机构、补贴与反补贴措施委员会等，只负责审议成员方执行特定协议的情况，包括在成员提交通知的基础上，对通知涉及的具体贸易政策和措施进行审议。

三、贸易政策审议机制的内容与程序

1.审议目标

贸易政策审议机制的目标是通过经常性的监督，了解所有成员方政府是否遵守世界贸易组织规则、纪律和承诺，敦促其履行义务；通过向其他成员方通报贸易政策变化，更多地了解各成员方的贸易政策和实践，增强各成员方贸易政策及措施的透明度，从而使多边贸易体制更加顺利地运作。

2.审议原则

世界贸易组织贸易政策审议机制以提高各成员方贸易政策透明度原则为基础，强调了各成员方在贸易政策决策上的透明度对各成员方经济以及多边贸易体制所共有的重要价值，要求各成员方给予各自体制更大的透明度，同时承认国内透明度的执行必须以自愿为基础，并应考虑各成员方的法律和政治体制。

3.审议机构

由总理事会承担贸易政策审议机构的工作，贸易政策审议机构每年确立一个审议计划。每次审议以两份文件为基础：一份是接受审议的成员方提供的"政策声明"；另一份是世界贸易组织秘书处独立准备的详细报告。这两份文件，连同贸易政策审议机构的审议记录将在审议后不久予以公布。

4.审议周期

审议是在经常、定期的基础上进行的，所有成员方都要接受审议。贸易政策审议的频率取决于各成员方在国际贸易中的地位及对多边贸易体制的影响程度，主要依据是成员方在世界贸易中所占的份额。成员方在世界贸易中所占的份额越大，接受审议的间隔就越短，次数就越多。根据贸易政策审议机制的规定，对在世界贸易额中排名最前的4个成员方每2年审议一次，紧随其后的16个成员方每4年审议一次，其余成员方每6年审议一次，最不发达成员方的审议间隔期限可更长一些。由于目前世界贸易组织成员已达164个，因此，贸易政策审议机构每年都要对30个左右的成员方的贸易政策进行审议。

在特殊和例外的情况下，当一成员方的贸易政策或做法的变化可能对其他成员方产生重大影响时，贸易政策审议机构在进行商讨后，可要求该成员方提前进入下一次审议。

5.审议内容

审议集中在成员方各自的贸易政策和做法上，但也顾及各国更广泛的经济和发展需求、政策和目标及面临的外部经济环境；通过成员间的相互审议，鼓励各成员方政府更加严格地遵守世界贸易组织的规则和纪律，并履行其承诺。

除了贸易政策审议机制以外，世界贸易组织还要求各成员方政府必须通过经常性的"通知"程序，向世界贸易组织及全体成员方通知其新的或修改了的贸易措施、政策及法律。例如，任何新的反倾销或反补贴立法的细节、影响贸易的新的技术标准、影响服务贸易的规章的变化、农产品义务的实施以及涉及与贸易有关的知识产权协定的法规与规章等，都必须向世界贸易组织的有关机构通知。世界贸易组织还建立了特别小组以检查新的自由贸易安排以及加入国（单独关税区）的贸易政策。

6.审议程序

对每一成员方的贸易政策审议，都是在世界贸易组织秘书处报告和接受审议成员方"政策声明"的基础上进行的。秘书处报告包括意见摘要、经济环境及贸易与投资政策制定机制、按措施划分的贸易政策与做法、按部门划分的贸易政策与做法等几个部分。接受审议的成员方政府提交的"政策声明"通常篇幅在10~30页，要求对其正在实施的贸易政策和做法进行全面的阐述。具体审议程序如下：

（1）贸易政策审议机构与被审议成员方协商，确定每年的审议方案，同时完成审议前的准备工作。

（2）收集审议资料。这包括：被审议方提供的本国贸易政策和实践的报告；其他世界贸易组织成员方提供的关于被审议方贸易政策和实践的报告；世界贸易组织秘书处根据掌握的资料提交的被审议方贸易政策和实践的报告。

（3）贸易政策审议机构召开会议。正式审议工作由贸易政策审议机构进行，对所有世界贸易组织成员方开放，接受审议的成员方派出的代表团通常为部长级。为引导讨论，从参与审议的成员方中选取两位讨论人，以个人身份参加审议会议，不代表各自政府。

审议会议由贸易政策审议机构任命的发言人主持讨论，成员方可对被审议方有关的贸易政策和实践提出质询、批评或表扬，被审议方的贸易代表进行答辩。

审议会议一般连续举行两个上午。第一次审议会议通常由被审议成员方首先发言，然后由讨论人发言，随后与会者发表意见。在第二次审议会议上，讨论主要围绕会前确定的主题进行，被审议成员就各成员方提出的问题进一步做出答复；如有必要，被审议成员也可在1个月内做出书面补充答复。审议会议在总理事会主席做出总结后结束。主席和秘书处随即向新闻界简要通报审议情况，公布秘书处报告的意见摘要及主席总结。接受审议的成员方也可以举行新闻发布会。

（4）世界贸易组织秘书处负责将被审议方提交的报告、秘书处的报告以及贸易政策审议机构的会议记录等文件合订在一起，以英文、法文和西班牙文印刷出版。

秘书处的报告包括以下基本内容：

第一，经济环境；

第二，贸易政策体制、框架和目标；

第三，与贸易相关的外汇体制；

第四，按措施划分的贸易政策与实践（包括所有直接影响进出口、服务和生产以及货物贸易的措施）；

第五，按部门划分的贸易政策与实践（农、林、渔、矿、工业与服务业）；

第六，贸易争端和协商。

世界贸易组织秘书处在准备报告过程中，要派人与接受审议成员方的相关政府部门和机构就有关问题进行讨论，也可以向制造商协会、商业协会等中介机构以及有关研究机构进行咨询。

四、对世界贸易环境的评议

贸易政策审议机制要求世界贸易组织总干事以年度报告的形式，对影响多边贸易体制的国际贸易环境变化情况进行综述。该报告要列出世界贸易组织的主要活动，并且指出可能影响多边贸易体制的重大政策问题。以往的世界贸易环境评议的经验表明，这种评议提供了一个重要的机会，特别是在不举行部长级会议的年份里，使世界贸易组织成员方可以对国际贸易政策和贸易环境发展趋势进行总体评估，从而对自己的贸易活动做出相应的调整。

五、贸易政策审议机制的主要特点与作用

1. 贸易政策审议机制本质上是世界贸易组织的一个监督机制，以国内贸易政策透明度为基础，对各成员方的贸易政策和实践进行定期审议和集中审议，并及时对国际贸易环境的发展变化情况做出评估，为全体成员方提供发表意见和建议的场所和机会，有助于增强多边贸易体制的透明度。

2. 贸易政策审议机制的确定有其灵活性，它根据各成员方在世界贸易额中的比重和对多边贸易体制运行的影响决定其审议周期。

3. 贸易政策审议机制规定的国内透明度、定期报告、定期审议和集体审议制度有利于提高各国贸易政策与体制的透明度，从而大大提高国际贸易的可预见性与稳定性，还可以使世界贸易组织及时了解各成员方贸易政策措施的发展动态，从总体上加强对世界贸易整体环境和发展趋势的了解和把握。接受审议的成员方对其贸易及相关政策进行解释和说明，有助于增进各成员方的相互了解，以及对其他成员方贸易政策与实践动向的了解，从而有助于减少或避免贸易摩擦。

4. 采用国别式的审议，审议各成员方的贸易政策与实践，贸易政策审议机制加强了对多边贸易体制的监督作用。国别贸易政策定期审议机制，可以随时检查各成员方贸易政策与措施是否与世界贸易组织有关规定相一致，是否与它们各自承担的多边义务及其各自所做的承诺相符合。这不仅有助于世界贸易组织加强对各成员方履行其义务与承诺的监督，以及各成员方之间的相互监督，同时也保证了世界贸易组织规则的实施。

5.贸易政策审议机制一方面有助于发展中成员方了解其他成员方及世界范围的国际贸易政策发展趋势，了解各成员方市场及世界市场的发展动向；另一方面也有助于让外界了解自己的贸易政策与市场环境，从而促进相互交流与合作。贸易政策审议机制还可以督促发展中成员方提高其贸易政策透明度的自审能力，改善市场准入条件，从而更进一步地融合到多边贸易体制和经济全球化的历史进程中。

尽管在现行的世界贸易组织体制下，贸易政策审议机构的报告和提出的建议不具有法律约束力和强制力，但它可以对受审议的成员方产生一定的压力，促使其尽快对不符合多边贸易体制的政策进行必要的修订。如果某一成员方所实行的贸易政策严重背离世界贸易组织的规则，以致对其他成员方造成损害，最终引发贸易争端的话，世界贸易组织的另一重要机制，即争端解决机制就会启动，并以某种强制力的形式，使该成员方的贸易政策重新回到多边贸易体制的轨道上来。

第三节　世界贸易组织的贸易争端解决机制

《建立世界贸易组织协定》附件 2《关于争端解决规则与程序的谅解》（Understanding on Rules and Procedures Governing the Settlement of Disputes，DSU）是在乌拉圭回合上达成的，它是世界贸易组织关于争端解决的基本法律文件。与1947 年关税与贸易总协定相比，世界贸易组织的争端解决机制更具强制性和约束力。

一、世界贸易组织争端解决机制的产生背景

（一）世界贸易组织争端解决机制的产生

世界贸易组织争端解决机制是从《1947 年关税与贸易总协定》有关条款及其40 多年争端解决的实践中发展而来的，是对 1947 年关税与贸易总协定争端解决机制的继承、创新和发展。

《1947 年关税与贸易总协定》关于争端解决的规定非常简单，只有两个条款，主要体现在《1947 年关税与贸易总协定》的第 22 条和第 23 条。第 22 条规定了缔约方之间进行磋商的权利；第 23 条规定了提出磋商请求的条件、多边解决争端的主要程序及授权报复等。一般认为，这两条是 1947 年关税与贸易总协定争端解决机制的主要规则和法律基础。

《GATT 1947》第 22 条规定，每一缔约方应对另一缔约方就影响本协定运作的任何事项提出的交涉给予积极考虑，并应提供充分的磋商机会；在一缔约方请求下，缔约方全体可就经磋商未能满意解决的任何事项与任何缔约方进行磋商。第 23 条规定，如一缔约方认为，由于其他缔约方的原因，其在本协定项下直接或间接获得的利益正在丧失或减损，或本协定任何目标的实现受到阻碍，则该缔约方为使该事项得到满意的调整，可向其认为有关的另一缔约方提出书面交涉或建议。任何被请求的缔约方应积极考虑另一缔约方提出的交涉或建议。如在一合理时间内有关缔约方未能达成协议，则该事项可提交缔约方全体。缔约方全体应迅速调查向其提交的

任何事项，并应向其认为有关的缔约方提出适当建议，或酌情就该事项做出裁定。缔约方全体在认为有必要的情况下，可与缔约方、联合国经济与社会理事会及任何适当的政府间组织进行磋商。如缔约方全体认为情况严重而有必要采取行动，则它们可授权一个或多个缔约方对任何其他一个或多个缔约方中止实施在本协定项下承担的减让义务或其他义务。如果对其他缔约方的减让义务或其他义务事实上已经中止，则该其他缔约方有权在该行动采取后60天内，向缔约方全体的总干事提出退出本协定的书面通知。退出应在执行秘书收到该通知后的第60天生效。

从上述两个条款的规定中我们可以看出，在1947年关税与贸易总协定争端解决机制的框架下，有关缔约方对贸易争端的提起并不是以其他缔约方是否有违约行为为前提，而是以其利益是否受到其他缔约方的影响为前提的。

据不完全统计，从1948年至1995年3月，1947年关税与贸易总协定受理的争端共计195起（不包括根据东京回合各守则争端解决程序受理的22起争议）。其中，提交专家组调查的98起争议，有81起通过了专家组报告。

但是，1947年关税与贸易总协定的争端解决机制存在着一些严重的缺陷。这些缺陷主要表现为：在争端解决时间上，缺乏明确的时间限制，往往会导致有关贸易争端久拖不决，使关税与贸易总协定的规则丧失权威性；在争端解决程序上，由于奉行"完全协商一致"的原则，被专家组裁定的败诉方可以借此来阻止有关专家组报告的通过；在有关条款的理解上，由于规则过于简单，在实践中往往会产生争议，以致影响争端解决的效率。这些问题的存在不仅有损1947年关税与贸易总协定的权威性，也损害了有关缔约方对1947年关税与贸易总协定争端解决机制的信心，从而严重影响了多边贸易体制的稳定和发展。

在此背景下，为了树立争端解决机制的权威，增强缔约方对世界多边贸易体制争端解决的信任和信心，乌拉圭回合将争端解决纳入谈判议题，最终达成了《关于争端解决规则与程序的谅解》，建立了世界贸易组织的争端解决机制。该机制克服了旧机制的缺陷，适用于多边贸易体制所管辖的各个领域，通过迅速有效地解决成员方之间的贸易争端，使多边贸易协定的遵守和执行得到了更大的保障。

《关于争端解决规则与程序的谅解》包括27个条款、4个附件。总理事会作为负责争端解决的机构，履行解决成员方之间争端的职责。

（二）世界贸易组织争端解决机制与1947年关税与贸易总协定的关系

《关于争端解决规则和程序的谅解》第3条第1款规定，各成员方确认遵守迄今为止根据《1947年关税与贸易总协定》第22条和第23条实施的管理争端的原则以及进一步详细阐释和修改的规则和程序。结合该谅解的其他规定来看，世界贸易组织争端解决机制并没有抛开1947年关税与贸易总协定的争端解决机制另起炉灶，而是在对1947年关税与贸易总协定争端解决机制进行补充和完善的基础上建立起来的。

此外，根据该条第11款的规定，该谅解仅适用于世界贸易组织协定生效之日或之后提出的新的磋商请求。对于此前根据1947年关税与贸易总协定提出的磋商请求，则应适用世界贸易组织协定生效前有效的有关规则和程序，也即仍应根据1947年关税与贸易总协定的有关规定和实践来解决。这说明，世界贸易组织的争端解决机制对其建立之前发生的贸易争端不具有追溯力。

二、世界贸易组织争端解决机制的特点

既然世界贸易组织争端解决机制是从1947年关税与贸易总协定继承而来的，因此，其难免会带有1947年关税与贸易总协定争端解决机制的固有特点。同时，由于世界贸易组织争端解决机制是对1947年关税与贸易总协定争端解决机制的创新和发展，因此，它也必然会具有一些自己特有的特点。

（一）世界贸易组织争端解决机制从1947年关税与贸易总协定继承来的特点

1.鼓励成员方通过磋商和调解解决贸易争端

根据《关于争端解决规则与程序的谅解》的规定和世界贸易组织的实践来看，磋商是有关成员方解决贸易争端的第一步，也是通常必经的一步。从某种意义上讲，磋商程序就像民事诉讼法中的当事人自行和解和调解程序一样，是贯穿于世界贸易组织争端解决全过程的。即使有关争端已经进入了专家组程序，甚至上诉程序，只要世界贸易组织尚未做出最终裁决，有关当事方仍然可以通过磋商解决争端。如果有关成员方经磋商和调解达成争端解决协议，世界贸易组织将不再裁决有关成员方的行为违法与否。当然，世界贸易组织争端解决机制虽然鼓励当事方通过磋商和调解解决贸易争端，但并不强制有关当事方必须通过这种程序解决其贸易争端，而是以有关当事方自愿为前提。根据规定，有关当事方经磋商或调解达成的争端解决协议不得损害任何其他成员方根据有关协定获得的利益，更不得违反世界贸易组织的有关规定。

2.以确保世界贸易组织规则的有效实施为优先目标

世界贸易组织争端解决机制设立的目的在于使有关贸易争端能够及时得到积极有效的解决。但是，这里所谓"及时"和"积极有效的解决"，并不是仅仅要求世界贸易组织争端解决机构尽快判别案件的是非曲直和确定解决办法，而是有着更深更广层面的含义，也即要求世界贸易组织要确保各成员方的权利义务平衡，使其尽可能接受和遵守世界贸易组织规则，而不是游离于世界贸易组织规则之外；在有关成员方暂时拒绝遵守世界贸易组织规则的情况下，世界贸易组织要设法使其仍留在世界贸易组织体系之中，以使世界贸易组织仍能对其施加影响，并使其最终重新遵守世界贸易组织规则。

世界贸易组织争端解决机构虽然能够对有关贸易争端事项做出裁决，但在某种意义上，这种裁决更像是一种建议，其执行与否，还需靠当事方的自觉行动。如果有关当事方拒不执行，世界贸易组织争端解决机构也无可奈何。尽管它可以授权另一当事方采取报复措施。但是，有关报复措施的采取可能不仅不能促使有关当事方遵守世界贸易组织多边贸易规则，甚至可能导致该当事方从此脱离多边贸易规则的约束。如果越来越多的成员方选择退出世界贸易组织的话，世界贸易组织多边贸易规则无疑将越来越难以得到有效实施，其影响力也将大打折扣。正是认识到了这一

点，1947年关税与贸易总协定和世界贸易组织争端解决机制均将保证各方权利义务的平衡和多边贸易规则的有效实施或影响力为优先目标，而不是以判别有关当事方之间的是非曲直本身为优先目标。

为更好地贯彻该目标，世界贸易组织争端解决机制首先鼓励有关当事方通过磋商程序寻求解决办法。在不能通过磋商解决贸易争端的情况下，世界贸易组织争端解决机构才会进行裁决。但是，此种裁决的最终目的仍然不在于判别是非曲直本身，而在于促使有关成员方撤销或修改其违反世界贸易组织规则或者虽不违反世界贸易组织规则但对其他成员方构成损害的有关措施。如果有关当事方暂时不能或者拒绝撤销有关措施，则世界贸易组织争端解决机制鼓励有关当事方之间进行补偿谈判。如果达成补偿协议，则有关成员方违反世界贸易组织规则的措施将获得某种"合法性"，被允许作为临时性措施在一定期间内实施；如果未能达成补偿协议，有关成员方违反世界贸易组织规则的措施就是一种违法行为，世界贸易组织可以授权受损害的成员方采取报复措施。当然，就有关成员方虽不违反世界贸易组织规则但对其他成员方构成损害的措施而言，其一开始就是合法的。对于这种合法措施，只要其对其他成员方造成了损害，并且双方无法达成补偿协议，世界贸易组织也可授权受损害的成员方采取报复措施。这也再次证明，世界贸易组织争端解决机制首先关心的还是相关成员方的权利义务平衡问题。

3.禁止未经授权的单方面报复措施

一成员方在自身利益因另一成员方的行为而受到损害且无法达成补偿协议的情况下，其对另一成员方对等中止有关减让义务以确保其权利义务的平衡，这是可以理解的。但是，如果允许各成员方未经授权即可单方面采取报复措施，一来其报复水平的公正性和适当性易引发进一步的争端，导致贸易战升级；二来也会有损世界贸易组织规则的权威性，使世界贸易组织的宗旨和目标最终落空。因此，为了确保有关成员方报复措施的公正性与适当性，世界贸易组织要求此种报复必须事先经过授权。如果另一方认为报复程度不适当，可以请求争端解决机构进行仲裁，有关报复措施必须经仲裁确认后才能执行。世界贸易组织要求，争端当事方应按照《关于争端解决规则与程序的谅解》的规定妥善解决争端，禁止采取任何单边的、未经授权的报复性措施。

4.给予发展中成员特殊和差别待遇

根据《关于争端解决规则与程序的谅解》第3条第12款的规定，如果有关起诉请求是发展中成员方针对发达成员方提出的，则起诉方有权援引1947年关税与贸易总协定和《1966年4月5日的决定》（BISD第14册第18页，该决定正式名称为《关于GATT第23条的程序》，又称"1966年程序"）的有关规定。在某种程度上，"1966年程序"在争端解决程序方面的某些规定对发展中国家更为有利。

根据《关于争端解决规则与程序的谅解》第3条、第24条以及其他相关条款的规定，当争端解决涉及发展中成员方时，在解决程序和执行方面均有优惠条款可供适用。具体体现在：第一，经当事发展中成员方的请求，尽量采用斡旋、调停和调解等外交解决方法；第二，在具体程序中，可适当考虑延长磋商时间和应诉准备时间，在专家组的组成中应至少配备一位来自发展中成员方的专家；第三，在争端解决机构考虑采取适当行动措施时，应重视这些措施对发展中成员方的经济影响；第四，如果发现发展中成员方采取的措施导致利益的丧失或损害，有关成员方应适当限制寻求补偿和中止减让或其他义务。

（二）世界贸易组织争端解决机制的新特点

1.对有关贸易争端的解决规定了严格的时间限制

虽然世界贸易组织争端解决机制鼓励有关当事方通过磋商程序解决贸易争端，但是，如果有关贸易争端久拖不决也会严重影响世界贸易组织规则的权威性和国际贸易秩序的稳定性。针对1947年关税与贸易总协定争端解决机制缺乏明确时间限制的缺陷，《关于争端解决规则与程序的谅解》在赋予争端解决程序各环节一定灵活性的同时，也规定了严格的时间限制。这既有利于及时纠正有关成员方的不良行为，使受害方得到及时救济，也有利于保证争端解决机构裁决的质量，提高世界贸易组织争端解决机制的权威性和增强各成员方对多边贸易体制的信心。

2.实行"反向协商一致"的决策方式

由于1947年关税与贸易总协定争端解决机制实行的是"完全协商一致"的决策方式，如果争端解决机构的裁决无法获得缔约方的一致同意就不能通过，有关争端也将因此而得不到有效解决。这极大地影响了多边贸易体制的权威性和国际贸易秩序的稳定性。有鉴于此，世界贸易组织争端解决机制采取了"反向协商一致"的决策方式，即争端解决机构在就专家组或上诉机构的报告表决时，只要不是所有参加方一致反对通过有关裁决，则该裁决即获得通过，从而排除了败诉方单方面或少数成员方阻挠有关裁决通过的可能，可以大大提高贸易争端解决的效率。至于裁决的质量，由于在对有关报告表决前，所有成员方均可提出意见，通过后，有关裁决还要对国际社会公开以接受国际社会的监督，所以，有关专家组或上诉机构专家枉法裁决的可能性很小。

3.允许交叉报复

在1947年关税与贸易总协定时期，虽然缔约方全体允许有关缔约方经授权后对另一缔约方采取报复措施，但此种报复措施只能在与另一缔约方所实施措施相同的领域里采取，不能跨领域报复。这样，如果另一缔约方在相同领域中对该缔约方不存在出口利益或出口量很少，则该缔约方的报复措施对另一缔约方将影响甚微，因而也就达不到报复的目的，其通过报复来迫使对方遵守总协定规则的期望就可能落空。世界贸易组织争端解决机制则不同，它允许受损害的成员方采取交叉报复措施，即有关报复措施可以跨领域、跨协定进行。

当然，这种交叉报复并不是绝对的，它也有前提条件和顺序的要求。根据规定，有关成员方经授权后，应优先在与相关成员方所实施措施相同的领域里采取报复措施，这种报复又称"平行报复"；如果平行报复不可行，则可采取交叉报复。就交叉顺序而言，有关报复措施应优先在同一协定或协定下跨领域进行，此即所谓

"跨领域报复"；如果仍不可行，则可以跨协定进行，此即所谓"跨协定报复"。譬如，如果一成员方违反其减让承诺对纺织品采取限制措施，并致使另一成员方遭受损害，则另一成员方经世界贸易组织争端解决机构授权后，可以采取报复措施，其报复措施应优先考虑在纺织品领域采取；如果不可行，则应考虑在货物贸易其他领域采取，譬如农产品领域；如果仍不可行，则可考虑在服务贸易领域或知识产权领域采取报复措施。

4.设立了正式的更加完善的争端解决机构

1947年关税与贸易总协定争端解决机制虽然也有争端解决机构，但是，由于其只是一个临时协定和事实上的准国际贸易组织，并不是真正法律意义上的国际贸易组织，因此，其争端解决机构的法律地位也就颇具争议。而且，1947年关税与贸易总协定的争端解决机构只有一审程序（专家组审理），并无二审程序（上诉机构审理）。这样，一旦专家组的裁决报告出现谬误或者纰漏，有关当事方的利益将难以得到充分的反映和保护。与此不同，世界贸易组织是一个正式的国际组织，其争端解决机构的法律地位也因而得以明确。并且，世界贸易组织争端解决机制设立了上诉审理程序，从而使有关成员方在对专家组裁决不满的情况下，可以提起上诉，从而可以获得更加充分的法律救济。

三、世界贸易组织争端解决机制的管辖范围

《关于争端解决规则与程序的谅解》第1条，对世界贸易组织争端解决机制的管辖范围做了详细规定。

（一）全面适用

世界贸易组织争端解决机制，适用于各成员方根据世界贸易组织各项协定、协议（包括《关于争端解决规则与程序的谅解》）所提起的所有争端。

（二）特别规则优先

世界贸易组织争端解决机制由一般规则和特殊规则构成。所谓"一般规则"，是指《关于争端解决规则与程序的谅解》所规定的规则和程序；所谓"特殊规则"，是指世界贸易组织其他协定与协议中所规定的争端解决规则和程序。《关于争端解决规则与程序的谅解》附录2，列出了所有含有特别规则和程序的协议，如《技术性贸易壁垒协议》《实施卫生与植物卫生措施协议》《海关估价协议》《纺织品与服装协议》《反倾销协议》《补贴与反补贴措施协议》《服务贸易总协定》及有关附件等。《关于争端解决规则与程序的谅解》并不排斥上述协定与协议中特别规则和程序的适用，而且在特别规则与一般规则发生冲突时，特别规则具有优先适用的效力。

（三）对适用规则的协调

当某一争端的解决涉及多个协定与协议，且这些协定与协议的争端解决规则和程序存在相互冲突时，则争端各当事方应在专家组成立后的20天内，就适用的规则及程序达成一致。如不能达成一致，争端解决机构主席应与争端各方进行协商，在任一争端当事方提出请求后的10天内，决定应该遵循的规则及程序。争端解决机构主席在协调时应遵守"尽可能采用特别规则和程序"的指导原则。

四、世界贸易组织争端解决的基本方法

根据《关于争端解决规则与程序的谅解》的规定，世界贸易组织争端解决机制解决争端的基本方法有磋商、斡旋、调解、调停和争端解决机构裁决等。习惯上，人们将这些方法分为政治或外交的方法和法律的方法两类。但是，这里需要指出的是，尽管有此种分类，但由于这些方法均是《关于争端解决规则与程序的谅解》明确规定的方法，而且是世界贸易组织争端解决程序的一部分，因而其在本质上都是法律方法。

（一）政治或外交的方法

1.磋商

磋商是世界贸易组织争端解决机制鼓励各成员方自行采取的争端解决方法。这种方法是指有关当事方自愿直接就争端进行谈判或交涉，以澄清事实，阐明观点，消除隔阂与误会，并最终达成双方满意的解决办法。由于有关当事方是自愿的，因而经磋商达成的争端解决方案一般都能得到当事各方的有效执行或遵守。在实践中，绝大多数国际贸易争端都是通过磋商解决的。即使有关争端通过磋商未能解决，但也能够起到澄清事实和消除隔阂与误会的沟通、了解和解释作用。

根据《关于争端解决规则与程序的谅解》的规定，各成员方均须承诺对其他成员提出的关于其境内所采取措施的请求给予磋商机会。有关磋商情况一般不对外界公开，并且不对后续争端解决程序构成影响。

2.斡旋、调解或调停

斡旋、调解或调停都是指通过第三方来促成有关当事方解决争端的方法。这三种方法的共同特点是第三方均可以针对争端提出建议和转达当事方的意见，但不能把自己的意见强加于争端当事方。其区别在于，斡旋是第三方主动采取促成当事方进行谈判的行动，但并不直接参与谈判；在调解和调停中，第三方则是直接参与谈判。就调解和调停而言，也略有不同，在调解中，第三方要调查争端原因和事实并提出争端解决建议；在调停中，第三方则是主持或参加谈判，并在调和折中当事方意见的基础上提出争端解决的建议，但其并不负责调查工作。

根据有关规定，斡旋、调解或调停都是以争端各方自愿为前提的争端解决方法。争端各方均可随时请求进行斡旋、调解或调停，该程序可随时开始，也可随时终止。一旦该程序终止，起诉方即可请求设立专家组。此类方法和程序也可以与专家组程序同时进行。从实践来看，有关当事方在采取斡旋、调解或调停方法的同时，也经常采取磋商方法，以提高有关争端的解决效率。

在斡旋、调解或调停中，斡旋者、调解者或调停者的扮演者，一般由世界贸易组织总干事担任，其应该对所涉程序以及当事各方所采取的立场保密。斡旋、调解或调停的进行并不妨碍任何一方继续进行诉讼的权利。

（二）法律程序的方法

所谓法律程序的方法，就是由世界贸易组织争端解决机构受理有关争端，并提

出解决的办法或建议。我们将在下面详细讨论该方法及其有关程序，这里不再
赘述。

（三）仲裁

根据《关于争端解决规则与程序的谅解》第25条的规定，仲裁是一种促进具
体争端解决的选择性手段，这些具体争端已经事先为争端双方所明确界定。一般而
言，仲裁所解决的争端往往是在解决起诉方所诉争端过程中发生的一些具体事项，
譬如受损害方的利益丧失或受损程度、执行裁决的合理期限、报复水平的适当
性等。

一般而言，除非《关于争端解决规则与程序的谅解》另有规定，仲裁应经争端
各方同意后才能采取。仲裁员由争端各方一起指定，原则上，如果能够请到原专家
小组，则应由该专家小组负责仲裁。仲裁程序也由争端各方一起议定。如果选择仲
裁，有关当事方应在仲裁程序开始前通知其他成员方。经当事各方同意，其他成员
方也可成为仲裁程序的参与方。仲裁参与各方应接受并遵守仲裁裁决。仲裁裁决应
通知争端解决机构、有关理事会或委员会，任何成员方均可在此类机构中提出与仲
裁相关的任何问题，以确保仲裁的公正性。

五、世界贸易组织争端解决的基本程序

在1995年1月1日世界贸易组织正式启动运作之后，设立一个常设性的争端解
决机构（Dispute Settlement Body, DSB）就显得尤为紧迫和必要。因为自乌拉圭回
合谈判结束起，世界贸易组织成员迅速增加，目前已发展到164个。成员的增加，
导致贸易争端也以较快的速度增加。另外，世界贸易组织是一个涵盖货物贸易、服
务贸易、知识产权问题等多个领域的大型国际贸易组织，随着国际贸易争端日益专
业化、复杂化，对世界贸易组织争端解决机制的要求也就更加严格，因此，需要由
熟悉国际贸易与法律的高级专家们组成一个专门处理贸易争端的权威机构，以保证
及时、有效、公正地解决国际贸易争端。况且，在关税与贸易总协定争端处理的多
年实践中，已造就和培养出了一批精通GATT规则的法律专家，因而在世界贸易组
织中常设争端解决机构不仅必要而且可能。

有鉴于此，乌拉圭回合所达成的、于1995年1月1日正式生效的《关于争端解
决规则与程序的谅解》第2条规定：在世界贸易组织中设立常设的争端解决机构。
但争端解决机构正式成立于1995年1月31日的世界贸易组织总理事会上，澳大利
亚的唐纳德·凯尼恩（Donald Kenyon）大使为该机构的第一任主席。争端解决机
构的设立是世界贸易组织在管理争端解决问题方面有别于关税与贸易总协定的一个
重要创新。

实际上，争端解决机构是世界贸易组织总理事会在行使争端解决机构职责时的
称谓。也就是说，总理事会既是争端解决机构又是贸易政策审议机构，在实施不同
职能时身份不同，在解决贸易争端时总理事会就以争端解决机构的身份出现。

争端解决机构隶属于部长级会议之下，根据《关于争端解决规则与程序的谅
解》的规定，其职责主要有：成立专家组并通过其报告；组建上诉机构并通过其报

告；监督裁决的执行；根据有关协议授权中止各项减让和其他义务。

世界贸易组织争端解决的基本程序包括磋商、专家组审理、上诉机构审理、裁决的执行及监督、授权报复与报复措施的采取等步骤。根据《关于争端解决规则与程序的谅解》第20条的规定，原则上，争端解决机构应在9个月内对所受理的案件做出裁决，如果有上诉，则应在12个月内做出裁决。但是，根据有关规定，如果专家组或上诉机构延长了其提交报告的时间，则争端解决机构做出裁决的最后期限可以据此顺延。

除基本程序外，在当事方自愿的基础上，也可采用仲裁、斡旋、调解和调停等方式解决争端。

下面，我们来讨论这些基本程序及其所涉及的具体问题。

（一）磋商

磋商，又称协商，它是世界贸易组织和1947年关税与贸易总协定争端解决机制中首要的、必经的强制性阶段，不过，世界贸易组织对此的规定更加完善。世界贸易组织争端解决机制鼓励争端双方首先通过磋商寻求与世界贸易组织规定相一致的、各方均可接受的解决方法，而不必采取进一步的措施。

1.磋商的举行及其时限

在贸易争端发生后，争端一方首先必须以书面形式向对方递交磋商申请。根据《关于争端解决规则与程序的谅解》第4条的规定，如果一成员向另一成员提出磋商请求，则被请求方应在收到请求之日起10日内做出答复。如果同意进行磋商，则磋商应在收到磋商请求之日起30日内开始。如果被请求方未在接到请求后10日内做出答复，或未在收到磋商请求之日起30日内或者未在双方同意的其他时间内开始磋商谈判，则提出磋商请求的成员可以直接请求世界贸易组织的争端解决机构设立专家组，以便及时解决有关争端。

根据规定，有关磋商谈判应在收到磋商请求之日起60日内达成解决办法。如果双方届时未能达成解决办法，则请求方可请求世界贸易组织争端解决机构设立专家组。如果双方一致认为磋商已不能解决争端，则请求方可在60天内请求设立专家组。

但是，对于某些紧急案件，譬如涉及易腐烂变质货物的案件，当事各方应在被请求方收到磋商请求之日起10日内进行磋商。如果双方未能在被请求方收到磋商请求之日起20日内达成解决办法，则请求方可以请求设立专家组。

要求磋商的一方在向另一方提出磋商请求后，应将其磋商请求通知世界贸易组织争端解决机构、有关理事会和委员会，并由争端解决机构通知世界贸易组织其他成员方。磋商情况应当保密，而且不得损害任何一方在争端解决后续程序中的权利。

在磋商时，各成员方应特别注意发展中成员方的特殊问题和利益，并给予特别的考虑。根据《关于争端解决规则与程序的谅解》第12条第10款的规定，在涉及发展中成员方所采取措施的磋商过程中，如果不能在前述规定期限内达成解决办法，各方可以协商延长磋商期限；如果仍不能达成解决办法，而当事各方仍不同意结束磋商程序，则争端解决机构主席在与各方磋商后，可以决定是否延长磋商期限以及延长多久。

2.第三方利益的保护

根据相关规定，第三方如果认为其在争端双方拟举行的磋商谈判中有实质性商业利益，可以在争端解决机构向其散发有关磋商请求后10日内，将其希望参加该磋商谈判的请求通知拟举行磋商谈判的各方和争端解决机构。如果拟举行磋商谈判的各方认为第三方主张的理由成立，应允许其参加磋商；如果该第三方被拒绝，则其可以向有关当事方另行提出直接磋商的请求。

（二）专家组审理

专家组（panels）不是一个常设的机构，它是应申诉方的请求就某一争端而临时成立的机构，一旦争端得到解决或申诉方撤回请求专家组即告解散。专家组相当于争端解决机构的第一级重要机构。

1.专家组的设立、组成和职权

（1）专家组的设立

在被申诉方拒绝磋商或经磋商、斡旋、调解或调停未果的情况下，申诉方可以将争端提交世界贸易组织争端解决机构，书面请求争端解决机构成立专家组。争端解决机构接到请求后会将其列入会议议程。根据规定，除非争端解决机构在随后举行的会议上一致决定不设立专家组，否则，专家组应在此次会议上设立。由于世界贸易组织成员众多，争端解决机构会议上一致反对设立专家组的可能性极小。因此，只要有关成员方提出请求，专家组的设立基本上是不成问题的。

此外，根据《关于争端解决规则与程序的谅解》第9条的规定，如果多个成员方就同一事项请求成立专家组，则争端解决机构应尽可能由一个专家组来负责审理；如果必须成立多个专家组来审理与同一事项有关的请求，则各专家组应尽可能由相同人士组成，各专家组的审理进度也应进行协调。之所以这样规定，一是在于将就同一事项提起的多个请求合并审理可以提高争端解决效率；二是这些人对同一事项比较熟悉，可以提高工作效率；三是可以确保就同一事项所做的裁决不致出现矛盾或冲突。

（2）专家组的组成

根据规定，专家组一般应由3人组成，除非在专家组设立后10天内争端各方同意专家组由5名成员组成。专家组的组成情况应迅速通知各成员方。

根据《关于争端解决规则与程序的谅解》第8条第1款的规定，专家组应该由资深的政府和/或非政府人士组成，包括曾在专家组任职或曾向专家组陈述案件的人员、曾任一成员方代表或GATT 1947缔约方代表的人员、曾任任何有关协定或其先前协定的理事会或委员会的代表的人员、在秘书处任职的人员、曾经讲授或出版国际贸易法或政策著作的人员以及曾任一成员方高级贸易政策官员的人员。为了便于选择，《关于争端解决规则与程序的谅解》规定秘书处应制定一份指导性名单，以便当事方从中酌情选择。各成员方可定期推荐有关人选，以备争端解决机构选择。由此可见，在专家组的组成人选方面，争端解决机构强调更多的是有关人员的政府背景或资历背景，而非其专业背景。换言之，争端解决机构更重视有关人员的实践或经验背景，而非其专业或学术背景。这应该说是世界贸易组织各成员方务实主义的体现。

根据规定，原则上，专家组成员由世界贸易组织秘书处选择确定。为了便于成立专家组，秘书处备有一份符合资格要求的专家组人员名单。秘书处在选择专家组成员时，应着重考虑有关人士身份的独立性、背景的差异性和经验的丰富性。有关人士应以个人身份提供服务，不代表任何政府或组织，各成员方不得对其下达命令或施加影响。争端当事方的公民或与争端方有利害关系的第三方的公民不应成为专家组成员，而应该回避，除非当事方坚持其为专家组成员。对于秘书处所任命的专家组成员，如果没有不可抗力的理由，有关当事方不得提出反对意见。之所以这样规定，是因为这样可以使专家组的意见更具有客观性和可执行性。

根据《关于争端解决规则与程序的谅解》第8条的规定，除非争端当事方有令人信服的理由，否则不得反对秘书处向它们提出的专家组成员人选。如果在争端解决机构确定设立专家组后的20日内，当事各方未能就专家组的组成人选达成一致意见，那么，世界贸易组织总干事应任一当事方的请求，在与争端解决机构主席和有关理事会或委员会主席以及当事各方协商后，可以决定专家组的组成。这种做法与仲裁非常相似，目的也是为了避免因专家组人员的组成问题而妨碍或者延误有关争端的解决。

此外，根据规定，如果有关争端发生在发展中成员方和发达成员方之间，而发展中成员方又提出了请求，那么，专家组中应至少有一人来自发展中成员方。这应该说是给予发展中成员方特殊和差别待遇在争端解决过程中的一种具体体现。

（3）专家组的职权

根据《关于争端解决规则与程序的谅解》第7条的规定，原则上，专家组的职权范围应该包括如下几个方面：

①按照有关协定的规定对争端事项进行审查并提出审查报告；

②为协助争端解决机构解决有关争端而提出建议或做出裁决的权利；

③经争端解决机构授权，争端解决机构主席与争端各方协商拟定的其他职权。

但是，在专家组设立后20天内，有关当事方可以另行确定专家组的职权范围。根据规定，在此种情况下，有关当事方应事先与争端解决机构主席进行磋商，并应将其决定通知所有世界贸易组织成员。

2.专家组的工作原则

关于专家组的工作原则，虽然《关于争端解决规则与程序的谅解》并没有具体规定，但是，从1947年关税与贸易总协定和世界贸易组织的实践来看，专家组在审理有关案件时通常会遵守以下原则：

（1）力求实现当事各方权利义务平衡

力求实现各成员方权利义务的动态平衡是世界贸易组织协定的优先目标，也是世界贸易组织务实精神的体现。在争端解决方面，该原则主要有两层含义：一是设法使有关当事方修改或撤销其有关不当措施或行为，以使其他当事方在世界贸易组织有关协定项下的利益得以实现；二是在有关当事方在世界贸易组织有关协定与协议项下的利益无法实现或无法充分实现的情况下，允许其对其他当事方对等中止承诺减让义务，以使其所承担的义务与所得的利益保持平衡。

（2）遵循既往判例

《关于争端解决规则与程序的谅解》中并没有明确规定专家组应该遵循既往的判例，而且，根据《建立世界贸易组织协定》第9条的规定，只有部长级会议和总理事会享有对世界贸易组织协定及其附件的专门解释权，专家组或上诉机构在判例中所做的解释并不具有造法性。因此，既往判例对专家组审理新案件并不具有法律上的约束力。但是，既往判例对专家组的影响仍然不可忽视。在实践中，在类似情况下，专家组一般都会借鉴既往判例的经验或意见。由于某些既往判例的结论屡被借鉴或援引，这些判例最终在事实上也就具有了某种造法性。

当然，这只是一种经验判断，并不是绝对的。由于社会环境的不断变化，有关人士在类似情况下对世界贸易组织规则和国际贸易秩序的认识也不断深化。因此，专家组做出迥异于既往判例的裁决也是可能的、合理的和可以理解的。

3.专家组的审理程序

根据《关于争端解决规则与程序的谅解》第12条的规定，除非专家组在与有关当事方磋商后另有决定，专家组在审理案件的过程中应遵循谅解附件3规定的工作程序。在案件审理过程中，专家组要调查案件的相关事实，就引起争端的措施是否违反世界贸易组织的相关协定与协议做出客观公正的评价，对争端的解决办法提出建议。

（1）审理期限

原则上，对于一般案件，专家组应自其设立和职权范围确定之日起6个月内提交最终报告；对于紧急案件，包括涉及易腐烂变质等货物的案件，专家组应力求在3个月内提交最终报告。如果专家组认为不能在规定时间内提交报告，则应书面通知争端解决机构，并说明延迟的原因和提交报告的预期时间。但是，无论如何，专家组应该自其设立和职权范围确定之日起9个月内提交最终报告。应申诉方的请求，专家组可以暂停一段时间的工作，但期限不得超过12个月，如超过12个月，设立专家组的授权即告终止。

（2）审理程序

根据规定，专家组应在其设立并确定职权范围后一周内制定其工作进度表，有关工作程序应在进度表规定的时间内完成。《关于争端解决规则与程序的谅解》附件3为专家组拟定了一份工作进度表，专家组应根据该表来制定其工作进度表：

①专家组接受当事各方的第一次书面文件。根据该时间表，申诉方应在3至6

周内提交介绍案件各种事实真相及其观点的书面文件；被诉方应在2至3周内提交其书面报告。

②专家组召开第一次实质性会议和第三方会议。该程序应在1至2周内完成。

在第一次实质性会议上，专家组会首先要求申诉方介绍案情及其观点，然后要求被诉方陈述其观点。

此外，专家组还应另行举行第三方会议以使第三方陈述其观点。所有在争端中有重大利益并已通知争端解决机构的第三方，均应获邀参加会议，并应全程出席该会议。

③受理各当事方的书面答辩。在第一次实质性会议和第三方会议结束后，专家组应用2至3周的时间受理当事各方的书面答辩。

④专家组举行第二次实质性会议。该程序也应在1至2周内完成。在该会议上，当事各方展开正式辩论。根据规定，被诉方有权利要求首先发言。

⑤专家组根据当事各方对争端事实的陈述确定其报告的陈述部分，并散发给当事各方。该工作应在2至4周内完成。

⑥当事各方对专家组所提交报告的陈述部分提出书面意见及证据，以便专家组进一步完善其对争端事实的陈述。该工作应在2周内完成。

⑦专家组在前述工作的基础上，完成并向当事各方提交其关于争端事项的中期报告，包括其所做的初步裁定和结论。该工作应在2至4周内完成。

⑧当事各方如果对中期报告的有关部分有意见，可以在1周内向专家组提出重新审查报告有关部分的请求。如果当事各方未在规定期间提出异议，则该中期报告即应被视为专家组最终报告。

⑨专家组根据当事各方的请求对中期报告进行审查，必要时可与当事各方再次召开会议。

⑩专家组在2周内完成并向当事各方散发最终报告。

⑪专家组向所有成员散发最终报告。

在审理争端期间，专家组可以随时要求当事各方在有关会议上或者以书面形式就有关问题做出解释，并可向其认为适当的任何个人或机构征求资料和咨询意见。但争端各方不得就专家组所审理事项与专家组进行单方面的联系。当事各方以及第三方口头陈述意见的，均应向专家组提供此类发言的书面文件。原则上，专家组的各项报告及当事各方提交的文件均应保密。但是，这些文件应该对当事各方公开，并应能为其所用。虽然有保密要求，当事各方仍有权向公众阐明其立场，对于其他成员方向专家组提交的并要求保密的文件，也应承担保密义务。

为完成最终报告，专家组有权从它们认为适当的任何个人或机构获取资料和专门意见。专家组在向有关成员方管辖的个人或机构索取资料和意见前，应通知该成员方政府。对于争端中涉及的科学或技术方面的问题，专家组可以设立专家评审组，并要求它们提供书面咨询报告。

如争端当事方以外的成员方认为该争端与自身具有实质性的利益关系，则在向争端解决机构做出通知后，可以以第三方身份向专家组陈述意见，并有权获得争端各方提交专家组首次会议的陈述材料。

此外，根据规定，专家组在审理期间可以召开秘密会议，当事各方和有利害关系的第三方只有在专家组发出邀请的情况下，才能出席此类会议。专家组对案件的审议应保密，其报告也应在当事各方不在场的情况下起草。专家组的专家在报告中所发表的意见一律采取匿名形式。

4.专家组最终报告的通过

专家组报告在未经争端解决机构通过之前，并不具备法律上的效力。根据《关于争端解决规则与程序的谅解》第16条的规定，为使各成员方有充足的时间审议专家组报告，争端解决机构只有在报告散发给各成员方之日起20天后，才能考虑是否通过该报告。对专家组报告有反对意见的成员方，应至少在审议该报告的争端解决机构会议召开前10天，书面提交其反对理由，以供散发给其他成员方。争端当事各方有权全面参与争端解决机构对专家组报告的审议，其意见也应完整记录在案。在专家组报告散发给各成员方之日起60天内，该报告应在争端解决机构会议上通过，除非一争端方正式通知争端解决机构其上诉决定，或争端解决机构经协商一致决定不通过该报告。如一方已通知其上诉决定，争端解决机构将不再审议通过该专家组报告。根据规定，即使专家组报告已经在争端解决机构获得通过，各成员方仍有权就专家组报告发表意见。

5.专家评审组

专家评审组（expert review groups）有的是常设性的，如补贴问题专家评审组，有的是根据需要临时成立的。专家评审组在专家组的领导下工作，由专家组决定其权限和工作程序，并向专家组提供报告。

根据《关于争端解决规则与程序的谅解》第13条和附件4的规定，专家评审组是经专家组许可设立的专门咨询机构，其职权范围和工作程序由专家组决定，主要负责就争端当事方提交的涉及科学或其他专业技术性问题的观点向专家组提供书面咨询报告。专家评审组的人员必须是在有关领域有极高专业声望和丰富经验的人士。原则上，争端当事方的公民或政府官员不得参加专家评审组。专家评审组可以同其认为适当的任何机构进行磋商、收集资料或咨询。争端各方有权获得专家评审组获得的所有有关资料，除非这些资料属于保密信息。专家评审组在向专家组提供最终咨询报告之前，应向争端各方提交报告草案，以征求其意见。专家评审组的最终咨询报告仅是咨询性质的，专家组在审理争端过程中并不一定要接受专家评审组的意见。此外，该咨询报告也应散发给争端各方。

（三）上诉机构审理

上诉机构（Standing Appellate Body，SAB）是争端解决机构的一个常设性机构，它也是世界贸易组织争端解决的最终机构。同时，它的设立以及对专家组决定的审查是世界贸易组织争端解决机制的一个重大创新，其目的在于确保争端各方均有进一步维护自己权益的机会和权利，并确保争端解决机构裁决的准确性和公正性，从而维护世界贸易组织多边贸易体制的权威性和稳定性。

　　1.上诉机构的基本概况

　　根据《关于争端解决规则与程序的谅解》第17条的规定，上诉机构是争端解决机构的常设机构，主要负责受理和审理争端当事方对专家组报告的上诉案件。上诉机构由7人组成，均由争端解决机构任命，任期4年，可以连任一次。1995年11月29日，争端解决机构从23个国家所推荐的32位候选人中，任命了上诉机构的首届7位组成人员。上诉机构一旦出现人员空缺，争端解决机构即应予以补足。如果被任命的人员是用来接替任期未满人员，则其任期为前任未尽的任期。上诉机构成员产生的程序大致如下：成员方代表团提名→世界贸易组织总干事、争端解决机构主席、总理事会主席及货物贸易理事会、服务贸易理事会、知识产权理事会的主席联合提出建议名单→争端解决机构正式任命。

　　为了确保上诉机构的权威性和公正性，《关于争端解决规则与程序的谅解》规定，上诉机构应该由具有公认权威和广泛成员代表性的在法律、国际贸易和世界贸易组织有关协定方面具有专业知识的人员组成。他们均以个人的身份独立工作，不接受任何政府或组织的指示，并不得参与审理任何可能产生直接或间接利益冲突的争端。上诉机构的所有工作人员均应随时待命，并应同步了解世界贸易组织的争端解决活动和其他有关活动，其费用（包括差旅费和生活津贴）从世界贸易组织预算中支付。

　　只有争端各方才有权对专家组报告提起上诉，并且上诉应仅限于专家组报告所涉及的法律问题和专家组所做的法律解释，上诉机构可以维持、修改或推翻专家组的结论。每个上诉案件均应由3人负责审理。对争端解决具有实质性利益的第三方虽然不能提起上诉，但其有权向上诉机构提出书面陈述，上诉机构也应给予听取其意见的机会。

　　自上诉机构成立以来，在争端解决机构处理的案件中，有许多案件都上诉至上诉机构。上诉机构在纠正专家组的法律适用偏差，以及合理、有效地解决争端方面发挥了重大作用。

　　2.上诉机构对案件的审理程序

　　（1）审理期限

　　根据规定，原则上，上诉机构应在争端当事方正式通知其上诉决定之日起60天内提交其最终报告。如果需要延长审理期限，上诉机构应通知争端解决机构，并说明原因和提交报告的预期时间，但无论如何不能超过90天。

　　（2）审理程序

　　上诉机构受理上诉案件后，应即刻任命审理人员，其工作程序由上诉机构经与争端解决机构主席和世界贸易组织总干事协商后确定，并应保密。上诉机构应在争端各方不在场的情况下，根据提供的信息和已做的陈述起草其报告。在该报告中，上诉机构应针对上诉中所涉及的法律问题和法律解释做出裁定，并可以维持、修改或撤销专家组的法律裁定和结论。上诉机构专家的个人意见应匿名处理。

　　3.上诉机构报告的通过

　　上诉机构的报告应在散发各成员方后30天内由争端解决机构审议是否通过。与专家组报告的通过方式一样，上诉机构报告的通过采取的也是"反向协商一致"的方法，即只要争端解决机构不是一致反对通过该报告，则该报告即获得通过。上诉机构的报告一经通过即为生效，争端各方应无条件接受。根据规定，即使上诉机构的报告获得通过，各成员方仍有权利对其发表评论。这样规定，也是为了监督上诉机构的工作，以确保其裁决的正确性和公正性。

　　（四）争端解决机构裁决的执行与监督

　　《关于争端解决规则与程序的谅解》第21条对争端解决机构裁决的执行和监督做了专门规定。

　　1.关于专家组报告、上诉机构报告和争端解决机构裁决

　　专家组报告和上诉机构报告与争端解决机构裁决是三个不同的概念。但是，在现实研究和交流中，由于用语的不规范，且由于专家组报告和上诉机构报告不被通过的可能性微乎其微，所以，专家组报告和上诉机构报告往往被等同于争端解决机构裁决。从严格的法律意义上讲，这种做法是不对的。因为，专家组报告和上诉机构报告在未获争端解决机构通过之前，在法律上仅是争端解决机构的内部文件，对争端各方并不具有法律上的约束力；专家组报告和上诉机构报告在获得争端解决机构通过之后，即成为争端解决机构的裁决，对争端各方均具有法律上的约束力。此外，就专家组报告而言，在其未获争端解决机构通过之前，也即在未成为争端解决机构裁决之前，争端各方可以对其提出上诉；而在其成为争端解决机构裁决之后，争端各方则不能再对其提出上诉。

　　2.争端解决机构裁决的法律效力

　　根据《关于争端解决规则与程序的谅解》的规定，为了全体成员方的利益，各成员方均有义务无条件地接受和迅速执行争端解决机构的裁决和/或各项建议，以确保各项争端的有效解决。这说明，争端解决机构的裁决和/或各项建议对争端各方是具有法律上的约束力的。

　　3.争端解决机构裁决的执行

　　为了执行争端解决机构的裁决和/或各项建议，《关于争端解决规则与程序的谅解》规定，在专家组报告和上诉机构报告获得通过后30天内，争端解决机构应就有关裁决或建议的执行召开会议。在会议上，有关成员方应通知争端解决机构其关于执行争端解决机构裁决或建议的意向。如果无法立即遵守裁决或建议，有关成员方应确定一个合理期限来执行争端解决机构的裁决和/或各项建议。

　　根据规定，"合理期限"有三种确定方式：

　　（1）有关成员方对执行裁决的合理期限提出建议，然后报经争端解决机构批准。

　　（2）如果争端解决机构未批准，则争端各方在建议或裁决通过后45天内协商确定。

（3）如果协商不成，则争端各方可选择通过仲裁确定。

原则上，自专家组设立之日起至有关"合理期限"确定之日止，不应超过15个月，最长不得超过18个月。之所以附加这一时间限制，目的在于促使有关成员方尽快执行有关建议或裁决，避免争端解决机构的建议或裁决落空，致使有关成员方遭受损失，并丧失对世界贸易组织争端解决机制的信心。

如果认为一成员方为执行争端解决机构建议或裁决所采取的措施不符合现实或有关协定的规定，则有关各方可以援引争端解决程序来解决这个问题，包括求助于原专家组。原则上，专家组应在受理该事项后90天内散发其报告。当然，对于发展中成员，争端解决机构应给予特殊的考虑。

4.监督程序

为了确保有关成员方执行争端解决机构的建议和裁决，《关于争端解决规则与程序的谅解》对争端解决机构赋予了监督职能。根据规定，在有关裁决或建议通过后，任何成员都有权随时在争端解决机构提出与执行有关的问题。除非争端解决机构另有决定，原则上，在执行有关建议或裁决的合理期限确定后6个月内，争端解决机构应将执行问题列入其会议议程，并一直保留到问题解决。

在每次会议上，有关成员方都应向争端解决机构就其执行争端解决机构建议或裁决的情况提交书面报告，并接受其他成员方的质询和监督。

（五）补偿

如果被诉方的措施被认定为违反了世界贸易组织的有关规定，且其未在合理的期限内执行争端解决机构的建议或裁决，则被诉方应申诉方的请求，必须在合理期限届满前与申诉方进行补偿谈判。补偿是指被诉方在贸易机会、市场准入等方面给予申诉方相当于它所受损失的减让。根据《关于争端解决规则与程序的谅解》第22条的规定，补偿只是一种临时性的措施，只有当被诉方未能在合理期限内执行争端解决机构的建议或裁决时才能使用。如果给予补偿，应该与世界贸易组织有关协定与协议的规定一致。根据规定，争端双方的补偿谈判原则上应在"合理期限"届满后20天内达成，否则，申诉方即可请求争端解决机构授权采取报复措施。

（六）报复

如果有关成员方未执行争端解决机构的建议或裁决，也未能在规定期限内与申诉方达成补偿协议，则申诉方可经争端解决机构授权后对被诉方采取报复措施。

1.关于报复的性质

实际上，在《关于争端解决规则与程序的谅解》中，自始至终都没有"报复"（retaliate或retaliation）这样的用语。报复仅是民间的非正式用语。在《关于争端解决规则与程序的谅解》中，报复是指申诉方根据争端解决机构的授权对被诉方中止其根据有关协定或减让表承担的减让或其他义务；而且，申诉方此种义务的中止应与其利益的丧失或受损的程度相当。所以，在世界贸易组织争端解决机制中，所谓"报复"，实际上是申诉方对被诉方对等中止其根据世界贸易组织有关协定所承担的义务；而且，此种中止是一种临时措施，一旦规定情形发生改变，申诉方仍应对被诉方继续履行其条约义务。

2.关于争端解决机构授权的性质

根据国际法关于国家主权的属地管辖理论，主权国家对其境内的人、物、事享有排它的管辖权，其他任何国家均不得干涉。一国在其境内针对源自其他国家或地区的产品或服务所采取的贸易限制措施，也是如此。因为此种行为属于国家主权行为，根本无须其他任何国家或国际组织的授权。那么，既然世界贸易组织的绝大多数成员都是主权国家，即便是单独关税区也都是与特定主权国家相关联的，而有关成员的报复措施也是在其境内采取的，为什么还需要争端解决机构的授权呢？我们又该如何理解争端解决机构的授权行为呢？

这一点，可以从国际组织和国家主权的互动关系来理解。理论上，国家主权是绝对的，是不受任何外来干涉的。但是，当今世界各国间的相互依赖程度日益加深，一国的主权行为往往会对它国产生直接或间接的影响，而一国国内政治经济和社会目标的实现往往也有赖于其他国家的配合。换言之，传统国家主权的行为空间有所缩减，随之而来的是，各国关于国家主权的价值观也发生了变化，自觉约束本国主权并接受国际社会的共同监督，已经成为各国实现利益最大化的前提条件。就国际贸易秩序而言，两次世界大战的发生均有其深刻的经济根源，贸易战的发生和升级是其导火索，而滥用贸易限制措施与报复措施则是贸易战发生和升级的主要原因。在评判者和监督者缺位的情况下，由于利益的驱动，行为者往往是很难自觉和有效约束自己的。因此，建立国际组织以解决评判者和监督者缺位问题，就成为各国政府的一个现实选择，尤其是在主权问题并不特别敏感的国际贸易领域。

在某种意义上，世界贸易组织争端解决机制扮演的就是这样一个角色。它是各成员方贸易管制行为合法性的评判者和监督者。当有关成员产生争端的时候，争端解决机构以评判者的身份来判断谁是谁非，然后以监督者的身份来监督当事各方执行其建议和裁决。就报复措施的实施而言，鉴于争端解决机构不授权的可能性微乎其微，而作为主权国家或具有高度自治权的单独关税区，即使争端解决机构不授权，有关成员仍然可以自主决定是否采取报复措施。因此，争端解决机构授权报复并不完全是针对报复权本身的，更多针对的是有关报复措施的正当性和适当性问题。换言之，争端解决机构的授权实质上是一个评判程序，其所评判的是有关报复措施是否为世界贸易组织有关协定所禁止以及是否适当等。从实用主义的角度来看，有关成员的报复措施获得争端解决机构授权本身就说明其行为是正当的和适当的；而从法律的角度来看，获得争端解决机构的授权本身赋予了该成员的报复行为以合法性。这样，被报复方将在法律上和道德上失去进行反报复的法律依据和道德依据。

3.采取报复措施的程序

（1）请求争端解决机构授权

请求争端解决机构授权的前提条件是被诉方未能或未能在规定的合理期限内执

行争端解决机构的建议或裁决，而双方也未能经谈判达成补偿协议。

根据规定，如果在执行争端解决机构建议或裁决的合理期限届满后20天内，争端双方未能达成补偿协议，则申诉方可请求争端解决机构授权采取报复措施。在提出请求时，申诉方应就其拟采取的报复措施向争端解决机构进行说明，包括对报复水平、报复领域以及其据以做出此类决定所考虑的经济要素等做出说明。

（2）被诉方对报复措施的异议及其解决

根据规定，如果被诉方对拟议中的报复范围、报复原则（交叉报复原则）、报复水平等有异议时，可以将此类事项诉诸仲裁。原则上，此类仲裁应由原专家组负责，或者由总干事任命的仲裁员或仲裁组解决。此类仲裁应在被诉方应执行有关建议或裁决的合理期限届满后60天内完成。

（3）争端解决机构授权

根据规定，争端解决机构应在被诉方应执行有关建议或裁决的合理期限届满后30天内，给予申诉方此种授权，除非争端解决机构经协商一致决定不给予此种授权。根据所涉及的范围不同，报复可分为平行报复、跨领域报复和跨协定报复三种。被诉方还可以就报复水平的适当性问题提请争端解决机构进行仲裁。

（4）报复措施的实施与终止

根据规定，报复措施是临时性的，并应在争端解决机构授权的范围内实施。如果发生下列情况，报复方应不实施或终止实施报复措施：

①对方已经取消了被裁定与有关规定不一致的措施，即对方已经执行了争端解决机构的有关建议和裁决。

②对方提出了合理的解决办法，如根据争端解决机构的仲裁结果对报复方已做出了相应的补偿。

③双方已经达成了解决办法。

无论报复方实施还是不实施或终止实施有关报复措施，争端解决机构都有权利和义务继续监督有关建议或裁决的执行，包括有关补偿办法或其他办法的执行等。

（5）对报复措施实施的监督

根据规定，在授权有关成员方采取报复措施后，争端解决机构有权利和义务对有关报复措施的实施进行有效的监督。

六、仲裁、斡旋、调解和调停

（一）仲裁

《关于争端解决规则与程序的谅解》第25条规定，仲裁可以作为争端解决的另一种方式。如果争端当事各方同意以仲裁方式解决，则可在共同指定仲裁员并议定相应的程序后，由仲裁员审理当事方提出的争端。

被报复方有权对报复权的授予与行使提请仲裁。

1.提交仲裁的条件

根据《关于争端解决规则与程序的谅解》第22条的规定，满足下列任一条件即可提请仲裁：第一，败诉方对所提出的终止水平表示反对；第二，败诉方指控申诉方在要求授权交叉报复中未遵守有关原则和程序。

2.仲裁庭的组成与职权

此种仲裁，如原专家组成员可供利用，则应由原专家组仲裁，或者由总干事任命的仲裁员（一人或一个小组）来进行仲裁，仲裁应在合理期限到期后的60日内结束。仲裁期间减让或其他义务不得终止。仲裁员不能对将要终止的减让或其他义务的性质进行审查，而只应决定此种终止的水平是否与所蒙受的损失或损害的水平相当，或所提议的中止减让或其他义务是否符合有关适用的协定，或第22条第3款所规定的程序和原则是否得到遵守。

当事方应接受仲裁裁决为终局裁决的决定，不得谋求第二次仲裁，应迅速将仲裁决定通知争端解决机构，且应根据符合仲裁决定的请求给予终止减让或其他义务的授权，除非争端解决机构协商一致决定驳回该项请求。

在世界贸易组织的争端解决机制中，仲裁可用于不同的目的和争端解决的不同阶段，如审理争端、裁定执行的合理期限、评估报复水平是否适当等。

（二）斡旋、调解和调停

1.斡旋

斡旋是指第三方促成争端当事各方开始谈判或重开谈判的行为。在整个过程中，进行斡旋的一方可以提出建议或转达争端一方的建议，但不直接参加当事各方的谈判。

2.调解

调解是指争端当事各方将争端提交一个由若干人组成的委员会，该委员会通过查明事实，提出解决争端的建议，促成当事方达成和解。

3.调停

调停是指第三方以调停者的身份主持或参加谈判，提出谈判的基础方案，调和、折中争端当事各方的分歧，促使争端当事方达成协议。

在世界贸易组织争端解决机制中，斡旋、调解和调停是争端当事各方经协商自愿采用的方式。争端的任何一方均可随时请求进行斡旋、调解和调停。斡旋、调解和调停程序可以随时开始，随时终止。一旦终止，申诉方可以请求设立专家组。如果斡旋、调解和调停在被诉方收到磋商请求后的60天内已经开始，则申诉方只能在该60天届满后请求设立专家组。但是，如果争端当事各方均认为已经开始的斡旋、调解和调停不能解决争端，则申诉方可以在该60天内请求设立专家组。在争端进入专家组程序后，如果争端当事各方同意，斡旋、调解和调停程序也可同时继续进行。当事各方在斡旋、调解和调停中所持的立场应予保密，而且任何一方在争端解决后续程序中的权利不得受到损害。

世界贸易组织总干事可以以其所任职务身份进行斡旋、调解和调停，以协助成员方解决争端。

第四节　相关案例评析

　　世界贸易组织首任总干事鲁杰罗曾说过："如果不提及争端解决机制，任何对世界贸易组织成就的评论都是不完整的。从许多方面讲，争端解决机制是多边贸易体制的主要支柱，是世界贸易组织对全球经济稳定做出的最独特的贡献。"

　　世界贸易组织自1995年成立后，其争端解决机制在处理国际经贸纠纷方面取得了显著的成绩，发挥着日益重要的作用。被称为世界贸易组织第一案的"美国汽油标准案"，是世界贸易组织争端解决机构审理的第一例经过上诉机构审理的案件。1995年1月，委内瑞拉和巴西（1995年4月）诉美国正在使用的进口汽油政策对外国产品造成了歧视，美国对此提出异议。世界贸易组织争端解决机构经过长达一年的调查，认为美国颁布的有关汽油标准违反了世界贸易组织的规定，并于1996年5月维持了专家组的结论，认为美国实施的汽油标准构成了"不公正的歧视"和"对国际贸易的隐蔽限制"，争端解决机构要求美国修改国内立法。美国表示接受世界贸易组织的有关裁决，在1997年8月给争端解决机构的报告中称，新规则已于8月19日签署。这起案件的成功审理使初试锋芒的世界贸易组织的争端解决机制经受了考验，在很大程度上增强了各成员方对世界贸易组织的信任。可以想象，如果这两个发展中国家不是世界贸易组织成员，凭其经济实力无论如何也是不可能与当今的头号经济大国美国进行贸易对抗的。

　　欧美香蕉贸易争端由来已久，在世界贸易组织的前身GATT时期，美国就曾向GATT申诉欧盟在进口香蕉时有意偏向英法前殖民地，限制从拉美国家进口香蕉，从而使在拉美香蕉种植园投资的美国跨国公司蒙受了巨大损失，但这一争端在GATT体制中一直未能得到有效的解决。世界贸易组织成立后，美国又将争端提交世界贸易组织的争端解决机构，并于1997年胜诉。欧盟随后对该政策做出修改并于1999年1月1日起正式实施。但美国认为修改后的政策仍不符合世界贸易组织的规则，再次把官司打到世界贸易组织。同年3月，美国单方面宣布将对价值5.2亿美元的欧盟出口产品征收100%的惩罚性关税。经世界贸易组织争端解决机构裁决，欧盟香蕉进口政策被判不符合国际贸易规则，但欧盟偏向前英法殖民地的香蕉进口政策只给美国香蕉出口代理商造成了1.914亿美元的损失，远低于美国宣称的损失。美国立即对世界贸易组织的裁决表示欢迎，并希望帮助欧盟制定符合国际贸易规则的香蕉进口政策。欧盟称，如果世界贸易组织裁决有道理，欧盟将接受。同时指出，美国单方面采取报复措施仍是非法的。

　　从上述案例中可以看到，争端解决机制是多边贸易体制有效实施其自由化承诺的一个保障。它不仅为世界贸易组织各成员方提供了一个公平公正地解决经贸纠纷的场所，而且通过其裁决的执行，减少了国际经贸领域中爆发贸易战的可能性，维护了多边贸易体制的稳定性。

案例一 委内瑞拉、巴西诉美国汽油标准案（DS2、DS4）①

第一部分 专家组报告

一、案件概况

1995年1月23日，委内瑞拉根据GATT第22条第1款、DSU第4条要求与美国磋商，内容涉及美国环境保护署发布的"汽油标准"（案件编号：DS2）。

2月24日，双方进行了磋商，但未取得满意结果。3月25日，委内瑞拉请求成立专家组。4月10日，DSB决定成立专家组，其组成人员包括：组长Joseph Wong，成员Growflord Falconer和Kim Luotonen。

1995年4月10日，巴西就上述相同问题要求与美国磋商（案件编号：DS4）。5月1日，双方进行了磋商，但未取得满意结果。5月19日，巴西请求成立专家组。DSB经审查决定由上述同一专家组合并审理这两起诉讼。

1995年7月10日至12日，9月13日至15日，专家组会晤当事各方。1996年1月29日，专家组提出报告并分发给各成员方。

二、案情基本事实

1993年12月15日，美国环境保护署颁布"汽油与汽油添加剂规则——改良汽油与普通汽油标准"（简称"汽油规则"）。该标准是为实施美国《清洁空气法》而专门制定的。本案争议的焦点是"汽油规则"中的基准设定问题，即如何确定1990年的汽油质量基准作为此后改良汽油和普通汽油的衡量标准。环境保护署设定了两种基准：一种是"企业单独基准"，其质量数据由企业自己提供；另一种是"法定基准"，适用于环境保护署认为不能提供足够的或可信的数据的企业。根据"汽油规则"，对1990年经营6个月以上的国内炼油商适用"企业单独基准"；对外国炼油商适用"法定基准"；对某些进口商同时是国外炼油商的，如果1990年它在国外的炼油厂生产的汽油中有至少75%出口到美国，则适用单独基准（此做法又称为"75%规则"）。

三、申诉方主张

本案申诉方指出，美国的"汽油规则"中有关基准设定的规定违反了GATT第1条、第3条，并且不符合GATT第20条的例外规定，损害了两国企业的利益。

四、专家组的分析与裁定

（一）关于GATT第1条

GATT第1条是有关最惠国待遇的规定："在对进口或出口有关产品的国际支付转移所征收的关税和费用方面，在征收此类关税和费用的方法方面，在有关进口和出口的全部规章手续方面，以及在第3条第2款和第4款所指的所有事项方面，任何缔约方给予来自或运往任何其他国家任何产品的利益、优惠、特权或豁免应立即无条件地给予来自或运往所有其他缔约方领土的同类产品。"

---

① 杨荣珍. WTO争端解决：案例与评析 [M]. 北京：对外经济贸易大学出版社，2002：554-561.

本案申诉方认为，美国"汽油规则"中的"75%规则"给特定国家的企业特殊的差别待遇，不符合GATT第1条的规定。他们认为，该规则只适用于特定的、很容易确定的一些国家，对符合这些条件的国家的企业在确定基准时可以适用"企业单独基准"，而对其他国家的企业则适用"法定基准"，这种做法明显违反最惠国待遇原则。

专家组审理认为，由于确定专家组职权范围时，"75%规则"已经停止生效，并且该规则没有在专家组职权范围中明确提出，因此对其是否符合GATT第1条不再做出判断。

（二）关于GATT第3条第4款

GATT第3条第4款是有关国民待遇原则的规定："任何缔约方境内的产品进口至任何其他缔约方境内时，在有关影响其国内销售、标价出售、购买、运输、分销或使用的所有法律、法规和规定方面，所享受的待遇不得低于同类国内产品所享受的待遇。"

本案申诉方认为，"汽油规则"对进口汽油和国产汽油实施了差别待遇，剥夺了外国炼油商确定企业单独基准的权利，实际上是要求进口汽油适用更严格的"法定基准"。

专家组首先指出进口汽油与国产汽油具有相同的物理特征、最终用户、关税分类，并且可以互相替代，因而是第3条第4款所说的"同类产品"。其次，专家组审查了给予进口产品的待遇是否低于国内产品的待遇。专家组认为，美国确定是适用"企业单独基准"还是"法定基准"不是以汽油的质量为标准，而是以生产商的特征为依据，导致了进口汽油的待遇较低。基于上述分析，专家组认为美国违反了GATT第3条第4款。

（三）关于GATT第20条

美国提出，无论其"汽油规则"是否与GATT的其他规定一致，它都属于GATT第20条规定的一般（普遍）例外，所以不违反GATT规则。美国提出了以第20条（b）、（d）、（g）三项作为抗辩。

GATT第20条是有关一般（普遍）例外的规定，在符合其适用条件的情况下，成员方可以免除GATT规定的其他义务，包括第3条规定的国民待遇义务。GATT第20条与本案有关的条款规定是：

"在遵守有关措施的实施不在情形相同的国家之间构成任意或不合理的歧视或构成对国际贸易的变相限制的要求的前提下，本协定的任何规定不得解释为阻止任何缔约方采取或实施以下措施：……（b）为保护人类、动物或植物的生命或健康所必需的措施……（d）为保证与本协定规定不相抵触的法律或法规得到遵守所必需的措施……（g）与保护可用尽的自然资源有关的措施，如此类措施与限制国内生产或消费一同实施。"专家组指出，由于GATT第20条是美国提出的抗辩，应由美国负举证责任，专家组对这三项例外分别予以分析。

1.关于GATT第20条（b）

专家组认为，美国以此项作为抗辩，应当证明以下三点：

（1）实施的措施旨在保护人类、动物或植物的生命或健康。

（2）实施的措施是为了实现上述目标所必需的。

（3）该措施与第20条前言部分的要求一致。

关于第（1）点，争端各方没有分歧，专家组认为实施的措施符合第一点要求。

关于第（2）点要求，专家组认为，所谓"必需"应理解为没有与GATT相一致的措施或没有与GATT较少不一致的措施存在，如果存在可以采取与GATT相一致的措施或采取较少不一致的措施，则证明该措施不属于"必需"。专家组对当事方提供的证据进行审查后认为，美国采取的措施不属于"必需"，因为它可以采取其他非歧视的替代措施，例如允许外国炼油商适用"企业单独基准"，或要求美国汽油生产者达到"法定基准"的要求，等等。

由于专家组认定美国的措施不符合上述第（2）点要求，因此美国关于GATT第20条（b）项的抗辩不能成立。

2.关于GATT第20条（d）

美国的"汽油规则"规定了"禁止退化要求"，要求汽油的各项排放指标不得高于1990年的基准水平。但由于其基准确定方法不同，国内企业适用"企业单独基准"，而外国企业适用"法定基准"。美国对其做法提出以GATT第20条（d）项为抗辩，即其基准设定规则虽不符合GATT第3条的规定，但该规则是执行国内法中的"禁止退化要求"所必需的，而该国内法是符合GATT规定的，因此可以适用例外规定。

专家组认为，假定美国的国内法与GATT相一致，但其规定的基准确定规则本身并不是为执行该国内法所必需的，因此，它不属于GATT第20条（d）项规定的例外情况。

3.关于GATT第20条（g）

首先，专家组认为，美国的措施是为了保护清洁空气，而清洁空气是一种可被用竭的资源。因此，美国为降低清洁空气的消耗而制定的政策属于GATT第20条（g）所说的"与保护可用竭资源有关的措施"。

其次，专家组认为，虽然美国对空气的保护符合该条款的政策目标，但对进口汽油给予较国内同样的汽油更低的待遇与保护清洁空气的目标之间并没有直接的联系，不对进口汽油提供较低待遇并不会阻止这一目标的实现。因此认为美国的措施不符合该条要求。

第二部分　　上诉机构报告

一、概况

1996年2月21日，美国向DSB提出上诉。3月4日，美国提交了上诉材料。3月18日，委内瑞拉、巴西提交了被上诉方材料。上诉庭组成如下：Florerntino Feliciano、Christopher Beeby和Mitsuo Matsushita。4月20日，上诉机构做出报告。5月20日，DSB通过上诉机构报告和修改后的专家组报告。

二、上诉机构的分析与裁定

上诉中提出的主要问题是美国的"汽油规则"是否符合GATT第20条（g）项的例外规定。上诉机构首先指出，专家组对该问题的分析存在逻辑上的错误。上诉机构认为，专家组应当审查的是"措施"（实施基准规则）本身是否符合GATT第20条的规定，而不是审查给予进口汽油"较低待遇"是否符合GATT第20条，否则GATT第20条的要求就与第3条的要求没有区别了。

上诉机构根据《维也纳公约》的规定对GATT第20条进行解释，指出第20条在列举成员方政府可采取措施的各项理由时使用了不同的措辞，其中（b）项和（d）项使用了"必需"的用语，而（g）项并没有使用这一词语，而是使用了"有关"一词，这一词语与"必需"所要求的程度是不同的。根据专家组程序中确定的有关证据，上诉机构认为美国的基准规则属于"与保护可用竭资源有关的措施"，因而推翻了专家组的这一结论。

由于专家组认为美国的措施不符合GATT第20条（g）的第一句话，所以没有对其是否符合该项规定的第二句话及是否符合第20条前言的要求进行讨论，上诉机构决定自己对这两个问题进行分析。

第20条（g）项规定的是"此类措施与限制国内生产或消费一同实施"，上诉机构认为，美国实施的基准规则同时适用于进口汽油和国产汽油，符合这一规定的要求。

至于GATT第20条的前言的要求，上诉机构认为，该前言适用于所有该条所列举的例外，它要求成员方采取的措施不得构成"任意或不合理的歧视"，或"对国际贸易构成变相限制"。上诉机构认为，根据本案提供的情况，美国有条件对进口汽油和国产汽油实行统一标准，虽然对进口汽油商实行"企业单独基准"有一定困难，但并不是完全不可行，其困难程度不足以支持美国实行不同的标准。此外，上诉机构指出，美国在制定政策时并没有设法与委内瑞拉和巴西进行沟通，以寻求合作。美国提出对国内生产商实施"企业单独基准"是为了较少增加国内生产商的开支，上诉机构认为这是合理的，但它却没有考虑实施"法定基准"的国外生产商的开支问题，这就不合理了。因此，上诉机构认为美国的措施构成了"任意的、不合理的歧视"，是对国际贸易的变相限制，不符合GATT第20条前言部分的要求。

综上所述，上诉机构认为，美国采取的措施虽然符合GATT第20条（g）项的要求，但不符合其前言部分的要求，因此不能实现其关于GATT第20条的抗辩。

第三部分　案件简评

本案是WTO成立后第一个经过完整的专家组审理、上诉机构审理并最终由DSB通过了有关建议的案件，在WTO争端解决机制中具有一定的现实意义。就其所解决的实体问题看，涉及比较普遍的是国民待遇问题，特别是成员方如何适用GATT第20条的一般（普遍）例外的问题。本案中，美国对进口产品和国内产品给予了差别待遇是很明显的事实。因此争端各方对该措施不符合GATT第3条没有太多异议，但对美国是否能以GATT第20条的例外规定豁免其在第3条下的义务则存在不同看法。上诉机构的分析和结论告诉我们：对第20条的理解应与第3条相区别，不能混为一谈，否则就会失去订立第20条的意义。要确定一个成员方采取的措施是否符合GATT第20条的规定时，首先要审查它是否符合该条所列的各项具体条款的要求，在认定其符合具体条款的要求后，还应审查它是否符合第20条的前言部分的要求。前言部分规定的"任意的、不合理的歧视"表明该条允许一定的差别待遇的存在，但这种差别的存在不能构成任意的、不合理的歧视，不能构成对国际贸易的变相限制，只有掌握好实施差别待遇的"度"，才能很好地利用第20条规定的例外。本案中，美国的措施虽然符合第20条列举的具体条款的规定，但由于它不符合前言部分的要求，故而导致了最终的败诉。

案例二　危地马拉、厄瓜多尔、洪都拉斯、墨西哥、美国诉欧盟香蕉进口与销售政策案（DS27）①

第一部分　专家组报告

一、案件概况

1996年2月5日，厄瓜多尔、危地马拉、洪都拉斯、墨西哥和美国提出与欧盟磋商，内容涉及欧盟在香蕉进口与销售体制中所采取的配额和许可证管理措施。

3月14日、15日，争端各方进行了磋商，但未取得满意结果。4月11日，5个申诉方请求成立专家组。5月8日，DSB决定成立专家组。6月7日，专家组组成是：组长Stuart Harbinson，成员Kym Anderson和Christian Haberli。作为第三方参与专家组程序的有以下成员：伯利兹、加拿大、喀麦隆、哥伦比亚、哥斯达黎加、科特迪瓦共和国、多米尼克、多米尼加共和国、加纳、格林纳达、印度、牙买加、日本、尼加拉瓜、菲律宾、圣文森特和格林纳丁斯、圣卢西亚、塞内加尔、苏里南、泰国和委内瑞拉。1997年4月29日，专家组做出最终报告并分发给各成员方。

二、基本事实

本案涉及的是欧盟对香蕉进口与销售的政策。欧盟市场上的香蕉主要有三个来源：一是隶属于欧盟某些成员国的海外领土，如加勒比地区的英联邦成员、法国的海外省等；二是通过《洛美协定》同欧盟保持特惠经贸关系的非洲、加勒比和太平洋地区的国家（简称"非加太国家"，即ACP）；三是中美和南美洲国家。

1993年2月，欧盟颁布了第404/93号规则，成立了香蕉共同市场组织，统一了欧盟的香蕉进口与销售政策。该规则根据香蕉的不同来源确立了不同的配额体系（见表5-1）。

---

① 杨荣珍. WTO争端解决：案例与评析［M］. 北京：对外经济贸易大学出版社，2002：518-526.

表5-1　　　　　　　　　　　　　　欧盟的香蕉配额体系

来源地	配额	配额内关税	配额外关税
欧盟成员国的海外领土	854 000吨/年	免税	每吨750ECU
ACP国家	857 700吨/年	免税	
其他第三国	2 553 000吨/年	每吨75ECU	

该规则还规定，所有进口都要履行进口许可程序。它将进口经营者分为三类，对不同类别的经营者进行许可分配：A类经营者销售其他第三国进口的香蕉，获配额66.5%；B类经营者销售欧盟及ACP国家的香蕉，获配额30%；C类经营者从1992年开始销售欧盟及ACP国家的香蕉，获配额3.5%。此外，从哥斯达黎加、哥伦比亚和尼加拉瓜进口的香蕉，经营者需出示出口证作为发放进口许可证的前提条件。

三、申诉方主张

申诉方认为，欧盟的香蕉进口与销售体制中采取的配额和许可证制度对非《洛美协定》的缔约方（即非ACP国家）构成了贸易歧视，违反了GATT第13条、《进口许可程序协议》第1条和GATS第2条、第17条。

四、专家组的分析与裁定

（一）GATT第13条

GATT第13条是关于数量限制的非歧视管理的规定。该条第5款明确规定："本条的规定适用于任何缔约方设立或维持的关税配额。"可见，第13条的规定适用于目前审理的欧盟进口香蕉的关税配额问题。

专家组对GATT第13条的各款规定进行了分析。第13条第1款是基本原则，它规定除非从其他缔约方的相同产品的进口受到相同限制，不得对一缔约方适用进口限制，也就是说，缔约方不能对不同的进口缔约方实施不同的进口限制。第13条第2款规定："在对任何产品实施进口限制时，缔约方应旨在使此种产品的贸易分配尽可能接近在无此类限制的情况下各缔约方预期获得的份额。"它在承认缔约方可以实施某种进口限制的前提下，规定实施的限制应尽量控制在对贸易的影响最小的范围内。第13条第2款（d）规定了配额分配的两种方式：一是与有实质利害关系的所有缔约方达成协议；二是根据前一代表期内在供应该产品方面有实质利害关系的缔约方的供应量来确定配额的分配。它所规定的分配的前提是在"有实质利害关系的缔约方"之间的分配。

1.关于"香蕉框架协议"

专家组根据上述分析来审查本案中欧盟通过"香蕉框架协议（BFA）"实施的关税配额分配是否与GATT第13条一致。欧盟于1994年与哥伦比亚、哥斯达黎加、尼加拉瓜和委内瑞拉经谈判达成"香蕉框架协议"，专家组裁定其中的哥伦比亚、哥斯达黎加两国是有实质利害关系的成员，而另外两国是没有实质利害关系的成员。专家组认为，欧盟通过该协议向没有实质利害关系的成员分配了关税配额，而不向其他国家分配，违反GATT第13条第1款。

2.关于《洛美协定》豁免

1989年12月15日，欧共体与70个非加太国家签订了第四个《洛美协定》，其中含有有关香蕉贸易的条款。1994年10月10日，欧共体申请按GATT第1条规定给予该协定豁免，12月9日，缔约方全体决定给予豁免。该豁免规定：在允许欧共体向产自非加太国家的产品提供第四个《洛美协定》要求的优惠待遇的必要范围内，免除GATT第1条第1款的规定，不要求欧共体向其他缔约方提供同样的优惠待遇。

专家组指出，GATT第1条与第13条第1款间存在密切关系：第1条规定了非歧视待遇的一般原则，第13条第1款是该原则在具体情况下的适用，即数量限制和关税配额的实施。因此，第1条与第13条第1款的范围是相同的。《洛美协定》规定了对GATT第1条第1款的豁免。根据《洛美协定》，欧盟可以以1991年前的最佳出口额在非加太国家间分配关税配额，但欧盟不能超过该范围分配配额。

（二）香蕉进口许可程序与GATT、《进口许可程序协议》

1.经营者类别

投诉方指出，欧盟的经营者类别规则违反了GATT第1条、第3条第4款、第10条第3款。

（1）GATT第1条

专家组认为，欧盟的经营者类别规则对经营来自非ACP国家的香蕉进口要求提供比经营来自ACP国家的香蕉进口更多的资料，因而传统的ACP国家香蕉进口的许可程序为其经营者提供了优势，与GATT第1条第1款不符。专家组还指出，许可程序并不包括在《洛美协定》豁免之中，许可程序不能因此造成歧视。

（2）GATT第3条第4款

GATT第3条第4款规定："任何缔约方领土的产品输入至任何其他缔约方领土时，在有关影响其国内销售、标价出售、购买、运输、分销或使用的所有法律、法规和规定方面，所享有的待遇不得低于同类国内产品所享有的待遇。"申诉方认为，欧盟经营者类别规则中的B类份额的分配违反GATT第3条第4款，因为它实际上是诱使购买欧盟的香蕉，以便能获得B类的份额，违反了国民待遇原则。

专家组首先分析了进口许可程序是否受GATT第3条约束的问题。专家组认为，有关第3条的注释表明，一个成员方在关境内对进口产品的管理应受第3条的约束，进口许可程序作为一种对进口产品的行政管理措施，应受第3条的约束。随后，专家组通过对本案提供的证据进行分析，认为欧盟的进口许可制度违反GATT第3条第4款。

（3）GATT第10条第3款

申诉方认为欧盟的许可程序没有以统一、公正、合理的方式实施，违反GATT第10条第3款。

专家组首先肯定进口许可程序应属于GATT第10条规定的应公布的贸易法规，根据GATT第10条第3款（a）的规定，"每一缔约方应以统一、公正和合理的方式管理本条第1款所述的所有法律、法规、判决和裁定"。专家组认为，该条规定不允许在给予进口产品待遇时基于产地国别实施歧视，也不允许对不同的国家适用不同的规章和程序。因此，欧盟的进口许可程序与该条规定不符。

2.出口许可证问题

根据欧盟的进口许可制度，A类和C类经营者从哥伦比亚、哥斯达黎加或尼加拉瓜进口香蕉时应出示这些国家颁发的出口许可证，B类经营者则免于这一要求。专家组认为，出口许可证事实上构成了GATT第1条意义上的一种特权、优势，它给予了哥伦比亚、哥斯达黎加、尼加拉瓜产品一种利益，违反了GATT第1条第1款。

3.飓风许可问题

欧盟自1994年开始对直接或间接遭受热带风暴影响的国家和地区发放"飓风许可"，申诉方认为这一许可只给予某些国家，违反《进口许可程序协议》第1条第3款。

《进口许可程序协议》第1条第3款的规定是："进口许可程序规则的实施应保持中性，并以公平、公正的方式进行管理。"专家组认为欧盟的规定与该条要求的中性适用不符，支持了申诉方的主张。

（三）香蕉进口许可制度与GATS

1.经营者类别

（1）GATS第17条

GATS第17条是有关服务贸易中的国民待遇的规定，而欧盟在"批发贸易服务"部门已经承诺了全面的国民待遇。根据本案提供的情况，B类经营者有资格获得以配额内低税率进口非ACP国家香蕉30%的许可，而B类经营者中大多数都是欧盟来源的服务供应商。同时，A类经营者除享有66.5%以配额内低税率进口非ACP国家香蕉的许可外，并没有分配给他们从欧盟和ACP国家进口香蕉的市场份额，而A类经营者主要是第三国来源的服务供应商。专家组认为，欧盟来源的服务供应商在此获得了更优惠的竞争条件，不符合GATS第17条规定的国民待遇原则。

（2）GATS第2条

GATS第2条是关于服务贸易的最惠国待遇的规定。专家组认为，欧盟的经营者分类规则给予B类经营者较申诉方来源的服务供应商以更优惠的待遇，违反GATS第2条。

2.出口许可证

基于前述事实，专家组认为，免除B类经营者"香蕉框架协议（BFA）"出口许可证的要求，给予欧盟香蕉供应商以优惠待遇，违反GATS第2条和第17条。

3.飓风许可

飓风许可只给予欧盟和ACP国家来源的服务供应商，而申诉方来源的服务供应商则没有此待遇，与GATS第2条、第17条不符。

第二部分　上诉机构报告

一、概况

1997年6月11日，欧盟向DSB提出上诉。上诉庭组成如下：James Bacchus、Christopher Beeby和Said El-Naggar。上诉庭经过审理，维持了专家组报告中的大部分结论。9月25日，DSB通过了上诉机构报告和修改后的专家组报告。

二、上诉机构的分析与裁定

（一）关于GATT第13条

上诉机构认为，GATT第13条要求非歧视地实施数量限制，根据其第5款的规定，该条也适用于关税配额。第13条第2款要求尽可能地接近没有实施限制时成员的预期，其中（d）项规定了有实质利益的成员间的分配方法，但它并没有排除没有实质利益的成员间的分配适用非歧视原则。本案中，根据BFA关税配额再分配原则，BFA的成员没有使用完的配额份额可以转让给其他BFA成员，从而将BFA以外的香蕉供应国从未使用的份额中排除，这是违反GATT第13条规定的。

（二）《洛美协定》的豁免

上诉机构不同意专家组的《洛美协定》豁免可延及第13条的结论。上诉机构认为，有关豁免的用语非常明确，仅在《洛美协定》要求的必要范围内豁免第1条第1款的规定。该豁免没有指明适用于GATT的其他条款或任何相关协议。上诉机构指出，虽然《建立世界贸易组织协定》没有规定具体的解释豁免的规则，但其第9条及关于豁免的谅解都强调了豁免的例外性，豁免应受到严格的限制。因此，上诉机构决定推翻专家组的这一结论，认为《洛美协定》豁免并不延及GATT第13条。

（三）关于GATT第10条第3款（a）项

上诉机构认为，该项用语明确表明"统一、公正及合理"的要求不适用于法律、规章本身，而是适用于法律、规章的实施。至于法律、规章本身是否是歧视性的，应根据GATT的其他条款审查。因此，上诉机构裁定专家组对该条的解释有错误。但将该条适用于本案所涉及的进口许可程序的实施，上诉机构认为专家组裁定欧盟违反该条规定是正确的。

（四）关于GATT第1条第1款

上诉机构认为，欧盟的出口许可证要求给予BFA国家其他国家没有的优势，违反GATT第1条第1款。上诉机构维持了专家组关于此条的裁定。

（五）关于GATT第3条

上诉机构认为，欧盟进口许可程序中的经营者类别规则超出了实施第三国香蕉关税配额所需要的进口许可要求，旨在对欧盟的香蕉经营者实施交叉补贴，这些规则影响了产品的国内销售，违反了GATT第3条第4款。

（六）关于GATS

上诉机构维持了专家组有关GATS的下述裁定：

（1）GATS和GATT在对同一措施适用上可能存在重叠；

（2）将以配额内关税税率进口第三国香蕉的许可的30%给予B类经营者，违反GATS第2条和第17条；

（3）飓风许可违反GATS第2条和第17条。

第三部分　简评

本案是WTO成立后处理的一个较为复杂的案件，它涉及GATT、《进口许可程序协议》和GATS三个协定（协议）的有关条款，它虽经DSB通过了上诉机构报告而结束，但它在执行报告的过程中仍纠纷不断，有关国家还依照DSU的规定经过DSB授权实施了报复。下面我们仅就本案上诉机构报告和专家组报告的结论简要分析一下该案的意义。

1.关于《洛美协定》豁免

本案涉及的《洛美协定》豁免是GATT通过决议允许其继续存在的少数豁免之一。对于豁免的解释，WTO规则中并没有明确的规定，本案的结论是：对于豁免的解释应当从严，只在豁免中明确规定的范围内适用。《洛美协定》明确规定的豁免义务只有GATT第1条第1款，因此GATT其他条款的规定并不在豁免之列。

2.关于WTO各协定与协议的累积义务

本案涉及GATT、《进口许可程序协议》和GATS三个协定（协议）的适用，它既涉及货物贸易又涉及服务贸易，究竟应该是只适用某个协定（协议），还是同时适用多个协定（协议）?本案上诉机构报告和专家组报告的结论是：某一成员方的法律制度可以是同时违反多个协定（协议），WTO成员在WTO各协定与协议下的义务是累积的、并存的，违反了某一协定（协议）并不必然排除它同时违反其他协定与协议。

案例三　印度、马来西亚、巴基斯坦和泰国诉美国海龟保护措施案[①]

本案涉及的是美国为保护海龟而禁止从某些国家进口虾的纠纷。海龟是一种古老的迁徙性海洋动物，广泛分布于世界各大洋。然而由于商业性捕捞和交易以及捕虾作业中的误杀导致了海龟生存环境急剧恶化，目前已有濒临灭绝的危险。在非法捕捞得到严格有效的控制之后，海龟保护的重心逐步转移到消除拖网在捕虾作业中因附带捕捞（by-catch）对其造成的误杀上。据世界野生动物基金会（World Wildlife Fund）的统计，若不采取任何防护措施，每年将有超过12.5万只海龟会因

① 孔庆峰，等. 技术性贸易壁垒：理论、规则和案例［M］. 北京：中国海关出版社，2004：281-290.

此而葬身虾网。而目前捕虾拖网已成为各类人为致害因素中造成海龟死亡的第一杀手。

1973年美国国会通过《濒危物种法》，将在美国海域内出没的海龟列为法案保护的对象之一，并将一切占有、加工以及加害为捕虾网所误捕或误杀海龟的行为，均视为非法。同时，美国研制开发了一种名为TED（Turtle Excluder Device）的海龟隔离器，将这种带有栅格的装置缝合于拖网的颈部，体形较小的海虾将滑过栅格进入拖网，而不慎闯入的海龟则受TED的阻挡和指引而能轻易地从网口逃生。据美国国家科学院（NAS）1993年的一份报告显示，经过20年的使用证明，轻便、价廉的TED的有效隔离率高达97%。同时，捕虾作业的效率也因误捕率的降低而有所上升。鉴于海龟的全球分布性和广泛迁徙性，美国积极立法推广TED装置。1989年，在国内初步成功推广TED后，美国国会又通过修改《濒危物种法》，增加了609条款，以推动其他国家采用TED，从而相应提升了保护海龟的力度。

609条款共有两项基本政策要求：第一，609条款（a）段授权由美国国务卿开始同有关国家共同磋商关于海龟保护的国际条约，并定期就谈判情况向国会进行汇报；第二，609条款（b）段授权由美国国务院负责制定具体实施措施，禁止所有未符合TED使用要求、未达到相应美国海龟保护标准的国家或地区捕获的野生虾及虾类制品进入美国市场。

由于美国国务院只将609条款解释为授权保护美国海域内的海龟，而在美国海域内出没的海龟的最远栖息地不超过大加勒比及西大西洋地区（Wider Caribbean/West Atlantic）。因此，在美国国务院1991年颁布的首版609条款实施导则中，仅将此限定于上述两地区的14个虾及虾产品出口国适用，并且还给予这些国家3年的时间（phase-in）以逐步同美国国内的海龟保护水平相协调。

1992年，美国国内的一些民间环保组织在地球岛屿研究所的牵头下提起诉讼，认为美国国务院的上述解释歪曲了《濒危物种法》（修正案）的立法目的。因为609条款旨在保护所有海龟，而并非美国海域内的海龟。1995年12月29日，美国国际贸易法院（CIT）通过审理正式确认修正案的宗旨是为了切实保护海龟这一物种，并要求美国国务院应最迟从1996年5月1日起将609条款在全球适用。根据该判决，美国国务院于1996年4月19日修正并颁布了新版的609条款实施导则，该版导则将609条款延伸并适用于所有国家，而本案的争议中心也正是由此问题而展开。

印度、马来西亚、巴基斯坦和泰国四国认为美国的609条款违背了WTO有关协定的条款，违反了诸如最惠国待遇原则等WTO基本原则，构成了国际贸易的歧视。

但美国认为在WTO的协定中，明确指出成员方可采取相应的措施以"保障人民、动植物生命或健康""有效保护可能被耗尽的天然资源"。而TED的使用一方面是保障动植物生命安全的必要措施，另一方面也采用了平等适用于国内国际贸易的实施方式。因此，为推广TED而采取相应的禁止进口海虾等贸易措施并不违反WTO协定的有关规定。与此同时，美国的主张也得到了一些非政府组织的支持。不少国际性动植物及环保组织在本案审理期间纷纷向世界贸易组织上书，并提交了书面协助报告（amicus curie brief），表明其保护海龟、支持美国的态度和立场。

1996年10月8日，印度、马来西亚、巴基斯坦和泰国根据DSU第4条和GATT 1994的第1条、第11条和第13条，提出与美国进行磋商的要求，以解决美国禁止进口这些国家捕捞的海虾对它们利益丧失和损害的问题。

1996年11月19日，各方进行了磋商，但未能达成一致意见。1997年1月9日，马来西亚和泰国请求DSB成立专家组。1月30日，巴基斯坦也请求成立专家组。申诉方指出，美国的措施对申诉方的贸易造成了巨大的损失，构成了实质性的危害。1997年2月25日，DSB成立专家组。同年2月25日，印度要求设立专家组。1997年4月10日，DSB决定将印度要求设立的专家组与上述专家组合并。专家组的职权范围是："根据马来西亚和泰国在编号为WT/DS58/6的文件，巴基斯坦在编号为WT/DS58/7的文件以及印度在编号为WT/DS58/8的文件中涉及的协定的有关规定，审查由马来西亚、泰国、巴基斯坦和印度在各文件中向DSB提出的事项，并做出决定以协助DSB提出建议或根据这些协定的规定做出裁决。"1997年4月15日，由Michael Cartland（任组长）、Carlos Cozedey和Kilian Delbark三个人组成的专家组正式成立。澳大利亚、哥伦比亚、哥斯达黎加、厄瓜多尔、萨尔瓦多、欧盟、危地马拉、中国香港、日本、墨西哥、尼日利亚、菲律宾、塞内加尔、新加坡、斯里兰卡和委内瑞拉保留作为第三方介入本案的权利。

专家组从1997年6月开始了本案的调查。1997年9月专家组通知DSB称它无法在规定的期限内完成本案的调查工作。1998年4月6日，专家组正式提交了报告。1998年5月15日，DSB将专家组报告向WTO各成员方分发。1998年7月13日，美国就专家组适用法律和法律解释问题向DSB表示要进行上诉。7月23日，美国提交了上诉方材料。8月7日，印度、巴基斯坦单独提交了被诉方材料。与此同时，马来西亚单独提交了被上诉方材料。同日，澳大利亚、厄瓜多尔、欧盟、中国香港和尼日利亚提交了第三方当事人材料。上诉机构由Feliciano（主持上诉庭的委员）、Bacchus和Lacarte Mure组成。1998年10月12日，上诉机构提交了报告并分发给各成员方。1998年11月6日，DSB通过了上诉机构报告和上诉机构修改后的专家组报告。

在1998年11月25日的DSB会议上，美国表示愿意执行专家组的决定，并愿意同申诉方就执行问题进行磋商。接着各方宣布，它们达成了一致意见，执行期限为上诉机构报告通过日起13个月内，至1999年12月6日。1999年12月22日，美国宣布它和申诉方已就执行方式达成一致意见。2000年1月27日，美国宣布了其立法修改草案。

本案涉及的主要法律条款：

GATT 1994第1条（最惠国待遇）

第1款　在对进口或出口、有关进口或出口或对进口或出口产品的国际支付转移所征收的关税和费用方面，在征收此类关税和费用的方法方面，在有关进口和出口的全部规章手续方面，以及在第3条第2款和第4款所指的所有事项方面，任何缔约方给予来自或运往任何其他国家任何产品的利益、优惠、特权或豁免应立即无条件地给予来自或运往其他缔约方境内的同类产品。

GATT 1994第11条（普遍取消数量限制）

第1款　任何成员除征收税或其他费用以外，不得设立或维持配额、进出口许可证或其他措施以限制或禁止其他成员境内的产品输入，或向其他成员境内输出或销售出口产品。

GATT 1994第13条（非歧视地实施数量限制）

第1款　除非对所有第三方的相同产品的输入或对相同产品向所有第三方的输出同样予以禁止或限制以外，任何成员不得限制或禁止另一成员境内的产品的输入，也不得禁止或限制产品向另一成员境内输出。

GATT 1994第20条（一般例外）

协定的规定不得解释为禁止成员采取或加强以下措施，但对情况相同的各国实施的措施不得构成任意的或不合理的差别待遇，或构成对国际贸易的变相限制：

（b）保障人类、动植物的生命或健康所必需的措施。

（g）国内限制生产或消费的措施一起生效，保护可用竭的自然资源的有关措施。

DSU第4条（磋商）

第1款　各成员确认决心加强和提高各成员使用的磋商程序的有效性。

第2款　每一成员承诺对另一成员提出的有关在前者境内采取的、影响任何适用协定运用的措施的交涉给予积极考虑，并提供充分的磋商机会。

第3款　如磋商请求是按照一适用协定提出的，则请求所针对的成员应在收到请求之日起10天内对该请求做出答复，并应在收到请求之日起不超过30天的期限内真诚地进行磋商，以达成双方满意的解决办法，除非双方另有议定。如该成员未在收到请求之日起10天内做出答复，或未在收到请求之日起不超过30天的期限内或双方同意的其他时间内进行磋商，则请求进行磋商的成员可直接开始请求设立专家组。

第4款　所有此类磋商请求应由请求磋商的成员通知DSB及有关理事会和委员会。任何磋商请求应以书面形式提交，并应说明提出请求的理由，包括确认所争论的措施，并指出起诉的法律根据。

第5款　在依照一适用协定的规定进行磋商的过程中，在根据本谅解采取进一步行动之前，各成员应努力尝试对该事项做出令人满意的调整。

DSU第13条（寻求信息的权利）

第1款　每一专家组有权向其认为适当的任何个人或机构寻求信息和技术建议。但是，在专家组向一成员管辖范围内的任何个人或机构寻求此类信息或建议之前，应通知该成员主管机关。成员应迅速和全面地答复专家组提出的关于提供其认为必要和适当信息的任何要求。未经提供信息的个人、机构或成员主管机关正式授权，所提供的机密信息不得披露。

第2款　专家组可向任何有关来源寻求信息，并与专家进行磋商获得他们对该事项某些方面的意见。对于一争端方所提科学或其他技术事项的事实问题，专家组可请求专家评审组提供书面咨询报告。设立此类小组的规则及其程序列在附录4中。

TBT协定第2条（中央政府制定、采纳和实施的技术法规）

第2款　各成员应保证技术法规的制定、采用或实施在目的或效果上均不对国际贸易造成不必要的障碍。为此目的，技术法规对贸易的限制不得超过为实现合法目标所必需的限度，同时考虑合法目标未能实现可能造成的风险。此类合法目标特别包括：国家安全要求；防止欺诈行为；保护人类健康或安全、保护动物或植物的生命或健康及保护环境。在评估此类风险时，应考虑的相关因素特别包括：获得的科学和技术信息、有关的加工技术或产品的预期最终用途。

SPS第11条（磋商和争端解决）

第2款　在本协定项下涉及科学或技术问题的争端中，专家组应寻求专家组与争端各方磋商后选定的专家的意见。为此，在主动或应争端双方中任何一方请求下，专家组在其认为适当时，可设立一技术专家咨询小组，或咨询有关国际组织。

第3款　本协定中的任何内容不得损害各成员在其他国际协定项下的权利，包括援用其他国际组织或根据任何国际协定设立的斡旋或争端解决机制的权利。

SPS第2条（基本权利和义务）

第1款　各成员有权采取为保护人类、动物或植物的生命或健康所必需的卫生与植物卫生措施，只要此类措施与本协定的规定不相抵触。

第2款　各成员应保证任何卫生与植物卫生措施仅在为保护人类、动物或植物的生命或健康所必需的限度内实施，并根据科学原理，如无充分的科学证据则不再维持，但第5条第7款规定的情况除外。

第3款　各成员应保证其卫生与植物卫生措施不在情形相同或相似的成员之间，包括在成员自己境内和其他成员的境内之间构成任意或不合理的歧视。卫生与植物卫生措施的实施方式不得构成对国际贸易的变相限制。

第4款　符合本协定有关规定的卫生与植物卫生措施应被视为符合各成员根据GATT 1994有关使用卫生与植物卫生措施的规定所承担的义务，特别是第20条（b）项的规定。

专家组意见和上诉机构结论：

美国对第609条款中对未认证的国家等于禁止进口表示无异议。专家组认为，美国违反了GATT 1994第11条第1款，其禁止虾进口的措施不能被认为是GATT 1994第20条中的例外。专家组根据GATT 1994第20条的前言"只允许成员方在不损害多边贸易体制的前提下偏离GATT 1994规定"认为，美国将这种环保政策作为他国进入市场的条件会削弱WTO作为成员方间多边贸易框架的地位。而且专家组提出，在考虑某一国内措施时，"不仅要确定自己国内的这项措施是否会潜在地破坏多边贸易体制，而且还要确定如果别的成员采取这种措施，是否也会威胁多边贸易体制的可预见性和可靠性"。

因此专家组认为美国的措施很明显地对多边贸易体制构成了威胁，建议 DSB 要求美国将其措施进行修改使其与 WTO 协定下的规定相一致并承担相应的义务。

美国对专家组报告提出上诉。上诉机构对专家组报告进行修正。上诉机构报告中指出，WTO 规则没有禁止专家组接受非政府组织（NGO）主动递交的利益方陈述，根据 DSU 第 13 条的规定，专家组有搜集信息的义务，但专家组却没有向 NGO 搜集信息。上诉机构认为，美国的措施属于 GATT 1994 第 20 条的规定，但却没有满足第 20 条前言的要求。上诉机构不赞同专家组过分宽泛地描述 GATT 1994 和 WTO 协定中的目标和宗旨，因而得出削弱 WTO 多边贸易体制的措施不能被包括在 GATT 1994 第 20 条的范围内的结论；并认为，不应将注意力集中在措施的类别上，而应该仔细分析美国为何以及如何实施这一特别的进口禁令。上诉机构指出专家组没有审查美国的措施是否在第 20 条 g 款的允许范围内。在 1998 年 10 月 12 日上诉机构做出的终审报告中指出，美国对 609 条款进行修订的依据是"为保护可被耗竭的自然资源"。该依据符合 WTO 协定的例外条款，但是美国在贯彻实施 609 条款的过程中存在多方面的缺陷和不当：

（1）609 条款在实施过程中被当作美国强加的一项政策要求，即要求所有虾及虾产品出口国采用与美国相一致的捕捞方式和海龟保护措施，而这对其他缔约方的立法决策过程产生了不合理的威胁效果（coercive effect）。

（2）依据美国国务院的实施方式，即使各出口商采用了规定方法进行捕捞，但其母国若没有要求在其国内使用 TED，则美国仍可以拒绝从该出口商处进口。

（3）上诉机构认为美国没有认真试图通过达成多边协议的方式解决争议。美国曾成功地推动了《美洲间海龟保护公约》的签订，此举证明多边合作是完全可行的。但是美国同本起争端的有关四国却从未有过试图通过签署多边协议来寻求解决争议的类似努力。

（4）上诉机构认为美国在 TED 技术转让过程中明显存在有失公允之处，即存在贸易歧视行为。

（5）美国国务院作为 609 条款的授权实施机构，在其以往的年度认证过程中无论接受或是拒绝进口均无书面的正式文件，并且也没有为被拒绝的出口国提供辩解或寻求帮助的正式途径。因此，上诉机构认为美国的这套认证程序是非透明和单方面的，构成了武断的歧视。

（6）由于美国忽视了各国的具体特殊情况，因此美国无法确保其要求各出口国均采用 TED 设备这一政策的适用性。

基于上述观点，上诉机构认为美国的 609 条款虽然属于 GATT 及 TBT 等协议的条款例外，但由于其在具体实施过程中违背了 WTO 的有关精神，因而最终不能得到上诉机构的支持。

　　上诉机构建议 DSB 要求美国按照上诉机构报告和上诉机构修改的专家组报告修改其措施，使其符合 WTO 的规定并承担相应的责任。

　　评析：

　　本案涉及的是贸易和环境问题，这一直都是一个既敏感又重要的问题。这一案件的顺利解决，说明环境措施和贸易规则还是可以调和的，为以后处理环境与贸易问题提供了依据。

　　在本案中关于海龟是否是"可用竭的自然资源"，上诉机构从发展的角度给予我们合理的解释，认为"自然资源"不是一个静态的概念，而是不断往前发展的，不仅包括没有生命的自然资源，也包括有生命的自然资源，因而海龟属于自然资源。而且根据实际情况来看，由于人类活动和自然界的变化，海龟属于濒危物种，因此包括在"可用竭的自然资源"中，这都体现出上诉机构在法律解释时的灵活性和务实性。

　　海龟案的意义在于它向世人表明了世界贸易组织对于环境与贸易这一问题的观点，并表达了对该问题的关注。在环保问题日益引人注目，环保浪潮日益高涨的情况下，世界贸易组织在海龟案的争端处理过程中，表现出了相当高的灵活性，并为今后类似问题的解决提供了参考和借鉴。上诉报告中有一段话可表明上诉机构对环境保护的态度："我们并不认为 WTO 各成员对环境的保护和拯救的措施不重要，很明显这些措施十分重要。同时我们也不认为作为 WTO 成员的主权国家无权为了保护一些诸如海龟之类的濒危物种而采取有效措施，很明显它们能够也应该这么做。此外，我们也未认定主权国家不能通过双边或多边行动，在世界贸易组织或其他国际框架内保护濒危物种或保护环境，显然它们不仅应该并且应该立即着手去做。"这表明只要符合有关贸易协议的要求，世界贸易组织允许各成员方在多边谈判解决环境纠纷未果的前提下，就环保问题采取相应的单边环境措施以保护环境。同时该报告还为世界贸易组织的法律体系与诸如《濒危野生动植物物种贸易公约》（CITES）等国际环境公约的衔接提供了法律依据。

　　此外，在该争端解决过程中，WTO 终于认识到非政府组织的作用，首次参考了其他国际组织的报告，并将其作为仲裁的依据之一，这有利于加大争端解决机制中的透明度。而且，采取这种方式也有助于改善世界贸易组织的形象，另外也使其仲裁报告更为可信和权威。在国际化进程不断深化的今天，各国贸易纠纷无论在广度和深度上均有不同程度的加剧。因此，世界贸易组织争端处理"透明度"的增加无疑将对其以后的工作产生深远的影响，也正是由于世界贸易组织灵活务实的工作方式，从而令其能始终适应国际社会发展的潮流和步伐，并成为各国解决争端的有效场所。

　　不过，由于允许各成员方在多边谈判解决环境纠纷未果的前提下，就环保问题采取相应的单边环境措施以保护环境，但对什么才是有效的环境措施的界限规定不明，容易使一些国家打着环境保护的旗号实施贸易保护主义措施。特别是一些发达国家可能会借此采取单边措施将环境保护的成本转嫁给发展中国家，危及发展中国家的利益。因此，作为发展中国家，在对外贸易中对涉及环境方面的贸易应特别谨慎，力争避免不公正待遇。

基本概念

协商一致规则 反向协商一致规则 一方一票多数同意规则 一方一票一致同意规则 贸易政策审议机制 贸易政策审议机构 平行报复 跨领域报复 跨协定报复 争端解决机制 争端解决机构 磋商 斡旋 调解 调停 仲裁 专家组 专家评审组 上诉机构

复习思考题

1.试述世界贸易组织的决策机制。

2.世界贸易组织贸易政策审议机制的目的是什么?包括哪些主要内容?

3.世界贸易组织对贸易政策是如何审议的?

4.世界贸易组织争端解决机制有什么特点?

5.世界贸易组织在解决贸易争端时通常采取哪些方法?

6.试述世界贸易组织争端解决的基本程序。

知识拓展5-1

知识拓展5-2

知识拓展5-3

第六章　世界贸易组织货物贸易框架规则

——《1994年关税与贸易总协定》

第一节　《1994年关税与贸易总协定》概述

一、《1994年关税与贸易总协定》的构成

世界贸易组织货物贸易多边协定可分为两部分：一部分是《1994年关税与贸易总协定》（GATT 1994）；另一部分是有关货物贸易具体领域的12个协议。《1994年关税与贸易总协定》是世界贸易组织法律框架中的重要组成部分，也是货物贸易领域其他协议的原则和法律基础。

《1994年关税与贸易总协定》主要由以下4部分构成：

1.在《建立世界贸易组织协定》生效之日以前已经有效的正式文件规定批准、修改或修订的《1947年关税与贸易总协定》中的各项条款；联合国贸易和就业委员会第二届会议闭幕时通过的最后文件附页（不包括临时适用议定书）。

2.在《建立世界贸易组织协定》生效之日以前已经在《1947年关税与贸易总协定》项下生效的下列法律文件：

（1）与关税减让有关的议定书或证明书；

（2）各缔约方的加入议定书；

（3）在《建立世界贸易组织协定》生效之日继续有效的经《1947年关税与贸易总协定》第25条授予的豁免义务的决定；

（4）《1947年关税与贸易总协定》缔约各方做出的其他决定。

3.乌拉圭回合达成的解释《1994年关税与贸易总协定》有关条款的6个谅解，涉及对进口产品征收的其他税费、国营贸易企业、国际收支限制、关税同盟和自由贸易区、义务豁免、关税减让表的修改等，具体如下：

（1）《1994年关税与贸易总协定》关于第2条第1款（b）项解释的谅解；

（2）《1994年关税与贸易总协定》关于第17条解释的谅解；

（3）《1994年关税与贸易总协定》关于国际收支差额条款的谅解；

（4）《1994年关税与贸易总协定》关于第24条解释的谅解；

（5）《1994年关税与贸易总协定》关于豁免义务的谅解；

（6）《1994年关税与贸易总协定》关于第28条解释的谅解；

4.《〈1994年关税与贸易总协定〉马拉喀什议定书》。

二、《1994 年关税与贸易总协定》的地位

1947 年 10 月 30 日达成的关税与贸易总协定的条款以及世界贸易组织成立前对这些条款所做的修正，在乌拉圭回合一揽子协议中被称为《1947 年关税与贸易总协定》。1995 年 1 月 1 日，世界贸易组织开始正式运行，关税与贸易总协定同新诞生的世界贸易组织并行一年；1996 年 1 月 1 日，《1994 年关税与贸易总协定》取代《1947 年关税与贸易总协定》，与《建立世界贸易组织协定》附件中的有关协定一起，确定了世界贸易组织成员在货物贸易领域中的规则。

《1994 年关税与贸易总协定》在法律地位上有别于 1947 年 10 月 30 日签订的《1947 年关税与贸易总协定》，它是《建立世界贸易组织协定》的组成部分，以多边货物贸易协定形式纳入附件 1，成为其他多边货物贸易协议的法律与原则基础。另外，在《1994 年关税与贸易总协定》基础上制定的其他解决若干具体问题的多边货物协议，相对于总协定而言，又具有特别法与一般法的关系，即当《1994 年关税与贸易总协定》某一规定与这些协议的"某一规定发生冲突时，另一协议的规定应当在冲突涉及的范围内具有优先效力"。

三、《1994 年关税与贸易总协定》对《1947 年关税与贸易总协定》的继承

《1994 年关税与贸易总协定》是一套完整的货物贸易规则，它的大部分实体内容仍是《1947 年关税与贸易总协定》的内容。

1. 《1994 年关税与贸易总协定》对《1947 年关税与贸易总协定》的整体继承

《1947 年关税与贸易总协定》共由 4 个部分、38 个条款组成，这些内容被《1994 年关税与贸易总协定》完全继承。

2. 《1994 年关税与贸易总协定》对《1947 年关税与贸易总协定》中基本原则的继承

这些原则包括最惠国待遇原则、国别关税减让与约束原则、国民待遇原则以及禁止使用除了关税外的保护措施原则（对这种禁止还规定了例外），这些原则也是《1947 年关税与贸易总协定》的核心原则。此外，《1994 年关税与贸易总协定》还继承了这些原则的两项主要例外：一项是区域贸易安排；一项是为国际收支目的而采取的限制措施。下一节我们将对这些原则进行论述。

四、《1994 年关税与贸易总协定》对《1947 年关税与贸易总协定》的修正

虽然《1994 年关税与贸易总协定》来源于《1947 年关税与贸易总协定》，但它们之间并不是简单的继承，而是有新的变化和发展。主要表现在以下方面：

其一，《1947 年关税与贸易总协定》是单独的政府间行政协定，只"临时适用"；而《1994 年关税与贸易总协定》是世界贸易组织法律框架的组成部分，不是临时适用的。

其二，《1994 年关税与贸易总协定》对《1947 年关税与贸易总协定》的某些称谓和具体条款做了修正。

1. 某些称谓的修正

《1994 年关税与贸易总协定》对《1947 年关税与贸易总协定》的某些称谓作了

修正，具体修正内容见表6-1。

表6-1　《1994年关税与贸易总协定》对《1947年关税与贸易总协定》称谓的修正

《1947年关税与贸易总协定》	《1994年关税与贸易总协定》
缔约方	成员、成员方
欠发达缔约方	发展中国家成员（方）、发展中成员（方）
发达缔约方	发达国家成员（方）、发达成员（方）
执行秘书	世界贸易组织总干事
缔约方全体联合行动	世界贸易组织

2.某些条款的修正

《1994年关税与贸易总协定》以谅解的形式，对《1947年关税与贸易总协定》的一些条款作了修正。

（1）关于解释第2条第1款（b）项的谅解

该谅解的核心内容是将《1947年关税与贸易总协定》第2条中的"其税费"载入成员方的关税减让表中，以使其更具稳定性和透明度。

《1947年关税与贸易总协定》中这一条的内容要求，凡是列入减让表的产品，当这种产品输入到该减让表所适用的领土时，应依照减让表的规定、条件和限制，对该产品免征超过减让表所列的普通关税。同时，对该产品也应免征签订之日后对进口或有关进口所征收的其他税费，或免征该协定签订之日后进口领土内现行法律规定以后要直接或授权征收的任何其他税费。

该谅解则要求，减让表中除应载明关税项目外，也应载明"其他税费"。其他税费的约束日期应为1994年4月15日。因此，其他税费应以该日适用的水平载入关税减让表。载入减让表的其他税费一般均不得损害其与《1994年关税与贸易总协定》权利义务的一致性。

（2）第17条（国营贸易企业）条款的谅解

该谅解主要是对国营贸易企业的定义作了明确的规定，并对其活动情况的通报提出了更为严格的要求。若有成员方发现其他成员方通报不实，可自行将其他成员方的情况向世界贸易组织"反向通报"。

《1994年关税与贸易总协定》中有关国营贸易的条款，允许成员方建立或维持国营贸易企业，但应遵守非歧视原则，并履行通知义务。GATT 1994中所指国营贸易企业是指被成员方授予贸易专有权或特殊权利，且利用其专有权或特殊权利，通过购买或销售影响本国进出口水平或流向的企业。国营贸易企业可以是国家所有的企业，也可以是非国有性质的企业，其关键在于是否享有专有权或特权。

GATT 1994对国营贸易企业的活动有以下要求：应非歧视性地从事经营活动，只能以价格、质量、适销性、运输和其他购销条件等商业因素作为经营活动的根据，并为其他成员方的企业参与上述经营活动提供充分的竞争机会；成员方应保证国营企业的透明度，将从事国营贸易的企业名录通知世界贸易组织，并定期向世界贸易组织报告国营贸易企业的经营方式，以及进出口的产品及其他相关资料。

为了使国营贸易企业由于受政府措施而产生的影响进一步纳入到GATT 1994中，该谅解对世界贸易组织成员方的义务作了一些新的补充规定，以便加强对国营贸易企业活动的监督。

该谅解还规定成立一个工作组，代表货物贸易理事会，审议上述的通知和其他成员方向货物贸易理事会提出的反向通知（通知某成员没有适当履行其通知义务的情节）。然后，货物贸易理事会对通知的适当性和进一步提供资料的必要性提出建议。该工作组还对上述国营贸易调查表的适当性和国营贸易的范围进行审议，并将列明一份清单，以展示政府和这些企业以及企业经营活动的关系。

（3）对有关国际收支条款的谅解

进行此项修正后，在GATT 1994中有关国际收支的规定更加严格。实施国际收支限制的成员方，应尽快公布取消限制的时间表；实施国际收支限制要说明理由，并负举证责任；实施国际收支限制应优先选择价格措施，避免采取新的数量限制措施，如要采取数量限制措施，还须说明确定受限产品及其进口数量或金额的标准。该谅解对国际收支限制委员会主持的有关国际收支限制的磋商，也作了一系列的严格规定。

该谅解是在肯定GATT 1947第12条和第18条第2款为保障国际收支而允许实施限制进口的前提下，做出了某些澄清和规定。其目的是为了尽量减少采取限制进口的副作用，强化了实施限制的程序。

（4）对解释第24条（适用的领土范围、边境贸易、关税同盟和自由贸易区）的谅解

此项修正的主要内容是严格了建立关税同盟和自由贸易区的纪律。重申在形成或扩大关税同盟和自由贸易区时，应避免对世界贸易组织其他成员的贸易造成不利影响，提高透明度；澄清了达成有关补贴性协议应遵循的程序；对建立关税同盟和自由贸易区的通知进行审议；参加关税同盟和自由贸易区的世界贸易组织成员，应定期向世界贸易组织报告有关协定的执行情况。

第24条原则上承认了关税同盟和自由贸易区的合法性，但也考虑到了它们可能产生的副作用，为此又附加了一些约束性条件。乌拉圭回合谈判中认识到，关税同盟和自由贸易区从1947年以来在数量上和重要性上都有了极大的增加。因此，在该谅解中重申建立关税同盟和自由贸易区的目的应当是促进组成领土之间的贸易，并不得增加其他成员与这些领土之间的贸易壁垒；在组成或扩大其区域时，此类协定的成员应在最大可能程度上避免对其他成员的贸易造成不利影响。同时，该谅解澄清并进一步加强了新订立或扩大关税同盟和自由贸易区的标准和程序并规定了任一成员应保证其区域或地方政府遵守GATT 1994和该谅解的有关条款。

（5）对解释第28条（减让表）的谅解

修正的主要内容是扩大对关税减让表修改的谈判权。在修改或撤回关税减让时，若出口方第一位的出口产品受到影响，该出口方应被视为具有主要供应利益，

在补偿性谈判中相应给予其最初谈判权；在谈判"新产品"（3年没有贸易统计数据的产品）的关税修改或撤回时，对该产品原来所在的税号享有最初谈判权的成员方，仍被视为有最初谈判权；如果一项不受限制的关税减让被关税配额所取代，则所提供的补偿量应超过实际受此影响的贸易量。此即关于解释第28条的谅解。

（6）关于豁免义务的解释

成员方请求获得或延长豁免时，要说明拟采取措施的内容，期望达到的具体政策目标，以及采取符合GATT 1994规定的措施不能实现其目标的原因。如其他任何成员认为，获得豁免的成员方未能遵循有关豁免的条件，或者实施该豁免措施，使其在GATT 1994项下享有的利益丧失或受到减损，则可援用争端解决程序加以解决。

第二节 《1994年关税与贸易总协定》的宗旨和基本原则

一、《1994年关税与贸易总协定》的宗旨

《1994年关税与贸易总协定》的序言指出，其宗旨是"提高生活水平，保证充分就业，保障实际收入和有效需求的巨大持续增长，扩大世界资源的充分利用以及发展商品的生产与交换。"归纳起来，其宗旨可以表述为以下几点：

1. 提高人类生活水平。这里所指的生活水平应理解为整个人类社会的生活水平，而不是某一国或某一局部地区的生活水平。GATT 1994的根本宗旨是着眼于提高全世界人民的总体生活水平。

2. 保证充分就业，保障实际收入和有效需求的巨大持续增长。GATT 1994就是要营造一个公平、有序的国际贸易环境，通过国际贸易的发展来促进全球的就业。"充分就业"是"实际收入"持续增长的前提，而"实际收入"的持续增长才能保证"有效需求"的不断提高。也只有这样，才能切实保证人类生活水平的提高。

3. 充分利用世界资源。世界资源是国际贸易的物质基础，如果不合理利用，就会造成浪费，最终影响到国际贸易的发展；同样，利用过度，会造成资源提前枯竭。

4. 发展商品的生产和交换。商品的生产和交换是开展货物贸易的前提，而货物贸易的发展又会促进商品生产和交换的持续扩大，尤其是欠发达国家，可以在商品生产和交换中促进其经济发展。

GATT 1994指出，实现上述宗旨的途径是各成员方"达成互惠互利协议，导致大幅度地削减关税和其他贸易障碍，取消国际贸易中的歧视待遇"，并对发展中国家给以特殊和差别待遇，扩大市场准入的程度，提高贸易政策和法规的透明度，从而协调各成员方的贸易政策。

二、《1994年关税与贸易总协定》的基本原则

《GATT 1994》的文本几经修改，现由序言和四个部分组成。序言部分是该协定设立的宗旨和实现的目标；38条正文内容庞杂，实际上是一系列多边贸易体系

法律文件的总称。为了实现 GATT 1994 确立的宗旨，GATT 1994 奉行一些为各成员方所普遍接受的基本原则。这些原则贯穿于 GATT 1994 的所有文件中，是 GATT 1994 确立的基础。

（一）非歧视原则

非歧视原则是 GATT 1994 最基本的原则，它是国际法上国家主权平等原则在货物贸易领域中的体现和延伸。这一原则要求各成员方之间的贸易应当在非歧视的基础上进行，各成员方在相互的货物贸易关系中不应当存在差别待遇。这一原则主要是通过最惠国待遇条款和国民待遇条款来体现和实现的。

1.最惠国待遇条款

GATT 1994 第1条规定：一成员方对原产于或运往其他成员方的产品所给予的利益、优惠、特权或豁免均应立即无条件地给予原产于或运往所有任一成员方的相同产品。也就是说，所有成员方都有权接受任何成员方给予的最优惠待遇，反过来说就是它们有权不受到歧视。它要求在世界贸易组织成员间进行贸易时不得实施歧视待遇，成员不分大小一律平等，只要其进出口的产品是相同的，则享受的待遇就应当是相同的，并且这种相互给予的平等的最惠国待遇是无条件的、永久的。

GATT 1994 所规定的最惠国待遇条款是多边的、无条件的，远较双边贸易协定基础上的最惠国待遇条款稳定。"无条件"是指这种最惠国待遇的实施不得以任何政治或经济要求为先决条件。它充分体现了成员方之间消除差别待遇，在机会均等的基础上开展贸易竞争、推动贸易自由化的精神。根据 GATT 1994 的规定，货物贸易最惠国待遇条款主要适用对象是产品。但其适用范围不仅是产品的关税税率，它还适用于：

（1）与进出口有关的任何其他费用（如海关手续费）。

（2）征收关税和其他费用的方式。

（3）与进出口有关的规则和程序。

（4）国内税和其他国内费用。

（5）有关影响产品销售、购买、运输、分配和使用的政府规章和要求。

2.国民待遇条款

国民待遇也称平等待遇，要求一旦某种商品经过海关进入一国的国内市场，其各种待遇不能低于国内生产的相同产品。根据 GATT 1994 第3条第1款的规定，世界贸易组织各成员方承诺：国内税和其他国内费用，影响产品的国内销售、推销、购买、运输、分配或使用的法令、条例和规定，以及对产品的混合、加工或使用须符合特定数量或比例要求的国内数量限制条例，在对进口产品或国内产品实施时，不应用来对国内生产提供保护。也就是说，国民待遇条款要求成员方平等地对待进口产品和本国生产的同类产品，在国内市场销售和购买产品时，不能对进口产品适用更为严格的规定。和最惠国待遇条款一样，国民待遇条款的目标也是保证"市场竞争机会均等"。但是，两者还是有所区别的，最惠国待遇条款要求对其他成员方一视同仁，国民待遇条款要求的是平等地处理本国和其他成员方之间的贸易关系。

用于货物贸易的国民待遇条款主要包含以下内容：

（1）一成员方境内的产品输入到另一成员方境内时，不应对它直接或间接地征收高于对相同的本国产品所直接或间接地征收的国内税和其他国内费用。例如，如果没有对国内产品征收消费税，则也不应对进口同类产品征收消费税。就产品税费而言，国内税包括了中央和地方征收的税费。

（2）一成员方境内的产品输入到另一成员方境内时，在关于产品的销售、推销、购买、运输、分配或使用的全部法令、条例和规定方面，所享受的待遇应不低于相同的本国产品所享受的待遇。也就是说，进口产品在本国销售时，不仅税费与本国产品一致，而且其平等性应贯穿在销售的每一个环节中，进口国不得使用行政的、程序性的措施，来增加国外产品的销售费用。例如，如果没有规定国内产品应使用特定的批发或零售渠道，或特定的运输或仓储方式，则不能对进口产品做出此类规定。

（3）各成员方对产品的混合、加工或使用须符合特定数量或比例要求的国内限制条例，不得规定某一数量或比例必须由国内产品来提供，也就是在国内产品的配额来源中，必须对国外产品的来源采取一致性待遇。例如，要求香烟制造商必须使用一定比例的国产烟叶，或要求生产人造黄油的厂家必须使用一定比例的国产天然黄油等措施，都明显违反国民待遇原则的要求。

（4）各成员方所规定的国内物价最高限额的管理办法，即使符合本条的其他规定，在实施时，也应考虑出口成员方的利益，以求在最大限度内避免对其产品造成损害。

非歧视原则是由一系列的技术性规定得以保证实现的，任何成员方一旦进入国际市场，都必须接受该原则的制约。

（二）关税保护原则

关税保护原则，又称为唯关税保护国内工业原则，是 GATT 1994 的另一项基本原则。它是指世界贸易组织各成员方对其本国的工业保护只能通过关税来实现，而不能采取其他非关税措施。换言之，各成员方只能通过征收关税来调节进出口，不得设立或维持配额、进出口许可证及其他非关税壁垒来限制或禁止其他成员方产品的输入。

虽然关贸总协定倡导并致力于自由贸易，但它同时认识到各成员方都会有保护国内产业免受国外竞争的意愿和要求，因而关贸总协定促使这些成员将这一保护维持在较低的合理水平，并明确只能通过关税手段予以保护。

关税是国家管制进出口贸易的一种传统方式，但并非是国家调整对外贸易关系的唯一手段，各国通常会从本国利益出发，采用各种非关税措施来限制进出口，如数量限制、原产地规则、进出口禁令等。尤其是随着关贸总协定体制对关税削减的深入进行，关税的保护作用日益减弱。于是，各国开始越来越多地注重采取非关税措施对本国工业加以保护。GATT 1994 之所以确立关税保护原则，并不是要禁止对国内工业进行保护，而是要求这些保护应通过关税进行，不要采取其他行政手段。

关税保护具体有以下几种方式：

（1）征收进口税。

（2）征收进口附加税。

（3）征收差额税。

（4）实行优惠关税。

（5）实行普遍优惠制。

（三）关税减让原则

关税减让原则是指成员方之间通过谈判削减各自的关税水平并尽可能地消除关税壁垒，且削减后的关税应得到约束，不得再进一步提高。"约束"的含义是，谈判中达成的关税税率以及各成员方承诺减让的税目均载入减让表中，每个成员方都有一份减让表，并有义务不再实施超过减让表所列的关税水平或其他税费。减让表中的关税税率称为约束关税税率，这一措施为发展中成员方之间的贸易打下了一个稳定和可预见的基础。由于列入减让表的已约束税率在3年内不得提升，3年后如要提升也要同当初进行对等减让的成员方协商，并为对其造成的损失给予补偿，因此，约束后的关税就难以再回升。

关税减让原则不同于关税保护原则。关税保护原则体现的是世界贸易组织及其法律制度肯定关税保护的地位和作用，而不是提倡各种非关税的保护措施；而关税减让是在肯定关税保护作用的前提下，通过削减关税来促进贸易自由化，其实施的方式是对等和互惠的，所以，这两项原则是不能相互取代的。

GATT 1994的关税减让始终是建立在各成员方互惠互利原则的基础上，因而具有极大的凝聚力和有效性。其宗旨是降低各成员方进出口关税的总体水平，尤其是降低阻碍商品进口的高关税，以促进国际贸易的自由发展。

GATT 1994关税减让原则主要体现在协定的序言、第1条、第2条和第28条等有关条款所确立的减让原则和约束机制。具体体现为以下几种形式：

（1）在互惠互利的基础上实现关税减让。

（2）非歧视性地征收关税。

（3）直接降低关税税率并约束关税。

（四）公平竞争原则

公平竞争原则又称为公平贸易原则，是针对出口贸易而规定的一项基本原则。该原则的含义是，各成员方和出口经营者都不应该采取不正当的贸易手段进行国际贸易竞争或扭曲国际贸易竞争。

GATT 1994允许在一定情况下利用关税或其他行政措施对本国工业实施保护。从这一角度看，GATT 1994实行的并非是纯粹的自由贸易政策。GATT 1994强调开放和公平的竞争，目的是创立和维持公平竞争的国际贸易环境，反对不公正的贸易做法；强调各成员方不得实行补贴的贸易策略，出口商不得以倾销的方式销售商品；如果倾销或补贴的商品给某一进口国的相关产业造成损害或实质性损害威胁，该进口国可在关税之外征收反倾销税或反补贴税。

公平竞争原则中的竞争是在同一基础上的竞争，一旦竞争超越了正常的范围和限度，政府就有理由介入并实施干预，该原则主要是针对倾销和补贴这两种不公平的贸易行为的。

倾销实际是企业以低于产品的正常价值在国外市场销售，以打击竞争对手从而占领市场，其目的是为使产品能在国外市场中获得垄断地位，不惜以低于成本的价格销售产品，企图以暂时的利润损失获得对市场的占领，日后再恢复其正常价格。倾销行为往往表现在一些跨国的大企业的销售行为中，并且其背后赖以支撑的仍是政府的各种鼓励和支持措施，如在国内税收方面给予优惠。进口国的国内相同产品将遭受沉重打击，进口国消费者的利益也将受到严重侵害。

为了扩大出口，世界各国、各地区纷纷对出口实行补贴，通过提供财政资助或其他形式的收入或价格补贴来提高国内某些产业部门在国际市场上的竞争能力。这种行为容易对国际贸易造成扭曲与损害，破坏了贸易的公正性。

根据 GATT 1994 第 16 条第 4 款的规定，对初级产品以外的任何产品，各成员方不应再直接或间接给予使这些产品的出口价格低于同样产品在国内市场出售时的可比价格的任何形式的补贴。所以，进口国受影响的企业有权在发现进口产品存在补贴时，向它们的国内调查当局申请征收反补贴税。

（五）一般（普遍）禁止数量限制原则

一般（普遍）禁止数量限制原则是指各成员方在实施规则允许的贸易保护措施时，禁止实行数量限制，消除形形色色的非关税壁垒，并增强各国贸易政策的透明度，消除歧视性待遇，促进国际贸易公平、公正地进行。

数量限制是非关税壁垒的主要形式，是指一国或地区在一定期限内规定某种商品进出口数量的行政措施。它的具体表现方式主要有配额、进出口许可证、自动出口限制、数量性外汇管制等。数量限制是国际贸易中一种十分迅速有效的限制进出口的措施。GATT 1994 对数量限制严加禁止是由于数量限制作为一种行政措施，缺乏透明度，在客观上限制了国际贸易的顺利发展，容易导致贸易保护主义的滥用。

GATT 1994 中与数量限制有关的条款为第 11 条、第 13 条、第 14 条、第 15 条、第 18 条和第 19 条，其中第 11 条和第 13 条是核心条款。

（六）透明度原则

透明度原则是指任何成员方对本国制定和实施的与进出口贸易有关的法律法规、规章、司法判决、行政决定以及贸易政策等都应当予以及时公布，以便其他成员方政府及贸易商了解和知悉。成员方政府或政府机构与另一成员方政府或政府机构签订的影响国际贸易政策的现行协定，也必须予以公布。

GATT 1994 有关透明度原则的主要规则是在第 10 条"贸易条例的公布与实施"中规定的。

透明度原则经过乌拉圭回合又确立了一个贸易政策的定期审议机制，这一机制对于确保透明度原则的实施具有非常重要的意义。

第三节　《1994年关税与贸易总协定》的例外

与其他所有的贸易协定一样，GATT 1994也为其基本原则规定了一些例外。这些例外能使相关成员有时既可以在多边贸易事务中捍卫自己的利益，还可以据以规避可能的损失与风险。

GATT 1994的例外条款主要有以下方面。

一、禁止数量限制的例外

禁止数量限制条款是考虑国际贸易的一些特殊情况和要求，以该条款不适用于某些情况的形式规定了禁止数量限制的例外。这些例外规定集中在第11条第2款。此外，在第12条还允许成员方在其国际收支平衡发生困难时实行数量限制。

（一）一般（普遍）例外

1.为防止或减轻出口成员方的粮食或其他必需品的严重短缺而临时采取的禁止出口或限制出口。

2.对于以任何方式进口的农渔产品所做的限制，如果是为了执行政府的下列措施所必需的，可以实施数量限制，但是必须把设定的未来一段时间内准许该产品进口的总量或总值及其任何变动予以公告。

（1）限制相同国内产品允许生产或销售的数量，或者，如果相同的本国产品产量不大，限制能够直接代替进口产品的本国产品的允许生产或销售数量的政府措施；

（2）以无偿或低于市场行情的价格把过剩产品处理给国内一些消费团体，以消除国内因大量生产同类产品导致的暂时过剩；

（3）如果本国生产的那种原料的数量可以忽略不计，则可以限制生产全部或主要的直接依赖于进口原料而生产的动植物产品的数量的政府措施。

3.为适用国际贸易中初级产品的分类定级或市场营销的标准或规章所必需的进出口禁止和限制。

实行一般例外的方式主要有配额、进口许可证、自动出口限制和数量性外汇管制。

（二）为保障国际收支平衡而实施的限制

国际收支平衡例外是指各成员方在其外汇总收入低于外汇总支出的情况下，可以实施提高关税或数量限制等措施以改善国际收支平衡的一种例外情况。

GATT 1994第12条规定，任何成员方为了维持其对外财政地位和平衡国际收支，可以限制商品准许进口的数量或价值，但必须遵守下述规定，即一成员方建立、维持或加强的进口限制，不得超过：

1.为了预防货币储备严重下降的紧迫威胁或制止货币储备严重下降所必需的程度。

2.对货币储备很低的成员方，为了使储备合理增长所必需的程度。

在以上两种情况下，对可能影响这一成员方储备或对其储备的需要的任何特殊因素，包括在能够得到特别国外信贷或其他资源的情况下，安排适当使用这种信贷或资源的需要，都应加以考虑。各成员方在其国际收支已经改善时，应该逐步放宽限制，若已无必要建立或维持限制，就应立即取消。

在实施限制的过程中，应避免对任何其他成员的商业或经济造成不必要的损害；如果一措施会不合理地阻碍微量贸易的货物品种进口，或妨碍商用样品的进口，或阻碍专利、商标、版权或类似知识产权保护法规的遵守，则不能采用该措施。

3.发展中国家为保障国际收支平衡和建立特定工业可实施数量限制。GATT 1994第18条第2款规定，为了实施旨在提高人民生活水平的经济发展计划和政策，发展中国家成员方可能有必要采取影响进口的保护措施或其他措施。而且，只要这些措施有助于实现本协定的宗旨，它们就有存在的理由。因此，各成员方同意，发展中国家应该享有额外的便利，即包括在充分考虑它们的经济发展计划可能造成的持续高水平的进口需求的条件下，能够为平衡国际收支目的而实施数量限制。第18条第3款和第4款还规定，一个经济处于发展阶段的成员方，为了提高人民的生活水平，允许为加速建立某些特定工业而实施进口数量限制。

（三）为保护幼稚工业允许的例外

保护幼稚工业是指为了新建一个工业或为了保护刚刚建立、尚不具备竞争力的工业，发展中国家成员方可以采取特殊的保护措施，在一定时期内对该工业进行保护。这种保护措施往往表现为对外国同类产品的数量限制。因此，从其采取措施的角度来看，它是禁止数量限制原则的一个重大例外。

GATT 1994第18条"对经济发展的政府援助"中对此做了规定：

1.实施保护幼稚工业措施的只能是最不发达的国家成员和发展中国家成员。

2.实施保护幼稚工业措施的前提是：为了促进某个行业的建立，而该行业的建立是以普遍提高人民生活水平为目的的，并且这种目的是通过关税与贸易总协定所允许的其他办法都不能够达到的。

3.不能特别歧视某一成员，不能违反最惠国待遇条款，并且不能涉及关税减让表中列明的产品。

4.实施保护幼稚工业措施的程序：

（1）发展中国家成员适用的程序：向世界贸易组织提出申请，经批准后才能实施。

（2）最不发达国家成员适用的程序：将要采取的保护幼稚工业措施的目的和具体内容通知世界贸易组织，如果在规定的期限内，世界贸易组织没有邀请该成员方参加磋商，或未能就该措施达成一致意见，那么，该成员方可以自行采取其已经通知了的保护措施。

5.如果所采取的保护措施未能取得世界贸易组织全体成员方的一致同意，受影响的成员方可以向该成员方要求补偿，甚至可以采取报复措施。

（四）在意外情况下的限制

GATT 1994第19条第1款规定，如因意外情况的发生或因一成员方承担本协定义务而产生的影响，使某一产品输入到这一成员方境内的数量大为增加，对其境内相同产品或与它直接竞争的产品的国内生产者造成重大的损害或产生重大的威胁时，可以对上述全部产品或部分产品暂停实施其所承担的义务，或撤销或修改减让。

二、保障措施例外

GATT 1994第19条规定，在成员方遇到进口急剧增加所引起的严重困难时，其有权在防止和补救损害所必需的时间和限定内，对激增产品全部或部分中止义务，或撤销或修改减让。实践中往往体现为限制进口和提高关税。"严重困难"包括企业严重开工不足、工人大量失业、企业经营亏损等。

乌拉圭回合谈判达成的《保障措施协议》，对成员方实施保障措施在实体上和程序上做了细致、具有可操作性的规定。关于《保障措施协议》后面将专门予以论述。

三、区域贸易安排例外

GATT 1994第24条允许成员方在满足一定的严格标准下，以关税同盟或自由贸易区的形式建立区域贸易集团。关税同盟和自由贸易区成员间的贸易可以适用比最惠国税率更低或免税的税率，实行贸易限制相对较少的规章和法律。GATT 1994允许上述区域贸易集团偏离最惠国待遇条款，对集团内成员间给予的贸易优惠可不给予集团外的国家。通过区域性贸易安排，既促进集团内国家间的贸易，又不对集团外国家形成新的贸易壁垒。

（一）关税同盟和自由贸易区的含义

总协定中的关税同盟"应理解为一个单独的关税领土代替两个或两个以上的关税领土""对同盟的组成领土之间的贸易……实质上已取消关税和其他贸易限制""联盟的每个成员对于联盟以外领土的贸易，已实现实质上同样的关税或其他贸易规章"。总协定中的自由贸易区"应理解为由两个或两个以上的关税领土所组成的一个对这些组成领土的产品贸易，已实质上取消关税或其他贸易限制的集团"。关税同盟和自由贸易区的差别在于：前者对集团外国家实行统一关税，后者则允许集团内国家对外保留各自的对外贸易政策和关税。

关税同盟成员之间的贸易已取消了关税和其他贸易限制，同时，成员对非成员的贸易采用了相同的关税税率和相同的贸易规章。这样，完全由关税同盟来行使关税同盟成员的关税主权。

自由贸易区成员之间取消关税和数量限制，使区域内各成员的商品可以完全自由流动，但自由贸易区成员对非成员不实行相同的关税税率。这样，自由贸易区各成员在关税问题上对外仍保留部分的关税主权。

总协定承认，通过自愿签订协定以扩大贸易的自由化是有好处的。因此，各成员方在其领土间可建立自由贸易区或关税同盟，或为建立自由贸易区或关税同盟达成某种临时协定。

（二）建立关税同盟和自由贸易区的法律要件

GATT 1994第24条和《关于解释1994年关贸总协定第24条的谅解》规定了建立关税同盟和自由贸易区的法律要件。

1.不论是关税同盟还是自由贸易区，成立的目的都是为了促进关税同盟和自由贸易区成员间的贸易，而不是增加非关税同盟和自由贸易区的世界贸易组织成员与该关税同盟和自由贸易区间的贸易障碍。

2.关税同盟和自由贸易区必须包括绝大部分的贸易范围，目的是避免"并非真正欲在区域之内实施自由贸易，而系欲就某些特定之产品形成优惠安排，以排除或限制其他国家的产品进入市场"的情形。

3.过渡到关税同盟或自由贸易区时，应订立"临时协定"，即应具有一个在合理期间内成立关税同盟或自由贸易区的计划和时间表。根据《关于解释1994年关贸总协定第24条的谅解》第3条的规定，其"合理期间"除有例外情形，一般不能超过10年；如果确有必要需要延长，应向货物贸易理事会做出充分的解释。

4.关税同盟或自由贸易区对外所实行的关税和贸易限制大体上不得高于或严于其建立之前各组成领土所实行的关税和贸易限制的一般水平。具体如下：

（1）对同一关税同盟组成之前或以后关税的一般征收方式和所适用的其他商业规定的评估，在关税和费用方面，应基于加权平均税率及所征收关税的总体评估。具体来说，应根据关税同盟提供的前一有代表性时期的进口统计数据，按税号价值和数量等分类进行。

（2）世界贸易组织秘书处根据乌拉圭回合多边贸易谈判评估关税出价所用方法，计算加权平均税率和所征关税，并且应当使用已适用的税率进行评估。

（3）在评估过程中，世界贸易组织可以要求检查每项措施、规定、所涉及的产品及受影响的贸易流量。

5.任何关贸总协定的成员方决定加入关税同盟或自由贸易区，或签订成立关税同盟或自由贸易区的临时决定，应当及时通知世界贸易组织，并提供有关资料。

四、对发展中国家成员的特殊与差别待遇例外

对发展中国家成员实行特殊与差别待遇是非歧视待遇原则的一个重要例外。根据非歧视待遇原则，所有成员方有权不受到歧视，成员间进行贸易时不得实施歧视待遇，成员不分大小一律平等，享受的待遇也应当是相同的。但是，发展中国家经济落后，生活贫困，在国际贸易中处在劣势地位，这种最惠国待遇对它们来说实际是一种不平等。因此，为了鼓励更多的发展中国家加入到世界贸易组织中来，协定规定了对于发展中国家的优惠待遇，以使发展中国家获取实质的平等和优惠。

GATT 1994规定：发展中成员的产品进入世界市场应当享受到更优惠的条件；发达国家成员有义务给予发展中国家成员优惠待遇，而且不能在这些发展中国家成员间造成歧视；发达国家成员承诺，它们在谈判中对发展中国家成员作的贸易减让，不期望得到对等的回报；发展中国家成员可以享受发达国家成员提供的普惠制待遇；发展中国家成员在一定限度内可对其出口实行补贴；发展中国家成员相互进行关税减让时，可以不把达成的减让给予发达国家成员。

具体而言，发展中国家成员可享受如下优惠待遇：

（一）关税减让例外的优惠待遇

由于发展中国家成员较低的经济发展水平及它们发展贸易和金融的需要，它们往往不能与发达国家成员在同样的基础上做出承诺，因此，世界贸易组织只要求它们在相对互惠的基础上进行关税减让。同时，在发展中国家成员之间，处于经济增长较高阶段的成员要比那些处于经济增长较低阶段的成员做出更大的关税减让和约束。

GATT 1994第36条、第37条规定：在关税减让谈判中，发展中国家成员可以要求与发达国家成员非对等和更优惠的待遇，即发达国家成员在贸易谈判中对发展中国家成员所承诺的减少或撤销关税的义务，不能期望得到相对等的回报，不应当要求发展中国家成员在谈判中做出与它们各自的发展、财政和贸易等方面不相适应的贡献。发达国家成员还应优先降低和撤销与发展中国家成员目前或潜在的出口利益密切相关的产品壁垒，包括初级产品和加工产品之间的差别关税等。

（二）以更宽松的条件实行国际收支平衡例外

GATT 1994第18条是专门针对发展中国家成员实施国际收支平衡例外而做出的规定。相对于适用发达国家成员的第12条，第18条对发展中国家成员的规定更加宽松。

第18条第9款规定："为保证执行其经济发展项目有足够的储备水平……可用限制准予进口商品数量或价值的方法来控制其进口的总水平，但所设置、保持或增加的进口限制，不得超过以下需要：（a）为制止其货币储备严重下降或预防其威胁，或（b）对货币储备不足的成员来说，为使其储备达到合理增长率。在上述两种情况下，对于会影响该成员储备或储备需要的任何特殊因素，包括凡有专用外国信贷或其他来源可资利用者，打算利用该信贷或来源的需要，予以应有的注意。"

显然，对发展中国家成员来说，实施国际收支平衡例外的要求降低了很多，主要表现在：一是在货币储备下降威胁中，对发达国家成员要求"紧迫威胁"，而发展中国家成员仅要求"威胁"；二是在储备水平上，对发达国家成员要求"很低"，而发展中国家成员只要求"不足"。

（三）禁止数量限制的例外

为了促进某个行业的建立，而该行业的建立是以普遍提高人民生活水平为目的，发展中国家成员可以采取特殊的保护措施，在一定时期内对该行业进行保护。这种保护措施往往表现为对外国同类产品的数量限制，GATT 1994第18条"对经济发展的政府援助"中对此作了规定：实施保护幼稚工业措施的只能是"一个经济只能维持低生活水平并处于早期阶段的成员"和"一个经济处于发展但不属于只能维持低生活水平并处于早期阶段的范围的成员"，即发展中国家成员可以为了保护幼稚产业而实行数量限制。

五、一般（普遍）例外和安全例外

（一）一般（普遍）例外

GATT 1994第20条规定："本协定的规定不得解释为禁止成员方采用或加强以下措施，但对情况相同的各成员方，实施的措施不得构成任意的或不合理的差别待遇，或构成对国际贸易的变相限制。"具体包括以下10项：

1.为维护公共道德所必需的措施。"公共道德"的标准是第20条实施限制措施的成员的公共道德标准，也包括国际社会所普遍承认的公共道德标准，如禁止毒品的进出口等。

2.为保障人民、动植物的生命或健康所必需的措施。禁止有害健康的食品进口，禁止有病虫害的动植物进口等都属于此。由于各国保障人民、动植物的生命或健康的标准不一致，因而在适用该项规定时，要与《技术性贸易壁垒协议》和《实施卫生与植物卫生措施协议》相结合。

3.有关输出或输入黄金或白银的措施。黄金或白银具有货币功能，不等同于一般商品，因此，GATT 1994第20条把它们排除在其规定范围外。

4.为了保证某些与本协定的规定并无抵触的法令或条例的贯彻执行所必需的措施。这些法令或条例包括加强海关法令或条例，加强根据协定第2条第4款和第14条而实施的垄断，保护专利权、商标权及版权，以及防止欺诈行为所必需的措施。

5.有关罪犯产品的措施。此项例外在经济上涉及劳工待遇和贸易的关系问题。如果一国的劳工待遇低且没有保障，其产品就会因为劳工成本低而获得对其他国家不公平的竞争优势，影响国际贸易的正常发展。

6.为保护本国具有艺术、历史或考古价值的文物而采取的措施。

7.与国内限制生产与消费的措施相配合，为有效保护可能用竭的天然资源的措施。适用此条一定要注意，所采取的措施必须与国内限制生产与消费的措施相配合。如在"美国禁止墨西哥金枪鱼进口"案中，专家组就是以美国未能提供证据证明美国国内对金枪鱼的消费有任何限制，从而以美国采取的限制进口的措施与美国国内对金枪鱼的生产和消费的限制措施并不相关联为理由，驳回了美国引用第20条第7款作为实施限制措施的理由的主张。

8.如果商品协定所遵守的原则已向成员方全体提出，成员方全体未表示异议，或商品协定本身已向成员方全体提出，成员方全体未表示异议，为履行这种国际商品协定所承担的义务而采取的措施。国际上，咖啡、粮食、牛肉、乳制品都有此类规定。

9.在国内原料的价格被压到低于国际价格水平，作为政府稳定计划一部分的期间内，为了保证国内加工工业对这些原料的基本需要，有必要采取限制这些原料出口的措施；但不得利用限制来增加此种国内工业的出口或对其提供保护，也不得背离本协定的有关非歧视的规定。

10.在普遍或局部供应不足的情况下，为获取或分配产品所必须采取的措施。但采取的措施必须符合以下原则：所有成员方在这些产品的国际供应中都有权占有公平的份额，而且，如果采取的措施与本协定的其他规定不符，它应在导致其实施的条件不复存在时，立即予以停止。

在引用上述任何一条措施时，都必须符合GATT 1994第20条中前言规定的两个条件：一是"不在情形相同的国家之间构成任意或不合理歧视的差别待遇"；二是"不会构成对国际贸易的变相限制"。

（二）安全例外

国家安全是一个国家处理其他一切事务的前提，如果一个国家连安全都没有了，它如何履行国际义务呢？所以，当一个成员方的安全受到威胁时，不可能也不应该要求它履行总协定的义务。

GATT 1994正是出于国家安全考虑，在21条规定了安全例外条款，允许各成员方实施必要措施以保护国家安全。

第21条"安全例外"规定：关税与贸易总协定条款不得被解释为：

1.要求任何成员方提供其根据国家基本安全利益认为不能公布的资料。

2.阻止任何成员方为保护国家基本安全利益而就下列事项采取其认为必须采取的任何行动：

（1）裂变材料或提炼裂变材料的原料。

（2）武器、弹药和军火的贸易或直接和间接供军事机构使用的其他物品或原料的贸易。

（3）战时或国际关系中的其他紧急情况。

3.阻止任何成员方根据《联合国宪章》为维护国际和平和安全而采取的行动。

由于引用第21条时，并不需要说明理由，所以第21条有被滥用的可能，因此，关贸总协定成员全体在1982年通过如下决议：

（1）依第21条采取措施者，应尽量对其他成员通知其所采取措施之内容。

（2）在有成员方依第21条采取措施时，所有被影响的成员方仍然保留总协定的全部权利。

（3）各成员方可以依正当程序请求理事会对此问题做进一步调查。

第四节　乌拉圭回合关税减让谈判成果

一、乌拉圭回合达成的市场准入承诺全部纳入GATT 1994

GATT 1947的成员方在乌拉圭回合达成的市场准入承诺，随着GATT 1947转变成为GATT 1994而全部纳入其中。这些承诺概要如下所述。

（一）对工业制成品的市场准入承诺

在工业制成品的市场准入方面遇到的主要问题：一是发达国家成员和发展中国家成员在贸易领域存在着很大的差距；二是各成员方在不同门类中的相对优势错综复杂。这就决定了市场开放要一步步地进行，允许各成员方根据本国情况对不同门类的市场准入规定自己的条件。

1.关税减让

根据乌拉圭回合谈判达成的协议，世界贸易组织成立后，各成员方将按照承诺逐渐降低关税。工业品的关税削减将在3年内完成，世界贸易组织全体成员的平均关税水平将降低34.3%。发达国家成员的大部分关税减让将在从1995年1月1日起的5年时间内完成，完成后，其工业品关税将被削减40%，加权平均税率将从6.3%降至3.8%。经济转型国家成员的加权平均税率将从乌拉圭回合前的8.6%减至6%，减幅达30%。发展中国家成员因数量众多、情况复杂、差别巨大，难以统计总的关税减让幅度，但大体上发展中国家成员所有工业品的加权关税水平将从15.3%降至12.3%。

2.除了降低关税水平外，世界贸易组织成员的关税约束比例也将大幅度提高

乌拉圭回合前后加权平均关税水平的变化见表6-2。

表6-2　　　　　　　　乌拉圭回合前后加权平均关税水平的变化（%）

	世界贸易组织所有成员	发达国家成员	发展中国家成员	经济转型国家成员
乌拉圭回合前	9.9	6.3	20.5	8.6
乌拉圭回合后	6.5	3.8	14.4	6
降低幅度	34.3	40.3	29.7	30.2

资料来源　刘力，刘光溪. 世界贸易组织规则读本［M］. 北京：中国对外经济贸易出版社，1999：31.

乌拉圭回合谈判结束后，更多数量的产品受到关税的约束。关税约束在多边贸易体制中有着十分重要的地位。所谓"关税约束"，就是要求当一成员方同意将某一产品的关税"约束"在某一特定水平时，它就有义务保证不再将关税提高到该特定水平之上，除非对有关的贸易伙伴的贸易损失进行补偿。乌拉圭回合的重大成果之一是进一步提高了工业品和农产品的关税约束水平，发达国家成员将税率受约束的进口工业品数量从78%提高到99%；发展中国家成员则从21%增加到了73%；经济转型国家成员的比例将从73%提高到98%。从农产品情况看，乌拉圭回合以前只有1/3的农产品关税项目得到约束，乌拉圭回合所制定的"关税化"自由进程，将所有农产品的关税都约束了，其中发展中国家成员约束程度提高得最快，从17%提高到100%，发达国家成员和经济转型国家成员也从乌拉圭回合前的不到60%提高到100%。这一切都意味着大大增加了贸易者和投资者进入市场的安全度。对于发达国家成员而言，约束税率一般是实际征收的税率，而大多数发展中国家成员则将税率约束在高于实际征收税率的水平，将约束税率作为关税上限。

3.对纺织品的限额和其他限额措施

根据《纺织品与服装协议》，从世界贸易组织成立之日起的10年内，取消原"多种纤维安排"项下对纺织品的限额和其他限制措施；原"多种纤维安排"下的配额水平在10年过渡期内大大提高。乌拉圭回合前后世界贸易组织成员工业产品

关税约束对照情况见表6-3。

表6-3　　　　乌拉圭回合前后世界贸易组织成员工业产品关税约束对照表

国家集团或地区	税号数量（个）	进口额（10亿美元）	受约束税号所占比例（%）		约束税率下的产品所占比例（%）	
			前	后	前	后
主要国家集团						
发达国家	86 968	737.2	78	99	94	99
发展中国家	157 805	360.2	21	73	14	59
经济转型国家	18 962	34.7	73	98	74	96
主要地区						
北美洲	14 138	325.7	99	100	99	100
拉丁美洲	64 136	40.4	38	100	57	100
西欧	57 851	239.9	79	82	98	98
中欧	23 565	38.1	63	98	68	97
亚洲	82 545	415.4	17	67	36	70

资料来源　张汉林，刘光溪. 中国与世界贸易组织组织疑难问题解答［M］. 北京：对外经济贸易大学出版社，1999：242.

4.取消"自愿出口限制"的期限

在4年内（即在1999年1月1日以前），取消针对其他工业制成品实施的"自愿出口限制"。

（二）对农产品的市场准入承诺

农产品市场准入的核心是建立起单一关税制（即关税化、关税削减和约束全部农产品关税）。

1.通过关税化取消全部的非关税措施

关税化过程是根据谈判所达成的方法进行的。关税化是在各成员边境上广泛使用的对农产品的所有保护措施，包括数量限制、差价税、进口禁令或其他非关税措施，现在都要被进口关税取而代之。各产品的进口关税水平是根据与以往实施的全部保护（关税和非关税措施）实际相当的水平计算得出来的。计算得出来的关税可以用百分比表示，即从价税，也可以用单位数量的固定金额表示，即从量税。几乎所有的新关税都是从量税。

关税化符合了GATT 1994中以关税提供保护的原则，整个关税化过程彻底改变了在全世界范围内存在的抵制农产品进口的保护性壁垒的结构，即使一成员维持的边境措施是根据具体授权采取的，比如根据加入世界贸易组织的条件采取的，关税化也同样适用。

2.关税税率及约束关税不得随意提高

根据关税化得出来的关税税率以及适用于其他产品的约束关税，不得随意提高。当一成员同意将一产品的关税约束在一定水平，它就承诺不将关税提高到这一水平之上，除非与受影响的贸易伙伴进行谈判。

3.对约束关税进行相互减让，即"关税削减"

所有成员方都需要削减并约束各自的全部农产品关税，包括关税化过程所产生的关税。各方承诺按照一定的百分比对约束关税进行减让。发达国家成员和经济转型国家成员需要将关税平均削减36%，每项产品最少削减15%，这些削减必须在自1995年开始的6年内每年均等地实施。发展中国家成员只需削减发达国家成员削减幅度的2/3，即平均削减24%，每项产品最少削减10%，可以用10年的时间每年均等地实施这些削减。最不发达国家成员不需要削减。

4.在某些领域承担现行市场准入和最低市场准入承诺

对于某些受到高度保护的产品，还存在一种危险，即尽管经过关税化并付诸实施，也不会产生多大的自由化效果。因此，需要通过承担现行的市场准入和最低市场准入承诺的方式，对关税化进程加以补充。

（1）现行市场准入承诺。一些成员方经过特殊的安排，对于配额内的肉类和其他主要温带产品的进口给予免税或优惠待遇。为了确保这些产品的进口不受到关税化之后所形成的更高关税的影响，进口方通过建立关税配额，承担现行准入承诺，以保障现行进口量仍以较低的关税进口。根据这一承诺，配额内的进口将适用较低的现行关税，关税化形成的高关税适用于配额外的进口。

（2）最低市场准入承诺。对于没有进口或很少进口的产品来说，各方按要求必须做出最低市场准入的承诺。这些成员方将要在最惠国待遇基础上，以低税率或最低税率实行关税配额，即对所有的供应国开放市场。该承诺要求，建立相当于1986—1988年内国内消费量3%的关税配额，而且发达国家成员必须在2000年年底之前，发展中国家成员在2004年年底之前，将这一百分比提高到5%。

5.承诺按照协定百分比，削减国内支持水平

农产品协议将补贴分为两类：绿灯补贴和黄灯补贴。绿灯补贴是指那些许可使用、不必承担削减义务的补贴，它对贸易的扭曲作用很小或没有；黄灯补贴是指那些必须承担削减义务的补贴，它对贸易有扭曲作用。

6.承诺从价值和数量上削减一定比例的出口补贴

二、各成员方的关税税率在乌拉圭回合前后的变化

经过乌拉圭回合多边贸易谈判，各类型成员方工业品的加权平均关税均呈下降趋势。发达国家成员整体工业制成品的加权平均关税从乌拉圭回合之前的6.3%下降到乌拉圭回合后的3.8%，经济转型国家成员整体从8.6%下降到6.0%，发展中国

家成员也均有不同程度的下降。详细情况见表6-4①、表6-5②、表6-6③。

表6-4　　　　乌拉圭回合前后各发达国家成员方工业品的加权平均关税（%）

发达国家成员	贸易加权平均关税	
	乌拉圭回合之前	乌拉圭回合之后
发达国家成员	6.3	3.8
澳大利亚	20.1	12.2
奥地利	10.5	7.1
加拿大	9.0	4.8
欧盟	5.7	3.6
芬兰	5.5	3.8
冰岛	18.2	11.5
日本	3.9	1.7
新西兰	23.9	11.3
挪威	3.6	2.0
南非	24.5	17.2
瑞典	4.6	3.1
瑞士	2.2	1.5
美国	5.4	3.5

注：不含石油。

表6-5　　　　乌拉圭回合前后各转型经济国家成员方工业品的加权平均关税（%）

转型经济国家成员	贸易加权平均关税	
	乌拉圭回合之前	乌拉圭回合之后
转型经济体	8.6	6.0
捷克共和国	4.9	3.8
匈牙利	9.6	6.9
波兰	16.0	9.9
斯洛伐克共和国	4.9	3.8

注：不含石油。

---

① International Trade Centre UNCTAD/WTO，Business Guide To the Round，p.245.
② International Trade Centre UNCTAD/WTO，Business Guide To the Round，p.247.
③ International Trade Centre UNCTAD/WTO，Business Guide To the Round，p.246.

表6-6　　　乌拉圭回合前后各发展中国家成员方工业品的加权平均关税（%）

发展中国家成员	贸易加权平均关税	
	乌拉圭回合之前	乌拉圭回合之后
阿根廷	38.2	30.9
巴西	40.6	27.0
智利	34.9	24.9
哥伦比亚	44.3	35.1
哥斯达黎加	54.9	44.1
萨尔瓦多	34.5	30.6
印度	71.4	32.4
韩国	18.0	8.3
马来西亚	10.2	9.1
墨西哥	46.1	33.7
秘鲁	34.8	29.4
菲律宾	23.9	22.2
罗马尼亚	11.7	3.9
新加坡	12.4	5.1
斯里兰卡	28.6	28.1
泰国	37.3	28.0
土耳其	25.1	22.3
委内瑞拉	50.0	30.9
津巴布韦	4.8	4.6

注：不含石油。

三、乌拉圭回合达成的零关税和协调关税

在乌拉圭回合中，发达国家成员在药品、医疗器械、建筑、矿山钻探机械、农用机械、部分酒类、家具等部门达成了零关税的协议，在纺织品、化学品方面达成了协调关税协议。乌拉圭回合的关税减让全部生效后，以零关税进入发达国家成员市场的工业品比例将会增加1倍以上，即从20%增加到44%。

（一）零关税部门

1.药品

（1）产品范围：包括《中华人民共和国海关进出口税则》（以下简称《税

则》）第30章的全部制品、第29章的部分产品以及国际卫生组织定义的"国际非专利商品名"中的大部分产品。主要有：人体或动物制品，血液制品，疫苗，混合或非混合等抗生素，中成药，治疗用的纱布、绷带、试剂等，维生素、激素、生物碱、青霉素等抗生素。

（2）实施期：零关税协议的各参加方必须在世界贸易组织生效之日，对这些产品取消关税并取消GATT 1994所规定的其他税费。

2.医疗设备

（1）产品范围：包括《税则》第28、39、84、87、90、94章的部分产品。主要有：放射性物质、消毒器具、心电图仪、B超、核磁共振成像装置等各种诊断仪；注射器、针头等治疗器具；血压计、内窥镜等测量仪器；输血设备；牙科、眼科、外科用仪器及器具；人造关节、义齿以及残疾人用车等。

（2）实施期：零关税协议的各参加方必须在世界贸易组织生效之日起5年内，达到减让目标。

3.建筑、矿山及钻探机械

（1）产品范围：包括《税则》第84、87章的部分商品。主要有：提升机、起重设备、输送设备、升降机（包括电梯）、推土机、压路机、装载机、挖掘机、掘进机、凿井机、凿岩机、钻缝机、采油机、混凝土混合机、搅拌机、非公路自卸车等。

（2）实施期：零关税协议的各参加方必须在世界贸易组织生效之日起5年内，达到减让目标。

4.农业机械

（1）产品范围：包括《税则》第84、87章的部分产品。主要有：犁、耙、松土机等耕作机械；播种机、施肥机、液压机、割草机、翻晒机、打包机、收割机、分选分级机、挤奶机、乳品加工机、拖拉机等。

（2）实施期：零关税协议的各参加方必须在协议实施起5年内，取消所有关税。

5.钢材

（1）产品范围：包括《税则》第72、73章的大部分产品。主要有：铁和非金属的钢的初级产品、半制成品、热轧钢板、冷轧钢板、涂镀、涂锡、涂锌等板材；铁和非金属合金条、杆、铁丝、钢丝、不锈钢初级产品、半制成品、不锈钢板材、合金钢的初级产品、轨材、条杆钢丝、型材及无钢桥梁等；带刺钢铁丝；钢铁丝制的布、网；铁钉、图钉等。

（2）实施期：零关税协议的各参加方必须在协议实施起10年内，取消所有关税。

6.家具

（1）产品范围：包括《税则》第94章的部分产品。主要有：各种材料及各种功能的家具、床椅两用椅；各种材料的办公家具、卧室家具。

（2）实施期：零关税协议的各参加方必须在协议实施起 5 年内，取消所有关税。

7.酒

（1）产品范围：包括啤酒和葡萄酒、烈性酒、威士忌、水果白兰地、蒸馏酒。

（2）实施期：零关税协议的各参加方在协议生效后 8 年内取消啤酒的关税，其他酒的关税 10 年内取消。

8.木浆、纸制品和印刷品

（1）产品范围：包括《税则》第 47、48、49 章的所有产品。主要有：机械木浆、化学木浆、半化学木浆、其他纤维状纤维浆等；新闻纸、面巾纸、牛皮纸、瓦楞纸、包装纸、板纸、复写纸、转印纸、壁纸、以纸或纸板为底的铺地制品；信封、明信片、登记本、标签等纸制品；书籍、小册子、报纸、杂志、期刊、乐谱、各类地图册、建筑图、工程图、工业图、邮票、发票等；空白支票、钞票、贺卡、日历等印刷品。

（2）实施期：零关税协议的各参加方必须在协议实施起 10 年内，取消所有关税。

9.玩具

（1）产品范围：包括《税则》中税号为 9501—9505 的产品。主要有：童车、玩偶、各种智力玩具、模型、玩具动物、台球、电子游戏机、扑克、节日用品、魔术道具等。

（2）实施期：零关税协议的各参加方必须在协议实施起 10 年内，取消所有关税。

（二）协调关税部门

1.化学品

发达国家成员方对化学品达成了协调关税，将化工原料、中间体、制成品的关税分别减让到 0、5.5%、6.5%。

（1）化工原料，包括《税则》中税号为 2901—2902 的产品，主要有乙烯、丙烯等无环烃，苯、甲苯、二甲苯、精萘、十二烷基苯等有环烃等。

（2）中间体，包括《税则》第 28 章及税号为 2903—2915 的产品，即所有无机物、烃类及其衍生物；醇类及其衍生物；酚、酚醇及其衍生物；醚、醛化合物、酮基化合物及醌基化合物等有机物。

（3）制成品，包括《税则》第 31—39 章和税号为 2916—2942 的产品，主要包括：羧酸酐的化合物以及衍生物，无机酸酯及其盐以及衍生物，含氢基化合物、有机—无机化合物、杂环化合物、其他有机化合物、尿素等各类肥料；鞣料浸膏及染料膏、鞣酸及衍生物、染料、颜料、油漆胶粘剂、墨水、油墨、精油、香膏、芳香料制品及化妆品、盥洗品、肥皂、表面活性剂、洗涤剂、蜡、蛋白类物质、改性淀粉、酶、炸药、火柴、引火合金等；照相及电影制品；活性磷、杀虫剂、除草剂、防腐剂等化学品；塑料及其制品。

（4）实施期：对于现行关税税率在10%及以下的用5年时间达到减让税率；对于现行税率在10.1%到25%（含25%）的用10年时间达到减让税率；对于现行税率在25%以上的用15年时间达到减让税率。

2.纺织品

纺织品协调关税是把纺织品的关税分别减为纱线5%、织物10%、服装17.5%。

（1）纱线：纱线的协调关税为5%，包括棉、丝、合成、毛、混纺等各种原料的纱线及人造纤维。

（2）织物：包括纯棉、麻织物、化纤织物、混纺织物、纯毛织物等。

（3）服装：包括由各种纺织原料制成的各式服装，有针织、钩编服装和非针织、非钩编服装以及其他纺织品制成品，涉及《税则》第61、62、63章的全部产品。

（4）实施期：协调关税协议各方需在10年内实现协调关税。

第五节　关税减让谈判

一、关税减让的含义

世界贸易组织及《1994年关税与贸易总协定》所指的关税"减让"，具有很广泛的含义：一是削减关税并约束减让后的税率，如承诺将某产品的关税从20%减为10%，并加以约束；二是约束现行的关税水平，如某一产品现行的实施关税为5%，谈判中承诺今后约束在5%以内；三是上限约束税率，即将关税约束在高于现行税率的某一特定水平，各方的实施税率不能超出这一水平；四是约束低关税或零关税。

二、关税减让谈判的基础

关税减让谈判必须有两个基础：一是商品基础；二是税率基础。

（一）商品基础

关税谈判的商品基础是各国的海关进口税则。在谈判中常以协调税则、税号来确定要谈判的商品范围，使谈判具有共同的目标。

（二）税率基础

税率基础是关税减让的起点，每一次谈判的税率基础是不同的，一般是以上一次谈判确定的税率即约束税率，作为进一步谈判的基础。

对于没有约束税率的商品，谈判双方要共同确定一个税率。如在乌拉圭回合中，对于没有约束税率的工业品，以1986年9月关税与贸易总协定缔约方的实施税率作为乌拉圭回合关税谈判的基础税率；对于农产品，发展中缔约方可以自己对部分产品提出一个上限约束水平作为基础税率。

加入世界贸易组织时关税谈判的基础税率，一般是申请方开始进行关税谈判时国内实际实施的关税税率。

三、关税减让谈判的原则

根据《1994年关税与贸易总协定》的规定，各成员方应在互惠互利基础上进行谈判，实质性地削减关税和其他进口费用的总体水平，特别是应削减阻碍最低数量进口的高关税。在谈判中，应坚持如下原则：

（一）互惠互利

互惠互利是关税谈判的指导思想，各方只有在互惠互利的基础上才能达成协议。互惠互利应从整个国际贸易发展的角度出发，而不能仅局限在具体的关税谈判上。互惠互利也并不意味着在所有的关税谈判中，谈判双方都要做出减让承诺，如在加入世界贸易组织谈判时，承诺减让的只有申请加入的一方。申请方加入世界贸易组织后，可以从各成员方在多边谈判中已做出的关税减让承诺中得到利益。

（二）考虑对方的需要

关税谈判应充分考虑每个成员、每种产业的实际需要；充分考虑发展中国家成员使用关税保护本国产业，以及增加财政收入的特殊需要；还应顾及各成员方经济发展和国际收支平衡等其他方面的需要。

（三）对谈判情况予以保密

一般情况下，一个成员方要与若干个成员方进行关税谈判，但具体的谈判是在双边基础上进行的，因此，双方对谈判承诺的情况应予以保密，以避免其他成员在谈判中互相攀比要价。只有在所有双边谈判结束后，才可将汇总后的双边谈判结果多边化，让其他成员方知晓。在谈判中，谈判一方如果有意透露双边谈判的情况，则应受到谴责。

（四）按照最惠国待遇条款实施

关税谈判达成的谈判结果，应按照最惠国待遇条款，对世界贸易组织所有成员实施。

四、关税减让谈判权的确定

根据世界贸易组织的规定，只有享有关税谈判权的成员方才可参加关税谈判。凡具备以下条件之一者，可享有关税谈判权：

（一）产品主要供应利益方

在谈判前的一段合理期限内，一个成员方如果是另一个成员方进口某项产品的前三位供应者，则该成员方对这项产品享有主要的供应利益，被称为主要供应利益方，通常称为主要供应方。主要供应方有权向对方提出关税谈判的要求。与主要供应方进行谈判，可以比较准确地对减让做出评估。

另外，对于一项产品，如某个成员方的该产品出口额占其总出口额的比重最高，该成员方虽不具有主要供应方的利益，但应被视为具有主要供应利益，与主要供应方一样，也有权要求参加关税减让谈判。

（二）产品实质供应利益方

在谈判前的一段合理期限内，一个成员方某项产品的出口在另一成员方进口贸易中所占比例达到10%或10%以上，则该成员方对这项产品享有实质供应利益，被称为实质供应利益方。它有权向被供应方提出关税谈判的要求。

在实际谈判中，一个成员方对某项产品目前不具有主要供应利益，也没有实质供应利益，但这项产品在该成员方的出口中处于上升发展阶段，今后可能成为该成员方有主要供应利益或有实质供应利益的产品，或者这项产品在世界其他国家已成为该成员方具有主要供应利益的产品，则该成员一般视为具有"潜在利益"。它也有权要求进行关税谈判，但是否与之谈判由进口方决定。

（三）最初谈判权方

一个成员方与另一成员方就某项产品的关税减让进行了首次谈判，并达成协议，则该成员方对这项产品享有最初谈判权，通常称为最初谈判权方。当做出承诺的一方要修改或撤回这项关税减让时，应与最初谈判权方进行谈判。

最初谈判权的规定是为了保持谈判方之间的权利与义务的平衡。最初谈判权方一般都具有主要供应利益，但具有主要供应利益方，不一定对某项产品要求最初谈判权。

在双边谈判中，有些国家对某项产品并不具有主要供应利益或实质供应利益，但这些国家认为，它们对该产品有潜在利益，因而要求最初谈判权。此时，谈判的另一方不得拒绝。给予最初谈判权的产品品种的多少，由双方谈判确定。这种情况一般出现在非世界贸易组织成员加入时的关税谈判中。

五、关税减让谈判的类型

关税减让谈判大体可分为三种类型，即多边关税谈判、加入世界贸易组织时的关税谈判、修改或撤回减让表的关税谈判。不同类型的关税减让谈判具有各自不同的谈判程序，享有谈判权的资格条件也不尽相同。

（一）多边关税谈判

多边关税谈判是指由所有关税与贸易总协定缔约方或世界贸易组织成员方参加的，为削减关税壁垒而进行的关税谈判。多边关税谈判可邀请非缔约方或成员方参加。关税与贸易总协定主持下的八轮多边贸易谈判中的关税谈判都属于多边关税谈判。

多边关税谈判的程序如下：

1.由全体缔约方或成员方协商一致发起，并确定关税削减的最终目标。

2.成立谈判委员会，根据关税削减的最终目标确定谈判方式，一般采用部门减让，或者线性减让与具体产品减让相结合的方式。

3.将谈判结果汇总成为多边贸易谈判的一部分，参加方签字后生效。

多边关税谈判是相互的，任何缔约方或成员方，均有权向其他缔约方或成员方要价，也有义务对其他缔约方或成员方的要价做出还价，并根据确定的规则做出对等的关税减让承诺。

但是，就具体产品减让谈判而言，有资格进行谈判的，主要是对该项产品具有主要供应利益，或对该项产品具有实质供应利益，或已享有最初谈判权的缔约方或成员方。

（二）加入世界贸易组织时的关税谈判

任何一个要加入世界贸易组织的申请方都要与现成员方进行关税谈判。谈判的目的是为了削减并约束申请加入方的关税水平，作为加入后享受多边利益的补偿。

加入世界贸易组织时的关税谈判程序如下：

1.由申请加入方向成员方发出关税谈判邀请。

2.各成员方根据其产品在申请加入方市场上的具体情况，提出各自的关税要价单，一般采用产品对产品的谈判方式。

3.申请加入方根据对方的要价，并考虑本国产业情况进行还价，谈判双方进行讨价还价，这一过程一般要经过若干次谈判。

4.谈判双方签订双边关税减让表一式三份，谈判双方各执一份，交世界贸易组织秘书处一份。

5.将所有双边谈判的减让表汇总形成申请加入方的关税减让表，作为其加入议定书的附件。

加入世界贸易组织时的关税谈判，减让是单方面的。申请加入方有义务做出关税减让承诺，无权向成员方提出关税减让要求。

加入世界贸易组织时的关税谈判资格，一般不以是否有主要供应利益或实质供应利益来确定。任何成员均有权向申请加入方提出关税减让要求，是否与申请加入方进行谈判，由各成员方自行决定；要求谈判的成员方也可对某些产品要求最初谈判权，申请加入方不得拒绝。

（三）修改或撤回减让表的关税谈判

修改或撤回减让表的关税谈判是指一个世界贸易组织成员方修改或撤回已做出承诺的关税减让，包括约束税率的调整、改变有关税则归类、与受到影响的其他成员方进行的谈判，这种谈判以双边方式进行。修改或撤回减让表的关税谈判程序如下：

1.通知世界贸易组织货物贸易理事会，要求修改或撤回某项产品的减让，理事会授权该成员方启动关税谈判。

2.与有关成员方进行谈判，确定修改或撤回的减让幅度、给予补偿的产品及关税减让的水平等。一般来说，补偿的水平应与撤回的水平大致相同。

3.谈判达成协议后，应将谈判的结果载入减让表，按照最惠国待遇条款实施。

4.若谈判未能达成一致，申请方可以单方采取行动，撤回减让；但其他有谈判权的成员方可以采取相应的报复行动，撤回各自减让表中对申请方有利益的减让。

有资格参加修改或撤回减让的关税谈判成员方，包括有最初谈判权的成员方、有主要供应利益或实质供应利益的成员方。但获得补偿的成员方，不是所有有资格谈判的成员，申请方仅对具有主要供应利益或实质供应利益的成员方给予一定的补偿。

对有最初谈判权的成员方，如果在申请方提出申请时，既不具有主要供应利益，也不具有实质供应利益，则该成员方虽可要求与申请方进行谈判，但申请方可以以该成员方没有贸易利益为由，而不给予补偿。

六、关税减让谈判的方式

关税减让谈判的方式主要有三种，即产品对产品谈判、公式减让谈判、部门减让谈判。

（一）产品对产品谈判

产品对产品谈判是指一个世界贸易组织成员方根据对方的进口税则产品分类，向谈判方提出自己具有利益产品的要价单，被要求减让的一方根据有关谈判原则，对其提出的要价单按具体产品进行还价。提出要价单的一方通常称为索要方。索要方在提出的要价单中，一般包括具有主要供应利益、实质供应利益及潜在利益的产品。

（二）公式减让谈判

公式减让谈判是指对所有产品或所选定产品的关税，按某一议定的百分比或按某一公式削减的谈判方式。

公式减让谈判是等百分比削减关税，因而对高关税削减幅度会较大，对低关税削减幅度则较小。

（三）部门减让谈判

部门减让谈判是指将选定产品部门的关税约束在某一水平上的谈判。部门减让的产品范围，一般按照《商品名称及编码协调制度》的6位编码确定。

在部门减让谈判中，将选定产品部门的关税统一约束为零，该部门称为零关税部门；将选定产品部门的上限关税税率统一约束在某一水平，该部门称为协调关税部门。

在关贸总协定和世界贸易组织的关税谈判中，这几种谈判方式通常会交叉使用，没有固定模式，通常是以部门减让及产品对产品谈判方式为主。通过部门减让谈判，解决成员方关心的大部分产品问题；通过产品对产品谈判，解决个别重点产品问题。产品对产品谈判在双边基础上进行，是关税与贸易总协定的传统谈判方式；部门减让及公式减让谈判主要在多边基础上进行，有时也用于双边谈判。

基本概念

关税同盟　自由贸易区　区域贸易安排　关税减让　产品主要供应利益方　产品实质利益供应方　最初谈判权方　多边关税谈判　产品对产品谈判　公式减让谈判　部门减让谈判

复习思考题

1.简述《1994年关税与贸易总协定》的主要内容。

2.GATT 1994 与 GATT 1947 相比有哪些特点？

3.简述《1994年关税与贸易总协定》的宗旨。

4.试述《1994年关税与贸易总协定》的基本原则。

5.《1994 年关税与贸易总协定》都有哪些例外？

6.乌拉圭回合后，发达国家成员的关税发生了哪些变化？

7.乌拉圭回合后，发展中成员的关税发生了哪些变化？

8.发达国家成员的零关税部门有哪些？

9.多边关税减让谈判是怎样进行的？

10.关税减让谈判应遵循哪些原则？

11.关税减让谈判都有哪些类型？

12.关税减让谈判有哪些方式？

拓展阅读 6-1

第七章　非关税措施协议

　　《1994年关税与贸易总协定》属下的货物贸易多边协议中，有一些协议专门处理可能对贸易造成障碍的非关税措施问题。这些协议主要有：《技术性贸易壁垒协议》《实施卫生与植物卫生措施协议》《海关估价协议》《装运前检验协议》《原产地规则协议》《进口许可程序协议》《与贸易有关的投资措施协议》等。这些非关税措施早已经存在，但要规范化和合理化，以不构成对国际贸易的障碍为原则。本章着重介绍这些协议的基本内容。

第一节　技术性贸易壁垒协议

　　《技术性贸易壁垒协议》（Agreement on Technical Barriers to Trade，TBT，简称《TBT协议》）的宗旨是，指导世界贸易组织成员方制定、采用和实施正当的技术性措施，鼓励采用国际标准和合格评定程序，保证这些措施不给国际贸易造成不必要的障碍。技术性措施指为实现合法目标而采取的技术法规、标准、合格评定程序等。合法目标主要包括维护国家基本安全、保护人类健康或安全、保护动植物生命和健康、保护环境、保证出口产品质量、防止欺诈行为等。

一、《技术性贸易壁垒协议》的产生背景及主要内容

　　技术性贸易壁垒是指那些强制性或非强制性确定某些特征的技术法规或技术标准，以及旨在检验商品是否符合这些技术法规或技术标准的认证、审批或实验程序所形成的不合理的贸易障碍。[①]

　　第二次世界大战后，在第三次科技革命的推动下，世界经济迅猛发展，人民生活水平也在大幅度提高。与此同时，消费者对安全、高质量产品的需求也在大幅度增加，并十分关注日益增多的水质、空气和土壤的污染问题。因此，现代社会开始积极寻求有益于安全、环境的产品，并纷纷使用或提高产品的技术标准。此外，由于各国在安全、健康、环境保护等方面有着不同的观念和标准以及不同的生活水平、科技发展水平，各国实施的技术标准和技术法规就存在不少差异。如果一国针对外国进口产品制定特殊的标准，或有意将技术标准或评定程序复杂化，并经常变动，使其具有不可预见性，那么，其结果便是名目繁多的技术法规、标准和合格评定程序形成了对国际贸易的障碍，成为技术性贸易壁垒。这些技术性贸易壁垒具有灵活多变性、隐蔽性、非竞争性、非透明性及广泛性等特征。

　　由于各国经济发展水平不同，技术法规和标准差别很大，给生产者和出口商造成了困难，同时，随着1947年关税与贸易总协定多边贸易谈判带来的关税水平不

---

　　① 曹建明，贺小勇. 世界贸易组织［M］. 北京：法律出版社，1999：162.

断下降，关税的保护作用越来越小。于是，各种形式的非关税壁垒纷纷出现，技术性措施越来越多地被用作贸易保护手段，成为贸易发展的障碍。因此，许多缔约方认识到，有必要制定统一的国际规则来规范技术性措施，消除技术性贸易壁垒。

为了使由关税降低所带来的利益不被包括技术壁垒在内的非关税壁垒所抵消，GATT的各缔约方普遍认为应当在技术条例方面制定一个"行动守则"，以便有效抑制技术壁垒对国际贸易所产生的负效应。因此，技术性贸易壁垒成为东京回合谈判的重要议题之一，经过各缔约方长时间的反复讨论、协商和妥协之后，最终于1979年4月达成了第一个《技术性贸易壁垒协议》（以下简称"技术标准守则"），并于1980年1月1日生效。技术标准守则的实践表明，其实施使得签署守则的各缔约方的标准化和认证体系以及市场准入日趋开放，提高了各缔约方在制定、采纳和实施技术法规、标准与合格评定程序方面的透明度，为维护国际贸易的正常秩序发挥了积极的作用。但由于技术标准守则是一个选择性的协议，只对参加的缔约方有效，在当时的GATT缔约方中，只有47个国家最终签署了技术标准守则；加之仅在总体上完成了原则性框架，许多关键问题未能解决，技术标准守则存在着明显的缺陷。因此，实施1979年协议的经验表明，该协议还需要在一些方面做出有益的改进。为了弥补技术标准守则的不足，乌拉圭回合期间，在总结以往实践经验的基础上，对1980年开始实施的技术标准守则进行了审议，并对其进行了修改和完善后，于1994年3月15日达成了第二个《技术性贸易壁垒协议》，使之成为WTO货物贸易多边协议的组成部分，对全体成员方有效。《技术性贸易壁垒协议》与技术标准守则相比较，首先在内容上更为完整详细，虽基本原则不变，但概念更加清晰，内容也更便于操作。在约束力问题上，其成为世界贸易组织成员方必须共同遵守的规则，并将违反协议的行为纳入世界贸易组织争端解决机制统一解决；同时，《技术性贸易壁垒协议》也使得各成员方技术标准和合格评定程序趋于开放、统一和透明。此外，《技术性贸易壁垒协议》为发展中成员的特殊和差别待遇规定了较为具体和实质性的条款。

《技术性贸易壁垒协议》由15个条款和3个附件组成，主要内容包括：制定、采用和实施技术性措施应遵守的规则；技术法规、标准和合格评定程序；通报、评议、咨询和审议制度；建立提供有关技术壁垒信息和材料的咨询点；各成员方经请求，应向其他成员方特别是发展中国家成员方就技术壁垒问题提供技术援助；对发展中国家成员方的待遇；建立技术性贸易壁垒委员会，等等。

《技术性贸易壁垒协议》适用于所有产品（包括工业品和农产品）的技术法规和标准。但《政府采购协议》制定的采购规则不受《技术性贸易壁垒协议》的约束。另外，该协议未涉及动植物卫生检疫措施，有关食品安全、动物卫生和植物卫生三个领域的问题由《实施卫生与植物卫生措施协议》进行规范。

《技术性贸易壁垒协议》所附3个附件包括：（1）关于技术法规、标准、合格评定程序等的定义；（2）在争端解决程序中技术专家小组运作的程序；（3）标准拟订、采纳和实施的良好行为守则。

二、制定、采用和实施技术性措施的规则

《技术性贸易壁垒协议》要求世界贸易组织各成员方在制定、采用和实施技术性措施时，应遵守以下原则：

（一）非歧视原则

非歧视原则要求各成员方对所有成员方采取同样的技术性措施标准。违反非歧视原则的一个典型例子是，委内瑞拉、巴西诉美国的进口汽油争议案。1994年9月，美国环保署根据《清洁空气法》，对进口汽油的化学特性规定了比国产汽油更为严格的标准。1995年1月，委内瑞拉和巴西向世界贸易组织争端解决机构提出申诉，认为美国的做法违反了非歧视原则，具有明显的歧视性。经世界贸易组织争端解决机构裁定，委内瑞拉和巴西胜诉。

（二）透明度原则

根据透明度原则，各成员方应迅速公布已采用的所有技术性措施，并在公布和生效之间有一定的宽限期，以便使有关生产者和贸易商能适应其要求。当成员方拟采取的技术性措施与国际标准有实质性不一致，并对其他成员方的贸易产生重大影响时，应通过世界贸易组织秘书处公告其他成员方，为其留出准备书面意见的合理时间。该成员方应考虑其他成员方提出的书面意见。如有成员方提出要求，则应与其进行讨论，并考虑讨论结果，使贸易商能适应其要求。

（三）必要性原则

成员方只能采取为实现合法目标所必需的技术性措施。如果成员方采取的技术性措施对其他成员方的贸易产生了重大影响，经其他成员方请求，该成员方应说明所采取措施的必要性。

（四）贸易影响最小原则

成员方应努力采取对贸易影响最小的技术性措施，即在考虑由于合法目标不能实现可能导致的风险后，采取技术性措施对贸易的限制不应超过为实现合法目标所必需的限度。在评估风险时，应考虑相关因素，特别是可获得的科学和技术信息、有关的加工技术或产品的预期最终用途。如果拟实现的目标已经不存在，或由于环境、目标的改变可转用其他对贸易产生较少限制的措施，则应取消原来实施的技术性措施。

（五）协调原则

鼓励成员方为协调技术法规、标准和合格评定程序而做出努力，以减少成员间的技术性措施差异对贸易造成的障碍。成员方应在力所能及的范围内，充分参与有关国际标准化机构制定国际标准和合格评定程序指南的工作。成员方应积极考虑接受其他成员方的技术性措施作为等效措施，只要这些措施能够充分实现同一合法目标。为避免对产品的多重测试、检查和认证对贸易造成的不必要壁垒，减少商业成本和不确定性，《技术性贸易壁垒协议》鼓励成员之间通过谈判达成合格评定程序的相互承认协议。

（六）特殊和差别待遇原则

成员方不应期望发展中成员方采用不适合其发展、财政和贸易需要的国际标准，作为发展中成员方制定技术性措施的依据。即使存在国际标准、指南或建议，发展中成员方仍可按照特定的技术和社会经济条件，采用某些技术性措施，以保护与其发展需要相适应的本国技术、生产方法和工艺。

成员方应采取措施，确保国际标准化机构制定对发展中成员方有特殊利益的产品的国际标准。鼓励发达成员方对发展中成员方在制定和实施技术性措施方面提供技术援助。

技术性贸易壁垒委员会在接到发展中成员方的请求时，应就其承担的全部或部分义务给予特定的、有时限的例外，在这方面应特别考虑最不发达成员方的特殊问题。

三、技术法规、标准与合格评定程序

（一）技术法规

技术法规是强制性执行的有关产品特性或相关工艺和生产方法的规定，主要包括国家制定的有关法律和法规，政府部门颁布的有关命令、决定、条例，以及有关技术规范、指南、准则、专门术语、符号、包装、标志或标签要求。一些国家也授权非政府机构制定技术法规。《技术性贸易壁垒协议》要求成员方应尽可能按照产品的性能，而不是按照设计或描述特征来制定技术法规。技术法规一般涉及国家安全、产品安全、环境保护、劳动保护、节能等方面。

成员方中央政府应采取合理措施，确保地方政府及非政府机构制定、采用与实施的技术法规，符合《技术性贸易壁垒协议》的有关规定。

如果有关国际标准已经存在或即将颁布，成员方应采用这些标准或其中的相关部分作为技术法规的基础，除非由于基本气候因素、地理因素、基本技术问题等原因，成员方采用这些标准或其中的相关部分无法达到合法目标。

（二）标准

标准是指经公认权威机构批准供通用或重复使用的、非强制执行的关于产品特性或相关工艺和生产方法的规则、指南或特殊的文件，可包括适用于产品、工艺或生产方法的有关专门术语、符号、包装、标志或标签要求。有关标准化机构的行为要求，体现在《技术性贸易壁垒协议》附件3《关于制定、采用和实施标准的良好行为规范》中。该规范规定，所有标准化机构应尽量采用国际标准，并充分参与国际标准化机构的工作。各成员方的中央政府标准化机构有义务接受并遵守该规范，同时成员方有义务使其境内的其他标准化机构行为符合这一规范。

为使《关于制定、采用和实施标准的良好行为规范》中的通知要求具体化，世界贸易组织还通过了两个决定：一是《关于世界贸易组织、国际标准化组织就标准信息系统拟定谅解的决定》，据此在日内瓦建立了"世界贸易组织标准信息服务机构"，负责收集和公布《关于制定、采用和实施标准的良好行为规范》签署方的通知；二是《关于审议国际标准化组织、国际电工委员会信息中心出版物的决定》，规定对《关于制定、采用和实施标准的良好行为规范》签署方的通知进行定期审议。

(三)合格评定程序

合格评定程序是指任何直接或间接用以确定产品是否满足技术法规或标准要求的程序,主要包括抽样、检验和检查,评估、验证和合格保证,注册、认可和批准,以及上述各项程序的组合。合格评定程序可分为认证、认可和相互认证三种形式。

1.认证

认证是指由授权机构出具的证明。一般由第三方对某一事物、行为或活动的本质或特征,经对当事人提交的文件或实物审核后出具的证明,通常被称为"第三方认证"。认证可以分为产品认证和体系认证。

(1)产品认证。产品认证主要是证明产品是否符合技术法规或标准,包括产品的安全认证和合格认证等。由于产品的安全性直接关系到消费者的生命或健康,所以产品的安全认证为强制认证。例如,欧盟对玩具、锅炉、建筑用品、通信设备等20多类产品实行安全认证,并要求加贴 CE 安全合格标志,否则不得在欧盟市场销售。又如,美国的 UL 安全认证、加拿大 CSA 安全认证等。产品的合格认证尤其是质量认证,是在自愿的基础上进行的。

(2)体系认证。体系认证是确认生产或管理体系是否符合相关法规或标准。目前,通用的国际体系认证有 ISO 9000 质量管理体系认证、ISO 14000 环境管理体系认证等。行业体系认证有 QS 9000 汽车业质量管理体系认证、TL 9000 电信产品质量体系认证、OHSAS 18001 职业安全卫生管理体系认证等。

2.认可

认可是指权威机构依据程序确认某一机构或个人具有从事特定任务或工作的能力,主要包括产品认证机构认可、质量和管理体系认证机构认可、实验室认可、审核机构认可、审核员或评审员的资格认可、培训机构注册等。

3.相互认证

相互认证是指认证或认可机构之间通过签署相互承认协议,彼此承认认证或认可结果。《技术性贸易壁垒协议》鼓励成员方积极考虑接受其他成员的合格评定程序,并就达成相互承认协议进行谈判。成员方应以不低于本国或他国合格评定机构的条件,允许其他成员的合格评定机构参与其合格评定活动。

根据《技术性贸易壁垒协议》的规定,只要能确保符合自身的技术法规或标准,成员方应采用国际标准化机构已经发布或即将发布的有关指南或建议作为合格评定程序的基础。

在可能的情况下,成员方应共同建立国际合格评定体系,并加入该体系或参与该体系活动;成员方还应尽可能采取合理措施,保证国内相关机构加入或参与国际或区域合格评定体系,遵守《技术性贸易壁垒协议》的规定。

四、通知、评议、咨询、审议制度及争端解决

（一）通知和评议

为确保成员方制定、采用和实施技术法规或合格评定程序具有透明度，《技术性贸易壁垒协议》规定，如果成员方拟采用的技术法规或合格评定程序不存在相关的国际标准，或与有关国际标准中的技术内容不一致，且可能对其他成员方的贸易有重大影响，该成员方应履行通知义务。通知的内容包括拟采取措施的目的和理由，以及所涵盖的产品；通知的时间应在该措施还没有被批准，且可进行修改的规定期限内；通知的渠道是通过技术性贸易壁垒委员会向其他成员方通报。该成员方还应在已向该委员会通报的出版物上发布有关公告，使有关利害方知晓其将制定某项技术法规或合格评定程序。

成员方应无歧视地给予其他成员方合理时间（一般至少60天），以便就已草拟的技术法规或合格评定程序提出书面意见。对其他成员提出的书面意见和评议结果，该成员方应予以考虑。如果面临涉及人类安全和健康、环境保护、国家安全等方面的紧急问题，或面临发生此类问题的威胁，该成员方可省略一些步骤，发出紧急通知。

成员方应保证迅速公布已采用的所有技术性措施。除紧急情况外，成员方应在措施公布和生效之间留出合理宽限期，使其他成员方特别是发展中成员方的生产者能适应进口成员方的要求。直属于中央政府的地方政府机构制定、采用和实施的技术性措施，通过中央政府进行通报。

（二）咨询

成员方应设立技术性贸易壁垒咨询点。咨询点应有能力回答其他成员方或利害关系方提出的所有合理询问，并能提供有关中央政府机构、地方政府机构及非政府机构所采用或拟议的任何技术法规、标准和合格评定程序等资料，加入或参加国际及区域标准化机构和合格评定体系等方面的情况。如果一个成员方设立一个以上的咨询点，则应完整、明确地提供有关每个咨询点职责范围的信息。

（三）审议制度及争端解决

世界贸易组织设立技术性贸易壁垒委员会，负责管理《技术性贸易壁垒协议》的执行。该委员会由全体成员方代表组成，每年至少召开一次会议。联合国粮农组织、国际货币基金组织、世界银行等国际组织，作为观察员参加会议。委员会设立工作组或其他适当机构，以履行相关职责。

技术性贸易壁垒委员会对《技术性贸易壁垒协议》的运行和实施情况，包括透明度的有关规定等，自1995年开始，每3年年末对其执行情况进行一次审议。在适当情况下，该委员会可以建议对《技术性贸易壁垒协议》进行修正。

世界贸易组织争端解决机制适用于技术性贸易壁垒的争端解决。争端解决专家组可自行或应当事方的请求，设立技术专家小组，就技术性问题提供协助。

根据《技术性贸易壁垒协议》的规定和国民待遇原则，我国承诺在加入后18个月内，使国内所有合格评定机构既可以对国内产品又可以向进口产品提供合格评

定的服务，解决我国原商品检验和认证体系对国内产品和进口产品实行不同待遇的问题。

按照《技术性贸易壁垒协议》的规定，成员方应尽量采用国际标准，但发展中国家成员可享有一定的灵活性。我国目前采用国际标准作为国内标准的比例不足50%，但通过加入谈判，我国保留了发展中国家权利，使我国今后可以根据自主计划逐步增加采用国际标准的比例。同时，经过谈判，我国保留了对进出口产品进行检验的权利。

第二节　实施卫生与植物卫生措施协议

《实施卫生与植物卫生措施协议》（Agreement on the Application of Sanitary and Phytosanitary Measures，SPS，简称《SPS 协议》）是乌拉圭回合达成的一个新协议，其宗旨是指导世界贸易组织各成员方制定、采用和实施卫生与植物卫生措施，将这些措施对贸易的消极影响减少到最低程度，并进一步推动各成员方使用协调的，以有关国际组织制定的国际标准、指南和建议为基础的卫生与植物卫生措施。

一、《实施卫生与植物卫生措施协议》的产生背景

卫生与植物卫生措施在国际贸易中出现已有较长的历史，此类措施最早起源于14世纪中叶的欧洲，而从15世纪中叶以后，随着国际贸易的发展而进一步发展起来。特别是第二次世界大战后，由于国际贸易的迅速增长，各种病虫害和疫情的传播速度也在加快。这种状况严重威胁着人类的生命和健康，并严重危害各个产业的发展，特别是农业的发展。因此，各国为了保护本国国民的身体健康和本国农业的安全生产，都相继采取了多种科学和法律手段，加强卫生和植物卫生措施。《1947年关税与贸易总协定》允许缔约方采用卫生与植物卫生措施，前提是这些措施不得对情形相同的成员构成任意或不合理的歧视，也不得构成对国际贸易的变相限制。但在实践中，由于新贸易保护主义的兴起，一些缔约方滥用卫生与植物卫生措施，使其成为一种隐蔽性很强的技术性贸易壁垒，阻碍了国际贸易的正常发展。而《1947年关税与贸易总协定》有关条款的规定又过于笼统，难以操作，不能有效约束缔约方滥用卫生与植物卫生措施。因此，国际贸易的发展客观上要求制定一个明确和便于执行的关于卫生与植物卫生措施的具体规则。

在乌拉圭回合谈判中，实施卫生与植物卫生措施问题起初是作为《农业协议》谈判内容的一个部分。随着谈判的不断深入，许多缔约方开始担心，在农产品非关税措施被转换成关税以后，某些缔约方可能会更多地、不合理地实施卫生与植物卫生措施来进行自我保护。为了消除这种潜在的威胁，更为了使各国所采取的保护人类、动物和植物的生命和健康的措施真正达到改善人类健康、动物健康和植物卫生状况的目的，但又不构成在情形相同的成员之间进行任意或不合理的歧视手段，或构成对国际贸易的变相限制；同时，也是为了建立一个规则与纪律的多边框架，以指导各国卫生和植物卫生措施的制定、采用和实施以推动各国有关措施采用标准的

协调，使得此类措施对贸易的消极影响减少到最低程度。在乌拉圭回合谈判中，国际贸易法历史上第一部调整、理顺国际贸易和卫生与植物卫生措施间关系的多边国际公约——《实施卫生与植物卫生措施协议》便应运而生。

二、《实施卫生与植物卫生措施协议》的主要内容

《实施卫生与植物卫生措施协议》是关税与贸易总协定基本原则在动植物卫生措施中的具体体现。该协议表明虽然为了动植物的健康和安全，实施动植物检疫制度是必需的，但是更强调要把动植物检疫对国际贸易的不利影响降到最低程度，且不应构成对国际贸易的变相限制。《实施卫生与植物卫生措施协议》是从《1947年关税与贸易总协定》第20条引申而出，与《农业协议》关系密切。该协议共由14条42款及3个附件组成，其内容丰富，涉及面广。下面对协议的主要内容进行介绍。

（一）《实施卫生与植物卫生措施协议》的适用范围

该协议的序言规定，协议适用于所有可能直接或间接影响国际贸易的卫生与植物卫生措施。出于以下目的所采取的措施都是协议所指的措施，这些目的包括：

1.保护成员方境内动物和植物的生命或健康免受虫害、病害、带病有机体或致病有机体的传入、定居或传播所产生的危害。

2.保护成员方境内人类或动物的生命或健康免受食品、饮料或饲料中添加剂、污染物、毒素或致病有机体所产生的危害。

3.保护成员方境内人类的生命或健康免受动物、植物或动植物产品携带的病害或虫害的传入、定居或传播所产生的危害。

4.防止或控制成员方境内因虫害的传入、定居或传播所产生的其他损害。

卫生和植物卫生措施包括所有相关法律、法令、法规、要求和程序，特别是包括：最终产品标准；工序和生产方法；检验、检查、认证和批准程序；检疫处理，包括与动物或植物运输有关的或与在运输过程中为维持动物生存所需物质有关的要求；有关统计方法、抽样程序和风险评估方法的规定；以及与粮食安全直接有关的包装和标签要求。

（二）各成员方应遵循的规则

《实施卫生与植物卫生措施协议》规定，成员方在制定和实施卫生与植物卫生措施时，应遵循以下规则：

1.非歧视地实施卫生与植物卫生措施

成员方在实施卫生与植物卫生措施时，应遵守非歧视原则，即不能在情形相同或相似的成员间，包括该成员与其他成员之间造成任意或不合理的歧视，尤其是在有关控制、检验和批准程序方面，应给予其他成员的产品国民待遇。例如，两个出口方的木质包装中都有天牛害虫，但如果它们都对出口产品的木制包装采取了检疫处理措施，达到了进口方的植物卫生保护水平，进口方就应当同等地接受，而不能对情形相同的两个出口方中的一方歧视。

2.以科学为依据实施卫生与植物卫生措施

成员方应确保任何卫生与植物卫生措施都以科学为依据，不能实施没有充分科学依据的卫生与植物卫生措施。如果在科学依据不充分的情况下采取某种卫生与植物卫生措施，只能是临时性的，并应在合理的期限内做出科学评估。

3.以国际标准为基础制定卫生与植物卫生措施

为了使不同成员方制定、承认和实施共同的卫生和植物卫生措施，协议做出以下协调性规定：

（1）各成员方的卫生与植物卫生措施应根据现有的国际标准、指南或建议制定。符合国际标准、指南或建议的卫生和植物卫生措施应被视为为保护人类、动物或植物的生命或健康所必需的措施，并被视为与《实施卫生与植物卫生措施协议》及 GATT 1994 的有关规定相一致。协议中的"国际标准、指南和建议"的含义是：①对于粮食安全，是指食品法典委员会制定的与食品添加剂、兽药和除虫剂残留物、污染物、分析和抽样方法有关的标准、指南和建议，以及卫生惯例的守则和指南；②对于动物健康和寄生虫病，是指国际兽疫组织主持制定的标准、指南和建议；③对于植物健康，是指在《国际植物保护公约》秘书处主持下与在《国际植物保护公约》范围内运作的区域组织合作制定的国际标准、指南和建议；④对于上述组织未涵盖的事项，是指经委员会确认的，由其向所有成员方开放的其他有关国际组织公布的有关标准、指南和建议。

（2）对于较高标准的采用条件，协议规定，各成员方政府可以不采用国际标准。如果一成员方实施或维持比现行国际标准更严的卫生与植物卫生措施，则必须有科学依据，或符合成员方根据有害生物风险分析确定的"适当的卫生与植物卫生保护水平"（也称"可接受的风险水平"），并且这些措施不能与《实施卫生与植物卫生措施协议》的规定相抵触，不能对国际贸易造成不必要的障碍。否则，该成员方政府应提供相关的科学理由，解释为什么相应的国际标准不能满足其所需的、适当的卫生与植物卫生保护水平。

在没有相关国际标准的情况下，成员方采取卫生与植物卫生措施必须根据有害生物风险分析的结果。实施没有国际标准的卫生与植物卫生措施，或实施的卫生与植物卫生措施与国际标准有实质不同，且可能限制出口方产品的出口时，进口方应及早向出口方发出通知，并做出解释。

（3）各成员方应在力所能及的范围内充分参与有关国际组织及其附属机构，特别是食品法典委员会、国际兽疫组织以及在《国际植物保护公约》范围内运作的有关国际和区域组织，以促进在这些组织中制定和定期审议有关卫生与植物卫生措施所有方面的标准、指南和建议。

（4）卫生与植物卫生措施委员会应制定程序，以监控国际协调进程，并在这方面与有关国际组织协同努力。

4.等同对待出口成员方达到要求的卫生与植物卫生措施

协议要求如果出口成员方客观地向进口成员方证明其卫生措施达到进口成员方

适当的卫生和植物卫生保护水平，则各成员方应将其他成员方的措施作为等效措施予以接受，即使这些措施不同于进口成员方自己的措施，或不同于从事相同产品贸易的其他成员方使用的措施。为此，成员方应请求给予进口成员方进行检查、检验及其他相关程序的合理机会。此外，成员间可应请求进行磋商，以便就承认具体卫生和植物卫生措施的等效性问题达成双边协议。

5.根据对有害生物风险评估确定适当的保护水平

（1）有害生物风险评估

有害生物风险评估是指进口方的专家在进口前对进口产品可能带入的病虫害的定居、传播、危害和经济影响，或者对进口食品、饮料、饲料中可能存在添加剂、污染物、毒素或致病有机体可能产生的潜在不利影响做出的科学分析报告。该报告是进口方是否进口某种产品的决策依据。

在进行有害生物风险评估时，应考虑以下内容：

①各成员方保证其卫生与植物卫生措施的制定以对人类、动物或植物的生命或健康所进行的、适当的风险评估为基础，同时考虑有关国际组织制定的风险评估技术。

②在进行风险评估时，各成员方应考虑可获得的科学证据，有关工序和生产方法，有关检查、抽样和检验方法，特定病害或虫害的流行，病虫害非疫区的存在，有关生态和环境条件以及检疫或其他处理方法。

③各成员方在评估对动物或植物的生命或健康构成的风险时，应考虑下列有关经济因素：由于虫害或病害的传入、定居或传播造成生产或销售损失的潜在损害，在进口成员方境内控制或根除病虫害的费用以及采用替代方法控制风险的相对成本效益。

（2）确定适当的保护水平

在确定适当的卫生与植物卫生保护水平方面，协议对“适当的卫生与植物卫生保护水平”定义为：制定卫生与植物卫生措施以保护其境内的人类、动物或植物的生命或健康的成员方所认为适当的保护水平，也可称为“可接受的风险水平”。在确定适当的卫生与植物卫生保护水平时除应考虑风险评估以及各项经济因素外，还应注意：

①应考虑对贸易的消极影响减少到最低程度的目标。

②为实现在防止对人类生命或健康、动物和植物的生命或健康的风险方面运用适当的卫生与植物卫生保护水平的概念的一致性，每一成员方应避免其认为适当的保护水平在不同的情况下对国际贸易存在任意或不合理的歧视或变相限制的差异。

③在制定或维持卫生与植物卫生措施以实现适当的保护水平时，各成员方应保证此类措施对贸易的限制不超过为达到适当的卫生与植物卫生保护水平所要求的限度，同时考虑保护水平的技术和经济可行性。

④在有关科学证据不充分的情况下，一成员方可根据可获得的有关信息，包括来自有关国际组织以及其他成员方实施的卫生与植物卫生措施的信息，临时采用卫

生与植物卫生措施。在此种情况下，各成员方应寻求获得更加客观地进行风险评估所必需的额外信息，并在合理期限内据此审议有关卫生措施。

⑤如一成员方有理由认为另一成员方采用或维持的特定卫生与植物卫生措施正在限制或可能限制其产品出口，且该措施不是根据有关国际标准、指南或建议制定的，或不存在此类标准、指南或建议，则可请求说明实施此类卫生措施的理由，维持该措施的成员方应提供此种说明。

《实施卫生与植物卫生措施协议》规定，成员方在制定卫生与植物卫生措施时应以有害生物风险评估为基础。有害生物风险评估与进口方确定"适当的卫生与植物卫生保护水平"有直接关系，有害生物风险评估的结果决定保护水平的高低。如果有害生物风险评估的结果认为风险比较高，进口方确定的"适当的卫生与植物卫生保护水平"就比较高；反之，保护水平就比较低。无论进口方确定的"适当的卫生与植物卫生保护水平"是高还是低，都应考虑将实施卫生与植物卫生措施对贸易的消极影响减少到最低程度。

6.卫生与植物卫生措施应适应不同的地区条件

（1）协议要求各成员方应保证其卫生与植物卫生措施适应产品的产地和目的地的卫生与植物卫生特点，无论该地区是一国的全部或部分地区，还是几个国家全部或部分地区。在评估一地区的卫生和植物卫生特点时，各成员方应特别考虑特定病害或虫害的流行程度、是否存在根除或控制计划以及有关国际组织可能制定的适当标准或指南。

（2）协议要求各成员方应特别注意并承认病虫害的非疫区或低度流行区的概念。"病虫害非疫区"是指由主管机关确认的未发生特定虫害或病害的地区。这可以是一国或多国的全部或部分地区，可以包围一地区、被一地区包围或毗连一地区，可在一国的部分地区内，或在包括几个国家的部分或全部地理区域内，在该地区内已知发生特定虫害或病害，但已采取区域控制措施，如建立可限制或根据所涉虫害或病害的保护区、监测区和缓冲区。"病虫害低度流行区"是指由主管机关确认的特定虫害或病害发生水平低，且已采取有效监测、控制或根除措施的地区，该地区可以是一国或多国的全部或部分地区。对于这些地区的确定应根据地理、生态系统、流行病监测以及卫生与植物卫生控制的有效性等因素。

（3）声明其境内地区属于病虫害非疫区或低度流行区的出口成员方，应提供必要的证据，以便向进口成员方客观地证明此类地区属于且有可能继续属于病虫害非疫区或低度流行区。为此，出口成员方应使进口成员方获得进行检查、检验及其他有关程序的合理机会。

7.透明度原则

协议规定各成员方应通知其卫生和植物卫生措施的变更，并提供有关其卫生措施的信息。各成员方对此应当做到以下几个方面：

（1）卫生措施的法规公布

①各成员方应保证迅速公布所有已采用的卫生和植物卫生法规（包括普遍适用

的法律、法令或命令），以使有利害关系的成员方知晓。

②除紧急情况外，各成员方应在卫生与植物卫生法规的公布和生效之间留出合理时间间隔，使出口成员方特别是发展中成员方的生产者有时间使其产品和生产方法适应进口成员方的要求。

（2）成员方设立咨询点

协议规定，每一成员方应保证设立一个咨询点。咨询点的功能为：

①对有利害关系的成员方提出的所有合理问题做出答复。

②提供有关文件，具体包括：在其境内已采用或提议的任何卫生与植物卫生法规；在其境内实施的任何控制和检查程序、生产和检疫处理方法、杀虫剂允许量和食品添加剂批准程序。

③风险评估程序、考虑的因素以及适当的卫生与植物卫生保护水平的确定。

④成员方或其境内相关机构在国际和区域卫生与植物卫生组织和体系内，以及在协议范围内的双边和多边协议及安排中的成员资格和参与情况，及此类协议和安排的文本。此外，各成员方还应保证：如有利害关系的成员方索取文件副本，除递送费用外，应按有关成员方本国国民提供的相同价格提供。

（3）法规的通知程序

协议要求只要国际标准、指南或建议不存在或拟议的卫生与植物卫生法规的内容与国际标准、指南或建议的内容实质上不同，且如果该法规对其他成员方的贸易有重大影响，则各成员方应：

①提早发布通知，以使有利害关系的成员方知晓采用特定法规的建议。

②通过世界贸易组织秘书处通知其他成员法规所涵盖的产品，并对拟议法规的目的和理由做出简要说明，且此类通知应提早做出。

③应其他成员方请求而提供拟议法规的副本，如果可能，应标明与国际标准、指南或建议有实质性偏离的部分。

④非歧视地给予其他成员方合理的时间以提出书面意见，应请求讨论这些意见，并对这些书面意见和讨论的结果予以考虑。

此外，协议强调其所有规定不得解释为要求各成员方披露会阻碍卫生和植物卫生立法的执行或会损害特定企业合法商业利益的机密信息。

（三）发展中成员享有的特殊和差别待遇

1.成员方在制定和实施卫生与植物卫生措施时，应考虑发展中成员的特殊需要。如果分阶段采用新的卫生与植物卫生措施，应给予发展中成员更长的时间，使其有利害关系的出口产品符合进口方卫生与植物卫生措施要求，从而维持其出口机会。

2.成员方同意以双边的形式，或通过适当的国际组织，向发展中成员提供技术援助。此类援助可特别针对加工技术、科研和基础设施等领域，包括建立监管机构，并可采取咨询、信贷、捐赠、提供设备和培训等方式。当发展中成员为满足进口方的卫生与植物卫生措施要求，需要大量投资时，该进口方应提供技术援助。成员方应鼓励和便利发展中成员积极参与有关国际组织。

3.发展中成员可推迟 2 年，即从 1997 年 1 月 1 日起，开始执行《实施卫生与植物卫生措施协议》。此后，如有发展中成员提出请求，可有时限地免除其在《实施卫生与植物卫生措施协议》项下的全部或部分义务。

（四）协议的机构安排

为监督成员方执行《实施卫生与植物卫生措施协议》，并为成员方提供一个经常性的磋商场所或论坛，推动各成员方采取协调一致的卫生与植物卫生措施，世界贸易组织设立了卫生与植物卫生措施委员会。委员会的职能包括：

1.鼓励和便利各成员间就特定的卫生与植物卫生问题进行不定期的磋商或谈判。委员会应鼓励所有成员方使用国际标准、指南和建议。在这方面，委员会应主办技术磋商和研究，以提高在批准使用食品添加剂或确定食品、饮料或饲料中污染物允许量的国际和国家制度或方法方面的协调性和一致性。

2.同卫生与植物卫生保护领域的有关国际组织，特别是食品法典委员会、国际兽疫组织和《国际植物保护公约》秘书处保持密切联系，以获得用于管理《实施卫生与植物卫生措施协议》的最佳科学和技术意见，并保证避免不必要的重复工作。

3.制定程序以监测国际协调进程及国际标准、指南或建议的使用。为此，委员会应与有关国际组织一起，制定一份委员会认为对贸易有较大影响的与卫生与植物卫生措施有关的国际标准、指南或建议清单。在该清单中各成员方应说明那些被用做进口条件或在此基础上进口产品符合这些标准即可享有对其市场准入的国际标准、指南或建议。在一成员方不将国际标准、指南或建议作为进口条件的情况下，该成员方应说明其中的理由，特别是它是否认为该标准不够严格，而无法提供适当的卫生与植物卫生保护水平。

（五）争端解决

协议规定，因执行协议所产生的争端适用于世界贸易组织争端解决机制和程序。在协议项下涉及科学或技术问题的争端中，专家组应寻求专家组与争端各方磋商后选定的专家的意见。为此，在主动或应争端双方中任何一方的请求下，专家组在其认为适当时，可设立技术专家咨询小组，或咨询有关国际组织。此外，协议要求其所有内容不得损害各成员方在其他国际协定项下的权利，包括援用其他国际组织或根据任何国家间协定设立的斡旋或争端解决机制的权利。

第三节　海关估价协议

海关估价（customs valuation）是指一国（或地区）的海关机构，为执行关税政策和对外贸易政策的需要，根据法定的价格标准和程序，为征收关税的进出口货物确定一种完税价格的方法、制度和程序。

乌拉圭回合达成的《关于实施〈1994 年关税与贸易总协定〉第 7 条的协议》，又称《海关估价协议》（Agreement on Customs Valuation），其宗旨是，通过规范成员方对进口产品的估价方法，防止成员方使用任意或虚构的价格作为完税价格，确保海关估价制度的简明、公平、统一和中立，不对国际贸易构成障碍，易于操作和监督。通过要求各成员方将各自国内有关立法与该协议协调一致，进而确保这些规则在实际操作中的统一性、可预见性。

一、《海关估价协议》产生的背景

海关估价是国际贸易中的一个重要环节，是为征收关税而产生的一项工作程序。以货物的交易价格作为征收进出口关税基础的从价关税是世界各国和地区使用最为广泛的一种关税措施。海关估价主要适用于实施从价关税的商品，通过估价确定的价格为完税价格，它是海关征收从价关税的依据。海关估价是国际贸易中海关在运用从价税率对某种商品征收关税确定计税基础的必要环节。因为完全一样的同一种商品可能会有好几种价格，绝大多数商品即使在同一市场也会因交易时间、交易地点、交易数量、交易方式、交易条件等方面的不同而造成很大的价格差异。

另外，在国际商务活动中不可避免地会有不正当的商业行为。例如，出口商为了推销商品和进口商为了逃避关税，它们就可能在销售合同中和销售发票上故意低开价格。又如，当某种原料或零部件的进口税率较低而用此原料或零部件加工制造的制成品的增值税率相对较高一些，这就可能出现在国际销售合同和销售发票中高开价格的现象。

由于以上诸多因素的影响，海关在使用既定从价税率对某种商品征收进出口关税之前，必须选定以哪一种价格作为计税基础，以及判定什么样的价格才是合适的正常价格。

进口商申报的价格不是进口货物的完税价格，只有当该价格被海关接受，才能成为完税价格。世界各国或地区对绝大多数商品采用从价关税，海关估价的原则、标准、方法和程序等都影响完税价格的确定。海关高估进口货物的价格相当于提高了进口关税水平，从而对货物在国际上的流动构成限制，在一定程度上抵消了各国或地区在多边贸易体制下所做出的关税减让承诺。因此，滥用海关估价将会造成完税价格的不确定性，阻碍世界贸易的正常发展。

1947年关税与贸易总协定规定，海关征收关税的完税价格应以进口货物或同类货物的"实际价格"为依据，不应采用同类国产品的价格及任意或虚构的价格；计价采用的汇率应符合国际货币基金组织的有关规定。由于该规定不够具体，可操作性不强，因此，在东京回合中，关税与贸易总协定缔约方通过谈判，达成《关于实施〈关税与贸易总协定〉第7条的协议》（亦称《海关估价守则》），对如何实施上述规定做了详细解释，但缔约方可自主决定是否加入该守则。

乌拉圭回合在对《海关估价守则》进行修订和完善的基础上，达成了《海关估价协议》。世界贸易组织要求，每一个成员方都必须接受该协议。

二、《海关估价协议》的主要内容

《海关估价协议》包括一般介绍性说明、序言、正文和附件4个部分，全文共24个条款和3个附件，对海关估价的适用范围、海关估价的方法、协议的管理、发展中成员的特殊和差别待遇、有关争议的磋商和争端解决，以及海关估价委员会与海关技术委员会的职能等问题做出了规定。该协议区别于其他货物贸易协议的特点是：协议的序言之前有"一般介绍性说明"，列出了估价体制的基本原则，澄清了该协议的结构和各条款之间的关系，并强调了海关与进口商之间进行磋商的重要性；而且，协议的附件1包含了指导海关估价使用者的解释性说明，其内容几乎与该协议的正文内容一样长。这样规定的目的是为了减少任意估价的机会。

（一）《海关估价协议》的目标

各成员方达成协议所希望达到的目标是：提供一个可供执行的具有统一性和确定性的规则，以形成一个公平、统一和中性的海关对货物估价的制度，防止适用任意或虚构的完税价格；使得海关估价中的完税价格依据商业惯例的简单和公正的标准，且估价程序不应区分供货来源而应普遍适用；海关对货物估价的依据在最大限度内应为被估价货物的成交价格。

（二）《海关估价协议》的适用范围

《海关估价协议》适用于商业意义上正常进口的货物，以下情况不适用该协议：

1.倾销或补贴货物的进口，不能采用《海关估价协议》规定的估价方法确定倾销和补贴货物的进口价格，并以此作为征收反倾销税或反补贴税的依据。

2.非商业性进口，包括旅客携带入境物品和行李、邮递物品等。

3.非直接进口，主要包括暂时进口的货物、从出口加工区或保税区等特定贸易区进入成员方关税区内的货物、退运货物、运输中损坏的货物等。成员方自行确定如何对这些货物进行估价。

（三）海关估价的方法

《海关估价协议》规定进口成员方海关应在最大限度内以进口货物的成交价格作为货物完税价格。这是海关估价时应首先使用的方法，但在无法使用这种方法的情况下，可使用该协议规定的其他5种方法——以相同货物的成交价格、以类似货物的成交价格、以倒扣价格方法、以计算价格方法、以"回顾"方法——来确定货物的完税价格。通常，我们将以相同货物的成交价格、以类似货物的成交价格来确定货物完税价格的方法统称为比照估价方法。海关估价的方法可归结为5种。

1.以进口货物的成交价格确定完税价格

《海关估价协议》第1条规定，运用这一方法确定的完税价格是指货物出口到进口方后，进口方海关根据成交情况对进口商实付或应付成交价格进行调整后的价格。

进口货物的成交价格应符合以下4个条件才可接受为进口货物的海关估价：

（1）除某些特殊的限制外，不对买方处置或使用该货物设置限制。特殊的限制包括：进口方法律或政府主管机关强制执行或要求的限制；对该货物转售地域的限制；对货物价格无实质影响的限制。

（2）销售或价格不受某些使被估价货物的价值无法确定的条件或因素的影响。

（3）卖方不得直接或间接得到买方随后对该货物转售、处置或使用后的任何收入，除非这种收入能够按照协议的有关规定进行适当调整。

（4）买卖双方无特殊关系，或在买方和卖方有特殊关系的情况下，成交价格未因这种关系而受到影响。

海关估价中进口货物的成交价格还涉及"实付或应付价格"的概念，实付或应付价格是指买方为进口货物向卖方或为卖方利益而已付或应付的支付总额。其中支付未必采用资金转移的形式，而可以采取信用证或可转让信用工具的形式。支付可以是直接的，也可以是间接的。协议的第8条规定，构成海关估价部分的某些费用，如果由买方支付而未被包括在进口货物实付或应付的价格中，则应对实付或应付价格进行调整。下列费用应调整并加到进口货物实付或应付的价格之中：

（1）由买方支付但未包括在货物实付或应付价格中的佣金和经纪费用，购买佣金除外；为完税目的而与所涉货物被视为一体的容器费用；包装费用，无论是人工费用还是材料费用。

（2）进口货物中买方以免费或降低使用成本的方式直接或间接供应的酌情按比例分摊的以下货物和服务的价值，只要该价值未包括在实付或应付的价格中。这些价值包括：进口货物包含的材料、部件、零件和类似货物；在生产进口货物过程中使用的工具、冲模、铸模或类似货物；在生产进口货物过程中消耗的材料；生产供进口货物所必需的、在进口方以外的其他地方所从事的工程、开发、工艺、设计以及计划和规划。

（3）作为被估价货物销售的条件，买方必须直接或间接支付与被估价货物有关的特许权使用费和许可费，只要此类特许权使用费和许可费未包括在实付或应付的价格中。

（4）进口货物任何随后进行的转售、处置或使用而使卖方直接或间接获得的收入的任何部分的价值。

协议还规定，每一成员方在制定法规时，应将下列有关费用是否全部或部分包括在完税价格中做出规定：进口货物运至进口港/地的费用；与进口货物运至进口港/地相关的装卸费和处理费以及保险费。协议还要求，对加入实付和应付价格中的费用应以客观和可量化的数据为依据，而且除上述内容外，在确定完税价格时，不得将其他内容计入实付或应付价格。

在协议的附件1中规定，货物的完税价格不得包括下列费用或成本，只要这些费用或成本可与进口货物的实付或应付价格相区别：

（1）工厂、机械或设备等进口货物进口后发生的建设、安装、装配、维修和技术援助费用。

（2）进口后的运输费用。

（3）进口方的关税和国内税。

2.以比照估价方法确定完税价格

以比照估价方法确定完税价格是指，如果由于存在着某些特殊关系等原因，货物的完税价格不能按照成交价格的方法来估定，则货物的完税价格应按照被估价货物同时或大约同时出口销售至相同进口方的相同或类似货物的成交价格来估定。由于比照的对象分为相同和类似货物，则完税价格的确定也分为相同货物的成交价格和类似货物的成交价格。

（1）相同货物的成交价格

"相同货物"是指所有方面包括物理特点、质量和信誉都一样的货物。确定相同货物的成交价格有以下规则：

第一，应使用与被估价货物相同的商业水平销售的、数量实质相同的相同货物的成交价格作为完税价格。如不能认定上述销售，则应使用以不同商业水平销售的和/或数量不同的相同货物的成交价格，并应对可归因于不同商业水平和/或不同数量的差异做出调整，只要此类调整能够依据清楚地确定调整的合理性和准确性的明确证据做出，而无论调整是否导致价格的提高或降低。

第二，如可认定的相同货物具有一个以上的成交价格，则应使用最低的成交价格确定进口货物的完税价格。

（2）类似货物的成交价格

"类似货物"是指虽然不是在所有方面都相同，但具有相似的特性、相似的组成材料，从而使其具有相同功能，在商业上可以互换的货物。确定类似货物的成交价格，应使用以与被估价货物相同的商业水平销售的、数量实质相同的类似货物的成交价格确定的完税价格。如不能认定此种销售，则应使用以不同商业水平销售的和/或数量不同的类似货物的成交价格，并应对可归因于不同商业水平和/或不同商品的差异做出调整，只要此类调整能够根据清楚地确定调整的合理性和准确性的明确的证据做出，而无论调整是否导致价格的提高或降低。

以此方法确定完税价格，其规则与"相同货物的成交价格"的规则相同，只是将参照的对象由"相同货物"替换为"类似货物"。

3.以倒扣价格方法确定完税价格

在不能依次采用上述两种估价方法时，世界贸易组织进口成员方海关可采用倒扣价格方法确定完税价格。

倒扣价格是指根据进口货物或相同货物或类似货物在进口方的销售价格，扣减货物进口及销售时产生的某些特定费用，具体包括：在进口方发生的佣金，利润，为推销和销售货物直接和间接产生的一般费用，运费、保险费及有关费用，关税及其他费用和增值税等国内税。是否扣减海上运输费、保险费和港口装卸费，由进口成员方海关根据本国有关法规决定。

在进口方的销售价格是指以最大总量将货物第一次转售给与进口商无特殊关系的买方的单位货物价格，且进口货物或相同货物或类似货物必须在进口方按进口时的原状销售。如果没有以进口时的原状销售，进口商可要求海关采用经进一步加工后的货物销售价格。

在这种情况下，相同货物或类似货物的销售时间，应与进口货物的进口时间相同或大致相同，如果时间不同，可采用这些货物在进口后90天内的销售价格。

4.以计算价格方法确定完税价格

如不能依次采用上述3种估价方法，世界贸易组织进口成员方海关可采用计算价格方法来确定完税价格。

计算价格是指进口货物的生产成本加上从出口方向进口方销售同级别或同种类货物通常所获得的利润，以及为推销和销售货物直接和间接产生的一般费用等。是否计入海运费、保险费和港口装卸费，由进口成员方海关根据本国有关法规决定。

这种方法通常在买方与卖方有特殊关系，且生产商愿意向进口方海关提供成本数据和必要审核材料的情况下采用。

5.以"回顾"方法确定完税价格

在无法完全按照上述4种估价方法确定完税价格时，进口成员方海关可采用"回顾"方法确定完税价格。

"回顾"方法是指海关可采用其他合理的方法来估价，包括对上述各种估价方法做出灵活处理，以其中最容易计算的方式确定完税价格。例如，在采用相同货物成交价格方法时，可以采用来自第三国的相同进口货物的成交价格作为估价基础。

上述5种估价方法应严格按顺序实施。只有在前一种估价方法无法确定完税价格的情况下，才可采用后一种估价方法。海关不得颠倒5种估价方法的适用顺序，但进口商可以要求颠倒使用第3种倒扣价格方法和第4种计算价格方法的顺序。

采用其他合理的方法，必须符合《海关估价协议》和《1994年关税与贸易总协定》的有关规定，并依据进口方可获得的数据确定。进口成员方海关不得采用进口方生产的货物在其境内销售的价格，或取两种备选价格中较高的价格，或采用进口货物在出口方境内市场上的价格，或货物向第三方出口的价格。如不采用计算价格方法，海关不得根据生产成本来估价。海关也不得以最低限价以及任意或虚构的价格来估价。

三、对海关估价决定的司法复议

成员方海关根据《海关估价协议》规定的估价程序，审查进口商申报的价格及相关信息（包括进口商呈验的陈述书、单证、申报单）的真实性和准确性，然后根据审查结果决定采用何种方法确定完税价格。

进口商必须如实申报进口货物的价格及有关信息，并与海关进行充分合作。在审查中，如海关怀疑进口商申报价格的真实性和准确性，可要求进口商进一步提交资料或证据，以证明申报价格是经合理调整后的实付或应付价格。但海关在采取这种做法时，应向进口商陈述理由。海关应将最终的估价决定书面通知进口商。

进口商对海关估价决定有申诉的权利，并且不应为此受到处罚。不受处罚是指海关不得因进口商行使上诉权而进行罚款或威胁罚款。进口商为申诉而支付的诉讼费用和律师费用，不属于罚款范畴。

进口商的申诉权体现在两个方面：第一，可向海关内部主管复议的部门提出申诉，或向海关外部的某个独立机构提出申诉。第二，可向司法机关提出申诉。一般来讲，进口商首先向上一级海关或海关外部的某个独立机构提出申诉，要求行政复议。如对行政复议不满，进口商可向司法机关提出申诉，要求司法复议。进口商也可直接要求司法复议。

以上规定，不妨碍海关要求进口商在上诉前全额缴纳海关已估定的税款。

四、发展中成员的特殊和差别待遇

《海关估价协议》规定的发展中成员享有的特殊和差别待遇，主要表现在以下几个方面：

（一）推迟实施《海关估价协议》

《海关估价守则》非签署方的发展中成员可自《建立世界贸易组织协定》对其生效时起，推迟5年实施《海关估价协议》。如果某些发展中成员认为5年时间不够，则可在5年过渡期结束前，提出延长过渡期的申请。如理由正当，应对其延长过渡期的要求给予积极考虑。

（二）推迟采用计算价格方法

《海关估价守则》非签署方的发展中成员可自《海关估价协议》对其生效时起，推迟3年实施该协议中有关以计算价格方法确定完税价格的规定。也就是说，上述发展中成员可自《建立世界贸易组织协定》对其生效时起，推迟8年实施计算价格方法的规定。

（三）对最低限价的保留

许多发展中成员为防止税收流失，对部分进口商品规定了最低限价，海关以此进行估价。《海关估价协议》允许发展中成员对有限的商品在一定时间内实行最低限价，但应得到其他成员方的同意。

（四）对倒扣价格方法和计算价格方法适用顺序的保留

《海关估价协议》允许进口商要求颠倒倒扣价格方法和计算价格方法的适用顺序。但如果颠倒这两种方法的适用顺序给发展中成员带来困难，发展中成员有权提出保留，拒绝进口商提出的这一要求，其他成员方应予以同意。

（五）对经进一步加工货物适用倒扣价格方法的保留

《海关估价协议》规定，在适用倒扣价格方法时，如果货物没有按进口时的原状销售，应进口商的请求，海关可采用货物经进一步加工后的销售价格进行倒扣计算。但发展中成员可保留如下权利：如果货物进行了进一步加工，无论进口商是否提出请求，海关均按有关规定，根据加工后的价格来确定完税价格。其他成员方应予以同意。

（六）获得技术援助的权利

发达成员应根据与发展中成员双边议定的条件，为发展中成员提供技术援助，包括培训人员，提出适用《海关估价协议》规定的建议等。发展中成员海关在对独家代理人、独家经销人或独家受让人的进口货物进行估价时，如果遇到问题，可向海关估价技术委员会提出援助请求。该委员会应对此进行研究，寻求解决方法，发达成员应在发展中成员的请求下提供有关援助。

五、协议的机构安排

世界贸易组织设立了海关估价委员会，负责协议的实施，解决政策问题；同时，在世界海关组织设立海关估价技术委员会，解决具体技术问题，该委员会的秘书处工作由世界海关组织秘书处承担。

（一）海关估价委员会

海关估价委员会由每一成员方的代表组成。委员会选举自己的主席，通常每年应召开一次会议，或按协议规定的其他情况召开会议，目的在于为各成员方提供机会，就任何成员方可能影响协议运用或其目标实现的与海关估价体制管理有关的事项进行磋商，并履行各成员方所制定的其他职责。

此外，委员会应承担审议协议的执行和运用情况的责任，并应每年将审议所涉期间的进展情况通知货物贸易理事会。

（二）海关估价技术委员会

协议还决定设立海关估价技术委员会，在海关合作理事会主持下，履行以下职责：

1.审查各成员方在海关估价制度的日常管理中产生的具体技术问题，并依据提出的事实就适当的解决办法提供咨询意见。

2.按要求，研究与协议有关的估价法律、程序和做法，并就此类研究的结果准备报告。

3.就协议的运用和法律地位的技术方面制定和散发年度报告。

4.就任何成员方或委员会可能要求的、就有关进口货物海关估价的任何事项提供信息和建议。此类信息和建议可采取咨询意见、评论或解释性说明的形式。

5.按要求，便利对各成员方的技术援助，以期促进协议的国际接受。

6.对专家组根据协议向其提交的事项进行审查。

7.行使海关估价委员会可能指定的其他职责。

此外，在协议的附件2中，对海关估价技术委员会的工作总则、代表、会议及其议程、官员及议事规则、法定人数和投票、语言和记录等问题制定详细的规则。

六、磋商和争端解决

由协议所产生的争端适用世界贸易组织的争端解决机制。此外，协议规定，如果任何成员方认为，由于另一成员方或其他成员方的行动而使协议项下直接或间接获得的利益丧失或减损，或阻碍协议任何目标的实现，则该成员方为了就此事项达成双方满意的解决办法，可请求与所涉成员方进行磋商。每一成员方应对另一成员方提出的磋商请求给予积极考虑。应有关请求，海关估价技术委员会应向进行磋商的成员方提供建议和协助。为审查与协议规定有关的争端而设立的专家组，可在争端一方请求下或自行请求技术委员会对任何需要进行技术性审议的任何问题进行审查。专家组应确定技术委员会对特定争端的职权范围，并设定接受技术委员会报告的时间。专家组应考虑技术委员会的报告，如技术委员会无法就有关提交其处理的事项协商一致，则专家组应向争端各方提供就争端向专家组提出其意见的机会。当然，专家组应当保守其所涉及的机密信息。

第四节　装运前检验协议

装运前检验（preshipment inspection，PSI）是指根据进口商在贸易合同中的要求，委托或授权独立的检验机构根据一定程序，在出口方境内对即将进口的商品所进行的货物装运前的检验活动。《装运前检验协议》（Agreement on Preshipment Inspection）的宗旨是确保成员方实施的装运前检验制度是非歧视和透明的，避免给国际贸易造成不必要的障碍。

一、《装运前检验协议》的产生背景

装运前检验是现代国际贸易中常用的一种检验方法，但却是近几十年来由发展中国家首先采用的一种贸易实践活动。1965年1月15日，扎伊尔政府为保护本国的贸易和经济权利，第一次颁布法令，宣布对扎伊尔进口的商品强制进行装运前检验。此后，越来越多的发展中国家实施了装运前检验制度（据统计大约有40多个世界贸易组织成员实施该制度），并逐步得到了一些发达国家的认可和接受。

正确、合理的装运前检验可以维护交易各方的正当权益、维护市场秩序并制止商业欺诈行为，能够促进国际贸易的健康发展。但是如果装运前检验措施被贸易保护主义所利用，则过分复杂的装运前检验手续或程序就可能成为一种非关税壁垒，对国际贸易的发展产生消极的影响。因此，为了规范装运前检验活动，这一问题在负责监督实施东京回合《海关估价守则》的委员会上被提出，并导致了各方将此问题列入乌拉圭回合，成为该回合的重要议题之一。各方同意在关贸总协定体制内制定多边规则，并由非关税措施谈判组对装运前检验规则进行谈判。在谈判中，实施装运前检验制度的国家要求保留这一做法；其他参加方也注意到这些国家依赖装运前检验的现状，承认它们有必要实施这一制度，但要求装运前检验不应导致不必要的迟延，或使出口商受到不公平的待遇。最后各参加方经过多年的谈判终于达成了《装运前检验协议》，该协议适用于世界贸易组织的所有成员方。

二、《装运前检验协议》的主要内容

《装运前检验协议》由9个条款组成，包括适用范围、进口方和出口方的义务、检验机构与出口商之间争端的解决，以及成员方之间争端的解决等。

（一）适用范围

《装运前检验协议》适用于由世界贸易组织成员方政府通过政府授权或政府合约的方式，指定检验机构对进口产品的质量、数量、价格（包括汇率与融资条件）以及产品的海关分类等，在出口方进行的所有装运前检验活动。

（二）进口方成员的义务

实施装运前检验制度的进口方成员应承担的义务是《装运前检验协议》的核心内容，其中最重要的是进口方在价格审核方面应遵守的规则，这些规则基本上是针对装运前检验机构的，但由于世界贸易组织主要约束政府行为，所以进口方政府承担了"应确保"检验机构遵守这些规则的义务。

1.非歧视检验义务

进口方应保证装运前检验活动以非歧视的方式实施，在实施这些活动中使用的程序和标准是客观的，且对受此类活动影响的所有出口商平等适用。进口方应保证其签约或授权的装运前检验实体的所有检验人员统一执行检验。

2.国民待遇义务

进口方应保证在进行装运前检验活动的过程中，遵守其法律、法规的要求以及遵守GATT所要求的国民待遇条款。

3.透明度要求

进口方应保证装运前检验以透明的方式实施，并保证在出口商最初接洽装运前检验实体时，该实体向出口商提供一份出口商遵守检验要求所必需的全部信息清单。如出口商提出请求，则装运前检验实体应提供实际信息。该实际信息应包括进口方与装运前检验活动有关的法律法规，还应包括用于检验及价格和汇率核实目的的程序和标准、出口商相对于检验实体的权利以及其国内法制定的上诉程序。现有程序的额外程序性要求或变更不得适用于装运货物，除非在安排检验日期时已将这些变更通知有关出口商。此外，进口方应保证有关信息应以方便的方式使出口商获得，装运前检验实体设立的检验办公室应作为获得有关信息的信息点。进口方也应以能够使其他政府和贸易商知晓的方式，迅速公布与装运前检验活动有关的所有适用法律、法规。

4.保护机密商业信息的义务

（1）进口方应保证装运前检验实体将在实施装运前检验过程中收到的所有未经公布、第三方不能普遍获得或在公共领域不能普遍获得的信息视为商业机密。进口方应保证其装运前检验实体为此目的遵守操作程序。

（2）应请求，进口方应向各成员方提供其为实施机密商业信息保护而采取措施的信息，但不得因此被认为是要求任何成员方披露会危害装运前检验计划的有效性或损害特定公私企业的合法商业利益的机密信息。

（3）进口方应保证装运前检验实体不对任何第三方泄露机密商业信息，但装运前检验实体同与其签约或向其授权进行检验的政府实体分享该信息的情况除外。进口方应保证它们自与其签约或向其授权进行检验的装运前检验实体收到的机密商业信息得到充分保护。装运前检验实体只有在机密信息为信用证或其他支付方式或由于清关、进口许可或外汇管制的目的而通常需要的情况下，方可同与其签约或向其授权进行检验的政府实体分享此类信息。

（4）进口方应保证装运前检验实体不要求出口商提供有关下列内容的信息：第一，与已获专利、已获许可或未披露的方法有关，或与正在申请专利的方法有关的制造数据；第二，未公布的技术数据，但为证明符合技术法规或标准所必需的数据除外；第三，内部定价，包括生产成本；第四，利润水平；第五，出口商与其供应商之间的合同条款，除非其他方法无法使实体进行所涉检验。在此种情况下，实体应只要求为此目的所必需的信息。

对于上述信息，装运前检验实体不得另行要求提供，但出口商为说明一特定情况自愿发布的除外。

5.避免利益冲突的义务

为了避免装运前检验的商业实体之间发生利益冲突，并保证检验的客观公正，协议要求进口方应保证装运前检验实体遵循一定的程序，以避免以下各方之间的利益冲突：

（1）在装运前检验实体与任何与所涉装运前检验实体有关的实体之间，包括装运前检验实体在其中有财务或商业利益的任何实体，或在所涉装运前检验实体中有财务利益且其装运货物将由该装运前检验实体进行检验的任何实体。

（2）在装运前检验实体与其他任何实体之间，包括需进行装运前检验的其他实体，但签约或授权进行检验的政府实体除外。

（3）在装运前检验实体内部从事除要求实施检验程序之外的其他活动的各部门之间。

6.避免迟延的义务

对装运前检验的过分迟延，将形成国际贸易的壁垒，因此协议要求：

（1）进口方应保证装运前检验实体在检验装运货物时避免无理迟延，还应保证，一旦装运前检验实体与出口商商定了检验日期，装运前检验实体即应在该日期进行检验，除非在出口商和装运前检验实体双方统一的基础上重新安排日期，或装运前检验实体被出口商或不可抗力妨碍无法实施检验。

（2）进口方应保证，在收到最终单证和完成检验后，装运前检验实体在5个工作日内签发检验结果清洁报告书，或提供详细书面说明列明不予签发的理由。进口方应保证，在后一种情况下，装运前检验实体应给予出口商提交书面意见的机会，如出口商提出请求，应在双方方便的最早日期安排复验。

（3）进口方应保证，只要出口商提出请求，装运前检验实体承诺在实际检验日期前，根据出口商和进口商之间的合同、形式发票以及适用的关于进口授权的申请，对价格和在适用的情况下对汇率进行初步核实。进口方应保证，只要货物与进口单证和/或进口许可证相符，即不撤销装运前检验实体在该初步核实的基础上已接受的价格或汇率。它们应保证，在进行初步核实后，装运前检验实体应立即以书面形式通知出口商它们接受价格或/和汇率或不予接受的详细原因。

（4）进口方应保证，为避免支付的迟延，装运前检验实体应尽快将检验结果清洁报告书送交出口商或出口商的指定代表。

（5）进口方应保证，如检验结果清洁报告书出现笔误，则装运前检验实体应尽快更正错误，并将更正的信息送交有关各方。

7.价格审核的义务

为了防止高报价、低报价和欺诈，协议要求用户成员保证其装运前检验实体应根据以下准则实施价格审核：

（1）装运前检验实体只有在它们能够证明其关于价格不符合要求的调查结果是根据以下各项标准的核实程序所做出的，方可拒绝出口商和进口商之间议定的合同价格。

（2）装运前检验实体为核实出口价格而进行的价格比较应根据在相同或大致相同时间、根据竞争和可比的销售条件、符合商业惯例的自同一出口方供出口的相同或类似货物的一个或多个价格进行，并扣除任何适用的标准折扣。该比较应根据：第一，仅使用可提供有效比较基础的价格，同时考虑与进口方和用以进行价格比较的一个或多个成员方有关的经济因素；第二，装运前检验实体不得依靠供出口方的货物的价格而对装运货物任意强加最低价格；第三，装运前检验实体应考虑以下第（3）点所列的特定因素；第四，在上述程序的任何阶段，装运前检验实体应向出口商提供对价格进行说明的机会。

（3）在实施价格核实时，装运前检验实体应适当考虑销售合同的条款和与交易有关的普遍适用的调整因素。这些因素应包括但不仅限于：销售的商业水平和销售数量、交货期和交货条件、价格升级条件、质量标准、特殊设计特征、特殊装运或包装规格、订货数量、现货销售、季节影响、许可费或其他知识产权费，以及作为合同一部分提供的但未按通常做法单独开列发票的服务。此外，还应包括与出口商价格有关的某些因素，如出口商与进口商之间的合同关系等。

（4）运输费用的核实应仅与销售合同中列明的、出口方运输方式的议定价格有关。

（5）下列因素不得用于价格核实目的：第一，进口方生产的货物或在该国的销售价格；第二，来自出口方以外的某一方供出口货物的价格；第三，生产成本；第四，任意的或虚构的价格或价值。

8.在上诉程序方面的义务

为了确保装运前检验所采用的程序、标准以及得出结论的客观公正，协议要求进口方应保证装运前检验实体制定程序以接受和考虑出口商提出的不满意见并对此做出决定，并按照前述透明度原则的要求将有关此类程序的资料提供给出口商；同时，协议要求进口方应保证依据下列准则制定和保留此类程序：

（1）装运前检验实体应指定一名或多名官员，在正常的营业时间内，在设立装运前检验管理办公室的每一城市或每一港口接收、考虑出口商的申诉或不满意见，并对此做出决定。

（2）出口商应以书面形式向指定的一名或多名官员提供所涉具体交易的实施、不满意见的性质以及建议的解决办法。

（3）指定的一名或多名官员对出口商的不满意见给予积极考虑，并在收到第（2）点所述文件后尽快做出决定。

9.在检验地点和标准方面的义务

（1）在检验地点方面，协议要求进口方应保证所有装运前检验活动，包括签发检验结果清洁报告书或不予签发的通知书，均应在货物出口的关境内进行，如因所涉及的产品性质复杂而无法在该关境内实施检验，或如果双方同意，则可在制造该货物的关境内进行。

（2）在检验标准方面，协议要求进口方应保证关于数量和质量的检验应依照买卖双方在购货合同中规定的标准实施，如无此类标准，则适用有关国际标准。

10.检验的例外

协议要求进口方除分批装运外，如装运货物的价值低于进口方规定的适用于该批货物的最低价值，则不得对其进行检验，但特殊情况的除外。

（三）出口方成员的义务

《装运前检验协议》对出口方成员的义务规定较为简单，主要有：

1.非歧视义务

出口方成员应保证其与装运前检验活动有关的法律法规以非歧视的方式实施。

2.透明度义务

出口方成员应以能够使其他政府和贸易商知晓的方式，迅速公布所有与装运前检验活动有关的适用的法律法规。

3.技术援助的义务

如收到请求，出口商应按双方同意的条件向进口方提供旨在实现协议目标的技术援助。

（四）检验机构与出口商之间争端的解决

如果检验机构与出口商之间发生争端，各成员应鼓励装运前检验实体和出口商通过相互协商的方式解决双方的争端。争端双方的任何一方在按照协议有关上述程序的规定提交不满意见达到2个工作日后，均可将此争端提交进行独立审查。各成员应采取合理措施以保证为此制定和保留下列程序：

1.程序的管理

协议要求这些程序应由一代表装运前检验实体的组织和一代表出口商的组织联合组成的独立实体管理。

2.独立审查机构的专家名册

专家名册的形成：①由一代表装运前检验实体的组织提名的一组成员；②由一代表出口商的组织提名的一组成员；③由进行管理的独立实体提名的一组独立贸易专家。此名单中专家的地理分布应能使任何根据此程序提出的争端得到迅速处理。该名单应在《建立世界贸易组织协定》生效起2个月内制定并每年进行更新。该名单可公开获得，并应通知世界贸易组织秘书处，再由其散发给所有成员方。

3.专家组的组成

提出申诉的一出口商或一装运前检验实体应与进行管理的独立实体联系，并要求组成专家组。进行管理的独立实体应负责设立专家组。专家组应由3名成员组成，其成员的选择应避免不必要的费用和迟延。第一名成员应由有关装运前检验实体从其代表装运前检验实体的组织所提名的一组成员中选出，但该成员不得隶属于该实体。第二名成员应由出口商从代表出口商的组织所提名的成员中选出。第三名成员应由进行管理的独立实体从独立贸易专家中选出，并且不得对选出的任何独立贸易专家提出异议。所选出的独立贸易专家担任专家组主席，独立贸易专家应做出必要的决定，以保证专家组迅速解决争端。

如果争端各方同意，可以由进行管理的独立实体选出一名独立贸易专家审查所涉争端。该专家应做出必要的决定，以保证迅速解决争端。

4.争端解决程序的具体要求

（1）审查的对象应为确定在进行产生争端的检验过程中，争端各方是否遵守协议的规定。程序应迅速，并为双方提供机会以便当面或以书面形式提出意见。

（2）3人专家组的决定应以多数票做出。关于争端的决定应在提出独立审查的请求后的8个工作日内做出，并告知争端各方。时限可经争端各方同意而予以延长。专家组或独立贸易专家应根据案件的具体情况分配费用。

（3）专家组的决定对属于争端方的装运前检验实体和出口商具有同样的约束力。

（五）通知、审议及磋商与争端解决

1.通知

协议要求各成员方在《建立世界贸易组织协定》对其生效时，向秘书处提交其实施协议的法律法规，以及与装运前检验有关的其他法律法规。对于与装运前检验有关的法律法规的变更，在未正式公布前不得实施。这些变更在公布后应立即通知世界贸易组织秘书处。秘书处应将该信息通知各成员。

2.审议

在《建立世界贸易组织协定》生效之日起第2年年底以及此后每3年，部长级会议应审议《装运前检验协议》的条款及实施和运用情况，同时考虑协议的目标及其运用过程中取得的经验，作为此类审议的结果，部长级会议可修正协议的条款。

3.磋商与争端解决

应请求，各成员方应就影响协议实施的任何事项与其他成员方进行磋商。有关磋商适用《关于争端解决规则与程序的谅解》和GATT 1994中有关磋商的条款。成员间因协议运用而引起的任何争端适用世界贸易组织的争端解决机制。

第五节　原产地规则协议

原产地规则是指，任何成员方为确定货物原产地而实施的普遍适用的法律、法规及行政决定，它是确定进入国际贸易领域的货物的"国籍"的法律规则，其本身是一种贸易政策或贸易管理手段。它的核心内容是判定货物原产地的具体标准，即原产地标准。原产地标准（origin criterion）是指一国或地区用以衡量某种商品为本国或本地区生产或制造的标准，是签发原产地证书的依据。凡是符合原产地标准的产品即称为本国产品。乌拉圭回合达成的《原产地规则协议》（Agreement on Rules of Origin）的宗旨是，成员方以公正、透明、可预测和一致、中性的方式制定与实施原产地规则，使有关原产地规则的法律、法规和做法不对国际贸易造成不必要的障碍，以促进国际贸易的发展。

一、《原产地规则协议》产生的背景

货物的原产地（the origin of goods）是货物的"国籍"，其含义是指一特定产品的原产国或原产地区。在国际贸易实践中，产品的原产地通常为完整生产某项产品的国家或地区；当产品的生产涉及多个国家或地区时，产品的原产地是产品最后发生"实质性改变"的国家或地区。"实质性改变"一般是指，这种改变形成了一种完全不同的"新"产品。例如，以俄罗斯的木材和澳大利亚的皮革为原料，在中国生产沙发，按照"实质性改变"原则，这种沙发的原产地应为中国。因为与木材和皮革相比，在中国进行的将木材和皮革加工后形成了一种完全不同的新产品——沙发，"实质性改变"的发生地在中国，沙发的原产地也就认定为中国。

长期以来，国际社会未能制定一套协调一致的全球性原产地规则，而主要发达国家制定了多套不同的原产地规则。这些规则在反倾销、地区经济一体化及进口国别配额分配等方面，具有潜在的贸易保护作用，客观上对国际贸易形成阻碍。各方日益认识到，由于各国原产地规则的多样性、复杂性和随意性，使得在国际范围内制定一个统一的、协调一致的、为大多数国家所普遍接受的原产地规则越来越重要。为了进一步促进世界贸易的自由发展，增强多边机制的约束力，保证各成员方的原产地规则不构成对贸易的障碍，确保各成员方的原产地规则以公正、透明、可预测、一致和中性的方式制定和实施就显得非常重要。乌拉圭回合多边贸易谈判的非关税措施谈判组将原产地规则问题列为重要议题之一。在谈判后期，中国香港、日本、美国及欧洲共同体均就原产地规则及其多边协议提交了各自的建议。在此基础上，各方经过谈判，最终达成了《原产地规则协议》。这是第一个协调国际贸易中货物原产地规则的多边协议，适用于世界贸易组织的所有成员方。

二、《原产地规则协议》的主要内容

《原产地规则协议》共分4个部分，由9个条款和2个附件组成，主要内容包括协议的适用范围、原产地规则协调、过渡期间的纪律、过渡期后的纪律、协议的机构设置等。

（一）协议的适用范围

《原产地规则协议》只适用于有关实施非优惠性商业政策措施的原产地规则，具体包括实行最惠国待遇、反倾销和反补贴税、保障措施、原产地标记要求、任何歧视性数量限制或关税配额以及政府采购外国货物和贸易统计等所使用的原产地规则。

《原产地规则协议》不适用于优惠性原产地规则。优惠性原产地规则是指，成员方为确定货物是否有资格享受优于最惠国待遇的关税而实施的原产地规则，如自由贸易区内和普惠制下所实施的货物原产地规则。

（二）原产地规则协调

原产地规则协调的目标是建立具有以下特征的原产地规则体系：

1.同一原产地规则适用于所有非优惠性贸易政策。

2.原产地规则应是客观的、可理解的和可预测的，且具有连贯性。

3.原产地规则应以一致、统一、公正和合理的方式管理。

4.原产地规则应以肯定性标准为基础，否定性标准可用以澄清肯定性标准。

根据《原产地规则协议》的规定和世界贸易组织的授权，从1995年开始，世界海关组织原产地规则技术委员会负责协调世界贸易组织成员方非优惠性原产地规则的工作。按照《原产地规则协议》的要求，协调工作以商品类别为基础，即按协调编码制度税则目录中的类、章所代表的商品类别进行。对世界贸易组织成员方原产地规则中使用的"完全制造"和"最低程度的制造或加工"，原产地规则技术委员会应提出协调一致的定义；按"实质性改变"原则确定产品的原产地标准时，原产地规则技术委员会应研究和阐明如何使用税号的改变规则，必要时应阐明税号的最低改变；对采用协调制度税号仍不能描述"实质性改变"的产品，原产地规则技术委员会应仔细考虑和阐明如何以补充或专用的形式借助其他规定，如增值百分比要求，或制造与加工工序要求，来确定产品的原产地。

原产地规则技术委员会协调工作的结果，由世界贸易组织部长级会议予以采纳，这些结果以附件的形式作为《原产地规则协议》的组成部分，并于约定之日起生效。

《原产地规则协议》要求，原产地规则协调工作应在1995年7月1日至1998年6月30日3年的时间内完成，但由于各成员方利益不同，世界贸易组织原产地规则协调谈判并没有在预定的期限内如期完成。2007年该项谈判虽然取得了突破性进展，但迄今仍然没有最后完成，因此，目前尚处于过渡期间。

（三）过渡期间的纪律

在原产地规则协调工作计划完成之前的过渡期间，世界贸易组织成员方暂不实行《原产地规则协议》中有关同一原产地规则适用于所有非优惠性贸易政策的规定。

在过渡期间，世界贸易组织成员方应遵守以下纪律：

1.明确、中性的原产地规则

目前世界各国将货物的原产地划分为完全原产地标准（wholly obtained product）和实质性改变标准（substantial transformation）。

完全原产地标准是指在一个国家生长、开采、收获或完全利用本国生产的原材料在该国生产、制造的产品，如从该国开采的矿产品、在该国收获的植物产品、在该国出生和饲养的活动物、在该国猎取或捕捞的产品等。这类产品的特点是不含有任何国外的原材料、部件或劳务，生产制造过程自始至终都是在这个国家境内完成的。由于完全原产地产品不涉及其他国家或地区的产品或成分，技术上比较容易判断和掌握，因此，该标准为世界各国所普遍接受。

　　实质性改变标准是指使用进口的原材料在出口国内制造、加工货物时，这些进口的原材料必须在出口国内经过改变它们的特征或特性并达到一定实质性加工程度，使制成品在性质、形状或用途上产生不同于进口原材料的永久性和实质性的改变。通过这一实质性的改变，即可确定该出口国为该制成品的原产地国。目前，大多数国家或地区在对"实质性改变"原则做出具体解释时，通常采用税号改变、增值百分比、制造或加工工序三个标准。

　　（1）税号改变标准，又称税则分类变化标准，是指产品经加工制造成最终产品后，其税号与所用的进口原材料的税号不同，此加工制造地即为该产品的原产地。例如，用其他国家或地区生产的零部件组装电视机，由于电视机与零部件的税号不同，电视机的组装地即为原产地。

　　（2）增值百分比标准，是指根据构成产品的进口原料或国内原料与产品本身的价值比来确定产品的原产地。例如，一国可规定，当产品中进口成分的价值超过产品本身价值的30%时，这项产品的原产地就不能确定为该国。

　　（3）制造或加工工序标准，是指依据产品的制造或加工工序来确定产品的原产地，这种制造或加工工序必须足以赋予产品某些本质特征。产品只有在一国或地区经历规定的制造或加工工序后，方可取得该国或地区的原产地资格。例如，某国可规定"缝制地"为服装的原产地。

　　过渡期间世界贸易组织各成员方发布各自的原产地规则应具体列明所采用的原产地标准。如果采用税号改变标准，必须清楚地列明该规则所述的税则目录内的税号；如果采用增值百分比标准，必须详细地列明计算这一百分比的方法；如果采用制造或加工工序标准，必须准确地列明能授予有关产品原产地资格的制造或加工工序。这些要求仅在过渡期内适用，过渡期后，各成员方就应采用统一的协调后的原产地标准。

　　与此同时，原产地规则应为中性，即尽管原产地规则与政策措施或手段有联系，但世界贸易组织各成员方不得将原产地规则用做直接或间接地追求贸易目标的工具，来达到限制国际贸易的目的。

　　2.肯定性原产地标准

　　《原产地规则协议》要求，世界贸易组织各成员方的原产地规则应以肯定性标准为基础。肯定性原产地标准是指，只要产品符合进口方原产地标准，就可授予产品原产地资格。与肯定性标准相对应的是否定性标准。否定性标准是指在何种情况下不能授予产品原产地资格的规定。只有在作为对肯定性标准的部分澄清，或在无须使用肯定性标准确定原产地的个别情况下，才允许使用否定性标准。

　　3.原产地的评定

　　《原产地规则协议》规定，应出口商、进口商或持有正当理由的任何人要求，各成员方的主管机构应在接到原产地评定要求之日起的150天内，尽早公布对有关产品原产地的评定意见。评定意见的有效期一般为3年。

4.行政行为的复议

任何与确定原产地有关的行政行为，均可由独立于原产地评定机构的司法、仲裁及行政庭或行政程序迅速进行复议。行政行为复议可以修改或推翻原评定意见。

（四）过渡期后的纪律

原产地规则协调工作计划一经完成，过渡期即告结束。在过渡期后，世界贸易组织成员方除应继续遵守过渡期间适用的基本原则外，还须遵守同一原产地规则适用于所有非优惠性贸易政策的规定。

（五）协议的机构设置

根据《原产地规则协议》规定，世界贸易组织设立原产地规则委员会。该委员会由各成员方代表组成，每年至少召开一次会议，以便为各成员方提供机会，就协议的运用或促进协议目标的实现进行磋商，并履行协议项下和货物贸易理事会指定的其他职责。在适当时，委员会应请求原产地规则技术委员会就与协议有关的事项提供信息和建议，并审议协议的执行情况，根据原产地规则协调工作的结果提出必要的修正建议。世界贸易组织秘书处行使原产地规则委员会秘书处的职责。

同时，在世界海关组织设立原产地规则技术委员会，具体承担原产地规则方面的技术性工作，包括原产地规则的协调。世界海关组织秘书处行使原产地规则技术委员会秘书处的职责。技术委员会的职责是：

1.在技术委员会任何成员方请求下，审查各成员方对原产地规则的日常管理中出现的具体技术性问题，并根据所提供的事实提出关于适当解决办法的咨询意见。

2.提供任何成员方或原产地规则委员会可能请求获得的有关确定货物原产地的任何事项的信息和建议。

3.就协议运用和法律地位的技术方面的问题定期准备和散发报告。

4.对执行和运用"实施原产地规则的纪律"和"通知、审议、磋商和争端解决的程序安排"方面的技术问题进行年度审议。

5.原产地规则委员会可能要求其履行的其他职责。

第六节　进口许可程序协议

《进口许可程序协议》（Agreement on Import Licensing Procedure）的宗旨是，保证进口许可程序管理和实施的简化、透明、公平和公正，避免对产品进口造成障碍或限制。进口许可是指用以实施进口许可制度的一种行政管理程序，既包括进口许可证制度本身的程序，也包括作为进口前提条件的其他行政管理手续。

一、《进口许可程序协议》的产生背景

进口许可制度作为一项非关税措施，是世界各国普遍采用的一种进口管理制度。该制度要求向有关行政机关提交申请或其他文件（报关所需文件除外），作为货物进入进口成员方关境的先决条件。在此制度下，进口方有权规定自国外进口的某些商品，必须事先向进口方的有关行政主管机关提出申请并取得进口方签发的许可证后，才能进口。从进口许可证取得的难易程度上看，可以分为自动进口许可证和非自动进口许可证。为了使自动进口许可证和非自动进口许可证所适用的商品适应经济发展的需要，各成员方往往定期公布不同许可证所适用的商品项目清单，并根据需要随时做出调整。

各成员方的进口许可制度都具有两面性：一方面，其具有合理性，这一制度的使用对于维护成员方的对外贸易秩序和经济发展具有积极作用；另一方面，对进口商品实施进口许可管理，由于其具有较大的隐蔽性和任意性，很容易成为一种使出口成员方难以把握的非关税壁垒措施。特别是有的成员方对许可证的发放规定了十分复杂的程序且费用昂贵，从而阻滞货物的进口，或滥用许可制度和许可程序实施歧视待遇，使进口许可制度成为贸易保护主义的有力工具。

为了避免进口许可制度的消极作用，1947年关贸总协定第8条和第13条对进口许可程序做出了规定，但该规定较为原则化，在实际执行中难以操作。因此，为了提高进口许可程序的透明度，简化进口许可程序，关贸总协定的各缔约方在东京回合上达成了《进口许可程序守则》。《进口许可程序守则》是经发展中缔约方与发达缔约方的谈判达成的一项妥协性协议，因此该守则的适用具有灵活性，缔约方可以自行选择参加。由于许多发展中缔约方并没有在该守则上签字，只是申请成为观察员，使该守则的使用范围受到较大限制。此后，在乌拉圭回合中，为了真正实现进口许可程序的实施和管理的简化、透明、公平、公正，避免对产品进口造成障碍和限制，各缔约方对《进口许可程序守则》做了进一步的修改和完善，增加了通报和审议等条款，最终达成了《进口许可程序协议》。该协议对世界贸易组织的所有成员方生效。

二、《进口许可程序协议》的主要内容

《进口许可程序协议》由序言和8个条款组成，主要涉及进口许可程序的一般规则、自动进口许可制度、非自动进口许可制度、协议的机构安排、进口许可程序的通知和审议、磋商和争端解决等方面的内容。

（一）进口许可程序的一般规则

1.公平实施规则

协议要求成员方进口许可程序规则的实施应保持中性，并以公平、公正的方式进行管理，且不得与GATT 1994的各项原则和义务相违背，从而对国际贸易产生扭曲或对发展中成员的经济发展及财政和贸易需要产生阻碍。

2.透明度规则

为使世界贸易组织其他成员方政府及贸易商知晓有关进口许可程序规则，成员方应在已向世界贸易组织通知的官方公报、报纸、杂志等出版物上，公布进口许可证申请程序规定及有关信息，包括个人、企业和机构提交这种申请的资格，需要接洽的行政机关，以及需要申领进口许可证的产品清单等。公布的时间应不迟于上述规定生效之日前的21天，特殊情况最晚不得迟于生效之日。对于有关许可程序的规则或受进口许可限制的产品清单的任何例外、减损或变更，也应以同样方式在上述相同时限内予以公布，这些出版物的副本应可以使秘书处获得。此外，应请求，应给予希望提出书面意见的成员方讨论这些意见的机会。有关成员方应对这些意见和讨论结果给予应有的考虑。

3.程序简便规则

协议要求各成员方的申请表格和展期申请表格应尽可能简单。凡被认为属于许可制度的正常运行所绝对必要的文件和信息均可在申请时要求提供。同时，协议规定申请程序和展期申请程序应尽可能简单。应允许申请者在一段合理的期限提交许可证申请。如有截止日期，则该期限应至少为21天，并应规定如在其期限内未收到足够的申请，则该期限可以延长。申请者应只需接洽与申请有关的一至两个行政机关，最多不超过3个行政机关。

4.宽容审查规则

成员方对任何申请不得由于文件中出现的未改变基本数据的微小错误而被拒绝。对于在文件或程序中出现的显然不是由于欺骗意图或重大过失而造成的任何遗漏或差错，所给予的处罚不得超过提出警告所必需的限度。此外，得到许可的进口产品不得由于运输过程中产生的微小差异、散装货装载时偶然产生的差异以及其他与正常商业做法一致的微小差异而导致货物的价值、数量或重量与许可证标明的数额有微小差异而被拒绝。

5.用汇平等规则

协议要求许可证持有人用以支付得到许可证的进口产品所需的外汇，应与不需要进口许可证货物的进口商在相同基础上获得。成员方不应对需凭进口许可证进口的贸易商在外汇使用上进行歧视。

6.允许安全例外和保密例外规则

《进口许可程序协议》允许进口方根据《1994年关税与贸易总协定》第21条安全例外的规定，采取有关措施。

世界贸易组织成员方可以不提供会导致妨碍法律实施、损害公共利益或企业合法商业利益的保密资料。

（二）自动进口许可制度

1.自动进口许可的含义

自动进口许可制度是指在任何情况下对进口申请一律予以批准的进口许可制度。这一制度通常用于统计和监督。

2.自动进口许可适用的规则

（1）世界贸易组织成员方只有在没有其他更合适的手段实现其管理目的，且已具备采取自动进口许可条件的情形下，才可以实施这种许可制度。

（2）自动进口许可程序的管理方式不得对受自动进口许可管理的进口商品产生限制作用。除非符合下列条件，否则自动进口许可程序应被视为对贸易有限制作用：

第一，任何个人、公司或机构只要满足进口成员方有关从事受自动进口许可管理产品的进口经营的法律要求，均有同等资格进行申请，并获得进口许可证。

第二，许可证申请可在货物清关前任何一个工作日提交。

第三，以适当和完整的表格提交的许可证申请，在管理上可行的限度内，应在收到后立即批准，最多不超过10个工作日。

（三）非自动进口许可制度

协议规定，凡不属于自动进口许可范围的进口许可便为非自动进口许可。对非自动进口许可制度所适用的规则是：

1.除实行许可限制本身所造成的影响外，非自动进口许可程序不应对进口产品产生其他的贸易限制作用或贸易扭曲作用。非自动进口许可程序在范围和期限上应符合使用该程序所实施的措施，且其行政负担不得超过为管理该措施所绝对必要的限度。

2.在许可要求的目的不是实施数量限制的情况下，各成员方应公布充分的信息，以使其他成员方和贸易商了解发放和/或分配许可证的依据。如一成员方规定，个人、公司或机构可请求例外或背离许可证要求，则该成员方应将此事实包括在透明度原则所要求公布的信息中，还应包括如何提出该请求的信息，且在可能的情况下，应指出在何种情况下该请求可予以考虑。

3.各成员方应对有关产品的贸易有利害关系的任何成员方请求，应提供关于下列内容的所有相关信息：

（1）贸易限制的管理情况。

（2）近期发放的进口许可证。

（3）许可证在供应方之间的分配情况。

（4）受进口许可管理产品的进口统计数字。发展中成员方不需因此承担额外的行政或财政负担。

4.通过许可证管理配额的成员方应在透明度原则所要求信息公布的期限内，并以使政府和贸易商知晓的方式，公布按数量和/或价值实施的配额总量、配额的发放和截止日期以及有关的任何变更。对于配额在供应方之间进行分配的情况，实施限制的成员方应将目前分配的配额给予各供应方份额的数量或价值迅速通知对有关产品的供应有利害关系的所有其他成员方，并在透明度原则规定的信息公布的期限内，以使政府和贸易商知晓的方式公布。若配额不在各供应方之间分配，则许可证持有者可自由选择进口来源。

5.任何满足进口成员方的法律和管理要求的个人、公司或机构均有同等资格申请许可证并应予以考虑。如许可证申请未获得批准，则应请求，申请人应被告知其中的原因，且申请人有权依照进口成员方的国内立法或程序进行上诉或进行复审。

6.除因成员方无法控制的原因而不能做到外，如收到申请即应予以考虑，即以先来先领的方式进行管理，处理申请的期限不得超过30天；如所有申请同时予以考虑，则处理申请的期限不得超过60天。在后一种情况下，处理申请的期限应被视为自宣布的申请期限截止日期的次日开始。许可证的有效期应合理，不得过短而妨碍进口。

7.在管理配额时，各成员方不得阻止依照已发放的许可证实施的进口，也不得阻碍对配额的充分使用。在发放许可证时，各成员方应考虑申请人的进口情况。在这方面，应考虑以往对申请人发放的许可证是否在最近一段期限内得到充分使用。如许可证未得到充分使用，则该成员方应审查其中原因，并在分配新的许可证时考虑这些原因。此外，还应考虑保证许可证合理地分配给新的进口商，同时考虑宜对达到经济数量的产品发放许可证。在这方面，应特别考虑从发展中成员，特别是最不发达成员进口产品的进口商。

（四）协议的机构安排

世界贸易组织成立了专门的进口许可程序委员会，该委员会由每一成员方的代表组成。委员会应选举自己的主席和副主席，并在必要时召开会议，为各成员方提供就与协议的运用或促进其目标的实现有关的任何事项进行磋商的机会。

（五）进口许可程序的通知和审议

协议要求指定许可程序或更改许可程序的成员方应在公布后60天内就此通知委员会，通知的内容包括：受许可程序管理的产品清单；有关许可资格信息的联络点；申请书提交的一个或多个行政机关；公布许可程序、公布日期和出版物名称；表明许可程序是属于自动进口许可程序还是非自动进口许可程序；自动进口许可程序的管理目的；对于非自动进口许可程序，表明通过许可程序所实施的措施；许可程序的预计期限，如果不能提供预计期限，则要说明不能提供此信息的原因。如果上述内容发生变更，则应在关于进口许可程序变更的通知中予以说明。

此外，协议还规定任何有利害关系的成员方，如认为另一成员方未依据协议的规定将制定许可程序或其变更的情况通知委员会，则可将此问题提请另一成员方注意。如此后通知未迅速做出，则该成员方可自行将许可程序或其变更情况，包括所有有关的可获得的信息做出通知。

进口许可程序委员会应至少每2年召开一次会议，或在必要时，在考虑协议目标的同时，对协议的实施和运用进行审议。作为委员会审议的依据，秘书处应根据各成员方通知的信息，对年度进口许可程序问卷的答复以及可获得的其他有关可靠信息，准备一份事实报告。该报告应提供上述信息的提要，特别应表明审议所涉期间内的任何变更或情况发展。各成员方承诺迅速和全面地完成关于进口许可程序的年度问卷。委员会应向货物贸易理事会通知此类审议所涉期间的发展情况。

（六）磋商和争端解决

因协议所引起的任何磋商和争端的解决，适用世界贸易组织的争端解决机制。

第七节　与贸易有关的投资措施协议

《与贸易有关的投资措施协议》（Agreement on Trade Related Investment Measures，TRIMs）是迄今为止国际社会制定和实施的第一个与国际直接投资措施有关的多边货物贸易协议，是乌拉圭回合多边贸易谈判取得的重要成果，对于日益繁荣的国际投资和贸易活动有着重大的影响。随着国际直接投资的迅速发展和各国对国际直接投资活动控制的加强，该协议在未来国际投资法律体系中的作用和地位将会更加重要。

《与贸易有关的投资措施协议》的宗旨是防止某些投资措施可能产生的贸易限制和扭曲，便利国内外投资，逐步实现贸易自由化，促进国际贸易发展。国际投资是国际资本移动的一种重要形式，是各国或地区的个人、企业、政府或其他经济组织在本国或本地区以外的区域所进行的各种投资活动。国际投资分为两大类：一类是国际直接投资；另一类是国际间接投资。其中，国际直接投资（foreign direct investment，FDI）对各国经济发展的作用和影响更为突出。本协议中所指的投资措施一般是指为了促使外国投资者达到某种业绩标准而采取的政策，即东道国的投资措施。目前世界各国所采用的投资措施虽然种类繁多，但都可归纳为限制措施和优惠措施两大类。

一、《与贸易有关的投资措施协议》的产生背景

20世纪80年代中期以来，以发达国家跨国公司为主体的跨国直接投资的规模和领域迅速扩大，发展中国家成为跨国公司全球发展战略的重要区域。面对跨国公司以投资方式的进入，绝大部分发展中国家都担心本国产业、企业、市场受到过大的冲击，因而根据发达国家的以往做法以及本国的情况，纷纷研究和制定了有关投资的政策和法规；同时，部分发达国家出于增强本国企业竞争力的考虑，也有选择地保持和制定了保护本国企业和投资的措施。虽然发达国家、发展中国家制定的投资措施各不相同，但较具共性的内容是与投资相关的进出口限制，主要是进口方面的限制措施。与贸易有关的投资措施，是指"为了促使外国投资者达到某种业绩标准而采取的政策"。

鉴于世界各国采取的投资措施对国际贸易的发展具有越来越大的影响，乌拉圭回合将与贸易有关的投资措施问题列入了谈判议程，但各方在谈判中存在着明显的分歧。谈判中美国、日本等少数发达国家态度积极，要求与贸易有关的投资措施包括尽可能多的内容，为外资的流动，特别是向发展中成员方境内流动创造便利条件。美国最先提出的与贸易有关的投资措施清单包括13项内容，即当地含量要求、贸易平衡要求、外汇平衡要求、外汇管制、国内销售要求、生产要求、出口实绩要求、产品授权要求、生产限制、技术转让要求、许可要求、汇款限制、当地股份要求。

大部分发展中国家对与贸易有关的投资措施的谈判并不积极，它们认为谈判会削弱发展中国家的经济主权，因此，坚持主张应予以谈判的这些措施只能是与"贸易有关的"，并应严格按照《埃斯特角城宣言》中所规定的与贸易有关的投资措施的谈判的目的和谈判的内容范围进行谈判。同时，一些发展中国家也提出应将跨国公司非正当竞争的行为列入谈判议题，例如转移定价、市场垄断等。

经过艰苦的谈判，各方最终达成了《与贸易有关的投资措施协议》，该协议适用于世界贸易组织所有成员方。

《与贸易有关的投资措施协议》是谈判各方妥协的结果。美国最早提出的13种与贸易有关的投资措施只有5种作为附件内容被列入协议，而发展中国家提出的限制跨国公司非正当竞争行为的要求未被列入协议。

二、《与贸易有关的投资措施协议》的主要内容

《与贸易有关的投资措施协议》所涉及的范围是有限的，仅对各国制定的投资措施中涉及货物贸易进出口的部分作了界定和限制。该协议共由9个条款和1个附件组成。协议的主要内容包括基本原则、禁止使用的与贸易有关的投资措施、各成员方的具体义务、例外条款、发展中国家成员的特殊待遇、透明度规则、磋商和争端解决、管理执行机构等。

（一）基本原则

《与贸易有关的投资措施协议》要求各成员方不得实施与GATT 1994中的国民待遇条款和取消数量限制条款相违背的与贸易有关的投资措施，并在协议后附录了一份例示清单，具体罗列了5种违反上述原则的与贸易有关的投资措施。《与贸易有关的投资措施协议》中所说的国民待遇主要指GATT 1994第3条第4款的规定，即在影响产品国内销售、购买、运输、分配与使用的政府规章管理方面，进口产品所享受的待遇不得低于本国同类产品所享受的待遇；取消数量限制是指GATT 1994第11条第1款的规定，即进口方不得采用关税、国内税或者其他费用外的进口禁止或限制，例如配额、进口许可证等。

（二）禁止使用的与贸易有关的投资措施

本协议例示清单中列举了具体违反上述两个原则的与贸易有关的投资措施形式，并指出与贸易有关的投资措施可以表现为法律、法规形式，也可以表现为政府的行政决定。另外，许多国家虽然未强制性地限制外资企业，但在法律法规中又明确规定，如果外资企业达到一些标准，如一定出口比例或国产化率，即可享受种种优惠待遇，这种情况也属于与贸易有关的投资措施的一种表现。

1.《与贸易有关的投资措施协议》所列举的违反国民待遇条款的形式有两种：

（1）要求企业购买或使用最低限度的国内产品或任何国内来源的产品，具体形式有：①规定了有关国内产品的具体名称；②规定了有关国内产品的数量或金额；③规定了企业生产中必须使用有关国内产品的最低比例。

（2）要求企业购买或使用的进口产品限制在与其出口的当地产品的数量或价值相关的水平。

第一种形式即当地含量要求，许多国家要求外商投资企业的产品必须达到一定的国产化比例就属于这种情况。第二种形式即贸易平衡要求，例如一些国家要求外资企业的进口数额不能大于其出口额。

在世界贸易组织成立后，曾有过关于当地含量要求的争端解决案例。如1997年印度尼西亚公布了其汽车产业政策，对外商投资企业提出了国产化要求。美国、欧盟和日本根据《与贸易有关的投资措施协议》禁止当地含量的规定对此提出了疑义，并提交世界贸易组织争端解决机制，最终印度尼西亚的汽车产业政策被判定违反了《与贸易有关的投资措施协议》的有关规定，印度尼西亚只得在1999年7月取消了国产化的要求。

2.在《与贸易有关的投资措施协议》的例示清单中，列举了违反普遍取消数量限制的与贸易有关的投资措施3种形式：

（1）普遍限制企业用于当地生产所需或与当地生产相关的产品的进口，或将进口限制在与其出口当地产品的数量或价值相关的水平。

（2）通过将企业可使用的外汇限制在该企业外汇流入相关的水平，从而限制该企业对用于当地生产或与当地生产相关产品的进口。

（3）限制企业出口或供出口产品的销售，无论是按照特定产品、产品数量或价值规定，还是按其当地产品在数量或价值上所占比例规定。

（三）各成员方的具体义务

各成员方在《建立世界贸易组织协定》生效90天内将所有正在实施的且与本协议不相符的与贸易有关的投资措施通知货物贸易理事会。

《与贸易有关的投资措施协议》规定，自协议生效起，发达国家成员必须在2年过渡期内取消通知的与贸易有关的投资措施，发展中国家成员有5年过渡期，最不发达国家成员有7年过渡期。在过渡期内，各成员方可以继续实施已经通知的与贸易有关的投资措施，但不得修改以增加其对贸易的扭曲作用；在《建立世界贸易组织协定》生效前6个月内生效的与贸易有关的投资措施不能享受过渡期的待遇。

在过渡期内设立的新企业也可受到仍然有效的与贸易有关的投资措施的约束，目的是避免对同类新、老企业或同类产品的差别待遇，导致不公平竞争，对新投资实施的与贸易有关的投资措施也必须通知货物贸易理事会。

对于上述义务，发展中国家成员和最不发达国家成员可以享受一定的灵活性，即如果能证明其实施《与贸易有关的投资措施协议》存在特殊的困难，货物贸易理事会可以考虑延长其过渡期。

（四）《与贸易有关的投资措施协议》的其他内容

1.例外条款

《1994年关税与贸易总协定》规定的所有例外可酌情适用于《与贸易有关的投资措施协议》。

2.发展中国家成员的特殊待遇

发展中国家成员有权根据《1994年关税与贸易总协定》第18条（政府对经济发展的援助）、《关于〈1994年关税与贸易总协定〉国际收支条款的谅解》及东京回合通过的《关于为国际收支目的而采取的贸易措施宣言》中规定的允许成员方背离GATT 1994第3条和第11条规定的程度和方式，暂时背离《与贸易有关的投资措施协议》中关于国民待遇和普遍取消数量限制的有关规定。

3.透明度规则

《1994年关税与贸易总协定》有关透明度和通知的规定也同样适用于《与贸易

有关的投资措施协议》。每一成员方须通知世界贸易组织秘书处刊载与贸易有关的投资措施的出版物，包括其境内各级政府及当局实施的与贸易有关的投资措施。在提供信息时不应损害执法、公众利益或企业合法的商业利益。

4.磋商和争端解决

《1994年关税与贸易总协定》第22条、第23条和《关于争端解决规则与程序的谅解》所阐述和实施的规定适用于根据本协议进行的磋商和争端解决。有关《与贸易有关的投资措施协议》执行中的问题和争端均可提交世界贸易组织争端解决机制处理。目前关于与贸易有关的投资措施协议的争端为数不多，一般都是发达成员方针对发展中成员方提出的，而且并非所有案例都进入最后裁决阶段。例如，美国曾就巴西的汽车产业政策提出磋商，最终通过双边协议的办法予以解决。

5.管理执行机构

自《与贸易有关的投资措施协议》生效之日起成立了与贸易有关的投资措施协议委员会，该委员会每年向货物贸易理事会报告协议的执行情况。货物贸易理事会在协议生效5年内审议其执行情况，向部长级会议报告，并提出修正建议。

基本概念

技术性措施　技术性贸易壁垒　技术法规　合格评定程序　认证　产品认证　体系认证　相互认证　卫生与植物卫生措施　有害生物风险评估　病虫害非疫区　病虫害低度流行区　海关估价　相同货物　类似货物　倒扣价格　装运前检验　原产地规则　原产地标准　完全原产地标准　实质性改变标准　肯定性原产地标准　进口许可程序　自动进口许可制度　非自动进口许可制度　国际投资　投资措施

复习思考题

1.简述《技术性贸易壁垒协议》的宗旨和适用范围。
2.WTO成员在制定、采用和实施技术性措施时应遵循哪些规则？
3.试述合格评定程序的主要内容及形式。
4.简述《实施卫生与植物卫生措施协议》的宗旨和适用范围。
5.WTO成员在制定和实施卫生与植物卫生措施时应遵循哪些规则？
6.《实施卫生与植物卫生措施协议》规定发展中成员方享有哪些特殊和差别待遇？
7.简述《海关估价协议》的宗旨和适用范围。
8.试述《海关估价协议》规定的海关估价方法。
9.《海关估价协议》规定发展中成员方享有哪些特殊和差别待遇？
10.简述《装运前检验协议》的宗旨和适用范围。
11.《装运前检验协议》规定的进口方和出口方各自应承担的义务有哪些？
12.简述《原产地规则协议》的宗旨和适用范围。
13.简述原产地规则的协调体系。

14.确定原产地的标准共有几个？分别是什么？

15.简述《进口许可程序协议》的宗旨。

16.简述进口许可程序的一般规则。

17.简述自动进口许可程序适用的规则。

18.简述非自动进口许可程序适用的规则。

19.简述《与贸易有关的投资措施协议》的宗旨。

拓展阅读 7-1

第八章　过渡性的贸易协议

在乌拉圭回合谈判以前，农产品和纺织品与服装贸易一直背离1947年关贸总协定推行的贸易自由化原则，这两个领域也一直长期游离于关贸总协定之外。对这些产品实施的非关税措施的限制措施，使这些产品的国际贸易产生了扭曲。对纺织品与服装的数量限制影响了发展中国家比较优势的发挥，给它们的经济发展带来不利的后果。经过各方努力，在乌拉圭回合谈判中达成了《农业协议》和《纺织品与服装协议》，这是两个过渡性的协议，这两个协议执行完毕后，这两个领域的贸易就完全纳入到《1994年关税与贸易总协定》的框架规则之中。从此，农产品和纺织品与服装贸易被纳入多边贸易体制的有效约束之中，开始了自由化进程。农产品和纺织品与服装贸易重新回归到多边贸易体制，既说明了发展中国家整体地位的提高，也体现了世界贸易组织的权威与公正。

第一节　农业协议

一、《农业协议》的产生背景

农产品贸易作为一个特殊的领域，一直游离于关税与贸易总协定规则的有效约束之外，加强对农业的保护一直是发达国家农业政策的重要组成部分。正因为如此，在"肯尼迪回合"以后的多边贸易谈判中，尽管多次试图将农产品贸易问题纳入关税与贸易总协定的管理框架，但因困难重重都未能如愿以偿。同时，发达国家还往往利用关税与贸易总协定的体制缺陷，一方面极力推行农业支持和进口限制政策，造成农产品生产过剩和结构严重失衡；另一方面又通过巨额出口补贴向国际市场大量销售农产品，处理剩余产品，以缓解库存压力。这些做法导致国际农产品贸易冲突从20世纪80年代初开始不断升级，严重扭曲了国际农产品贸易和国际农产品市场。

1986年9月启动乌拉圭回合谈判时，农产品贸易问题被列为该轮谈判的中心议题之一。乌拉圭回合农业谈判主要在三大利益集团之间展开。这三大利益集团是：美国、欧洲共同体和凯恩斯集团（Cairns Group）①。乌拉圭回合农业谈判的目标是，减少农业补贴和市场保护，建立一个公正的、以市场为导向的国际农产品贸易体系，纠正国际农产品贸易和市场中存在的扭曲现象。由于谈判各方利益冲突尖锐，曾数度使农产品贸易谈判陷于破裂的边缘。最后，经过艰苦的努力，各方终于

---

① 凯恩斯集团成员包括澳大利亚、加拿大、阿根廷、巴西、智利、新西兰、哥伦比亚、秘鲁、玻利维亚、危地马拉、巴拉圭、南非、斐济、匈牙利、印度尼西亚、马来西亚、菲律宾、泰国和乌拉圭等19个国家。因它们其中的14个国家最初于1986年8月澳大利亚海滨城市凯恩斯聚首而得此名。该集团包括大部分从事农产品出口的发展中国家，它们因生产效率低和资金缺乏而深受欧美国家出口补贴之苦，强烈要求纠正在农产品贸易上的扭曲现象。该集团成员自我界定为不对农产品进行补贴，同时受到欧美农产品出口补贴打击的公平贸易成员。凯恩斯集团的农产品出口额约占世界总额的1/4。

在 1993 年 12 月 6 日于比利时布鲁塞尔正式达成了《农业协议》（Agreement on Agriculture），从而标志着乌拉圭回合谈判胜利结束。协议从世界贸易组织成立之日（1995 年 1 月 1 日）开始生效，发达国家的承诺应在 2000 年 12 月 31 日前实现（但事实上主要发达国家为了保护本国农业没有积极执行协议，从而导致很多承诺并未实现），发展中国家的承诺应在 2004 年 12 月 31 日前实现。由于农业问题在国内外政治方面具有极强的敏感性，因而农产品贸易历来是世界贸易组织多边贸易谈判的难点、重点和焦点，甚至农产品贸易谈判在很大程度上能够决定世界贸易组织新一轮多边贸易谈判的进程。

二、《农业协议》的主要内容

《农业协议》分为 13 个部分，有 21 个条款和 5 个附件，包括适用的产品范围，农产品贸易规则，给予发展中成员特殊和差别待遇，以及在世界贸易组织中建立农业委员会等内容。协议序言主要阐述了各成员方就农业政策改革所达成的一些基本共识，包括改革目标、改革途径、改革中应注意的问题等。正文以一般规则的形式确立了农产品贸易在市场准入、出口竞争和国内支持等方面的多边纪律，包括关税化和关税削减、国内支持的分类管理以及出口补贴的冻结和削减等。附件主要涉及对若干主要正文条款的补充解释。

（一）实施的产品范围

《农业协议》实施的产品范围包括了世界上主要的粮农产品（不包括橡胶、黄麻、剑麻及其他纤维产品和渔产品、林产品）。以《商品名称及编码协调制度》为基础，《农业协议》定义的农产品范围是：（1）《商品名称及编码协调制度》中第 1~24 章包括的产品（鱼及渔产品除外）；（2）税号 2905.43（甘露醇），税号 2905.44（山梨醇），税号 33.01（精油），税号 35.01~35.05（蛋白类物质、改性淀粉、胶），税号 3809.10（整理剂），税号 3823.60（2905.44 以外的山梨醇），税号 41.01~41.03（生皮），税号 43.01（生毛皮），税号 50.01~50.03（生丝和废丝），税号 51.01~51.03（羊毛和动物毛），税号 52.01~52.03（原棉、废棉和已梳棉），税号 53.01（生亚麻）、53.02（生大麻）。

（二）《农业协议》关于市场准入的规定

由于关税及非关税壁垒严重阻碍了农产品贸易，所以，《农业协议》有关市场准入的规定要求，禁止使用除关税以外的其他非关税进口限制措施，并对现行的非关税壁垒措施进行关税化调整，约束和削减关税水平来减少农业贸易领域现存的关税和非关税壁垒，增加农产品市场准入机会，促进农产品贸易自由化。考虑到关税化后的部分农产品的关税水平过高，成为限制性关税，会对农产品进口造成事实上的禁止，要求各成员方在关税减让时进行最低市场准入和现行市场准入机会的承诺。最低市场准入和现行市场准入可通过关税配额管理实施。同时，考虑到关税化后，原来使用非关税措施进行管理的部分产品的进口可能剧增，会对进口方造成不利影响，协议还规定了特殊保障条款，即当"关税化"的产品进口量增加幅度过大或进口产品价格过低时，可征收附加关税以对国内市场进行保护，但保障措施的实施不得影响关税配额内产品的进口。

1.关税化

所谓关税化是将现行的非关税措施转化成等值普通关税。《农业协议》规定各成员方不得在协议生效后保留、使用和重新使用非关税措施，原使用的非关税措施必须转换成关税等值，进行关税化，以便对农产品贸易实行单一关税管理。明确禁止的非关税措施包括进口数量配额、进口差价税、最低进口价格、随意性进口许可证、自动出口限制和类似的普通关税以外的边境措施。

关税化过程包括：

（1）将现行的非关税壁垒措施转化成相应的关税等值。某种农产品使用的非关税措施的关税等值等于该产品的国内市场平均价格减去该产品或相近产品的国际市场平均价格；某种农产品加工品的关税等值一般等于农产品原料的关税等值乘以农产品原料占农产品加工品的比重。

（2）利用关税等值确定该产品进口的从量税或从价税，即建立相应的关税。如果计算得出的关税等值低于现行的约束关税或为负值，可以以现行的约束税率或成员方开出的税率作为该产品的关税。对于发展中国家成员，对于未约束的税率可以在减让表中自己提出一个税率作为约束税率，但是，对计算出来的关税等值进行任何调整都需要与有关成员方进行磋商和谈判。在某种条件下，允许个别成员方推迟进行关税化。

2.关税减让和关税约束

根据《农业协议》及有关文件，各成员方应对其关税水平，包括普通关税和非关税措施转换的关税等值，进行关税减让和约束，即各成员方对农产品实施的关税应在基准期（1986—1988年）水平基础上按规定幅度削减。用简单算术平均法计算，发达国家成员削减36%，每个关税税号至少削减15%；发展中国家成员削减24%，每个关税税号至少削减10%。并且，各成员方不得在今后超过这一水平。

3.最低市场准入和现行市场准入

由于部分农产品关税化后的关税过高，成为禁止性关税，因此，为了保证国际农产品贸易在基准期基础上有所扩大，要求各成员方对最低市场准入和现行市场准入进行承诺。通过最低市场准入和现行市场准入的规定，到实施期限结束时，各成员方的进口量都将等于或大于其国内消费量的5%。

4.关税配额管理

最低市场准入和现行市场准入应在最惠国待遇基础上进行分配。为保证最低和现行市场准入机会的实现，各成员方应建立关税配额制度，即根据最低市场准入和现行市场准入承诺进口的一定数量的农产品享受较低的或最低的关税，而超过该进口量的任何进口则应征收关税化后的高关税。承诺的最低市场准入和现行市场准入量构成关税配额量。

5.特殊保障条款

为了避免关税化后，原使用非关税措施进行管理的产品进口剧增对进口方的不利影响，协议还规定了特殊保障条款，允许成员方在《农业协议》执行期内对关税化产品进口的突然增加或价格下跌做出相应的反应，即征收附加税。特殊保障条款的启动根据价格与数量触发水平而定。

（1）数量触发。事前规定一个进口量作为进口数量触发水平。当某一成员方的某一关税化产品的进口量超过进口数量触发水平时，该成员方可根据当年实际有效关税水平的1/3对该产品进口征收附加税，实施期为1年，前提是不能影响现行和最低市场准入承诺下的进口。

（2）价格触发。当某一成员方的某一关税化产品的进口价格下降且低于基准期（1986—1988年）年进口参考价格平均水平的10%时，该成员方可根据价格下跌幅度征收附加税。

6.特殊和差别待遇

协议放宽了对发展中国家成员市场准入的要求，除了关税减让幅度和实施期限方面的放松外，发展中国家成员还可灵活地建立关税上限约束，最不发达国家成员可免于关税化及关税约束和减让承诺。

三、关于国内支持政策的规定

不同的国内农业支持政策的目的和作用对农产品市场的影响也不同。为了真正减少和消除那些具有较大扭曲作用的国内农业支持政策对农产品市场的不利影响，《农业协议》还对不同的国内支持措施进行了分类，把国内支持农业的政策措施分为4类：一是对市场只有很小扭曲作用的政策，被称为"绿箱"政策，可免于减让承诺，允许实施；二是将产生贸易扭曲的政策，被称为"黄箱"政策，要求予以削减；三是特殊及区别对待的政策，被称为"S&D"政策，包括发展中国家成员农业生产者普遍得到的投资补贴、低收入和资源贫乏阶层普遍得到的投入补贴等，以及鼓励放弃种植非法麻醉品的做法；四是"蓝箱"政策，即生产限制计划中对生产者进行的直接补贴。

（一）"绿箱"政策

《农业协议》规定的"绿箱"政策是指，由政府提供的、其费用不转嫁给消费者，且对生产者不具有价格支持作用的政府服务计划。这些措施对农产品贸易和农业生产不会产生或仅有微小的扭曲影响，成员方无须承担约束和削减义务。"绿箱"政策主要包括：一般农业服务支出，如农业科研，病虫害控制，培训、推广和咨询服务，检验服务，农产品市场促销服务，农业基础设施建设等；补贴支出，如粮食安全储备补贴、粮食援助补贴、与生产不挂钩的收入补贴、收入保险计划补贴、自然灾害救济补贴、农业生产者退休或转业补贴、农业资源储备补贴、农业结构调整投资补贴、农业环境保护补贴、落后地区援助补贴等。

（二）"黄箱"政策

《农业协议》规定的"黄箱"政策是指，政府对农产品的直接价格干预和补贴，包括对种子、肥料、灌溉等农业投入品的补贴，对农产品营销贷款的补贴等。这些措施会对农产品贸易产生扭曲作用，成员方须承担约束和削减义务。

通常用综合支持量来衡量"黄箱"补贴的大小。综合支持量是指，为支持农产品生产者而提供给某种农产品，或为支持广大农业生产者而提供给非特定产品的年支持水平，一般用货币单位表示。《农业协议》规定，自1995年开始，以1986—1988年为基准期，发达国家成员在6年内逐步将综合支持量削减20%，发展中国家成员在10年内逐步削减13%。在此期间内，每年的综合支持量不能超过所承诺的约束水平。对特定农产品或所有农产品的支持，实行微量允许，如果发达国家成员任何一年对特定产品或非特定产品的国内支持（"黄箱"政策范围内）不超过该产品产值或农业总产值的5%，发展中国家成员不超过10%，可免于减让。

（三）"S&D"政策

发展中国家成员的一些"黄箱"政策也被列入免予削减的范围，主要包括农业投资补贴，对低收入或资源贫乏地区生产者提供的农业投入品补贴，为鼓励生产者不生产违禁麻醉作物而提供的支持等。

（四）"蓝箱"政策

《农业协议》规定的"蓝箱"政策是指，按固定面积和产量给予的补贴（如休耕补贴），按基期生产水平的85%或85%以下给予的补贴，按固定牲畜头数给予的补贴。这些补贴与农产品限产计划有关，成员方不需承担削减义务。

四、关于出口补贴的规定

出口补贴是一项对贸易产生严重扭曲的政策措施，《农业协议》不禁止成员方对农产品出口实行补贴，但要求逐步削减出口补贴。《农业协议》要求成员方承诺削减现有的补贴农产品出口的数量与预算开支。列入承诺减让表的出口补贴措施有：对农产品出口进行的直接补贴；以低于国内价格销售或处置政府库存；资助生产者的出口补贴；市场营销补贴（包括国际运输补贴）；国内交通运输补贴；根据农产品纳入出口产品范围而定的补贴。对在基期（1986—1990年）没有进行出口补贴的农产品，则禁止在今后对该产品实施出口补贴。

根据《农业协议》，出口补贴减让采取以具体产品为基础的数量及价值削减方式。数量减让方面：以1986—1990年的平均水平为基础，发达国家成员在1995—2000年，必须将有补贴的农产品出口数量减少21%，执行期第一年必须首次削减3.5%，以后每年等量削减；发展中国家成员在1995—2004年，须将有补贴的农产品出口数量减少14%。

在价值减让方面：以1986—1990年的平均水平为基础，发达国家成员在1995—2000年，必须将出口补贴预算开支减少36%，执行期第一年必须首次削减6%，以后每年等量削减；发展中国家成员在1995—2004年，必须将出口补贴预算开支减少24%。协议要求数量与预算支出减让以1986—1990年的平均水平为基础，每年等量减让，或者在某些出口补贴已经增加的条件下，以1991—1992年的平均水平为基础。对农产品加工品的出口补贴只需削减预算开支。最不发达国家成员免除削减出口补贴的义务。

下列出口补贴措施受《农业协议》削减承诺的约束：视出口实绩而提供的直接

补贴；以低于同类农产品的国内价格，将非商业性政府库存处置给出口商而形成的补贴；利用征收的农产品税而对农产品出口的支付；为减少农产品营运成本而提供的补贴；以低于国内运费而收取的出口货物的国内运费，等等。有关《农业协议》的内容见表8-1。

表8-1   乌拉圭回合有关农业补贴和保护的削减比例

项目名称	发达国家成员 （1995—2000年）	发展中国家成员 （1995—2004年）
关税 全部农产品平均削减 每项农产品最低削减	36% 15%	24% 10%
国内支持 综合支持量削减 （基期：1986—1988年）	20%	13%
出口补贴 出口额削减 出口量削减 （基期：1986—1990年）	36% 21%	24% 14%

注：（1）最不发达成员无须承诺削减关税或补贴。

（2）关税削减的基础税率为1995年1月1日前的约束税率；对于原未约束的关税，基础税率为1986年9月乌拉圭回合开始时实施的税率。

（3）《农业协议》不禁止农产品出口补贴，但要削减出口补贴。

资料来源 石广生.中国加入世界贸易组织知识读本（一）[M].北京：人民出版社，2002：97.

此外，发达国家成员还承诺实施期结束前一年，成员方应开始新的谈判，以继续农产品国际贸易改革进程。为便利《农业协议》的实施，世界贸易组织成立了农业委员会。农业委员会的主要职责是，审议成员方执行乌拉圭回合中所作承诺的进展情况，为成员方提供讨论与执行《农业协议》任何事项的机会。

第二节 纺织品与服装协议

一、《纺织品与服装协议》的产生背景

在1947年关贸总协定的前四轮谈判中，有关纺织品关税削减的进展虽然缓慢，但仍适用了关贸总协定的有关规则。由于纺织品与服装均属于劳动密集型产品，所以成为许多发展中国家首选的扩大出口的商品。进入20世纪70年代，世界纺织品贸易增长迅速，特别是发展中国家增长更为迅速。以1970—1980年计，发展中国家纺织品与服装的贸易额年平均增长率达到23.5%，远远超过了同期国际贸易的平均增长率。长期以来，美国等发达国家对竞争力逐渐衰退的本国纺织品与服装产业实行贸易保护主义政策。由于它们的压力和推动，从1961年开始，在关税与贸易

总协定范围内，先后形成了《短期棉纺织品协议》和《长期棉纺织品协议》。

20世纪70年代以后，发达国家以发展中国家低成本的纺织品和服装对其形成"市场扰乱"为由，逐步对纺织品及服装贸易进行限制，并将短期限制安排演变为长期安排。在1973年举行的第七轮东京回合之前，在发达国家的压力和推动下，关贸总协定为解决纺织品贸易的矛盾，组织42个纺织品进出口国家和地区进行谈判，并于1973年12月最终达成了《多种纤维协议》（Multi-Fiber Agreement, MFA）。在《多种纤维协议》其后的4次延长期限中，受限产品范围不断扩大，限制措施日趋严格。在长达20多年的时间里，发展中国家和地区对发达国家的纺织品与服装贸易，就是在《多种纤维协议》规则的框架内进行的。《多种纤维协议》规定，如果进口的某一纺织或服装产品，对进口方相关产品的市场产生扰乱或扰乱威胁，进口方可以采取选择性进口数量限制，即针对特定国家实行进口配额限制。这是对关税与贸易总协定非歧视原则和禁止数量限制原则的严重背离，也严重地抑制了发展中国家的对外贸易和经济发展。

发展中国家为消除《多种纤维协议》带来的不利影响进行了长期的努力，它们要求彻底改变国际纺织品贸易作为关税与贸易总协定例外的不合理现状，使其尽早回到贸易自由化的轨道上来。

在发展中国家的强烈要求和努力下，纺织品和服装贸易终于被纳入乌拉圭回合多边贸易谈判。在谈判中，发展中国家团结一致，认为《多种纤维协议》在1991年以后不应再延期，而发达国家迫于压力也接受了这一意见，但同时坚持《多种纤维协议》结束以后应有一个过渡期，使《多种纤维协议》逐步过渡到纺织品贸易的完全自由化。经过8年的艰苦谈判与磋商，最终确定过渡期为10年，即从1994年起，用10年时间分3个阶段，以《多种纤维协议》为基础，通过改善增长率和灵活性，并加强关贸总协定的原则和纪律，逐步使纺织品贸易自由化，而体现谈判成果的《纺织品与服装协议》（Agreement on Textiles and Clothing, ATC）也作为乌拉圭回合的一揽子协议得以签署和生效。《纺织品与服装协议》取代了1994年12月到期的《多种纤维协议》，成为世界贸易组织负责管理和实施的多边货物贸易协议之一。其目标是使纺织品与服装贸易最终纳入关税与贸易总协定的轨道之中，在2004年12月31日以前的10年内，逐步取消纺织品与服装贸易的配额限制。该协议已于2004年12月31日如期执行完毕，从而使纺织品与服装贸易终于回归到了多边贸易体制的正常轨道上来。

二、《纺织品与服装协议》的主要内容

纺织品与服装贸易在世界货物贸易中占有重要的地位。《纺织品与服装协议》是一个阶段性协议。其主要目的是，在1995年1月1日至2004年12月31日的10年有效期内，逐步取消纺织品与服装贸易限制，使长期背离多边贸易规则的纺织品与服装贸易，最终纳入世界贸易组织规则的框架之内，从而进一步推动贸易自由化。

《纺织品与服装协议》由1个序言、9个条款和1个附件组成，内容主要包括纺织品与服装贸易回归关贸总协定的一体化进程，限制措施的取消，反规避措施，过

渡期保障机制和监督机构的有关规定。

在《纺织品与服装协议》的附件中，列明了逐步取消配额限制的产品范围，包括毛涤和纱、机织物、纺织制品、服装等4个组，涉及《商品名称及编码协调制度》中第50~63章的全部产品和第30~49章、第64~96章的部分产品，依照海关6位数编码共约800个税号，囊括了成员方根据《多种纤维协议》已实行进口数量限制的全部产品，也包括少量的非《多种纤维协议》数量限制产品。

《纺织品与服装协议》是为实现"一体化"而达成的乌拉圭回合一揽子协议之一。在世界贸易组织建立之前，世界纺织品与服装贸易长期作为一个例外，游离于关贸总协定确立的自由贸易原则之外。发达国家作为纺织品与服装的主要进口国，通过配额限制等歧视性措施阻碍纺织品与服装贸易的自由化。在乌拉圭回合谈判中，发展中国家经过努力，终于制定出纺织品、服装贸易回归关贸总协定的计划，而实现"一体化"的途径就是《纺织品与服装协议》的签署和执行。

《纺织品与服装协议》作为一个过渡性的协议，旨在通过一段时间的过渡期，使世界纺织品与服装贸易完全实现自由化。《纺织品与服装协议》明确规定了"一体化"的进程，这一过程的时间共10年，即从世界贸易组织建立之日起的10年内，实现纺织品、服装贸易向关贸总协定规则的回归。

《纺织品与服装协议》是发展中国家纺织品出口国共同努力的结果。在谈判中，发展中国家团结一致，据理力争，明确了完全开放纺织品贸易的过渡期限和一体化方式，终止了《多种纤维协议》中的一系列歧视性条款，为世界纺织品与服装贸易的顺利进行做出了重大的贡献。

三、《纺织品与服装协议》的特点

与《多种纤维协议》相比，《纺织品与服装协议》具有以下一些新变化和新特点：

1.《纺织品与服装协议》的最大突破和发展是，明确了在10年过渡期内取消《多种纤维协议》的数量限制并提高现行双边协议中的年增长率，这将带来重大的贸易利益。《多种纤维协议》一直规定纺织品与服装贸易保持适度增长，而且允许设限国"合理背离"。与此相比，《纺织品与服装协议》有了重大突破和发展。

2.《纺织品与服装协议》在强化GATT规则和纪律的基础上，真正迈向了纺织品与服装贸易自由化。《多种纤维协议》以"市场扰乱"为基础，针对纺织品与服装贸易实行数量限制，并由短期临时性安排发展为长期安排，《纺织品与服装协议》则通过一体化比率和提高配额增长率的方式使纺织品与服装贸易回归自由化，并废止了"市场扰乱"的规定。

3.《纺织品与服装协议》明确规定10年过渡期满后不可延长，改变了《多种纤维协议》不断延期的状况。

4.《纺织品与服装协议》适用于世界贸易组织所有成员方，既有GATT的缔约方，也有非缔约方，适用范围有了很大的扩展，而《多种纤维协议》的成员方只有40多个。

应该指出，《纺织品与服装协议》的生效对出口纺织品和服装的发展中国家成员方而言无疑是有利的，这可以使它们逐步摆脱数量限制的约束，较充分地利用它们在纺织品和服装生产上的优势和潜力扩大其出口。但是，《多种纤维协议》取消后，发展中国家成员纺织品出口相互竞争也会加剧，机遇和挑战并存。此外，发达国家成员仍会利用保障条款、反规避条款等继续对来自发展中国家成员的纺织品加以限制，对最敏感产品的限制也是在最后阶段才被解除。除此之外，进口国还会采用其他方式，尤其是反倾销、反补贴措施，以此来抵抗《多种纤维协议》被终止的冲击。

2005年5月，美国和欧盟在《纺织品与服装协议》终止后，以进口激增为由，分别宣布对中国的7种和2种纺织品设限，即采取特保措施。从2006年起，又对我国的纺织品与服装实施了为期3年的特保措施。我国应根据世界贸易组织的相关规则和中国入世承诺据理力争，切实维护自身的贸易利益。

四、《纺织品与服装协议》对逐步放开限制的时间安排

《纺织品与服装协议》第2条第6款规定，在《建立世界贸易组织协定》生效之日（1995年1月1日），各成员方应将其在附件中不少于1990年进口产量总量16%的产品，按协调制度的行业或类别纳入《1994年关税与贸易总协定》，被纳入的产品应包括以下4组中的每一组产品：毛涤和纱、织物、制成纺织品、服装。

《纺织品与服装协议》第2条第8款规定，剩余的产品，即未按上述第6款列入一体化的产品，应按协调制度的行业和类别分以下3个阶段纳入：

（1）在《建立世界贸易组织协定》生效第37个月的第一天（1998年1月1日），将占附件中该成员方1990年进口产品总量不少于17%的产品纳入一体化。由各成员方纳入的产品应包括以下4组中的每一组产品：毛涤和纱、织物、制成纺织品、服装。

（2）在《建立世界贸易组织协定》生效第85个月的第一天（2002年1月1日），将上述的进口产品总量不少于18%的产品纳入一体化。由各成员方纳入的产品应包括以下4组中的每一组产品：毛涤和纱、织物、制成纺织品、服装。

（3）在《建立世界贸易组织协定》生效第121个月的第一天（2005年1月1日），纺织品和服装部门应纳入《1994年关税与贸易总协定》，本协议项下的所有限制应予以取消。

同时，《纺织品与服装协议》对未纳入1947年关税与贸易总协定的剩余产品规定了配额的追加增长率：

（1）在协议的第一阶段期间（从《建立世界贸易组织协定》生效之日起至生效后的第36个月，含本数），在《建立世界贸易组织协定》生效前12个月期限有效的《多种纤维协议》双边协议下的每一限制水平，应以不低于每项限制确定的增长率逐年增加，以16%的速度增长。

（2）对于第二阶段（从《建立世界贸易组织协定》生效后的第37个月起至第84个月，含本数），以第一阶段期间各自限制的增长率为基础，以不低于25%的速度增长。

（3）对于第三阶段（从《建立世界贸易组织协定》生效后的第85个月起至第120个月，含本数），以第二阶段期间各自限制的增长率，以不低于27%的速度增长。

五、《纺织品与服装协议》在过渡期对保障机制方面的规定

在逐步自由化过程中，随着进口限制和进口配额的逐步减少，某些长期受配额保护的市场可能会受到冲击。为了使各成员方（主要是进口方）在过渡期内纺织品与服装贸易能够较为平衡地发展，不至于造成严重的危害，《纺织品与服装协议》规定了一个过渡期保障机制。根据协议，当证明某一产品进入某一成员方的境内，且其增加的数量对本国工业生产的同类和/或直接竞争产品造成实质性损害或实质性损害威胁时，在该成员方已决定的基础上，可援引保障措施。实质性损害或实质性损害威胁必须是证明由于该产品整个进口的数量增加，而不是由于其他诸如技术的改变或消费者偏好变化等因素。确定损害的经济参数有产量、生产率、开工率、库存、市场份额、出口、工资、就业、国内价格、利润和投资等，其中仅就单独一项因素不能作为决定性的主导因素。

使用过渡期保障条款要特别考虑下列各成员方的利益：（1）最不发达国家成员；（2）纺织品出口总量小于其他各成员方出口总量的成员；（3）生产羊毛产品的发展中国家成员；（4）外部加工贸易国。

协议规定，提出采取保障行动的一方应与受该行动影响的另一方或各方协商达成谅解，可在60天协商期后的30天内的进口之日或出口之日实施限制，并同时将此事通知纺织品监督机构。在特殊情况下，如果拖延将导致难以挽回的损害，一方也可采取临时性行动，但在采取行动后不超过5个工作日，即应发出磋商请求并通知纺织品监督机构。一旦实施保障措施，限制的标准不应低于该国在12个月之内、提出磋商要求前2个月的进出口实际水平。保障措施最长为3年，或者这项产品从协议的范围内被取消时应停止实施。若某产品被实施保障措施超过1年，则第1年后各年度限制水平增长率不得低于6%，确保以高于《多种纤维协议》的速度放宽限制。

同时，协议规定了对以下产品不得实施过渡保障措施：

1.发展中国家成员家庭手工业的手织布料或用其制成的家庭手工业产品和传统民间手工艺品。

2.1982年以前在国际贸易中已具有很大商业数量的传统贸易纺织品，如用黄麻、椰丝、西纱尔麻、波罗麻、龙舌兰纤维和黑纳金纤维制造的包袋、麻袋、地毯底、箱包、席编等产品。

3.真丝产品。

六、纺织品监督机构与反规避行为

（一）监督机构

为了监督协议的贯彻执行并负责审查按协议规定所采取的各项措施是否符合规定，以及须采取特殊要求的各种行动，由货物贸易委员会设置了一个纺织品监督机构（Textile Monitoring Body，TMB）。监督机构由1名主席和10名委员组成，考虑到委员资格的平衡性和广泛性，委员会定期轮换。

纺织品监督机构是一个常设机构，按协议的要求为履行职责而举行必要的会议。其主要职责为：

1.监督《纺织品与服装协议》的执行，审查按《纺织品与服装协议》所采取的各项措施及其与《纺织品与服装协议》的一致性以及采取《纺织品与服装协议》条款具体要求的各种行动。

2.应成员方的要求，对有关问题或争议进行审议，并根据有关成员方的要求，做出建议或调查的结论。纺织品监督机构认为合适，可对有关各方做出监督。在形成建议和监督以前，应邀请对案件有直接影响的各方参加。

3.为了更好地监督《纺织品与服装协议》的执行，纺织品监督机构在一体化进程的每一阶段结束时进行一次大规模的审查，审查纺织品和服装一体化的各个阶段的实施情况，并在每一阶段结束前5个月向货物贸易委员会提交一份综合报告。

（二）反规避行为

在纺织品和服装贸易方面，对采取转口、改变运输路线、谎报原产地以及伪造官方文件等方式妨碍纺织品和服装纳入关贸总协定的规避行为必须采取抵制措施。反规避行为具体包括：禁止规避产品进入本国境内；对规避产品经由其境内转运的成员方引入某种限制措施。上述反规避行为的实施，以及实施期限和范围，先在有关国家间进行磋商，寻求另外的补救方法，磋商未达成圆满结果，可以提交纺织品监督机构进行调解。

基本概念

"绿箱"政策　　"黄箱"政策　　"蓝箱"政策　　"S&D"政策

复习思考题

1.《农业协议》是怎样产生的？

2.国内农业支持的3种措施的含义是什么？

3.哪些农产品出口补贴措施受到削减承诺的约束？

4.《纺织品与服装协议》是如何产生的？

5.简述《纺织品与服装协议》的主要内容。

6.为什么把《纺织品与服装协议》称作阶段性协议？

拓展阅读8-1

拓展阅读8-2

第九章　公平贸易与救济措施协议

第一节　反倾销协议

世界贸易组织负责管理和实施的《关于实施〈1994年关税与贸易总协定〉第6条的协议》，又称《反倾销协议》，是世界贸易组织关于反倾销的规定。该协议是在《1947年关税与贸易总协定》第6条基础上逐步演变而来的。只要不与《反倾销协议》相冲突，《1947年关税与贸易总协定》第6条的规定仍然有效。《反倾销协议》约束各成员方的反倾销行为，以保证采取反倾销措施的规范性。反倾销是世界贸易组织允许的3种贸易救济措施的一种，因其具有形式合法、操作灵便、不易遭到报复等特点，目前已经成为各成员方广泛使用的最主要的贸易救济手段。

一、《反倾销协议》的产生背景

倾销（dumping）一般是指一国出口商以低于产品正常价值的价格，将产品出口到另一国市场的行为。产品倾销在国际贸易中由来已久，可追溯到20世纪初。倾销行为一出现，就被一些国家认为是不公平的贸易做法，并通过立法采取反倾销措施予以抵制，以保护国内相关产业。

加拿大1904年的《海关关税法》在世界上首次系统地规定了反倾销措施。此后，新西兰、澳大利亚、荷兰、南非、美国等国家相继通过立法，抵制外国产品倾销。1948年之前，反倾销立法基本上还限于国内法的范畴，缺乏统一、完善的国际规则。为了将反倾销措施限制在合理的范围和程度之内，协调国与国之间的立法冲突，减少和消除贸易壁垒，推动国际贸易自由化，各国开始谋求将反倾销措施纳入多边贸易体制。在起草《国际贸易组织宪章》和《1947年关税与贸易总协定》的过程中，美国以其国内法为范本，提出了反倾销条款草案。在此基础上，有关缔约方达成了一致意见，在《1947年关税与贸易总协定》中专设第6条"反倾销与反补贴税"，第一次将反倾销问题纳入多边贸易规则的管辖范围。该条款明确了倾销的基本定义，对倾销予以谴责，允许各国对倾销进行抵制。但是，《1947年关税与贸易总协定》第6条只是作了一些原则性规定，缺乏具体规则和可操作性。

在肯尼迪回合中，有关缔约方首次就实施《1947年关税与贸易总协定》第6条达成了协议。该协议重新定义了倾销，明确了实质性损害的标准，并对反倾销诉讼程序作了规定，进一步发展和充实了《1947年关税与贸易总协定》第6条的内容。该协议是肯尼迪回合在非关税壁垒领域达成的唯一正式协议，但签署方有限，不具备普遍约束性。

在肯尼迪回合的基础上，东京回合对反倾销规则作了重大修改和补充，达成《反倾销守则》，取代了肯尼迪回合的有关协议，并于1980年1月1日起生效。《反倾销守则》仅有23个签署方，约束范围也很小。

为推动缔约方普遍接受反倾销规则，促进反倾销措施公正实施，避免反倾销措施被滥用，以对国内产业实行长期保护，乌拉圭回合仍将反倾销列为重要议题。该轮谈判对《反倾销守则》进行了较大调整，就倾销和损害的认定、调查程序及证据原则等作了较为详细的规定，以确保《1947年关税与贸易总协定》第6条确立的核心原则得到正确实施。经过多次磋商，最终达成《关于实施〈1994年关税与贸易总协定〉第6条的协议》，即《反倾销协议》。该协议对世界贸易组织全体成员方适用。

二、《反倾销协议》的主要内容

《反倾销协议》由三大部分和两个附件组成，共18条。第一部分是有关反倾销实质性的规定，共15条，主要规定了倾销的确定、损害的确定、国内产业的定义、价格承诺、反倾销税的征收、反倾销税和价格承诺的期限和复审、司法审查等。另外，该部分还对发展中成员特殊利益以及代表第三方发动反倾销调查作了规定。第二部分共2条，是有关组织机构以及争端解决方面的规定：要求设立反倾销措施委员会履行本协议或成员方赋予的职责；对本协议的执行与运作情况进行年度审议；在成员方之间发生的有关本协议的争端，适用世界贸易组织争端解决规则与程序。第三部分相当于附则的最后条款，主要是要求成员方对本协议不得保留，并应保证其国内相关立法、行政条例和程序与本协议保持一致。附件1是根据第6条第7款进行实地调查的程序，规定现场调查证据的程序。附件2是按照第6条第8款可获得的最佳信息，规定有关利害方不予配合时提供最佳资料的程序。

《反倾销协议》的主要内容如下：

（一）实施反倾销措施的必备要件

1.倾销的确定

《反倾销协议》第2条第1款对倾销的定义是："如一产品自一成员方出口至另一成员方的出口价格低于在正常贸易过程中出口方提供给消费者的同类产品的可比价格，即以低于正常价值的价格进入另一成员方的商业领域，则该产品被视为倾销。"这里所说的可比价格就是产品的正常价值（normal value）。因此，要判断一项产品的销售是否存在倾销，需要明确其正常价值、出口价格以及它们之间的比较规则。特别应该注意的是，如果进口方反倾销主管当局认定被指控倾销的产品在一段合理的期间内以不能收回成本的价格销售时，则这种低于成本的销售尽管可能高于国内市场价格，但仍构成倾销。

（1）正常价值的确定

《1994年关税与贸易总协定》第6条没有对正常价值进行定义，只是给出了确定正常价值的一般方法：

①出口方境内市场价格。此方法要求采用在正常贸易过程中出口方境内市场上供消费的同类产品的可比价格，即同类产品出口方境内市场价格。若出口价格低于出口方境内市场价格，即存在倾销。但使用出口方境内市场价格来认定出口产品的

正常价值和确定是否存在倾销必须符合以下几项条件：

第一，所采用的出口方境内市场价格要具有代表性，即能反映该出口方境内市场的一般交易情况，不能把特殊情况下过高或过低的价格作为正常价值。

第二，所采用的出口方境内市场价格应是在正常的交易过程中形成的价格（即在独立交易商之间的价格），关系人之间（如总公司与子公司、其他形式关联企业）的交易价格是不能被视为正常价值的。

第三，所采用的出口方境内市场价格必须是基于一定交易规模的价格。按规定，作为正常价值比较的相同产品或类似产品其出口国国内市场上的销售量一般不得低于向进口国出口数量的5%。

第四，所采用的出口方境内市场价格在发生时间上应与出口价格的发生时间相对应，这是考虑到市场价格变动的时间因素。

如果找不到同时符合以上4项条件的出口方境内市场价格，即被认定不存在这种价格或不存在相同产品的出口方境内销售行为。

②向第三方出口价格。如果不存在或无法确定，或不能适用有关产品的出口方境内市场价格，进口方反倾销调查机关可使用出口方向第三方出口同类产品的价格来作为受指控产品的正常价值，并以此与出口价格相比较来确定倾销和认定倾销幅度。使用出口方向某一第三方出口时的价格作为正常价值必须符合以下条件：

第一，向第三方出口的产品必须与向进口方出口的产品相同或最相类似。

第二，必须是向所有第三方出口价格中最高的价格。

第三，该第三方市场在组织机构和其他推销渠道上与进行反倾销调查的进口方有可比性。

第四，其销售价格不能低于成本。

③结构价格。如果上述两种方法都不适用，便可采用出口价格与结构价格相比较的方法确定是否存在倾销并确定倾销幅度。结构价格是指根据原产地国的厂商在正常贸易过程中生产和销售相同产品的实际生产成本加上合理的管理费用、销售费用和其他费用以及正常利润所形成的价格。生产成本的计算通常应以受调查的出口商或生产商保存的原始记录为基础，该记录应符合出口方普遍接受的会计准则，能合理反映与生产有关的成本以及产品销售状况。至于管理费用、销售费用和其他费用以及利润的确定，应以受到调查的生产商或出口商在正常贸易过程中生产和销售相同产品时实际发生的数据来确定，如果找不到实际数据，则应依下列规定进行：

第一，有关的生产商或出口商在原产地市场上生产和销售有关的一般同类产品所产生和实现的实际数额。

第二，其他受调查的生产商或出口商在原产地市场上生产和销售有关相同产品所产生和实现的实际数额的加权平均数。

第三，任何其他合理方法，条件是利润额度不超过出口商或生产商在原产地市场上销售一般同类产品通常所获得的利润额。

要特别提出的是，上述方法仅适用于对市场经济国家出口产品的正常价值的确定。对非市场经济国家出口产品正常价值的确定，GATT 1994在原则上确认非市场经济国家的国内价格不能作为与出口价格相比较的基础，但对于究竟应当采用什么样的价格来与出口价格相比较，GATT 1994没有明确回答，其言外之意是允许进口方反倾销主管当局采用其他方法来确定正常价值。根据欧美国家的反倾销实践，对非市场经济国家出口产品的正常价值的确定一般有3种方法：

其一，替代国价格，是指在确定来自非市场经济国家产品的正常价值时，进口当局不使用该产品在出口国国内市场的销售价格，而是选择一个经济发展水平与该国相类似的属于市场经济体制的第三国生产的相似产品的成本或出售价格作为基础，来计算正常价值。选择替代国主要考虑人均国民生产水平、基础设施发展情况、生产同类产品产业的发展情况等因素。

其二，结构价格，即用出口方生产产品的各项投入的数量，如原材料、能源、劳动工时等，按一个市场经济国家的价格计算出该产品的成本，然后再加上企业管理费用和利润。

其三，相似产品在进口方的销售价格。在无法使用上述两种方法确定进口产品的正常价值时，进口方反倾销主管当局将使用相似产品在进口方的销售价格确定来自非市场经济国家产品的正常价值。

（2）出口价格的确定

出口价格是指将其产品出售给进口商的价格。由于海关估价约束机制对如何确定国际上货物贸易的真实交易价格做出了详细而明确的规定，因而在一般情况下都能够对出口价格做出认定。考虑到有可能不存在出口价格（如在易货贸易等情况下），或由于出口商与进口商或交易第三者之间有某种关系或安排，从而使出口价格不可靠等特殊情况，协议将出口价格界定为"进口产品首次转售给某一独立买主的推定价格"，若无此类转售则由进口方政府在合理的基础上加以推定。

（3）出口价格与正常价值的比较

由于国内市场与国际市场销售环境存在较大的差异，因此必须对按上述规定确定的出口价格和正常价值进行调整，使两者在同一贸易水平上进行公平比较。

第一，出口价格与正常价值必须在同一贸易环节（通常为出厂价）和尽可能在相同时间或相近时间里做出。此外，对于其他影响价格的因素如贸易术语、税收、销售数量、物理特征等都要加以考虑。

第二，对于涉及的汇率转换问题，要求以销售之日的汇率进行转换。销售之日通常可以是签约之日、下订单之日、确认订单之日或发票签发之日，如果外汇在远期市场的销售直接与所涉及的出口销售相联系，则使用该远期汇率。

第三，对于调整妥当的出口价格与正常价值的比较，协议明确规定：① 用加权平均的正常价值同所有可比出口交易的平均价格比较；② 正常价值与出口价格以逐笔交易为基础进行比较；③ 如果出口价格因进口商不同、地区性或时间差距较大，进口方可以用其所计算出的加权平均正常价值与每笔出口交易的价格进行比较。

（4）倾销幅度的确定

倾销幅度是对正常价值和出口价格进行适当的比较后确定的。在比较这两个数据之前必须进行必要的调整，使之具有可比性。调整主要应考虑如下一些因素：相同的贸易水平、相同时间进行的销售、影响价格可比性的差异、转售的费用、汇率、产品的同类性等。

通常，征收反倾销税的税率就是由倾销幅度确定的，其计算方法为：

$$倾销幅度 = \frac{加权平均正常价值 - 加权平均出口价格}{加权平均出口价格} \times 100\%$$

2.损害的确定

进口方反倾销主管当局要对进口产品采取反倾销措施，必须证明进口产品对国内产业造成损害。为此，协议对如何确定产业损害作了相应的规定。这些规定包括国内产业的定义、确定损害存在的标准等方面的内容。

（1）国内产业的定义

根据《反倾销协议》第4条，国内产业（domestic industry）是指生产与倾销产品相同产品的国内生产商全体，或其产品的总量构成国内相同产品总产量主要部分的国内生产商。但其中与被指控产品的进口商或出口商有关系的生产商或本身就是被指控产品的生产商，将被排除在"产业"之外。如果某个成员方有关产品的生产地域范围事实上是分成两个或多个相对独立、相互竞争的市场，则每个这类市场内的相同产品生产商可以被视为一个独立的产业。另一方面，如果两个或两个以上的国家或地区在有关产品的生产上形成了一体化，具备了单一的统一市场的性质，则该整个一体化地区的相同产品生产商整体应被视为国内产业，例如欧盟。至于相同产品，根据协议的规定，是指那些与被调查产品同样的产品，即在所有方面都与该被指控产品相似的产品；如不存在这种相同产品，则指那些虽在所有方面与其不同，但在物理性质与功能上与受控产品一样或最接近的进口方的其他产品。

（2）确定损害存在的标准

根据《反倾销协议》的解释，损害应指对某一国内产业的实质性损害、对某一国内产业的实质性损害威胁或是对某一产业的新建造成实质性阻碍。

①实质性损害（material injury）是指对进口方相同产品的销售产生了实质性的影响，从而严重损害了进口方相同产品生产商的利益及其产业的发展。

确定是否存在实质性损害主要依据的因素有：

第一，倾销产品的数量是否构成了急剧增长——无论是绝对数量还是相对于进口方的生产或消费而言。

第二，该产品是否对进口方相同或类似产品的价格产生影响及其影响的程度。

第三，该产品对进口方国内产业相同或类似产品的生产商产生的影响和后续冲击程度，包括生产产量、销售、库存、市场份额、价格、利润、生产率等诸多因素。

确定实质性损害必须对上述因素进行综合考虑，仅凭其中任何一个或几个因素都不一定能导致最终结论。

协议还规定了确定实质性损害的另一考虑因素——累积评估（cumulative assessment）。当来自一个国家以上的进口产品同时受到反倾销调查时，可以对来自不同国家的同一进口产品同时进行反倾销调查，对损害影响进行综合评估，以确定是否采取反倾销措施。这种累积评估必须符合两个条件：一是来自每个国家或地区进口产品的倾销幅度超过2%，且来自一国进口产品的数量不低于该进口方对该倾销产品进口总量的3%；二是进口方当局依照进口产品之间竞争的情况和进口产品与相同国内产品之间的竞争态势，确定进口累积评估倾销产品对产业的损害是适当的。

②实质性损害威胁（threat of a material injury）是指倾销产品对进口方产业虽未造成实际的实质性损害，但有证据表明如果不采取措施将导致实质性损害的产生。这种证据主要包括以下事实：

第一，大幅度增加的倾销产品进入进口方国内市场，显示大量增加进口的可能性。

第二，出口商具有充分自由处置的能力或近期大量增加出口的能力显示将有大幅度增加进口倾销产品的可能性。

第三，进口产品将对国内相同产品的价格起严重的压制作用。

第四，受调查的产品库存量大。

③实质性阻碍某一产业的新建（material retardation to the establishment of an industry）是指倾销产品未对进口方的国内产业造成实质性损害或构成实质性损害的威胁，但如果严重阻碍了进口方生产该同类产品的产业的新建，也可被认为存在着损害。实质性阻碍某一产业的新建，应该是一个新产业的新建在实际建立过程中严重受阻，而不能理解为倾销的产品阻碍了建立一个新产业的设想或计划，而且必要时要有充分的证据。

3.倾销与损害的因果关系

存在进口产品的倾销并不一定就会对进口方境内的有关产业造成损害，反过来进口方国内某个产业发生了衰退，并不必然意味着存在相关进口商品的倾销。按照《反倾销协议》的规定，进口产品被征收反倾销税，不仅要证明该产品存在着倾销以及对进口方境内产业存在着损害，而且还必须证明上述倾销与损害之间存在着因果关系，即证明进口方境内相同或类似产品产业的损害是由于进口产品的倾销所造成的。

进口方反倾销主管当局在考虑该国相同或类似产品国内产业是否受到损害时，除了考虑进口产品倾销因素外，还要考虑许多其他因素，如需求和消费模式的变化、劳资纠纷争议、技术的发展以及公平价格的进口产品的数量等。但是，进口方反倾销主管当局在决定损害与倾销的因果关系时，并不一定希图倾销的进口产品是造成损害的主要原因，而是只要证明倾销的进口产品是造成损害的一个原因，即可认为它们之间存在着因果关系。

（二）实施反倾销措施的基本程序

1.提出申请或自行发动

在采取反倾销措施之前必须先进行反倾销调查。反倾销调查由进口方政府反倾销主管当局执行，但反倾销的发起通常由进口方境内声称受损害的产业或产业代表所提交的书面申请开始；特殊情况下，进口方反倾销主管当局也有权自行发动反倾销调查。提起反倾销申请的产业必须具有代表性，如果其集体产量构成国内产业同类产品总产量的50%以上，则该申请应被视为由其代表国内产业提出。但在任何情况下，如果提起反倾销的国内厂商的集体产量低于总产量的25%，则该申请将不被受理。一项书面申请应包括下列主要内容：

（1）申请人名称、身份以及申请人对国内相同产品生产价值与数量的陈述。

（2）被指控倾销产品所属国家、出口商名称或进口该产品当事人名单。

（3）被指控产品在出口方国内市场上销售，或向第三国出口，或结构价格的信息。

（4）被指控进口产品数量发展变化的资料以及对进口方国内产业后续冲击程度的资料等。

2.审查立案

进口方反倾销主管当局在收到申请人发起反倾销调查的书面申请后，首先会对申请人进行资格审查，资格审查无误后，会对申请者提供的申请材料的准确性、充分性和代表性进行审查，在此基础上决定是否立案，如立案，随后就开展反倾销调查。

3.调查

立案后，进口方反倾销主管当局会发布立案公告。公告内容包括出口方名称、涉及的产品、调查开始时间、倾销的依据和损害存在的简要说明。一项反倾销调查通常应在1年内结束，特殊案件最长不得超过18个月。

进口方反倾销主管当局立案后应通知其产品面临调查的当事方或其他各利害关系方，并在一定期限内，对被指控产品是否构成倾销、国内产业损害以及两者间的因果关系从事实上和法律上进行查证。进口方当局如果发现无充分证据证明存在倾销或存在产业损害，反倾销调查应立即终止。此外，如果发现倾销幅度或倾销产品的进口数量可以忽略不计（即倾销幅度低于出口价格的2%或从某一单独出口方进口的倾销产品低于进口方相似产品总量的3%），则应立即终止反倾销调查。但如从某一单独出口方进口的倾销产品数量不足3%，而几个这类出口方的总量超过进口总量的7%，则进口方可以不认为是属于忽略不计的情况。

反倾销调查程序主要采用问卷调查、实地核查、听证会调查和抽样调查几种方式。

《反倾销协议》规定，进口方当局有权要求反倾销调查中的各利害关系方提供证据，这些利害关系方包括：被调查产品的出口商或外国生产商或进口商，或其主要成员是该产品出口商或进口商的贸易或企业联盟；出口方政府；进口方同类产品的生产商，或其主要成员是进口方生产同类产品的生产商的贸易或企业联盟。证据必须以书面形式提供，即使是听证会上的口头辩论，会后也必须以书面材料提交进口方反倾销主管当局和对方当事人，否则不予考虑。除保密资料外，一方提供的书面证据应及时提供给被调查的各利害关系方。

在进行反倾销调查质询时，出口商或外国生产商在收到调查表后（以发出之日起的7天为送达）至少应有30天的时间来准备应诉。在整个调查期间，所有当事人都有权得到充分的机会为自己进行辩护。为此，进口方反倾销主管当局根据请求应向所有利害关系方提供与那些有相反利益的当事方见面、陈述和辩论的机会。但是当事方并无义务参加听证会。另外，在反倾销调查期间，进口方反倾销主管当局要为被指控倾销产品的用户及消费组织提供机会，使其对倾销、损害与因果关系发表评论。在得到有关企业和外国当局的同意后可以在其他国家（地区）境内进行现场实地核查（但这种核查应在收到调查表的答复后才能进行）。

协议还有关于提供最佳资料的规定：在反倾销诉讼中，如有利害关系的当事人在合理的时间内拒绝接受或不提供必要的资料，或者极大地妨碍调查，则初步和最终的裁决，不论是肯定的还是否定的，进口方反倾销主管当局都可以在现有的基础上做出。

4.初裁

根据《反倾销协议》的相关规定，初裁是指在适当调查的基础上，进口方反倾销主管当局做出肯定或否定的有关倾销或损害的初步裁定。初裁的法律意义在于进口方反倾销主管当局可以视情况采取进一步的行动。如果做出肯定性初步裁决（preliminary determination），就可以采取临时反倾销措施与价格承诺措施。如果做出否定性裁决，那么案件是否终止则要视各国反倾销法的具体规定而定。

5.终裁

进口方反倾销主管当局做出初裁后，将视案件的具体情形通过听证会、进行实地考察等方式展开进一步的调查，直至做出最终裁决（final determination）。终裁是指进口方反倾销主管当局最终确认进口产品是否存在倾销并造成损害而做出的是否对其征收反倾销税的裁决。如果做出肯定性终裁，进口方反倾销主管当局就会发布反倾销令。如果最终裁定的倾销幅度低于初裁的幅度，海关将会依据进口方反倾销主管当局的决定退还多征的临时反倾销税。如果最终裁定的倾销幅度高于初裁的幅度，则以前少交的关税不必补交，但此后须按最终裁定的反倾销税率交纳反倾销税。如果就倾销或损害做出否定性终裁，则反倾销调查将立即终止。

6.行政复审

行政复审（administrative review）是指进口方反倾销主管当局对已经产生法律效力的反倾销措施依法进行重新审议的行为。《反倾销协议》第11条第2款规定，反倾销税仅限于在抵消倾销造成的损害所必需的期限内有效。在征收反倾销税的一段合理时间后，对于是否有必要继续征收反倾销税，进口方当局可主动或应当事人的请求，对征收反倾销税或价格承诺是否有必要延续进行行政复审，以确定是否继续或终止征收反倾销税或价格承诺。根据《反倾销协议》的规定及各国反倾销法的实践，反倾销措施的行政复审主要有期中复审、期末复审和新出口商复审3种类型。

7.司法审查

司法审查（judicial review）是指在反倾销诉讼中，当事人对进口方反倾销主管当局的终裁以及行政复审决定等的行政行为不服，可要求独立的司法、仲裁或行政裁判机构通过诉讼程序迅速进行审查，以确定终裁或行政复审决定的正确性。《反倾销协议》规定，各成员方在其国内立法中，必须包括一项司法审查的程序，必须设立一个完全独立于负责反倾销调查与裁定的主管机构的机构，以便对主管机构的最终裁定和行政复审决定进行迅速有效的审查。司法审查的目的是对进口方反倾销主管当局的执法活动是否符合反倾销法律的规定、程序和立法宗旨做出判断，从而认定反倾销措施是否应当维持、撤销或终止。

（三）反倾销措施

1.临时反倾销措施

在反倾销调查中初步认定存在倾销、国内产业损害及其因果关系后，进口方反倾销主管当局可采取临时反倾销措施，以防止在调查期间有关产业继续受到更为严重的损害。临时反倾销措施可以采取征收临时反倾销税或担保方式，即支付现金或保证金；在一定情况下，也可以采取预扣估计倾销税的措施。不管采取哪一种措施，其数额不得高于初步认定的倾销幅度。临时反倾销措施只能在反倾销案件正式立案调查之日起的60天后才能采取，并且实施期一般不超过4个月，最长不超过9个月。

2.价格承诺

在反倾销调查初步裁定存在倾销、产业损害及其因果关系后，如果出口商主动承诺提高有关产品的出口价格或停止以倾销价格向有关市场出口，并且进口方反倾销主管当局对出口商的承诺感到满意的话，反倾销调查程序应暂时中止或完全终止而不采取任何临时反倾销措施或征收反倾销税。进口方反倾销主管当局可以向出口商提出价格承诺的建议，但不可以强迫出口商达成价格承诺协议。对于出口商主动提出的价格承诺，进口方反倾销主管当局可以接受也可以不接受。在达成价格承诺协议后，如果出现违反承诺的情况，进口方反倾销主管当局可立即采取反倾销临时措施，甚至可以对采取临时措施之日前不足90天进入进口方消费市场的倾销产品征收追溯性反倾销税，但这种追溯不得适用于违反价格承诺前进口的产品。

3.征收反倾销税

最终的反倾销措施应采取征收反倾销税的形式。反倾销税是指在正常海关税费之外，进口方反倾销主管当局对倾销产品征收的一种附加税。反倾销税必须在反倾销调查最终裁定存在倾销、产业损害及其因果关系后，由进口方当局决定是否征收。征收的反倾销税不得超过倾销幅度，对倾销产品征税不得存在歧视行为。

（1）反倾销税的征收方法

各国在征收反倾销税的实践中有两种不同的方法。一种是"追溯征税"。这主要是美国的做法，即如果最终裁定倾销幅度为36%，进口商通关时只需缴纳36%的保证金，但实际要缴纳多少要待1年后商务部做出复审时再最终确定。为了防止最终确定实际交税的时间拖得过长，协议规定，在提出要做出反倾销税最终估算额之后，通常在12个月内，最长不能超过18个月做出决定；而且，如果追溯征税的税额超过了最终决定的倾销幅度，则自做出支付反倾销税的最终决定之日起的90天内返还进口商其超征部分。另一种是"朝前征税"。这主要是欧盟的做法，即若欧盟委员会最终裁定对某公司的产品征收36%的反倾销税，则自该决定之日起1年内，对该进口产品一律征收36%的反倾销税，而不管该产品的出口价格实际上是否提高或降低。对于这种朝前征收的税额负担超过该进口产品的实际倾销幅度，应在当事方提供了有力证据并提出退款要求后的12个月内做出决定，最长不得超过18个月，并且被批准的退款应在90天内完成。

当出口产品厂商数目较多时，进口方反倾销主管当局不可能对每家都进行调查并审核其倾销幅度，一般采用抽样或按占出口量百分比的办法进行调查。对于未包括在反倾销调查对象范围内或抽样调查对象范围内的出口商或生产商的倾销产品，其反倾销税征收幅度不得大于对所有被实际调查的出口商或生产商所确定的税幅的加权平均幅度。

当某一成员方的出口产品在某一进口方被征收反倾销税，而该国（地区）的出口商或生产商能证明在反倾销调查期间并没有出口该产品，并且与适用反倾销税的其他出口商或生产商没有任何联系时，进口方反倾销主管当局应迅速进行审查，在审查期间不得对该成员方的出口商或生产商征收反倾销税，但可以预先估算可能存在的倾销幅度，并要求对此提供担保。

（2）反倾销税的追溯效力

反倾销税的追溯效力是指对某进口产品裁定适用反倾销税后，在符合其他一些条件的情况下可以对以往进口的该产品追征反倾销税。适用追溯性反倾销税的一些主要条件如下：

第一，在做出倾销、造成产业损害或损害威胁的最终裁定时，如果判定因在此之前未实施临时反倾销措施，从而使倾销产品在调查期间继续对进口方境内产业造成损害，则最终确定的反倾销税可以溯及能够适用于临时措施的时候（即反倾销调查开始之日后的60天）开始计征。

第二，如果在做出倾销与损害最终裁决之前，进口方反倾销主管当局已采取了临时措施，而后来的最终裁决确认倾销与损害确已存在，则反倾销税的起征日可以追溯自采取临时措施之日起。如果最终裁决所裁定的反倾销税的税率高于以前采取临时措施时征收的税率，则以前少征部分不再补征；但如果最终裁决所裁定的反倾销税的税率低于以前采取临时措施时所征收的税率，则以前多征部分应予以退还，或重新计算反倾销税予以征收。

第三，如果该进口产品以前曾有倾销的历史，或该倾销产品在短期内进口的数量极大，为防止今后再次倾销，则对其征收反倾销税的起征日可追溯自采取临时措施前的90天。

第四，如果对倾销产品做出的最终裁决是属于实质性损害威胁或实质性阻碍的裁决，则反倾销税只能从该实质性损害威胁或实质性阻碍的裁决做出之日起计征。

（3）反倾销税的征收期限

反倾销税仅限于在抵消倾销造成的损害所必需的期限内有效，但最长一般不超过5年。在征收反倾销税的一段合理时间后，进口方反倾销主管当局可主动或应当事人的请求审查继续征收反倾销税是否还有必要，如果事实表明已没有必要，则应停止征收反倾销税。在调查期间，如果达成价格承诺或担保安排，则反倾销税应立即停止征收。

（四）机构、磋商与争端解决

为了保障《反倾销协议》的实施，世界贸易组织专门设立了反倾销措施委员会。委员会由各成员方的代表组成，委员会选出自己的主席，至少每年召开2次会议，或按《反倾销协议》有关规定在任何成员方请求下召开会议。委员会履行《反倾销协议》或成员方赋予的职责，主要是每年对《反倾销协议》的执行与运作情况进行审议。反倾销措施委员会履行《反倾销协议》项下或各成员方指定的职责，并应向各成员方就《反倾销协议》的实施，以及促进该协议目标实现的任何事项提供磋商机会。该委员会及其附属机构履行职责时，经有关成员方和有关企业同意，可向其认为适当的任何信息来源进行咨询和寻求信息。

各成员方应将负责调查反倾销的机构、立案和调查的国内程序通知反倾销措施委员会。各成员方应尽快向该委员会报告其采取的临时反倾销措施和最终反倾销措施，并应每半年向委员会报告一次前6个月采取的反倾销行动的情况。

任何成员方采取反倾销措施，影响了其他成员方的利益，可以通过反倾销的磋商和争端解决途径寻求解决。《反倾销协议》规定，除该协议另有规定外，世界贸易组织的争端解决机制同样适用于反倾销。

1.如果一成员方认为进口方实施反倾销措施，使其从世界贸易组织协定项下直接或间接获得的利益受到减损或丧失，或该项措施妨碍了任何协议目标的实现，则该成员方可以以书面形式要求与有关的一个或多个成员方进行磋商，以寻求各方满意的解决办法。每一成员方应对另一成员方提出的磋商要求给予积极的考虑，并应提供充分的磋商机会。

2.如果磋商不能达成满意结果，且进口方反倾销主管当局已经采取最终措施或接受价格承诺，则该成员方可以将争端提交争端解决机构处理。如果一出口方成员认为进口方成员所采取的临时反倾销措施，违反了《反倾销协议》的有关规定，则也可将之提交争端解决机构处理。

3.在受影响的成员方请求下，争端解决机构应设立专家组就该成员方的请求进行审查。世界贸易组织的《关于争端解决规则与程序的谅解》，同样适用于《反倾销协议》项下的磋商和争端解决。

4.专家组对保密信息负有保密义务。

（五）其他规定

1.代表第三方的反倾销行动

《反倾销协议》第14条规定，代表一第三方实施反倾销行动的申请应由请求采取行动的该第三方的主管当局提出。此种申请应得到证明进口产品正在倾销的价格信息及证明被指控的倾销正在对第三方的有关国内产业造成损害的详细信息支持。第三方政府应向进口方的主管当局提供所有帮助，以便使后者获得其可能要求的任何进一步信息。

关于是否继续进行一案件的决定取决于进口方。进口方反倾销主管当局在考虑此种申请时应考虑被指控的倾销对第三方有关产业的整体影响，即对损害的评估不应仅限于被指控的倾销对该产业向进口方的出口的影响或甚至对该产业全部出口的影响。

2.关于对发展中国家成员的有关规定

《反倾销协议》第15条规定，在考虑实施本协议项下的反倾销措施时，发达国家成员应对发展中国家成员的特殊情况给予特别注意。在实施会影响发展中国家成员根本利益的反倾销措施之前，应探讨本协议规定的建设性救济的可能性。但在《反倾销协议》中，没有详细规定对发展中国家成员的特殊和差别待遇，只是象征性地规定发达国家成员应注意发展中国家成员的根本利益及建设性救济的可能性。

三、《反倾销协议》对调查的补充要求

为使进口方反倾销主管当局公正、透明地进行反倾销调查，《反倾销协议》还通过两个附件对该协议的内容进行了补充，使实地核查和采用最佳可用信息方面的规定更加规范。

（一）进口方反倾销主管当局的实地核查

《反倾销协议》附件1对进口方反倾销主管当局到有关涉案企业进行核查的程序，作了详细规定，主要包括：

1.在立案调查后的适当时间，进口方反倾销主管当局应将实地核查的意向通知该企业所在国家的主管机关和已知的有关公司，并应得到有关方面的同意。

2.若核查组中包括非政府专家，也应通知上述有关方面。

3.一般情况下，核查应在收到有关涉案企业对调查问卷的答复后进行。核查前应通知有关企业需要核实信息的性质及提供的信息，但核查时也可要求有关企业进一步提供细节。

4.在可能的情况下，进口方反倾销主管当局对接受核查的有关成员方或企业提出配合核查的问题，在核查前予以答复。

（二）可获得最佳信息的采用

可获得最佳信息是指，进口方主管机关在调查过程中对有关利害关系方信息处理的一种方式，即弃用或部分弃用不配合调查或阻碍调查方提供的信息，而使用其认为适当的其他信息。

《反倾销协议》附件2对不采用利害关系方提供的证据或信息的处理原则，作了一般规定：

1.调查开始后，进口方反倾销主管当局应向有关利害关系方说明需要得到的信息及组织信息的方式。同时应说明，如果信息未按照要求提供，进口方反倾销主管当局可认为利害关系方的信息不可用，或不符合调查要求，并有权以可获得的事实为基础做出裁定，包括申请书中提出的事实。

2.进口方反倾销主管当局可要求有关利害关系方以特殊介质（如计算机磁盘）提供信息，但不应给有关利害关系方增加不合理的额外负担。

3.在裁定时，进口方反倾销主管当局应考虑使用可接受的、所有可核实的、以适当方式提交的信息。

4.当信息或证据未被接受时，进口方反倾销主管当局应向有关企业说明理由，并给予对方在合理时间内进一步说明的机会。在其后的任何裁决公告中，应载明拒绝接受该证据或信息的理由。

5.在调查过程中，进口方反倾销主管当局应特别慎重处理二手信息。如有可能，进口方反倾销主管当局应利用其他独立的信息来源核查二手信息的准确性。

第二节　补贴与反补贴措施协议

《补贴与反补贴措施协议》（Agreement on Subsidies and Countervailing Measures）的目的是，有效约束和规范补贴的使用，防止补贴对竞争的扭曲；同时，规范反补贴的程序和标准，防止滥用反补贴措施，阻碍公平贸易。但《补贴与反补贴措施协议》只处理影响货物贸易的补贴，《农业协议》中对农产品的补贴还有一些特殊规定，关于服务贸易的补贴在《服务贸易总协定》中另有规定。

一、《补贴与反补贴措施协议》的产生背景

补贴是一种政府行为，作为公共经济政策的重要组成部分，为世界各国所广泛采用。关税与贸易总协定和世界贸易组织并不否定补贴的作用，但补贴措施如使用不当也会导致不公平竞争，对进口方或第三方的相关产业或其他合法利益造成损害，扭曲贸易和影响资源的合理配置。

第二次世界大战后，补贴与反补贴规则的形成历经了近半个世纪的漫长历程。《1947年关税与贸易总协定》最初只在第6条和第16条涉及补贴问题。其中，第6条关于反倾销措施的最初规则，也规范反补贴税的使用；第16条直接涉及补贴的使用，但表述得相当含混，处理措施缺乏力度。因此，加强补贴纪律，确立规范的反补贴制度，一直是关税与贸易总协定各缔约方努力的一个方向。

在东京回合中，缔约方达成了《关于解释与适用〈1947年关税与贸易总协定〉第6条、第16条和第23条的协议》，也称《反补贴守则》。该守则确立了补贴的一般规则，丰富了反补贴的有关规定，同时制定了补贴争端解决的规则。《反补贴守

则》是对《1947年关税与贸易总协定》补贴与反补贴制度的重大发展，并对日后乌拉圭回合达成《补贴与反补贴措施协议》产生了积极影响。但《反补贴守则》只是一个诸边守则，实际签署的仅有24个缔约方，因此其约束范围有限。

在乌拉圭回合长达8年的谈判过程中，补贴与反补贴措施一直是谈判的难点和焦点议题。各方最终达成了《补贴与反补贴措施协议》，作为乌拉圭回合一揽子协议的组成部分，适用于世界贸易组织所有成员方。

二、《补贴与反补贴措施协议》的主要内容

《补贴与反补贴措施协议》由11个部分32个条款和7个附件组成。这11个部分分别是：总则，禁止性补贴，可诉补贴，不可诉补贴，反补贴措施，机构，通知和监督，发展中国家成员，过渡性安排，争端解决，最后条款。7个附件分别是：附件1——出口补贴清单；附件2——关于生产过程中投入物消耗的准则；附件3——关于确定替代退税制度为出口补贴的准则；附件4——从价补贴总额的计算（第6条第1款（a）项）；附件5——关于搜集严重损害的信息的程序；附件6——根据第12条第6款进行实地调查的程序；附件7——第27条第2款1项的发展中国家成员，规定的是豁免执行禁止出口补贴的发展中国家成员名单。

（一）补贴的含义及特征

1.补贴的含义

根据《补贴与反补贴措施协议》第1条和第2条的规定，补贴是指一成员方政府或任何公共机构向某些企业（指其辖区内的一个企业或产业或一组企业或产业）提供的财政资助以及对价格或收入的支持，以直接或间接增加从其境内输出某种产品或减少向其境内输入某种产品，或者对其他成员方的利益造成损害或威胁的政府性措施。这个定义从主体、形式和效果3个方面对补贴进行了界定，即补贴只有在满足下列3个条件时才成立：第一，补贴是由政府或公共机构提供；第二，政府提供了财政资助或任何形式的收入或价格支持；第三，补贴使产业或企业得到了利益。

补贴的范围主要包括：

（1）政府资金的直接转移（如赠款、贷款和资本注入）、潜在的资金或债务的直接转移（如政府为企业提供贷款担保）。

（2）政府应征税收的减免（如税收抵免之类的财政鼓励）。

（3）政府提供除一般基础设施外的货物、服务，或者购买货物。

（4）政府向筹资机构付款，或委托或指示私营机构履行上述的一种或多种通常应属于政府的职能，且此种做法与政府通常采用的做法并无实质差别。

（5）存在《1994年关税与贸易总协定》第16条意义上的任何形式的收入或价格支持。

2.补贴的特征

（1）补贴是一种政府行为。这里的"政府行为"是广义的概念，不仅包括一国的中央政府，也包括地方政府，还包括受政府干预的私人机构的补贴行为。

（2）补贴是一种财政行为。政府的干预行为可能会对生产和产品的进出口条件产生影响，而《补贴与反补贴措施协议》界定的补贴必须是政府的财政性干预行为，即政府公共账户存在开支。

（3）补贴必须授予被补贴方某种利益。《补贴与反补贴措施协议》认为，政府的财政性干预行为授予了被补贴方"某种利益"才应视为存在着补贴；政府的干预行为没有授予企业以利益的，不构成补贴。至于何为"利益"，《补贴与反补贴措施协议》并未做出明确定义。根据其精神，这种利益可以是受补贴方从某种政府补贴计划中取得了某些从市场上不能取得的价值，或远远超出其应取得的价值，如企业的收入明显增多、成本大幅度减少、税金不需支付或大量减免等。

（二）补贴的专向性

专向性是指补贴只给予一部分特定的产业、企业、地区。

1.专向性补贴的类型

《补贴与反补贴措施协议》只约束具有专向性的补贴，并规定了4种类型的专向性补贴：

（1）企业专向性补贴，即政府对部分特定企业进行补贴；

（2）产业专向性补贴，即政府对部分特定产业进行补贴；

（3）地区专向性补贴，即政府对其境内的部分特定地区的某些企业进行补贴；

（4）禁止性补贴，即与出口实绩或使用进口替代相联系的补贴。

2.专向性补贴的标准和条件

《补贴与反补贴措施协议》第2条明确了认定专向性补贴的一些标准和条件。凡是有关法律、法规有明确规定，或执行此项法律、法规的主管机构明确表示，补贴只给予特定的企业或产业，则该种补贴即具有了法律上的专向性。但约束补贴的专向性并不意味着不能对补贴发放设定条件，关键是设定条件应符合以下要求：

（1）给予补贴及确定补贴金额的标准或条件必须是客观和中性的，不得使某些特定企业享受的利益优于其他企业。标准或条件应属经济性质，并横向适用，如按照员工人数或企业规模等授予补贴。

（2）这些标准或条件必须在法律、法规或其他官方文件中明确规定，并能够被核查。

（3）这些标准或条件必须是自动的，即只要企业或产业达到规定的条件就应得到补贴，授予补贴的机构不得行使自由裁量权。

如果上述要求得不到实质满足，补贴便可能被认为具有法律上的专向性。另外，如果仅是形式上满足了上述要求，而事实上并没有严格执行，则补贴可能被认为具有事实上的专向性。补贴只要在法律上或事实上具有专向性，便可被认为具有专向性。

（三）补贴的基本类型

《补贴与反补贴措施协议》根据补贴的不同性质将补贴分为3类，即禁止性补贴、可诉补贴和不可诉补贴。各成员方对于其他成员方的补贴行为能否采取反补贴措施，需要根据补贴的性质加以决定。

1.禁止性补贴

禁止性补贴又称"红灯补贴"。《补贴与反补贴措施协议》明确地将出口补贴和进口替代补贴规定为禁止性补贴，任何成员方不得实施或维持此类补贴。成员方一旦实施了这种补贴，任何受其影响的其他成员方都可以直接采取反补贴措施。农产品出口补贴的削减由《农业协议》专门予以规定。

（1）出口补贴

出口补贴是指法律上或事实上以出口实绩为条件而给予的补贴。如果法律上明确规定以出口实绩作为给予补贴的唯一条件或条件之一，则该种补贴则属于出口补贴；如果法律上虽没有明确规定以出口实绩作为补贴条件，但补贴的给予事实上与实际出口或预期出口（或出口收入）联系在一起，则该补贴也属于出口补贴。但并不是出口企业得到的补贴都是出口补贴，因为出口企业也完全可以享受非专向性补贴。

出口补贴的影响在于，它会刺激出口的增长，使其他未受补贴的同类产品在竞争中处于不利境地，并可能对进口方或第三方相关产业造成实质性损害或实质性损害威胁。

《补贴与反补贴措施协议》附件1专门列出了一个出口补贴清单，列举了12种可归于出口补贴的典型情况：

①政府视出口实绩对产业或企业提供的直接补贴。如以出口额或出口创汇额为基数给予一定比例的奖励。

②涉及出口奖励的货币留成方案或任何类似做法。如在外汇统一管制的情况下，以出口额或出口创汇额为基数，允许出口企业留存一定比例的外汇。

③政府规定的装运出口货物的国内费用条件，优于装运内销货物，即所谓出口装运补贴。

④政府或其代理机构直接或间接通过政府授权的方案，对出口生产提供货物或服务的条款或条件，优于对内销生产的条款或条件，并且此类条款或条件优于出口商在世界市场上通过商业途径可获得的条款或条件。如政府为出口企业免费提供信息服务，而对内销生产提供同样服务则要收费。

⑤全部或部分减免或缓征工商企业已付或应付的、专门与出口有关的直接税或社会福利费。直接税是指对工资、利润、利息、租金、专利权使用费和其他形式的收入所征收的税，以及对不动产所有权的征税。

⑥在计算直接税的税基时，与出口或出口实绩直接相关的特殊扣除，超过对供国内消费的生产的特殊扣除，即通过缩小税基，减轻出口企业税负，从而达到刺激和鼓励出口的目的。

⑦对出口生产和分销的间接税减免，超过对供国内消费的同类产品的生产和分销所征收的间接税，即超额减免税。间接税是指增值税、消费税、销售税、营业税、特许税、印花税、转让税、存货税、设备税、边境税及除直接税和进口费用外

的所有税负。

⑧对用于出口产品生产的货物或服务，减免或缓征所征收的前阶段累积间接税，超过对给予国内消费的同类产品生产的待遇，也是一种超额减免。如果前阶段累积间接税是对出口产品生产过程中消耗的投入物所征收的（扣除正常损耗），则即使对供国内消费的同类产品的前阶段累积间接税不予减免或缓征，对出口产品仍可免、减、缓。

⑨进口费用的减免或退还，超过对出口产品生产中消耗的进口投入物所收取的进口费用（扣除正常损耗）。

⑩政府或政府控制的特殊机构提供的出口信贷担保或保险计划，以及针对出口产品成本增加或外汇风险的保险或担保计划，其利率或保险费率不足以弥补担保或保险计划的长期营业成本和亏损。

⑪政府提供的出口信贷利率低于使用该资金所实际应支付的利率，或低于国际资本市场获得同样信贷所应支付的利率；政府支付企业或其他金融机构为取得贷款所发生的全部或部分费用。但是，一成员方如果是一官方出口信贷的国际承诺的参加方，或一成员方在实践中实施的出口信贷利率与该国际承诺的规定相符，则符合该国际承诺规定的出口信贷做法不得视为出口补贴。

在实践中，经济合作与发展组织《关于官方支持的出口信贷规则的协议》规定，其成员方提供的出口信贷只要不低于规定的利率水平，则不构成出口补贴。按照《补贴与反补贴措施协议》附件1的规定，世界贸易组织一成员方，即使不是经济合作与发展组织成员，但如果其在提供出口信贷时遵守经济合作与发展组织的规定，则该出口信贷同样不应视为出口补贴。

⑫从成员方公共账户中所支取的任何其他费用，且该公共账户构成了《1994年关税与贸易总协定》第16条意义上的出口补贴。

关于出口补贴，《1994年关税与贸易总协定》第16条的注解还规定，对一出口产品免征其同类产品供国内消费时所负担的关税或国内税，或免除此类关税或国内税的数量不超过已征量，不得视为出口补贴。也就是说，对出口产品免征间接税或退还该产品已征收的间接税，不构成出口补贴；出口退税如超过实际征收的税额，超额部分则构成出口补贴。

（2）进口替代补贴

进口替代补贴是指以使用国产货物为条件而给予的补贴，而对使用同类进口产品则不予以补贴，又称国内含量补贴。与出口补贴给予出口产品的生产者或出口商不同，进口替代补贴给予的对象是国内产品的生产者、使用者或消费者。这种补贴的影响在于：它会使进口产品在与受补贴的国内产品的竞争中处于劣势，从而抑制相关产品的进口。鉴于进口替代补贴对进口贸易的抑制和扭曲作用，《补贴与反补贴措施协议》同样将它纳入了禁止范畴。

进口替代补贴可以是给予进口替代产业优惠贷款，或为此类企业提供比其他企业更优惠的货物或服务，或在外汇使用方面提供更多的便利条件，或减免此类企业所得税等直接税，或通过允许加速折旧等方式减小所得税税基，等等。

进口替代补贴既可以给生产商，也可以直接给使用者或消费者。如对进口替代产品使用者给予物质奖励，允许该使用者对进口替代设备进行加速折旧，或者对此类设备的增值税予以全额抵扣，对购买进口替代设备提供优惠贷款等。

2.可诉补贴

可诉补贴又称"黄灯补贴"，是指在一定范围内允许实施，但如果在实施过程中对其他成员方的经济贸易利益造成不利影响或严重侵害，则受损害方可对其补贴措施提出申诉。可诉补贴是具有专向性的补贴，即该类补贴只适用于特定的企业、产业或地区。对这类补贴，往往要根据其客观效果才能判定是否符合世界贸易组织规则。

《补贴与反补贴措施协议》第5条对可诉补贴规定了总体原则，即成员方不得通过使用该协议第1条所规定的专向性补贴而对其他成员方的利益造成不利影响。这种不利影响是指以下3种情况：一是对另一成员方的国内产业造成损害；二是使其他成员方丧失或减损根据《1994年关税与贸易总协定》所获得的利益；三是严重侵害另一成员方的利益。

损害是指一成员方政府的补贴对另一成员方国内产业所造成的实质性损害，这与倾销对国内产业所造成的损害是非常相似的。

利益的丧失或减损是一个非常模糊的概念。对于补贴来讲，比较典型的情况是，一成员方实施补贴，使另一成员方本应获得的市场准入机会受到了影响和削弱。

严重侵害是一个范围更广的概念。《补贴与反补贴措施协议》第6条对严重侵害规定了一些推定标准，即只要补贴符合以下情形，便可视为对另一成员方的利益造成了严重侵害：

（1）补贴的影响在于取代或阻碍另一成员方的同类产品进入提供补贴成员方的市场。

（2）补贴使得另一成员方同类产品对第三国市场的出口被取代或阻碍。

（3）补贴产品造成另一成员方同类产品大幅降价、压价、价格抑制，或造成另一成员方同类产品的大量销售损失。

（4）补贴导致补贴成员方增加某一初级产品在世界市场中的份额。

《补贴与反补贴措施协议》还规定，如果提供补贴的成员方能证明补贴并未造成第6条规定的任何一种影响，则不得视为存在严重侵害。

根据《补贴与反补贴措施协议》第31条规定，第6条规定临时适用5年（1995年1月1日至1999年12月31日）。

3.不可诉补贴

不可诉补贴又称"绿灯补贴"，是指任何成员方在实施这类补贴的过程中可不受其他成员方的反对或申诉以及因此而采取反补贴措施。《补贴与反补贴措施协议》第四部分规定了两大类不可诉补贴：一类是不具有专向性的补贴；另一类是符合特定要求的专向性补贴。

不具有专向性的补贴可普遍获得，不针对特定企业、特定产业和特定地区。

符合特定要求的专向性补贴，包括研究和开发补贴、贫困地区补贴、环保补贴。

研究和开发补贴是指，对公司进行研究和开发活动的援助，或对高等教育机构、研究机构与公司签约进行研究和开发活动的援助。

贫困地区补贴是指，按照某项总体地区发展规划给予贫困地区的援助。

环保补贴是指，为促进现有设施适应法律、法规规定的新的环保要求而提供的援助。

《补贴与反补贴措施协议》第8条，对上述补贴规定了非常详细的限定条件。该协议第31条规定，有关不可诉补贴的规定临时适用5年（1995年1月1日至1999年12月31日）。

三、补贴的争端解决和反补贴措施

（一）补贴的争端解决

《补贴与反补贴措施协议》对成员方之间有关补贴问题的争端，提供了更为迅捷的多边解决程序，以体现对补贴行为的严格规范。

1.禁止性补贴的争端解决

一成员方如果有理由认为另一成员方正在实施禁止性补贴，即可请求同实施补贴的成员方进行磋商。若在提出磋商请求后30天内未能达成双方满意的解决办法，则可将争端提交争端解决机构。

争端解决机构受理争端后，应立即成立专家组。专家组应在成立后的90天内，向争端当事方提交最终报告，并发送给世界贸易组织其他所有成员。如专家组认定补贴为禁止性的，则应建议立即撤销补贴，并明确限定撤销补贴的时限。除非争端一方表示上诉，或争端解决机构经协商一致不通过专家组报告，否则争端解决机构应在报告发送给所有成员方后的30天内通过该报告。

如专家组报告被上诉，上诉机构一般应在30天内提出裁决报告，例外情况下不得超过60天，并交由争端解决机构予以通过。除非争端解决机构在20天内经协商一致决定不予通过，否则争端各方必须无条件接受上诉机构报告。

如果被诉方没有在专家组指定的时限内执行争端解决机构的建议，争端解决机构应授权申诉方采取适当的报复措施，除非争端解决机构经协商一致拒绝授予申诉方这种权利。实施补贴的成员方可就报复措施是否适当提请仲裁。

2.可诉补贴的争端解决

一成员方如果有理由认为另一成员方实施的可诉补贴对其利益造成了不利影响，则可要求与实施补贴的成员方进行磋商。若提出磋商请求后的60天内未能达成协议，则任何一方可将争端提交争端解决机构。

争端解决机构受理争端后，应设立专家组，除非争端解决机构全体一致不同意设立专家组。专家组的组成及其职权范围应在专家组成立后的15天内确定。专家组应在120天内向争端各方提交最终报告，并将报告发送给世界贸易组织其他所有成员。除非争端一方表示要求上诉，或争端解决机构经协商一致决定不通过专家组报告，否则争端解决机构应于报告发送给全体成员之日起的30天内通过该报告。

如果专家组报告被上诉，上诉机构应于60天内提出裁决报告，例外情况下可延长至90天内。除非争端解决机构经协商一致不通过上诉机构报告，否则争端解决机构应于上诉机构报告发送给全体成员方之日起的20天内通过上诉机构报告，争端当事方必须无条件接受该报告。

如果争端解决机构通过的专家组报告或上诉机构报告认定可诉补贴应予撤销，则实施补贴的成员方应自报告通过之日起的6个月内采取适当措施，消除补贴所造成的不利影响或取消该项补贴。在此期间，争端当事方还可就补偿问题进行谈判。如未达成补偿协议，且实施补贴的成员方亦未在规定时限内采取适当措施，争端解决机构应授权申诉方采取在性质和程度上与涉诉补贴措施相当的报复措施，除非争端解决机构协商一致拒绝这一补偿要求。被诉方可就报复措施的适当性问题提请仲裁解决。

与禁止性补贴相比，可诉补贴的争端解决程序时间要长一些。这体现了对不同类型补贴约束程度的差异。

（二）反补贴措施

反补贴措施指进口方主管机构应国内相关产业的申请，对受补贴的进口产品进行反补贴调查，并采取征收反补贴税或价格承诺等方式，抵消进口产品所享受的补贴，恢复公平竞争，保护受到损害的国内产业。

《补贴与反补贴措施协议》规定了使用反补贴措施的规则。这些规则与《反倾销协议》的有关规则非常相似，但两者仍存在一些不同点：

1.对微量的标准规定不同

在反倾销调查中，2%或2%以下的倾销幅度被认为是微量的；在反补贴调查中，只有补贴低于从价金额的1%，才能被视为微量，对发展中国家成员适用的比例还要高一些，即可以低于2%。

2.对忽略不计的标准规定不同

在反倾销调查中，如果某一成员方倾销产品对特定市场的出口量不足该市场进口总量的3%，则该进口量可忽略不计，除非此种比例均低于3%的几个成员方的合计比例超过7%；在反补贴调查中，针对发展中国家成员的此种比例为4%，作为例外的合计比例为9%。

3.邀请磋商是发起反补贴调查成员方的义务，而反倾销调查中不存在此类规定

《补贴与反补贴措施协议》要求进口方主管当局在接受国内产业有关申请后，最迟应在发起调查前邀请可能被调查的成员方进行磋商，以澄清有关被指证的事项，寻求达成双方满意的解决办法。

4.价格承诺的方式有所不同

反补贴中的价格承诺有两种形式：一是出口商同意修改其价格，以消除补贴的

有害影响；二是出口方政府同意取消或限制补贴，或采取其他能消除补贴影响的措施。而在反倾销的价格承诺中，不存在政府承诺的问题。

如果一成员方在采取反补贴措施过程中，未能遵守《补贴与反补贴措施协议》第五部分的实质性或程序性要求，其他成员方可以通过争端解决机制提出质疑。

《补贴与反补贴措施协议》规定，争端解决程序与反补贴措施可以平行引用。从程序角度讲，争端解决程序与反补贴措施是不矛盾的。若一成员方认为另一成员方实施补贴措施，该成员方可以向争端解决机构提起申诉，同时也可以进行反补贴调查，以确定补贴进口产品是否对其国内产业造成了损害。

对某一特定补贴只能采取一种形式的救济措施，要么征收反补贴税，要么根据《补贴与反补贴措施协议》第4条或第7条的规定采取报复措施，而不能两种措施同时采用。

四、优惠待遇和过渡期

（一）发展中国家成员

世界贸易组织所有成员方均承认，补贴可在发展中国家成员的经济发展计划中发挥重要作用，因此，《补贴与反补贴措施协议》第八部分详细规定了各类发展中国家成员的特殊和差别待遇。与世界贸易组织其他协议相比，《补贴与反补贴措施协议》的优惠待遇涉及范围较广，对发展中国家成员和最不发达国家成员具有重要的实质性意义。

根据联合国的有关标准，《补贴与反补贴措施协议》将发展中国家成员分为3类：一类是49个最不发达国家成员；二类是列入附件7的年人均国民生产总值低于1 000美元的20个发展中国家成员；三类是其他发展中国家成员。

1.禁止性补贴方面的优惠

（1）最不发达国家成员可以无限期使用出口补贴，并在世界贸易组织成立后8年内（即至2002年底），可使用进口替代补贴。

（2）附件7所列的20个发展中国家成员，在其年人均国民生产总值达到1 000美元之前，有权使用出口补贴，并在世界贸易组织成立后5年内（即至1999年底），可保留进口替代补贴。

（3）其他发展中国家成员在世界贸易组织成立后8年内（即至2002年底），可以保留出口补贴，但应在这8年内逐步取消，且不得提高其出口补贴的水平。如果出口补贴与其发展需求不相符，则应在短于8年的期限内取消；如果有关成员方能证明延长保留出口补贴的期限是出于经济、金融和发展的需要，则补贴与反补贴措施委员会可以延长这一期限；在世界贸易组织成立后5年内（即至1999年底），这些发展中国家成员可以保留进口替代补贴。

对于发展中国家成员，若其某一具体产品已经具有"出口竞争力"，即该种产品的出口连续2年达到同类产品世界贸易至少3.25%的份额，则该成员方应在2年内取消对这种产品的出口补贴。但是，《补贴与反补贴措施协议》附件7所列20个发展中国家成员，即使其某一具体产品已经具有出口竞争力，仍可以在8年内逐步取消对该产品的出口补贴。

2.可诉补贴方面的优惠

《补贴与反补贴措施协议》第27条还针对发展中国家成员，放宽了该协议第三部分规定的、适用于可诉补贴的多边规则，且这些更加优惠的待遇没有时间限制。如果发展中国家成员维持出口补贴、进口替代补贴的做法，符合《补贴与反补贴措施协议》第27条2~5款的规定，则其他成员方不得援引有关禁止性补贴的争端解决程序，只能援引可诉补贴的程序。

3.反补贴调查中的优惠

《补贴与反补贴措施协议》第五部分，就针对发展中国家成员采取反补贴措施作了一些特殊规定。如果发展中国家成员产品的补贴水平不足从价金额的2%（非发展中国家成员为1%），则针对其采取的反补贴调查应立即终止。

对于以下3类成员，微量补贴的幅度为3%：

（1）最不发达国家成员。

（2）《补贴与反补贴措施协议》附件7所列的年人均国民生产总值低于1 000美元的发展中国家成员。

（3）可在世界贸易组织成立后的8年内继续使用出口补贴，但提前取消该类补贴的发展中国家成员。

如果源自发展中国家成员的受补贴进口产品不足进口份额的4%，则反补贴调查也应立即终止，但如果低于4%份额的发展中国家成员的合计比例超过9%，反补贴调查仍可继续进行。

（二）转型经济国家成员

转型经济国家成员可以实施转型所必需的计划和措施。它们可以在世界贸易组织成立后的7年内，保留已向世界贸易组织通知的出口补贴和进口替代补贴，但这些补贴在7年内应逐步取消，或使其符合《补贴与反补贴措施协议》的规定。在7年期限内，为有助于经济结构调整，这些成员可以免除政府持有的债务，向企业提供赠款以偿还债务，而不受"严重侵害"规则的制约。

（三）发达国家成员

发达国家成员在3年过渡期（1995—1997年）后，应取消在签署《建立世界贸易组织协定》之前就已存在的禁止性补贴。这类计划应在该协定对该成员方生效后的90天内，通知世界贸易组织补贴与反补贴措施委员会。

五、机构和监督

根据《补贴与反补贴措施协议》第六部分规定，世界贸易组织设立补贴与反补贴措施委员会，还设立了常设专家小组。常设专家小组可以在争端解决机构专家组的请求下，依据争端解决程序确定某一补贴是否属被禁止的补贴。

《补贴与反补贴措施协议》第七部分对成员方就补贴进行通知的义务作了详尽规定，并明确了补贴与反补贴措施委员会监督该协议实施的具体职能。

第三节　保障措施协议

《保障措施协议》（Agreement on Safeguards）的目的是，进一步澄清《1994年关税与贸易总协定》第19条的原则，强化保障措施的多边控制，消除规避保障措施控制的不当做法，促进国际贸易体制的稳定和完善。

保障措施在性质上完全不同于反倾销措施和反补贴措施。保障措施针对的是公平贸易条件下的进口产品，反倾销措施和反补贴措施针对的是不公平贸易。

一、《保障措施协议》的产生背景

有关保障条款的规定最早出现于1943年美国和墨西哥签订的《互惠贸易协定》中。随后，在美国的主导下，保障措施条款正式纳入了《1947年关税与贸易总协定》，即第19条"对某种产品进口的紧急措施"。但是，第19条的实施状况并不理想，这主要是条款本身的缺陷造成的。例如，缺乏对重要概念的定义，可操作性差；没有界定"增加的进口"与"损害"之间的因果联系；程序规则不明确等。在实践中，诸如"自愿出口限制"之类的"灰色区域"措施泛滥，多边规则形同虚设。因此，缔约方希望能进一步完善《1947年关税与贸易总协定》第19条的规定。

在东京回合保障措施谈判流产后，乌拉圭回合中仍把保障措施列为15个谈判议题之一。经过缔约方艰苦的讨价还价，最终达成了《保障措施协议》，适用于所有成员方。

二、《保障措施协议》的主要内容

《保障措施协议》由序言、14个条款和1个附件组成，主要内容包括总则、调查、严重损害和严重损害威胁的确定、保障措施的运用、临时保障措施、减让水平与其他义务、发展中国家成员、先前存在的第19条措施、禁止及取消若干措施、通知与磋商、监督、争端解决等条款。

（一）保障措施的含义、作用及特征

1.保障措施的含义和作用

保障措施是指因不能预见的情况或某个成员方因履行成员义务（包括关税减让在内）的影响，致使某一产品进口到该成员方的数量激增，并对生产相似或直接竞争产品的国内产业造成严重损害或严重损害威胁，该成员方可在适当的时间和程度内，对该产品全部或部分中止义务或撤销或修改减让，以消除或减轻此种损害或损害威胁。

保障措施的作用主要是暂时性地免除成员方已承诺的义务，允许其对有损害产品的进口提高关税、实行配额限制等措施，从而限制或减少进口，保护国内同类产品的生产。这种临时性保护措施，最终可为国内相关产业赢得结构调整的时间与机会。

2.保障措施的特征

归纳起来，保障措施具有以下4个方面的特征：

（1）特定性。保障措施实施的对象是对进口国内相关产业造成损害的特定进口产品，而不是针对所有的进口产品。

（2）临时性。保障措施的实施具有临时性或暂时性的特点，它只在预计能够消除损害所造成影响的范围内实施。一旦损害消除，保障措施即应取消。否则，就会造成保障措施实施过当。

（3）递减性。在保障措施实施过程中，其措施实施的程度要随着国内相关产业竞争力的恢复和提高而逐步予以放宽，直至恢复到采取保障措施前的状况。

（4）非歧视性。任何成员方在采取保障措施时，都应在最惠国待遇原则的基础上实施，不能对某些成员方有选择性地加以实施。

（二）实施保障措施的前提条件

根据《1994年关税与贸易总协定》第19条和《保障措施协议》的规定，世界贸易组织成员方实施保障措施必须满足3个条件：第一，某项产品的进口激增；第二，进口激增是由于不可预见的情况和成员方履行世界贸易组织义务的结果；第三，进口激增对国内生产同类产品或直接竞争产品的产业，造成了严重损害或严重损害威胁。

1.进口激增的定义

《保障措施协议》规定的进口激增，是指产品进口数量的急剧增长，包括绝对增长和相对增长两种情况。

绝对增长是产品实际进口数量的增长。

相对增长是相对进口方国内生产而言，进口产品所占市场份额上升。进口产品出现相对增长的情况时，实际进口量并不一定发生改变。例如，某一产品的进口量始终保持在1 000单位，而国内同类产品的产量由原来的2 000单位下降为1 000单位，进口所占市场份额则从1/3上升至50%，这种情况就属于相对增长。

2.进口激增的原因

进口激增是由于不可预见的情况和世界贸易组织成员方履行世界贸易组织义务的结果。

"不可预见的情况"在《1994年关税与贸易总协定》和《保障措施协议》中没有非常明确的解释。在1950年捷克斯洛伐克诉美国的"皮帽案"中，关税与贸易总协定工作组曾将"不可预见的情况"解释为关税减让时不能合理预见的情况。

世界贸易组织成员方履行世界贸易组织义务，主要是指成员方履行关税减让和削减非关税壁垒等义务。履行这些义务，往往会增强进口产品的竞争力，可能导致进口激增。

世界贸易组织成员方若要实施保障措施，必须证明进口激增是由上述两种原因造成的。

3.进口激增的后果

进口激增对国内生产同类产品或直接竞争产品的产业，造成了严重损害或严重损害威胁。

拟实施保障措施的世界贸易组织成员方，必须证明进口激增与产业损害或损害威胁之间存在因果关系。这种证明必须有客观证据的支持。如果在同一时期国内产业所受损害是由进口增长以外的因素所致，则此类损害不得归咎于进口激增。

《保障措施协议》中的"国内产业"是指，在世界贸易组织一成员方境内生产与进口产品相似或直接竞争产品的全体国内生产商，或者其产量之和占该成员方这种相似或直接竞争产品生产总量主要部分的生产商。

关税同盟既可针对该同盟所辖全部区域采取保障措施，也可仅代表该同盟的某一成员实施保障措施。当同盟针对全部区域实施保障措施时，对损害及损害威胁的确定，应以同盟内相应的整个产业情况为基础；当同盟代表其某个成员实施保障措施时，对损害及损害威胁的确定，应仅以该成员相应的产业情况为基础，保障措施的实施也只以该成员的地域为限。

"严重损害"是指对国内某一产业的状况总体上造成重大损害。在确定对国内某一产业造成严重损害或严重损害威胁的调查中，主管机构应评估影响该产业状况的、客观和可量化的所有相关因素，特别是有关产品进口绝对增长或相对增长的比例和数量，增长的进口产品在国内市场所占份额，以及国内产业的销售水平、总产量、生产率、设备利用率、盈亏与就业的变化等。

"严重损害威胁"应理解为危急且显而易见的威胁，不能仅是想象或推测的威胁。

（三）实施保障措施的程序

世界贸易组织成员方若要实施保障措施，则必须通过调查证明前述条件都得以满足。为了保证调查程序的公正和透明，也为了尽量减小因实施保障措施造成的贸易扭曲，《保障措施协议》对调查、通知和磋商作了规定。

1.调查

保障措施调查是采取保障措施的必经步骤。调查必须按照事先已经确定的程序进行，而且必须符合1994年关贸总协定第10条关于透明度的要求。协议并没有详细规定调查的每一个环节，但要求进行调查的成员方的调查机构应向所有利害关系方做出适当的公告，给进口商、出口商以及利害关系方提供陈述意见和抗辩的适当机会（如举行公开听证会等方式），特别是关于保障措施的实施是否符合公众利益的意见。调查结束后，调查机构必须公布调查报告，列明经调查后认定的相关事实和法律结论。

2.通知

协议规定，成员方应将下列事项立即通知保障措施委员会：

（1）发起与严重损害或严重损害威胁相关的调查程序及其原因。

（2）就因增加的进口所造成的严重损害或严重损害威胁提出调查结果。

（3）就实施或延长保障措施做出决定。

在做出（2）项和（3）项的裁决时，提议实施或延长保障措施的成员方应向保障措施委员会提供全部相关资料。货物贸易理事会或保障措施委员会可以要求该成员方提供其认为必要的补充资料。此外，各成员方应迅速向保障措施委员会通知他们与保障措施有关的法律、法规和行政程序以及任何修改。不过，协议不要求任何成员方披露会妨碍执法或违背公共利益或损害特定公司企业合法商业利益的机密信息。

3.磋商

协议规定拟实施或延长保障措施的成员方应给有利害关系的成员方提供事先磋商的充分机会。这种磋商可以是针对调查中所涉及的问题，也可以是针对拟采取的具体保障措施，还可以谈贸易补偿问题。协议鼓励成员方通过充分磋商达成谅解。成员方之间磋商的结果应及时通知货物贸易理事会。

（四）保障措施的具体实施

保障措施只能以非歧视的方式实施，即进口限制措施仅针对产品，而不论该种产品的来源。

1.保障措施实施的形式和期限

（1）保障措施实施的形式

实施保障措施，可以采取提高关税、纯粹的数量限制和关税配额等形式，但保障措施应仅在防止或救济严重损害的必要限度内实施。

鉴于非关税措施对贸易的扭曲作用较大，《保障措施协议》第5条对实施数量限制和配额措施作了专门限定：在实施数量限制时，不得使进口数量低于过去3个有代表性年份的平均进口水平，除非进口方有正当理由表明有必要采用与此不同的进口水平；在实施配额限制时，进口方应当与有利害关系的供应方就配额分配进行磋商。如磋商未能达成协议，则进口方应基于供应方前一有代表性时期的进口份额进行分配，除非在保障措施委员会主持磋商中证明，不按这种方法进行分配是有正当理由的。

（2）保障措施实施的期限

保障措施的实施期限一般不应超过4年。如果仍需以保障措施防止损害或救济受损害的产业，或有证据表明该产业正在进行调整，则可延长实施期限，但保障措施的全部实施期限（包括临时保障措施）不得超过8年。上述期限的起算时间包括临时性措施的时间。

2.临时保障措施

《保障措施协议》规定，在紧急情况下，如果迟延会造成难以弥补的损失，进口成员方可不经磋商而采取临时保障措施。主管当局只能在初步裁定进口激增已经或正在造成严重损害或损害威胁的情况下，方可采取临时保障措施。临时保障措施的实施期限不得超过200天，并且此期限计入保障措施总的期限。

临时保障措施应采取增加关税形式。如果随后的调查不能证实进口激增对国内有关产业已经造成损害或损害威胁，则增收的关税应迅速退还。成员方应在采取临时保障措施前通知保障措施委员会，在采取措施后应尽快与各利害关系方举行磋商。

3. 对实施保障措施的若干限制

如果某一保障措施的适用期预计超过1年，进口方在适用期内应按固定的时间间隔逐渐放宽该措施；如果实施期超过3年，进口方须在中期审查实施情况，并根据审查结果撤销或加快放宽该措施。延长期内的保障措施不得比最初适用的措施更加严格，且应继续放宽。

对同一进口产品再次适用保障措施，应遵守以下规定：一般情况下，两次保障措施之间应有一段不适用的间隔期，间隔期应不短于第一次保障措施的实施期限，至少为2年；如果保障措施的适用期只有180天或少于180天，并且在该措施实施之日前的5年内，未对同种产品采取两次以上的保障措施，则自该措施实施之日起1年后，可针对同种进口产品再次适用保障措施，实施期限至多为180天。

4. 补偿与报复

由于保障措施针对的是公平贸易条件下的进口产品，其实施必然影响出口方的正当利益。为此，《保障措施协议》第8条规定，有关世界贸易组织成员方可就保障措施对贸易产生的不利影响，协商贸易补偿的适当方式。

如果在30天内未达成协议，受影响的世界贸易组织成员中的出口方可以对世界贸易组织成员中的进口方对等地中止义务，即实施对等报复。但是，实施对等报复应在进口方实施保障措施后的90天内，并在货物贸易理事会收到出口方有关中止义务的书面通知30天后进行，且货物贸易理事会对此中止不持异议。

如果进口方采取保障措施是因为进口的绝对增长，并且该措施符合《保障措施协议》的规定，则出口方自保障措施实施之日起的3年内不得进行对等报复。

5. 禁止灰色区域措施

灰色区域措施是指，有关国家根据双边达成的非正式协议实施的与世界贸易组织规则不符的进口限制措施。因这些协议透明度较低，故被形象地称为灰色区域措施。其主要特征是：

（1）名义上是出口方自愿承担的单方面行动，实际上是在进口方的压力下被迫做出的。

（2）规避了取消数量限制和非歧视性原则。

（3）有关协议的内容一般包括提高产品价格、限制进口数量及进口监督等。

灰色区域措施种类很多，包括自愿出口限制、有秩序的销售安排、出口节制、出口价格或进口价格调控机制、出口或进口监督、强制的进口卡特尔、任意性出口或进口许可制度等。

鉴于灰色区域措施削弱了保障措施的作用，《保障措施协议》明确规定，世界贸易组织成员方不应寻求、采取或维持任何此类措施；世界贸易组织成员方不应鼓励或支持国营或私营企业，采取或维持与上述做法效果相同的非政府措施。根据《保障措施协议》的要求，到1999年底，所有的灰色区域措施都被取消。

6. 发展中国家成员的优惠待遇

如果是源自发展中国家成员方的产品，在进口方该产品进口总量中所占比例不超过3%，则不得针对该发展中国家成员的产品实施保障措施。但是，当比例均不超过3%的几个发展中国家成员的合计比例超过9%时，保障措施则可适用。

发展中国家成员实施保障措施最长可至10年。在保障措施的再度适用方面，对发展中国家成员的限制也较发达国家成员少。

三、协议的机构安排

《保障措施协议》第13条规定，设立保障措施委员会，隶属于货物贸易理事会。保障措施委员会的主要职能是：

1.监督《保障措施协议》的执行，向货物贸易理事会报告年度总体执行情况，并提出修改建议。

2.根据受影响成员方的请求，调查某一保障措施的实施是否遵守了《保障措施协议》的程序性要求，并向货物贸易理事会报告其调查结果。

3.应成员方的请求，对成员方进行的磋商提供协助。

4.监督灰色区域措施的取消进程，并酌情向货物贸易理事会报告。

5.应采取保障措施成员方的请求，审查中止减让或其他义务的提议是否实质上对等，并酌情向货物贸易理事会报告。

6.接收并审查《保障措施协议》规定的所有通知。

基本概念

倾销　正常价值　替代国价格　出口方境内市场价格　向第三方出口价格　结构价格　替代国价格　倾销幅度　国内产业　损害　实质性损害　实质性损害威胁　实质性阻碍　初裁　终裁　行政复审　司法审查　价格承诺　反倾销税　补贴　禁止性补贴（"红灯补贴"）　出口补贴　进口替代补贴　可诉补贴（"黄灯补贴"）　不可诉补贴（"绿灯补贴"）　反补贴措施　研究和开发补贴　贫困地区补贴　环保补贴　保障措施　进口激增　灰色区域

复习思考题

1.倾销是怎样确定的？

2.什么是正常价值？试述其确定方法。

3.对出口价格与正常价值如何进行比较？

4.怎样确定倾销幅度？确定倾销幅度的作用是什么？

5.什么是损害？如何确定损害？

6.确定存在实质性损害的主要依据是什么？

7.确定存在实质性损害威胁的主要依据是什么？

8.确定存在实质性阻碍某一产业新建的主要依据是什么？

9.简述倾销与产业损害之间的因果关系。

10.反倾销调查通过什么程序进行？

11.对市场经济国家如何确定倾销的可比价格？

12. 对非市场经济国家如何确定倾销的可比价格?

13. 试述实施反倾销措施的必备要件。

14. 试述实施反倾销措施的基本程序。

15. 试述反倾销措施的种类及内容。

16. 简述补贴的含义及特征。

17. 简述补贴的范围。

18. 简述专向性补贴的类型。

19. 简述专向性补贴的标准和条件。

20. 试述补贴的基本类型。

21. 什么是禁止性补贴? 试述其类型。

22. 什么是可诉补贴? 哪些可诉补贴可以使用?

23. 简述保障措施的含义、作用及特征。

24. 试述实施保障措施的前提条件。

25. 简述实施保障措施的程序。

26. 简述实施保障措施的形式和期限。

拓展阅读9-1

拓展阅读9-2

拓展阅读9-3

拓展阅读9-4

第十章　世界贸易组织服务贸易框架规则

——《服务贸易总协定》

新的产业革命使当今社会进入了信息时代，随着经济全球化的加速发展和信息社会的出现，服务业在现代经济生活中已占据了越来越重要的地位；而国际服务贸易的形式是复杂多样的，并且多数服务贸易都与各个国家的经济利益特别是国家的经济安全密切相关。因此，在国际社会中对服务贸易进行有效的规制就显得较为困难。然而，经济全球化的发展已经使服务贸易在向着更为自由化的方向迈进，对服务贸易制定具有约束力的法律文件已成为国际法发展的一大趋势。在此背景下达成的《服务贸易总协定》（General Agreement of Trade in Service，GATS）是经关税与贸易总协定乌拉圭回合多边贸易谈判达成的第一部管理国际服务贸易的框架规则。其宗旨是通过建立服务贸易多边规则，在透明和逐步自由化的条件下扩大全球的服务贸易。1995年世界贸易组织成立后，《服务贸易总协定》成为具有约束力的法律文件，是世界贸易组织多边贸易法律体系中不可分割的重要组成部分。《服务贸易总协定》的制定和生效，标志着世界多边贸易体制正逐步趋于完善，它有助于推动国际服务贸易在世界范围内更加深入地展开，也使得各国在服务业方面的比较优势得到更大发挥，从而对国际服务贸易的发展具有重要的意义。

第一节　国际服务贸易概述

一、服务的含义

经济学上的"服务"是指一种特殊形式的劳动产品。马克思对服务做出了科学定义。他指出："凡是货币直接同不生产资本的劳动即非生产劳动相交换的地方，这种劳动都是作为服务被购买的。服务这个名词，一般地说，不过是指这种劳动所提供的特殊使用价值，就像其他一切商品也提供自己的特殊使用价值一样；但是这种劳动的特殊使用价值在这里取得了'服务'这个特殊名称，是因为劳动不是作为物，而是作为活动提供服务。"[①]

服务还有以下几种概念："服务是供销售的和与一个产品相关的对消费者的需求提供的活动、好处或者满足。""服务是供销售与购买的一种不可触知的产品。""服务是一种行为；而产品是一种物品。产品是一个物体、一个工具，而服务是一种义务、一种性能。""一个服务是一方可以提供给另一方的各种活动或者性能，它基本上是不可触知的，而且不在某物的所有权之中。""服务是一个产品，它在交易

---

① 马克思，恩格斯. 马克思恩格斯全集：第26卷［M］. 中共中央马克思恩格斯列宁斯大林著作编译局，译. 北京：人民出版社，1958：435.

中所转移的不是一个可触知的物体的所有权，而是一种租用，是一个产品的修理。""服务是源于一个（个人和组织的）主体的活动的性能，是一个可触知的产品的临时的可支配性，二者都是为了满足购买者的需求。"①

综上，我们对服务的定义如下：

服务是指服务提供者通过直接接触和间接接触的形式，满足服务接受者的某种需要并取得相应报酬的经济行为。它是以活动形式表现的使用价值或效用，是一种特殊形式的劳动产品。它与生产是同等重要的。

二、服务的基本特征

一般认为，服务具有不可感知性、不可分割性、品质的不一致性、不可储存性和所有权的不可转让性等特征。

（一）不可感知性（intangibility），即无形性

这是服务的最主要的特征。不可感知性包括两层含义：第一，服务与实体商品相比较，服务的特质及组成服务的元素在许多情况下都是无形无质的，让人不能触摸或凭视觉感到它的存在；第二，消费者在消费服务后所获得的利益，也很难被察觉，或是要经过一段时间后，消费服务的享用者才能感觉出利益的存在。服务的这一特征决定了消费者在购买服务前，不能以对待实物商品的办法触摸、尝试、聆听等以判断服务的优劣，而只能以搜寻信息的办法，参考多方意见及自身的历史体验来做出判断。

服务的不可感知性只是用以区别实物商品，其意义在于提供一个视角来分清服务与实物商品。服务有时也是需要一定的载体的，如录音磁带、录像带、光盘等可作为音乐、电视的载体。

（二）不可分割性（inseparability）

这是服务的另一个主要特征。不可分割性是指服务的生产和消费是同时完成的。服务人员提供服务于顾客之时，就是顾客消费服务的过程，生产和消费服务在时间上不可分割。在服务的过程中消费者和生产者必须直接发生联系，从而生产的过程也就是消费的过程。这一特征要求顾客积极、合作地参与到服务生产过程中来，否则便不能享受服务。

（三）品质的不一致性，即差异性或异质性（heterogeneity）

品质的不一致性是指服务的构成成分及其质量水平经常变化，难以统一认定。服务的主体和对象均是人，人是服务的中心，而人又具有个性，人涉及服务方和接受服务的顾客两方面。服务品质的差异性既由服务人员素质的差异所决定，也受到顾客本身的个性特点的影响。由于服务的这个特征，服务质量和效果要受两方面的影响——生产者和消费者。服务质量的差异性，既为发展优质服务提供了广阔的空间，也给劣质服务留下了活动余地，这就对服务质量管理提出了更高的要求。

---

① 佩里切利. 服务营销学 [M]. 张密，译. 北京：对外经济贸易大学出版社，2000：32-33.

（四）不可储存性（perishability）

不可储存性是指服务不可能像商品那样保存，既不能在时间上储存下来，以备未来使用，也不能在空间上将服务转移，如带回家去安放下来。如果服务不能及时被消费，即会造成服务的损失。这一特征使得加速服务产品的生产和扩大服务的规模出现困难。

产品可以在被生产出来之后和进入消费之前这一段时间处于库存状态，而且不会给商品所有者造成损失；而服务一旦被生产出来，一般不能长久搁置，也就是不可能处于库存状态。如果服务不被使用，则既不会给购买者带来效用，也不会给提供者带来收益。火车、飞机、电影院里的空位不会产生服务收入；医院、商店、餐馆和银行等行业如果没有顾客光顾，就会造成巨大的经济损失。然而，随着科学技术的飞速发展，作为无形的服务，有时也是可以储存的。服务是否可以储存的问题，主要是指时间上的储存，也就是服务是购买时消费还是在购买以后某一个时间消费。例如，购买保险就可以在一段时间内消费，这一服务的某些方面是在购买以后的整个有效期内消费的，比如购买后觉得比较放心，有了安全感。这个服务的另一些方面，可以在有效期内任何时候的某些情况下消费，比如要求得到赔偿。

（五）所有权的不可转让性

不可转让性是指在服务的生产和消费过程中不涉及所有权的转移。服务在交易完后就消失了，消费者所拥有的对服务消费的权利并未因服务交易的结束而像商品交换那样获得实有的东西，服务具有易逝性，如银行存款，货币的所有权并未转移。服务的这一特征是导致服务风险的根源，由于缺乏所有权的转移，消费者在购买服务时并未获得某种东西的所有权，因此感受到购买服务的风险性，而造成消费心理障碍。

（六）服务具有较强的经验特征和信任特征

如果我们把服务的差异性、无形性和不可分割性结合起来，还可以看到服务与产品的另一个感性差别，即购买服务所可能得到的品质和效果是难以事先预期的。

（七）服务的价格名称多样，不易确定

服务业里的价格名称众多，如酬金、佣金、回扣、手续费、租金、保险费等。在确定服务业价格时涉及社会学和心理学，还有国家的服务价格政策。价格的确定围绕着三个基本点来考虑，即生产和销售成本、需求（对于顾客的价值）、竞争对手的价格。服务企业确定价格的首要目标是保证需求，从而确保一定利润的价格售后服务。其他目标还有投资回报、市场份额、社会目的、质量优异、现金流动等。影响服务价格差别的因素包括服务的可支配性、提前评估的可能性、长期忠诚的关系、价格的敏感性等。

一般而言，得到的服务越困难，服务的价格就越高；越能提前了解服务的特点，就越可以支付更高的价格；服务越是标准化，消费者对价格越敏感；越是按照消费者需求研究出来的服务，对价格的敏感程度就越低一些；越是需要与顾客建立长期的稳定的关系，定价就越要偏低一些。

　　尽管商品和服务在形态上存在着明显的差别，但在现代市场体系中，商品和服务存在着一定的替代性和统一性。替代性表现为商品和服务间的相互替代，如购买理疗机、按摩器代替相应的服务等，反之亦然。统一性主要表现在两者都是通过货币购买来实现的，即与货币交换的一致性。

三、国际服务贸易的含义

　　服务业被列为独立的产业部门是在20世纪70年代。当时，美国及欧洲等一些发达国家先后进入后工业化社会，与此相适应，这些国家的服务业发展非常迅速。随着发达国家服务业的发展，服务贸易在国际贸易中的比重也迅速上升。但由于在实践中，一方面服务业是个内涵非常庞杂的经济部门；另一方面各国对服务贸易的解释和各自的利益密切相关，因此为服务贸易界定一个为国际社会都能接受的概念，便成为一个难题。首次使用国际服务贸易概念的是美国的《1974年贸易法》。此后，在经济合作组织针对即将进行的东京回合贸易谈判所提交的一份报告中也较早地使用了"服务贸易"一词。此外，在早期的友好通商航海条约、双边自由贸易协定如《罗马条约》等条约中也都涉及了服务贸易，但都没有给服务贸易界定一个确切的概念。不过，一直以来国际社会仍然为此做出了一系列的努力。

　　《美加自由贸易协定》是世界上第一个在国际贸易协定上正式定义服务贸易的法律文件。该协定指出，服务贸易是指成员方的一方在其境内或进入另一成员方境内提供所指定的一项服务。这里所指定的"一项服务"包括了以下形式：生产、销售、营销及传递一项所指定的服务及其进行的采购活动；进入或使用国内的分销系统；以商业存在形式分销、营销、传递或促进一项指定的服务；遵守投资规定，任何为提供指定服务的投资，以及任何为提供指定服务进行的相关活动。而联合国贸易发展会议也曾利用过境现象来阐述服务贸易，从而将国际服务贸易定义为：货物的加工、装配、维修以及货币、人员、信息等生产要素为非本国居民提供服务并取得收入的活动，是一国与他国进行服务交换的行为。此外，在国际社会中对于服务贸易还有其他许多理解。

　　现今被国际社会所普遍认同的乃是《服务贸易总协定》对服务贸易的描述。关贸总协定乌拉圭回合的重要成果便是将服务贸易、知识产权及与贸易有关的投资措施纳入了世界贸易组织的体制之中。然而在谈判的过程中，服务贸易的概念也一直是各国所争论的焦点之一。在谈判的初期，发展中国家坚持认为服务贸易应当仅仅指跨越国境的服务贸易。这主要是由于发展中国家在服务贸易中，尤其是在资本和技术密集型服务贸易上处于劣势地位，无力与发达国家竞争，又加之服务贸易的发展对一国经济政治的影响都较为敏感，因而发展中国家均不愿将服务贸易的范围定得过宽，从而确保能够有效地控制本国服务贸易自由化的进程。而发达国家在服务贸易方面，尤其是在资本和技术密集型的服务贸易上占有绝对的优势，因此，发达国家则强烈要求把涉及生产要素流动的服务贸易也包括在内，甚至把服务业的国际直接投资都包括在服务贸易之内。因此，双方的观点严重对立，一度相持不下。在经过了长期的磋商和反复争议之后，终于达成了为各方所相对满意的服务贸易定义。《服务贸易总协定》以分类和列举的形式，对服务贸易的定义进行了描述。目前这一定义已经成为有一定指导性和权威性的定义，并为各国所普遍接受。

世界贸易组织是从贸易范围来界定国际服务贸易的定义的，《服务贸易总协定》第1条将服务贸易定义为：

1.跨境交付

跨境交付（cross-border supply）是指一成员服务提供者在其境内向在任何其他成员境内的服务消费者提供服务，以获取报酬。这种方式是典型的"跨国界贸易型服务"。它的特点是服务的提供者和消费者分处不同的国家，在提供服务的过程中，就服务内容本身而言已跨越了国境。它可以没有人员、物资和资金的流动，而是通过电讯、计算机的联网实现，如一成员的咨询公司在本国向另一成员的客户提供法律、管理、信息等专业性服务以及国际电讯服务和视听服务，也可以有人员或物资的流动，如一成员的租赁公司向另一成员的用户提供租赁服务以及金融、运输服务等。

2.境外消费

境外消费（consumer abroad）是指一成员的服务提供者在其境内向来自任何其他成员的服务消费者提供服务，以获取报酬，也可称为"消费者移动"。它的特点是服务消费者到任何其他成员境内接受服务，如病人到国外就医、学生到国外留学进修等，最常见的是旅游服务。

3.商业存在

"商业存在"（commercial presence）是指任何类型的商业或专业机构，包括为提供服务而在一成员境内：①组建、收购或维持一法人；②创建或维持一分支机构或代表处。

这一类国际服务贸易是指一成员的服务提供者在任何其他成员境内建立商业机构（附属企业或分支机构），为所在国和其他成员的服务消费者提供服务，以获取报酬。它的特点是服务提供者到国外开业。这类服务贸易主要涉及市场准入和直接投资，即在一成员境内设立机构，通过提供服务取得收入，从而形成贸易活动。服务人员可以来自母国，也可以在东道国雇佣；服务对象可以是东道国的消费者，也可以是来自第三国的消费者。常见的这类服务贸易形式是在境外投资设立合资、合作或独资的服务性企业，如金融服务分支机构、律师和会计师事务所、饭店、维修服务站等。与第二类不同的是它强调通过生产要素的流动到消费者所在地提供服务。

4.自然人移动

自然人移动（movement of personnel）是指一成员的自然人（服务提供者）到任何其他成员境内提供服务，以获取报酬。它的特点是服务提供者在外国境内向该国服务消费者提供服务。例如，专家教授到国外讲学、文化艺术从业者到国外提供文化娱乐服务等。这类服务贸易方式涉及几方面的问题：一是自然人的国籍在一成员方，服务地点是在另一成员方；二是自然人以商业目的为导向，在异国（地）提供服务，其部分收入汇回境内，用于境内消费。如果单个自然人在外国机构工作，取得的工资用于自己在当地的消费而不汇回国内，一般不被视作服务贸易。

《服务贸易总协定》采取了较为务实的态度，对国际服务贸易从贸易范围上采用上述描述式的定义，比较符合服务贸易客观表现的几种形式，在实践中已逐渐为国际社会所广泛认同和采用。

四、国际服务贸易的特点

与国际货物贸易相比较，国际服务贸易具有如下的特点：

1.贸易标的一般具有无形性。

2.交易过程与生产和消费过程的国际性。

3.贸易主体地位的多重性。服务的卖方往往就是服务生产者，并作为服务消费过程中的物质要素直接加入服务的消费过程；服务的买方则往往就是服务的消费者，并作为服务生产者的劳动对象直接参与服务产品的生产过程。

4.服务贸易市场具有高度垄断性。由于国际服务贸易在发达国家和发展中国家的发展严重不平衡，加上服务市场的开放涉及跨国银行、通讯、航空运输、教育、自然人跨越国界流动等，它们直接关系到服务进口国的国家主权、经济安全、伦理道德等极其敏感的领域和问题。因此，国际服务贸易市场具有很强的垄断性，受到国家有关部门的严格控制。

5.贸易保护方式更具有刚性和隐蔽性。由于服务贸易标的的特点，各国政府对本国服务业的保护，无法采取货物贸易上惯用的关税壁垒和非关税壁垒的办法，而只能采取在市场准入方面予以限制或进入市场后不给予国民待遇等方式。这种保护常以国内立法的形式加以施行。国际服务贸易保护的发展态势也不同于国际货物贸易，各国对服务贸易的保护往往不是以地区性贸易保护和"奖出"式的进攻型保护为主，而是以行业性贸易保护和"限入"式的防御型保护为主。这种以国内立法形式实施的"限入"式非关税壁垒，使国际服务贸易受到的限制和障碍往往更具刚性和隐蔽性。

6.营销管理具有更大的难度和复杂性。国际服务营销管理无论在国家宏观管理方面，还是在企业的微观经营方面，都比货物的营销管理具有更大的难度和复杂性。从宏观上讲，国家对服务进出口的管理，不仅仅是对服务自身的物的管理，还必须涉及服务提供者和消费者的人的管理，涉及包括人员签证、劳工政策等一系列更为复杂的问题。某些服务贸易如金融、保险、通信、运输以及影视、文化教育等，还直接关系到输入国的国家主权与经济安全、文化与价值观念、伦理道德等极其敏感的政治和社会问题。另外，国家主要采用制定法规的办法，即不是通过商品检验、边防检查、海关审查等商品贸易管理的办法对服务贸易进行调控和管理。在微观上，由于服务本身的固有特性，也使得企业营销管理过程中的不确定性因素增多，调控难度增大，突出表现在对服务的质量控制和供需调节这两个企业营销管理中最为重要的问题上。

7.国际服务贸易统计复杂。由于服务产业本身的复杂多样，国内服务贸易与国际服务贸易统计尚未完全区分开，国际服务统计体系尚未确立，使服务贸易统计难以确切。因此，现有的国际服务贸易统计数字可能大大低于实际数字。

在国际服务贸易统计上，目前联合国机构采用的是国际货币基金组织国际收支手册分类统计数据，被称为"商业服务"（commercial service）。它在统计时主要包括以下 3 项内容：（1）运输，包括所有的运输服务，即海洋运输、航空运输和其他运输。（2）旅游，包括为个人游客和商务游客所提供的货物和服务。最通常的货物和服务是指住宿、食品和饮料、娱乐和交通、礼品和纪念品。（3）其他商业服务，包括：通信服务、建筑服务、保险服务、金融服务、计算机和信息服务、专利和许可使用服务、其他职业服务和个人的文化与消遣服务。

五、国际服务贸易的分类

按照国际货币基金组织的国际收支统计程序，乌拉圭回合服务贸易谈判小组在乌拉圭回合中期审评会议后，在以商品为中心的服务贸易分类的基础上，结合服务贸易统计和服务贸易部门开放的要求，征求各谈判方的提案和意见，提出了以部门为中心的服务贸易分类方法，将服务贸易分为 12 大类 140 多个具体部门。大致分类如下：

（一）商业性服务

商业性服务是指在商业活动中涉及的服务交换活动。服务贸易谈判小组列出了6类这种服务，其中既包括个人消费的服务，也包括企业和政府消费的服务。

1. 专业性（包括咨询）服务

专业性服务涉及的范围包括：法律服务；会计、审计和簿记服务；税收服务；建筑服务；工程服务；综合工程服务；城市规划与风景建筑物服务；医疗与牙科服务；兽医服务；助产士、护士、理疗医生、护理人员提供的服务。

2. 计算机及相关服务

这类服务包括计算机硬件安装的咨询服务、软件开发与执行服务、数据处理服务、数据库服务及其他。

3. 研究与开发服务

这类服务包括自然科学、社会科学及人文学科中的研究与开发服务以及交叉学科的研究与开发服务。

4. 不动产服务

不动产服务是指不动产范围内的服务交换，但是不包含土地的租赁服务。

5. 无操作人员的租赁服务

该类服务主要包括交通运输设备（如汽车、卡车、飞机、船舶等）和非交通运输设备（如计算机、娱乐设备等）的租赁服务，但是，不包括其中有可能涉及的操作人员的雇用或所需人员的培训服务。

6. 其他商业性服务

其他商业性服务包括：生物工艺学服务；翻译服务；展览管理服务；广告服务；市场研究及公众观点调查服务；管理咨询服务；与人类相关的咨询服务；技术

检测及分析服务；与农、林、牧、采掘业、制造业相关的服务；与能源分销相关的服务；人员的安置与提供服务；调查与保安服务；与科技相关的服务；建筑物清洁服务；摄影服务；包装服务；印刷、出版服务；会议服务；其他服务。

（二）通讯服务

通讯服务主要是指所有有关信息产品、操作、存储设备和软件功能等的服务。通讯服务由公共通信部门、信息服务部门、关系密切的企业集团和私人企业间进行信息转接和服务提供，主要包括：邮电服务；信使服务；电信服务，其中包含电话、电报、数据传输、电传、传真；视听服务，包括收音机及电视广播服务；其他电信服务。

（三）建筑服务

建筑服务主要是指工程建筑从设计、选址到施工的整个服务过程，具体包括：选址服务，涉及建筑物的选址；国内工程建筑项目，如桥梁、港口、公路等的地址选择等；建筑物的安装及装配工程；工程项目施工建筑；固定建筑物的维修服务；其他服务。

（四）销售服务

销售服务是指产品销售过程中的服务交换，主要包括：商业销售，主要指批发业务；零售服务；与销售有关的代理费用及佣金等；特许经营服务；其他销售服务。

（五）教育服务

教育服务是指各国间在高等教育、中等教育、初等教育、学前教育、继续教育、特殊教育和其他教育中的服务交往，如互派留学生、访问学者等。

（六）环境服务

环境服务是指污水处理服务、废物处理服务、卫生及相似服务等。

（七）金融服务

金融服务主要是指银行和保险业及相关的金融服务活动，包括：

1.银行及相关的服务

该类服务包括：银行存款服务；与金融市场运行管理有关的服务；贷款服务；其他贷款服务；与债券市场有关的服务，主要涉及经纪业、股票发行和注册管理、有价证券管理等；附属于金融中介的其他服务，包括贷款经纪、金融咨询、外汇兑换服务等。

2.保险服务

该类服务包括：货物运输保险，其中含海运、航空运输及陆路运输中的货物运输保险等；非货物运输保险，具体包括人寿保险、养老金或年金保险、伤残及医疗费用保险、财产保险、债务保险；附属于保险的服务，例如保险经纪业、保险类别咨询、保险统计和数据服务、再保险服务。

（八）健康及社会服务

健康及社会服务主要是指医疗服务、其他与人类健康相关的服务、社会服务等。

（九）旅游及相关服务

旅游及相关服务是指旅馆、饭店提供的住宿服务、餐饮服务、膳食服务及相关的服务，旅行社及导游服务。

（十）文化、娱乐及体育服务

文化、娱乐及体育服务是指不包括广播、电影、电视在内的一切文化、娱乐、新闻、图书馆、体育服务，如文化交流、文艺演出等。

（十一）交通运输服务

交通运输服务主要包括：货物运输服务，如航空运输、海洋运输、铁路运输、管道运输、内河和沿海运输、公路运输服务，也包括航天发射以及运输服务，如卫星发射等；客运服务；船舶服务（包括船员雇用）；附属于交通运输的服务，主要指报关行、货物装卸、仓储、港口服务、起航前查验服务等。

（十二）其他服务

当然，对于这些部门的定义并不是严格统一的。在具体的谈判中，各成员方对于准备列入减让表的具体服务部门，可以保留其自主定义的权利。《服务贸易总协定》同时还声明，协定对服务部门和分部门的分类与定义也不是一成不变的。目前，有专门的委员会负责有关服务部门和分部门调整的技术性工作。

第二节　《服务贸易总协定》的产生与基本结构

一、《服务贸易总协定》的产生过程

乌拉圭回合首次将服务贸易问题列入谈判的新议题，其最终目标是实现服务贸易的自由化。但是，由于服务贸易所具有的不同于货物贸易的特征，以及各国的要求不同，情况复杂，所以，谈判进行得比较艰难，并非一帆风顺，而是波折迭起。将服务贸易列入乌拉圭回合谈判议程的主张是由美国最早提出并且始终坚持的。早在1973年开始的东京回合谈判中，美国就积极倡议将服务贸易纳入关贸总协定的框架之内。美欧等发达国家成员之所以积极要求对服务贸易问题进行谈判，自然有其深刻的经济背景。按照人们过去的传统观念，是很难将服务与贸易相联系的，然而科学技术的突飞猛进却使得一切在逐渐地发生着改变。正如关贸总协定对服务贸易的定义中所描述的那样，服务的提供者已经可以通过多种方式来实现服务的跨国界提供。同时，以美国为代表的发达国家成员对服务贸易的管制，也发生了由"严格管理"到"放松管理"的转变。发达国家成员普遍取消了对服务业的限制，鼓励私人竞争，最终扩大成为激烈的国际市场竞争。在这一过程中，互联网、电子计算机的服务得到迅速普及。到了20世纪90年代初，由于科技的进步，客观上已经形成了国际性服务贸易的巨大市场。

在以美国为代表的发达国家成员服务业得到巨大发展的同时，它们在国际贸易中的比较优势也在发生着转换，即发达国家成员的劳动密集型工业，比如纺织业等

已经逐步转移到了发展中国家成员，而制造业的优势也转移到了新兴工业化国家和地区。发达国家成员此时的比较优势在于知识型或高科技型的产业以及服务业部门，例如电讯、金融服务等。因此，高科技型经济和服务贸易已经成为发达国家成员消除贸易逆差、维持国际收支平衡的有力手段。有鉴于此，发达国家成员强烈要求国际社会制定出服务贸易领域内所应遵循的国际法律规范。与发达国家成员相比，发展中国家成员在服务贸易领域中的实力则相对弱小。这主要是因为发展中国家成员的技术相对落后，而且经济实力也不强，这明显制约了服务贸易在这些成员中的发展。发展中国家成员担心本国的服务贸易无力与发达国家成员竞争，若开放较大会有损本国的经济利益，因此发展中国家成员极力反对服务贸易的自由化。将服务贸易列入关贸总协定谈判议程的主张遭到了发展中国家成员的强烈反对。

1986年9月，埃斯特角城部长宣言将服务贸易作为三项新议题之一列入乌拉圭回合多边贸易谈判议程，从此拉开了服务贸易多边谈判的序幕。具体说来，乌拉圭回合服务贸易谈判大体经历了三个阶段。

第一阶段是1986年10月27日—1988年12月，即自正式谈判开始至1988年12月部长级中期评审会议上发表了《蒙特利尔宣言》为止。这一阶段谈判的重点是关于服务贸易的定义、范围，以及与服务贸易有关的国际规则或协议等问题。1988年12月在加拿大的蒙特利尔举行了中期评审会谈。在该谈判中各方分歧很大，尤其在国际服务贸易的定义方面有诸多纠缠。其中发展中国家成员要求对国际服务贸易作比较狭窄的定义，即将其定义为"居民与非居民进行的跨国境的服务购销活动"。这个定义排除了跨国公司内部交易和诸如金融、保险、法律服务等不必跨越国境的交易。而美国等发达国家成员则坚持认为应当采用较为广泛的定义，即将所有涉及不同国民或国土的服务活动均纳入国际服务贸易的范畴。会谈中，为加速谈判进程，各方在一定程度上摆脱了对服务贸易定义的纠缠，并最终采取了较为折中的主张，将服务贸易定义为"包括跨越国境的服务和消费，以及各种生产要素的跨越国境流动"，从而将谈判重点集中在透明度、逐步自由化、国民待遇、最惠国待遇、市场准入、发展中国家成员的更多参与、例外和保障条款，以及国内规章等原则在服务部门的运用方面。同时，协定还承认发达国家成员与发展中国家成员在服务贸易方面所存在的差异，允许发展中国家成员在制定逐步自由化的规则和程序时，根据其经济发展水平给予差别待遇，以及满足它们的一些特殊利益和要求。总体说来，在这一谈判过程中所达成的主要内容有：（1）有关服务贸易的定义和统计；（2）使用与服务贸易相关的原则和规则；（3）服务贸易谈判及协议的多边框架范围；（4）服务贸易谈判和现有国际协定的关系；（5）有利于或限制服务贸易发展的措施和行为。

第二阶段为1988年12月—1991年，即自发表《蒙特利尔宣言》至邓克尔议案的出台。在《蒙特利尔宣言》中，谈判组制定出了服务贸易的谈判进程表，各缔约方就实现服务贸易自由化的问题提出了各自愿意参加谈判的项目表，并由关贸总协定秘书处将其归并成包括金融、建筑、海运等在内的150多个服务行业。随后，服务贸易工作组举行会议，开始对电讯和建筑部门进行审查，然后又审查运输、旅游、金融和专业服务部门，这样就进入了"部门测试"过程。与此同时，各成员方代表同意采纳一套国际服务贸易的准则，以消除服务贸易谈判中的诸多障碍。1990年5月，中国、印度、喀麦隆、埃及、肯尼亚、尼日利亚和坦桑尼亚7个亚洲、非洲国家向服务贸易谈判组联合提交了"服务贸易多边框架原则与规则"提案，对最惠国待遇、透明度、发展中国家成员更多参与等一般义务与市场准入、国民待遇等特定义务作了区分。关贸总协定文本结构较多地采纳了"亚非提案"的主张，并承认成员方发展水平的差异，在一定程度上反映了发展中国家成员的利益和要求。随后，服务贸易谈判组举行高级官员会议，各成员方代表对于国民待遇、最惠国待遇等原则在服务贸易领域的适用已达成共识；并且在关于各成员开放和不开放服务部门的列举方式上采纳了发展中国家成员的主张，对市场准入和国民待遇等特定义务按"肯定列表"方式加以确定，从而使发展中国家成员的利益有了一定程度上的保障。在谈判过程中，由于各成员之间特别是发达国家成员与发展中国家成员之间在利益上存在矛盾与冲突，谈判进行得十分艰难。然而，经过各方的妥协和让步，谈判最终还是得以进行，并且在1990年12月3日—7日的布鲁塞尔部长级会议上，服务贸易谈判组修订了《服务贸易总协定多边框架协议（草案）》文本。此后，在各方的继续努力下，特别是在总干事邓克尔的亲自干预下，最终于1991年达成草案，即通常所说的"邓克尔议案"。

第三阶段为自邓克尔议案达成到1993年12月关贸总协定第八轮回合谈判结束。1992年1月，贸易谈判委员会同意以邓克尔议案为基础，以尽快结束旷日持久的乌拉圭回合谈判。在服务贸易领域中，各方随之提交具体承诺减让的步伐也随之加快，并相应地解决框架协定中的遗留问题。在谈判最后阶段的主要问题包括最惠国待遇例外的处理，电信和金融服务的具体承诺减让水平等。1993年12月15日，贸易谈判委员会最终通过了包括《服务贸易总协定》在内的最后文件草案。1994年4月15日，《乌拉圭回合多边贸易谈判最后文件》在摩洛哥的马拉喀什签署，《服务贸易总协定》便是这一回合中一项重要的谈判成果。服务贸易自此被正式纳入了多边贸易体制的管辖范围。该协定作为乌拉圭回合一揽子协议的组成部分和世界贸易组织对国际服务贸易管辖的法律依据之一，于1995年1月1日与世界贸易组织同时生效。

二、《服务贸易总协定》的基本结构

总体说来，《服务贸易总协定》的目标与关贸总协定的目标是相同的。它旨在通过发展服务贸易"促进所有贸易伙伴的经济增长和发展中国家成员的经济发展"。在协定的序言部分中，就概括性地阐述了进行服务贸易谈判的3个主要目标。协定的主要目标表述为：第一，以逐步开放服务贸易市场为目标，建立一个服务贸易原则和规则的多边框架，以促进服务贸易的进一步扩大。第二，允许世界贸易组织的成员，特别是发展中国家成员对服务的提供进行管理，从而使服务贸易的发展符合其国内政策的目标。第三，应当对发展中国家成员提供帮助，特别要增强其国内自身服务部门的能力，以使其更加全面地参与全球服务贸易竞争。序言对最不发达国家成员在经济、贸易和财政方面的特殊困难予以了充分的考虑，并使用了较多的篇幅强调了发展中国家成员的经济参与和自身的特殊情况。这是发展中国家成员在谈判中努力争取的结果。

协定中的规则在很大程度上受到关贸总协定的影响，但它在此基础上又根据服务贸易自身的特点进行了修改，以实现《服务贸易总协定》的基本目标。在协定的适用上，它的范围包括了基于商业目的而提供服务的行业，既涉及私有企业，也涉及政府控制的公司，但是，协定的适用范围并不包括政府机构与部门为了自身需要而获得的服务。

概括地说，《服务贸易总协定》共有29个条款，整体上分为6大部分，还有8个附件。协定的第一部分明确了协定的管辖范围和所涉及的定义。第二部分最长，是关于普通义务和原则的内容，其中的绝大部分规则适用于所有的服务部门和所有的世界贸易组织成员。第三部分的内容是确定与减让表中的具体承诺相关的规则。第四部分主要涉及减让表本身以及今后的谈判内容。第五部分是机构条款。第六部分则是关于最后条款的内容。

《服务贸易总协定》的基本结构如下：

第一部分　范围和定义

第1条　范围和定义

第二部分　普通义务和原则

第2条　最惠国待遇

第3条　透明度

第3条之二　机密资料的公开

第4条　发展中国家成员的更多参与

第5条　经济一体化

第5条之二　劳动力市场一体化协定

第6条　国内法规

第7条　承认

第8条　垄断和专营服务提供者

第9条　商业惯例

第10条　紧急保障措施

第11条　支付和转移

第12条　保障国际收支的限制

第13条　政府采购

第14条　一般（普遍）例外

第14条之二　安全例外

第15条　补贴

第三部分　具体承诺

第16条　市场准入

第17条　国民待遇

第18条　附加承诺

第四部分　逐步自由化

第19条　具体承诺的谈判

第20条　具体承诺减让表

第21条　承诺减让表的修改

第五部分　机构条款

第22条　磋商

第23条　争端解决和执行

第24条　服务贸易理事会

第25条　技术合作

第26条　与其他国际组织的关系

第六部分　最后条款

第27条　利益的拒绝给予

第28条　定义

第29条　附件

附件

关于第2条豁免的附件

关于本协定项下提供服务的自然人流动的附件

关于空运服务的附件

关于金融服务的附件

关于金融服务的第二附件

关于海运服务谈判的附件

关于电信服务的附件

关于基础电信谈判的附件

第三节　《服务贸易总协定》的主要内容

一、普遍义务和原则

《服务贸易总协定》第二部分是关于"普遍义务和原则"的内容。该部分适用于所有世界贸易组织成员，而且其中的绝大部分条款也适用于所有的服务部门。需要指出的是，该部分中的许多条款都或多或少地受到了关贸总协定规则的影响，从而在很多地方与之有相似之处。

（一）最惠国待遇

《服务贸易总协定》第2条的内容是最惠国待遇原则。根据最惠国待遇的规定，某一成员方给予任何其他国家或地区（不论成员方或非成员方）的服务或服务提供者的待遇，必须立即和无条件地给予其他成员方类似的服务或服务提供者。这一原则的规定与货物贸易领域中的最惠国待遇原则基本相似，属于无条件最惠国待遇的标准模式，所不同的只是它的使用对象是"服务"和"提供服务的人"。

可是，在某些服务部门中，要立即实现无条件的自由化是不可能的，因此，服务贸易中的最惠国待遇的实施也是有条件的。这主要表现为，世界贸易组织的成员方可以通过最惠国待遇豁免，来保留其国内与最惠国待遇原则所不一致的措施。具体说来，成员可以在谈判中列出最惠国待遇的例外清单，从而有权继续在特定的服务部门中维持与最惠国待遇不相符的措施。但是例外清单必须一次性确定，其内容以后也不得增加。在《服务贸易总协定》生效以后的任何新的最惠国待遇的例外，就只能通过《建立世界贸易组织协定》所规定的豁免程序获得。

《服务贸易总协定》中所允许背离最惠国待遇原则的情况，除以上所列的例外清单之外，唯一的情形就是区域贸易集团成员之间的安排。《服务贸易总协定》第5条"经济一体化"条款规定，允许任何成员方与其他国家达成仅在参加方之间适用的进一步实现服务贸易自由化的协议。这一协议的达成条件是，协议内容必须涵盖众多的服务部门和4种服务提供方式，取消对协议参加方服务提供者的歧视性措施，并禁止新的或更多的歧视性措施的出现。《服务贸易总协定》第5条基本上是仿效关贸总协定第24条的规则而制定的，作为自由贸易区和关税同盟的成员关系在服务贸易领域内的扩展。该条的规定相对于关贸总协定的规则来说，既有不足之处，也有相对完善的地方，这些都是可以理解的。

（二）透明度

《服务贸易总协定》的另外一条基本原则是透明度原则。该原则规定，成员方应及时公布影响《服务贸易总协定》实施的、所有普遍适用的相关措施。如果是成员方新制定的或修改后的法律、法规和行政措施，并且它们对世界贸易组织成员在《服务贸易总协定》下的具体承诺所涉及的服务贸易会产生影响，则该成员方必须向服务贸易理事会做出通知。此外，在1996年底以前，世界贸易组织成员还必须设立各自的服务贸易咨询点，以满足其他成员方就上述问题索取相关信息的需要。关于咨询点的规定在涉及发展中国家成员所提出的咨询请求时，又有进一步的要求，即发达国家成员和具备条件的其他成员还应设立联络点，以便发展中国家成员的政府和服务提供者可以从中获得有关服务提供的商业和技术方面的信息，以及有关专业资格要求等方面的信息。

（三）发展中国家成员的更多参与

《服务贸易总协定》第4条的规定体现了鼓励发展中国家成员更多参与的原则。该条规定，发达国家成员方应当采取具体的措施，来加强发展中国家成员方服务部门的竞争力，以使发展中国家成员方的服务能够有效地进入发达国家成员方的市场。这一规定表明，发达国家成员与发展中国家成员之间在服务业发展中的不平衡性已被《服务贸易总协定》所承认。具体说来，发达国家成员应当在以下几方面加强发展中国家成员的参与能力：首先，通过帮助发展中国家成员获得商业性技术，来提高其国内服务业的生产能力、效益和竞争力；其次，帮助发展中国家成员改善销售渠道和信息网络；最后，在发展中国家成员具有出口利益的部门及提供方式上实现服务贸易市场准入的自由化。此外，《服务贸易总协定》第19条还进一步规定，为了实现本协定第4条所述的目标，发展中国家成员方在开放的部门以及市场准入等方面可以具有一定的灵活性，并且可以对外国服务提供的市场准入提出附加条件。《服务贸易总协定》中对于促进发展中国家成员逐步参与问题的规定具有十分重要的意义，它有助于发展中国家成员加强其服务能力，但是，同时也应看到，相关的规定也存在着不够明确和具体的地方，因此这些规定的实际效果还有待于进一步检验。

（四）国内法规

《服务贸易总协定》第二部分的其他规则主要是为了保证世界贸易组织成员在该协定下所获得的利益不会受到各成员方国内法规的妨碍。对于某一成员方所做出承诺的措施，该成员方必须合理、客观和公正地实施。这些规则的主要内容大体包括关于国内法规的纪律、关于垄断和专营者及限制性商业管理的纪律、例外规定、保障措施和补贴纪律等。在国内法规的纪律方面，《服务贸易总协定》规定了关于国内法规和资格承认的纪律，以确保世界贸易组织成员在该协定下所能获得的利益，不会因各成员的国内法规而遭到损害。此外，还要求服务贸易理事会应制定多边规则，以防止对服务提供者的资格要求、技术标准及许可的发放构成不必要的贸易限制。同时《服务贸易总协定》还敦促成员方承认其他成员方服务提供者所具有的学历或其他资格，鼓励各成员之间就资格的相互承认进行谈判，并且该资格要求应当尽可能地不构成歧视，也不会对国际服务贸易构成隐蔽限制。

（五）垄断和专营服务提供者

在关于垄断和专营者及限制性商业管理的纪律方面，《服务贸易总协定》的规定与GATT 1994中关于国营贸易条款的规定有诸多相似之处。其内容主要规定了成员方任何一种服务的垄断提供者，均不得滥用垄断地位，不得违背该成员方的最惠国待遇义务和已做出的具体承诺。若成员方的行为否认或损害了其已做出的承诺，则该成员方应当通过谈判做出相应的补偿。与GATT 1994所不同的是，《服务贸易总协定》承认服务提供者的"某些商业惯例"可能会抑制竞争，从而限制服务贸易。

（六）限制措施与例外条款

与关贸总协定相似，《服务贸易总协定》中同样有关于限制措施和例外条款的规定。《服务贸易总协定》规定，允许有严重国际收支困难的成员，或者受国际收支困难威胁的成员，对其已经做出承诺的服务贸易采取限制措施。发展中国家成员以及转型经济国家成员，均可以采取限制措施来保持其一定的国际储备水平，从而满足经济发展及转型计划的需要，但是，这些限制措施不得在其他成员方之间造成歧视待遇，更不得对其他成员方的利益造成不必要的损害；而且，这些限制并不是永久的，必须是暂时的，一旦相关情况有所好转，就应当逐步取消这些限制措施。

在具体的实施过程中，采取限制措施的成员方还应与其他成员方进行定期磋商，磋商规则与货物贸易领域中的规则基本相同。此外，《服务贸易总协定》还规定各成员方政府在购买自用的服务时，可以免受基本义务的限制，即最惠国待遇原则、市场准入和国民待遇原则可以不适用于上述购买。同时，为了为服务贸易领域的政府采购制定多边规则，《服务贸易总协定》还规定有关服务贸易的政府采购的谈判应于1996年底之前开始。

与关贸总协定中相应条款最为接近的，应当是《服务贸易总协定》中关于一般（普遍）例外和安全例外的规定。《服务贸易总协定》规定只要不会"在情况类似的国家之间造成任意的或不合理的歧视，或对服务贸易构成变相的限制"，成员方均有权援用一般（普遍）例外和安全例外条款来采取相应的措施。《服务贸易总协定》中列举了一些与货物贸易相同的例外情况，如维护公共道德，保护人类、动物或植物的生命健康和安全等情况。此外还有一些特别适用于服务贸易的例外情况，如防止虚假和欺诈行为，在处理个人信息时保护个人隐私以及平等有效地课征税收等。《服务贸易总协定》中的安全例外与关贸总协定的规则基本相同。具体说来，《服务贸易总协定》中的安全例外不要求成员方披露会违背其根本安全利益的信息，也不阻止成员方为保护其根本安全利益而采取的任何行动。

（七）紧急保障措施与补贴

《服务贸易总协定》的第二部分中还有两条是关于紧急保障措施和补贴条款的内容。在保障措施问题上，该协定规定有关的谈判应当在非歧视原则的基础上进行，并应于1998年初完成，但这一时限后来被推迟。在此之前，虽然根据正常的规则，成员方已做出的具体承诺在3年内不能改变，但是如果成员方向服务贸易理事会表明其有必要修改或撤回某一具体承诺，则该成员方仍可以改变其已经做出的具体承诺。《服务贸易总协定》对补贴问题的规定并不是非常地有力，它目前只是规定了成员方在受另一成员方补贴措施的不利影响时，可以要求进行磋商，并规定应当继续就影响服务贸易的补贴措施及反补贴措施的必要性进行谈判。虽然《服务贸易总协定》中并没有更多的关于补贴问题的规定，但是世界贸易组织的成员方也并不能完全自由地采用补贴措施来对自己的服务提供者进行帮助。因为根据国民待遇原则，如果成员方在服务贸易承诺减让表中，并未明确说明补贴措施不适用于外国服务提供者，则该成员方就有义务在纳入具体承诺减让表的服务部门中给予外国服务者以同样的补贴。

二、具体承诺

《服务贸易总协定》法律框架中所规定的义务有两大类：一类是一般性义务，即上述适用于所有服务部门的义务；另一类是相对于一般性义务而言的，称为具体义务。具体义务并不适用于所有成员方，而是通过谈判适用于各成员方在承诺减让表中所具体承诺范围内的服务部门，因此，通常又被称为具体承诺或减让表规则，它主要用于处理服务贸易的市场准入和国民待遇问题。

（一）市场准入

在市场准入方面主要存在两个问题：一是发达国家成员和发展中国家成员之间在服务贸易领域中存在着差距，虽然差距的程度各不相同，但总体来说，发达国家成员与发展中国家成员之间的差异是巨大的；二是各成员方在不同服务部门中的比较优势错综复杂，从而决定了市场开放要逐步地进行，应当允许各成员方根据其各自不同的情况，对不同服务部门的市场准入来做出限制。《服务贸易总协定》正是在此基础上，规定了每一成员方在承诺减让表中所应当列明的项目。《服务贸易总协定》规定，一成员方对于来自另一成员方的服务或服务提供者，应当给予不低于其在具体承诺减让表中所列明的待遇。这一规定表明，服务贸易承诺也是约束性承诺，它明确了给予其他成员方服务或服务提供者的最低待遇。《服务贸易总协定》共列举了6种影响市场准入的限制措施，在第16条第2款中做出如下规定："在已做出市场准入承诺的（服务）门类中，每个成员方除非在其承诺表中列明，不得在它的全境或某个区域保持或采取如下措施：

1.限制服务提供者的数量，不论是对提供者采取数量配额、垄断、专营服务，还是规定经济需求测试标准；

2.以数量配额或规定经济需求测试标准的方式，限制服务交易或资产的总值；

3.以数量配额或规定经济需求测试标准的方式，限制服务作业的总数或以指定数量单位的表示来限制服务产出总量；

4.以数量配额或规定经济需求测试标准的方式，限制某个服务门类可雇佣或某个提供认可雇佣的，为某个特定服务的提供所必需或直接有关的自然人的总人数；

5.限制或规定服务提供者提供服务采取的特定形式法律实体或合资企业的措施；

6.限制外国资本的参与，不论以限制外资持股最高百分比的方式，还是以单计或总计方法限制外国投资总值的方式。"

《服务贸易总协定》规定，除在减让表中明确列举以外，成员方不得对其他成员方的服务或服务提供者实施这些限制措施。

（二）国民待遇

在国民待遇方面，《服务贸易总协定》规定，每一成员方对列入其减让表的服务部门，应依照减让表中所列条件和限制，在影响服务提供的各种措施方面给予外国服务和服务提供者的待遇不低于给予本国服务和服务提供者的待遇。《服务贸易总协定》中对国民待遇原则的规定，与GATT 1994的规定也是十分相似的。所不同的是，在《服务贸易总协定》中的国民待遇原则只适用于有关成员方已经做出承诺的服务部门。换言之，在关贸总协定中原本作为普遍适用原则的国民待遇，在《服务贸易总协定》的体制下则被定位为仅属于"具体承诺"的一个组成部分，并且还要遵守承诺减让表所列的"限定和条件"才可加以适用。之所以做出这样的安排，实际上是源于服务贸易的特性。在货物贸易领域中，即使东道国给予外国货物在本国享受国民待遇，但是在货物进入本国市场时，东道国仍可以通过进口关税、数量限制以及其他边境措施来对外国货物进行有效的限制。而服务贸易则有所不同，绝大多数的外国服务提供者如果在东道国获得了国民待遇，尤其是当这些服务是在进口国市场中以商业存在和自然人流动的方式提供时，就意味着服务提供者在实际上享有了完全自由的市场准入权。因此，《服务贸易总协定》并未将国民待遇定为普遍适用的原则，而是将其作为具体承诺的内容。与市场准入要求相同的是，《服务贸易总协定》规定承诺减让表中应当列举有关服务贸易国民待遇的所有限制措施；同时还规定，成员方可以就影响服务贸易的其他措施进行谈判，谈判结果可形成关于资格要求、技术标准和许可条件等方面的附加承诺。

虽然在《服务贸易总协定》体制下，市场准入与国民待遇原则都属于各成员方特别承诺的义务，都是基于一定的条件，只适用于特别部门，但是，基于服务业的特征，市场准入和国民待遇却是服务业对外开放的核心和基础，决定着一国对外开放的程度。同时，市场准入原则显然是国民待遇的前提和基础，如果不能进入一国的国内市场，国民待遇问题自然也就无从谈起。而国民待遇又是市场准入的保证，如果外国的服务和服务提供者在进入东道国市场后，享受不到国民待遇，那么这种进入也就很难维持，也达不到预期的效果。

三、逐步自由化

（一）逐步自由化谈判与承诺表

除以上具体的义务之外，《服务贸易总协定》还规定了服务贸易逐步自由化的办法。具体说来，就是对各种服务贸易区分轻重缓急，分别进行谈判，以逐步减少直至最后消除限制服务贸易市场准入的措施，最终实现服务贸易的自由化。这一原则的规定主要是基于各成员方服务贸易发展的不平衡性，而且各成员方的情况纷繁复杂，不可能在一次谈判中解决所有成员方的所有服务贸易问题，从而逐步自由化的原则便应运而生。

为了履行逐步自由化原则，每一成员方应当根据《服务贸易总协定》的市场准入和国民待遇要求，对其所承诺的服务贸易自由化的义务以及相关的条件在承诺减让表中加以列明。承诺减让表的内容主要包括：承诺开放的具体服务部门；承诺市场准入的具体内容和条件；国民待遇的条件和要求；各项承诺实施的时间框架以及各项承诺实施的时间等。各成员方的具体承诺减让表应当作为《服务贸易总协定》的附件而构成总协定的组成部分。一般说来，成员方只要将一个服务贸易部门或分部门写入了承诺减让表，就表明该成员方将在此部门的服务贸易中履行市场准入和国民待遇的义务。

（二）承诺减让表的修改或撤回

与关贸总协定相似的是，成员方政府也有可能希望撤销或修改它在过去谈判中对服务贸易所做出的承诺。《服务贸易总协定》针对这一情况也规定了相应的规则。原则上，成员方的任何承诺在《建立世界贸易组织协定》生效起3年内都是不可修改或撤销的。此后，成员方可以修改或撤销某项具体的承诺，但前提是必须做出相应的通知，并给予相关的成员方一定的补偿；而且，改变具体承诺的要求至少应当提前3个月提出。关于补偿的问题，通常是通过双方的谈判来解决的，但事实上，有关的成员方可能很难就补偿问题达成协议。为此，《服务贸易总协定》规定当有关补偿的谈判达不成协议时，允许有权获得补偿的成员方将此问题提交仲裁。若仲裁裁决应当给予相关的成员方一定的补偿，则有关成员方在做出补偿之前不能变更原有的承诺。若成员方对承诺的改变不符合仲裁的结果，则受到影响的成员方有权采取报复措施，即可以修改或撤销其承诺的相应义务，当然该修改或撤销只能针对改变承诺的那一成员方。

四、机构与最后条款

《服务贸易总协定》中的机构条款和最后条款的内容，与乌拉圭回合其他协议的机构条款和最后条款非常相似。机构条款分别就争端解决、服务贸易理事会的设置、技术合作以及与其他国际组织的关系等方面作了规定。最后条款则允许成员方对于来自非成员方的服务或服务提供者，不给予有关服务贸易的具体承诺。此外，最后条款中还定义了《服务贸易总协定》中的一些关键术语，诸如"服务的提供"、"法人"等等。这些定义对《服务贸易总协定》规则在特定情况下的适用有着重要的影响。

五、《服务贸易总协定》的附件

除了主要原则和义务之外，对《服务贸易总协定》的规则和服务贸易谈判产生重要影响的还有《服务贸易总协定》的8个附件。其中的一些内容，特别是5个将长期适用的附件，也是乌拉圭回合服务贸易一揽子协议中的重要组成部分。这8个附件分别是：《关于第2条豁免的附件》《关于本协定项下提供服务的自然人流动的附件》《关于空运服务的附件》《关于金融服务的附件》《关于金融服务的第二附件》《关于电信服务的附件》《关于基础电信谈判的附件》《关于海运服务谈判的附件》。其中将长期适用的附件有《关于第2条豁免的附件》《关于本协定项下提供服务的自然人流动的附件》《关于金融服务的附件》《关于电信服务的附件》《关于空运服务的附件》。

基本概念

服务　国际服务贸易　跨境交付　境外消费　商业存在　自然人流动　市场准入　国民待遇

复习思考题

1.简述服务贸易的特征。

2.试述国际服务贸易的含义。

3.国际服务贸易有哪些特点？

4.国际服务贸易是如何分类的？

5.试述《服务贸易总协定》的产生过程。

6.《服务贸易总协定》的基本结构是怎样的？

7.试述《服务贸易总协定》的主要内容。

8.简述《服务贸易总协定》附件的主要内容。

拓展阅读10-1

第十一章　世界贸易组织知识产权框架规则

——《与贸易有关的知识产权协定》

知识产权是指，公民或法人对其在科学、技术、文化、艺术等领域的发明、成果和作品依法享有的专有权，也就是人们对自己通过脑力活动创造出来的智力成果所依法享有的权利。乌拉圭回合将知识产权保护首次纳入多边贸易体制。《与贸易有关的知识产权协定》（Agreement on Trade-related Aspects of Intellectual Property Rights, TRIPS）的宗旨是，加强对知识产权的有效保护，防止与知识产权有关的执法措施或程序变成合法贸易的障碍，以减少对国际贸易的扭曲。

第一节　《与贸易有关的知识产权协定》概述

《与贸易有关的知识产权协定》的产生，有其深刻的历史背景。乌拉圭回合将与贸易有关的知识产权列入多边谈判的议题，被认为是对多边贸易体制的重大发展。

对知识产权进行国际保护，是知识和技术交流日趋国际化的客观需要。随着科学技术的高速发展，智力成果的国际市场逐步扩大，统一知识产权保护的法律规范，成为国际社会的普遍要求。对知识产权提供国际法律保护，是人类社会文明的一种表现，它有助于促进技术创新和技术的国际传播与转让，有助于技术知识创新者与用户共同受益，也有利于国际社会与经济福利的增长。

1883年制定的《保护工业产权巴黎公约》，是知识产权国际保护的开端。1967年《成立世界知识产权组织公约》在瑞典斯德哥尔摩签订。世界知识产权组织于1970年4月成立，1974年成为联合国的一个专门机构，主管工业产权、著作权及商标注册的国际合作。同时，一些地区性的知识产权保护条约或组织也相继缔结或建立。知识产权的国际保护空前加强。

在乌拉圭回合之前，有关国家和地区已经达成了一些有关知识产权的国际性公约，比如《保护工业产权巴黎公约》（又称《巴黎公约》）、《商标国际注册马德里协定》（又称《马德里协定》）、《专利合作条约》、《保护植物新品种国际公约》、《保护文学艺术作品伯尔尼公约》（又称《伯尔尼公约》）、《保护表演者、录音制品制作者与广播组织公约》（又称《罗马公约》）和《集成电路知识产权公约》等等。但是，这些公约也存在很多问题。首先，其参加国数量不一，多的有100多个，如《巴黎公约》有117个成员方，少的仅有二三十个，如《马德里协定》，更有甚者，有些国家不仅不参与这些公约，甚至不承认这些公约。因而，虽然国际公约不少，但缺乏真正全球性的公约。其次，由于缺乏有效的国际监督机制，有关参加国在对上述公约进行国内法转化和执法时，往往存在很多问题，执行得很不得力。最后，上述公约本身也并不完善，如《巴黎公约》甚至连专利权的最低保护期限都没有规定。

上述种种原因促使有关各国都在寻找更加有效的途径以加强知识产权的国际保护。于是，1947关贸总协定年便进入了这些国家的视野。而此时，GATT 1947经过几十年的发展，已经成为一个机制比较健全有效和规则比较能够得到合理有效实施的、事实上的"准"国际贸易组织。其实，GATT 1947也涉及了知识产权问题，在第20条"一般（普遍）例外"中规定，只要不造成任意或不合理的歧视，不构成对贸易的变相限制，各缔约方可以采取与保护专利权、商标权、版权以及防止欺诈行为有关的措施。但是，由于GATT 1947中关于知识产权的规定非常有限，因此，要想通过其来解决知识产权的国际保护问题，就必须制定更多也更详细的规则。在东京回合中，欧美等国提出假冒商品的贸易问题，但是，由于发展中缔约方的反对而未果。后来，在欧美等国的努力下，GATT 1947于1982年决定成立专家组来研究是否应在其框架下调整假冒商品贸易问题。1985年，该专家组得出结论：GATT应该对假冒商品贸易问题采取多边行动。但是，缔约各方对是否应由GATT来解决该问题分歧很大，其中以印度、巴西为代表的反对方认为保护知识产权是世界知识产权组织（WIPO）的任务，GATT再对知识产权问题进行调整是不合适的。尽管如此，在欧美等发达国家的强硬坚持下，知识产权问题最终被列入了乌拉圭回合的谈判日程。经过艰苦谈判，有关各方最终达成了《与贸易有关的知识产权协定》，并将其列为乌拉圭回合一揽子协定的一部分，与货物贸易多边协定、《服务贸易总协定》平行，对所有世界贸易组织成员均具有约束力，并不允许对协定的任何条款提出保留。

《与贸易有关的知识产权协定》是建立在发达国家知识产权保护水平基础上的。相对于发展中国家的经济发展水平而言，该协定所规定的知识产权保护标准和要求是相当苛刻的，发展中国家要达到协定的要求是有相当难度的。接受《与贸易有关的知识产权协定》，是发展中国家在乌拉圭回合中所做出的主要让步之一。发展中国家不得不接受《与贸易有关的知识产权协定》的主要原因是：

第一，乌拉圭回合一揽子协议中，包括了发展中国家所希望得到的一些好处，如《纺织品与服装协议》、强化的争端解决机制等，因而接受《与贸易有关的知识产权协定》实际上是一种交换。

第二，许多发展中国家从20世纪80年代开始大量引进外资，需要对知识产权加强保护。

第三，发达国家同意给发展中国家一定的过渡期，以实施《与贸易有关的知识产权协定》。

第四，发展中国家还担心，没有《与贸易有关的知识产权协定》，美国国会将不会批准一揽子协议。

同原有的知识产权国际公约相比，《与贸易有关的知识产权协定》全面规定了知识产权的保护标准，对知识产权保护执法和救济提出了要求，并且为知识产权国际争端的解决提供了途径。该协定对原有的知识产权国际公约还有一些突破。例如，扩大了专利保护领域，主要包括对药品和化工产品的保护，将发明专利的保护期统一为20年等。《与贸易有关的知识产权协定》关注的主要是知识产权对贸易的影响。科学发现权、与民间文学有关的权利、实用技术专有权、创作者的精神权利等，被认为是与贸易无关的知识产权，因而没有包括在《与贸易有关的知识产权协定》范围内。

《与贸易有关的知识产权协定》在世界贸易组织各种协定中有其独特之处。该协定规定，所有成员都应达到知识产权保护的最低标准，如专利保护期为20年；而货物贸易多边协定和《服务贸易总协定》则没有要求各国政策完全统一，如不同成员对相同产品可以有不同的关税，对相同的服务领域可以有不同的开放水平。《与贸易有关的知识产权协定》要求各成员积极采取行动保护知识产权，这与货物贸易多边协定和《服务贸易总协定》只对成员的政策进行约束也是不相同的。

第二节　　《与贸易有关的知识产权协定》的主要内容

一、知识产权的适用范围与协定构成

虽然名为《与贸易有关的知识产权协定》，但并非所有与贸易有关的知识产权均在协定调整范围之内。根据该协定第1条第2款的界定，在《与贸易有关的知识产权协定》中，"知识产权"仅指7种权利，即版权及其相关权利、商标权、地理标志权、工业产品外观设计权、专利权、集成电路布图设计权和信息秘密专有权。也就是说，《与贸易有关的知识产权协定》仅适用于上述7种权利。但是，根据该条第1款的规定，各成员方在实施《与贸易有关的知识产权协定》时，可以但并无义务在其法律中实施比该协定规定更广泛的保护，只要此种保护不违反该协定的规定。

《与贸易有关的知识产权协定》共有7个部分73条。这7个部分是：总则和基本原则，关于知识产权的效力、范围及使用标准，知识产权执法，知识产权的获得、维持及有关当事人之间的程序，争端的防止与解决，过渡性安排，机构安排和最后条款。其中，知识产权的执法部分将在本章第三节阐述。

二、《与贸易有关的知识产权协定》的基本原则

世界贸易组织成员方应实施《与贸易有关的知识产权协定》的规定，并可在各自的法律制度和实践中确定实施该协定的适当方法；只要不违反该协定的规定，成员方还可以在其法律中实施比该协定要求更广泛的保护，但这不是一种义务。

根据《与贸易有关的知识产权协定》第一部分"总则和基本原则"的规定，各成员方在知识产权保护方面除了应该遵守最惠国待遇原则和国民待遇原则以外，还应该遵守以下基本原则：

1.各成员方对《与贸易有关的知识产权协定》规则的实施，不得损害其根据《巴黎公约》《伯尔尼公约》《罗马公约》《集成电路知识产权公约》等已承担的义务。

2.各成员方知识产权的保护和实施应有助于促进技术革新及技术转让和传播，有助于技术知识的创造者和使用者的相互利益，并有助于社会和经济福利及权利与义务的平衡。这既是各成员方对《与贸易有关的知识产权协定》的定位，也是各成员方在知识产权保护方面应该遵守的一个基本原则。

3.在制定或修改其知识产权法律法规时，各成员方可以为保护公共健康和营养以及对其社会经济和技术发展至关重要部门的公共利益采取必需的措施，只要此类措施不违反《与贸易有关的知识产权协定》的有关规定。

三、有关知识产权的效力、范围及使用标准

《与贸易有关的知识产权协定》第二部分对几种具体知识产权的效力、范围和使用标准作了规定。

（一）版权及其相关权利

版权是指作者对其创作的文字、艺术和科学作品依法享有的专有权利，包括署名、发表、出版和获得报酬等权利。

相关权利是指版权的"邻接权"，即与作品传播有关的权利，也即表演者、录音制品制作者和传媒（如广播组织）许可或禁止他人对其作品进行复制的权利。例如，未经表演者许可，不得对其表演进行录音、传播和复制；录音制作者对其录音制品的复制和商业出租享有专有权；传媒有权禁止未经许可对其传播内容进行录制、翻录和转播。

版权及相关权利保护的范围是：

1.《伯尔尼公约》所指的"文学艺术"，包括文学、科学和艺术领域内的一切作品（不论其表现形式或方式），如书籍、演讲、戏剧、舞蹈、配词、电影、图画、摄影作品、地图等。

2.计算机程序与数据的汇编。

3.表演者、录音制品制作者和传媒。

根据《与贸易有关的知识产权协定》第12条的规定，除摄影作品或实用艺术作品外，只要一作品的保护期限不以自然人的生命为基础计算，则该期限自作品经授权出版的日历年年底起算不得少于50年，或如果该作品在创作后50年内未经授权出版，则其保护期为自作品完成的日历年年底起计算50年。根据第14条的规定，表演者和录音制品制作者的权利保护期不少于50年，广播组织的权利保护期不少于20年，保护期自表演完成或录音制品完成或广播节目播出之年年底起算。

（二）商标权

1.商标的定义

根据《与贸易有关的知识产权协定》第15条的规定，任何标记或标记的组合，只要能够将一企业的货物和服务区别于其他企业的货物或服务，即能构成商标。此类标记，特别是单词，均应符合注册为商标的条件。这些标记包括人名、字母、数字、图案的成分和颜色的组合以及任何此类标记的组合。如果标记没有固有的能区别有关货物或服务的特征，则各成员方可以用通过使用而获得的显著性作为注册的条件。各成员方可要求，作为注册的条件，这些标记应为视觉上可感知的。但是，尽管有此规定，有关成员方仍然可以其他理由拒绝商标的注册，只要这些理由不违背《巴黎公约》的规定。

2.商标权的保护

《与贸易有关的知识产权协定》第16条第1款规定，各成员方有义务给予注册商标的所有权人以专有权，以阻止任何第三方未经所有权人许可在贸易过程中使用与注册商标相同或近似的标记来标示相同或类似的商品或服务，如果此类使用会导致混淆的可能性。但这种专有权不得损害任何现有的优先权。关于"优先权"的内涵和外延，《与贸易有关的知识产权协定》并没有明确规定，国际上比较一致的意见是，它至少应包含以下权利：已受保护的商号权；已受保护的工业产品外观设计专有权；版权；已受保护的原产地地理名称权；姓名权；肖像权。根据该款规定，注册商标所有权人的专有权不得影响各成员方以使用作为授予权利的基础。也即如果商标注册申请人在规定期间内未在贸易活动中使用过该商标，则商标管理机关有权驳回其申请。

需要指出的是，注册商标所有权人阻止他人在相同或类似商品或服务上使用相同或近似标志是以可能造成混淆为前提的，但是，究竟何种情况下才构成"混淆"，《与贸易有关的知识产权协定》并没有规定，有关公约中也没有规定。从各国实践来看，一般需要有足够多的人对此种使用产生误认，方构成"混淆"，也即构成侵权。

3.关于驰名商标

关于"驰名商标"，《与贸易有关的知识产权协定》采用了《巴黎公约》的规定，并规定将该定义作必要修改后，适用于服务商标。根据《巴黎公约》第6条之2的规定，各成员方应给予驰名商标以特殊保护，与其相同或部分相同的标志应被排斥在注册之外。驰名商标自注册之日起5年内，他人可以请求撤销该注册，但如果此种注册是以非善意方式取得的，则不受该期限的限制。

根据《与贸易有关的知识产权协定》的规定，有关成员方在确定一商标是否是驰名商标时应考虑相关公众对该商标的了解程度，包括此商标在该成员方境内因促销而获得的知名度。这里需要指出的是，在同一商标存在两个所有权人的情况下，对其中一个驰名度的确定需要排除另一个所造成的影响。

4.例外

根据《与贸易有关的知识产权协定》第17条的规定，各成员方可对商标专有权规定有限的例外，如合理使用描述性语言等，只要此类例外考虑到了商标所有权人和第三方的合法权益。

根据《与贸易有关的知识产权协定》第21条的规定，各成员方可对商标的许可和转让确定条件，但无论如何，不允许商标的强制许可，并且，注册商标所有权人有权决定是否将商标与该商标所属业务同时转让。

5. 保护期限

根据《与贸易有关的知识产权协定》第18条的规定，各成员方对商标的首次注册及每次续展的保护期限均不得少于7年，并应该允许无限次的续展注册商标。根据第19条的规定，如果维持商标的注册需要以使用为前提，则只有在至少连续3年不使用的情况下方可注销注册。

（三）地理标志权

1. 地理标志的定义

根据《与贸易有关的知识产权协定》第22条的规定，"地理标志"是指识别一货物来源于一成员方境内或该境内一地区或地点的标志，该货物的特定质量、声誉或其他特征与该地理来源相关联。

2. 地理标志的保护

根据《与贸易有关的知识产权协定》规定，各成员方应该向利害关系方提供法律手段以防止其地理标志被用来标志或暗示来源于真实原产地之外的货物，从而在该货物的地理来源方面使公众产生误解；或者，防止其地理标志被用以不公平竞争行为。如果发现地理标志被用以误导公众或从事不公平竞争行为，各成员方有义务在其立法允许的情况下根据其职权或根据利害关系方的请求，对含有虚假地理标志的商标拒绝注册或者宣布注册无效。

此外，虽然有关货物来源地的文字表述真实，但是，该货物却被虚假地表述为来源于另一成员方境内，对于此种行为，无论其表现形式如何，有关成员方也应该予以禁止。如明明产品完全产自A国，却非要说成是用B国零部件组装的。

3. 对酒类地理标志的附加保护

由于产地在产品品质、特征方面与酒类（尤其是葡萄酒和烈性酒）有着特殊的关系，因此，除了一般地理标志保护之外，《与贸易有关的知识产权协定》要求对葡萄酒和烈性酒的地理标志给予额外的保护。

根据《与贸易有关的知识产权协定》第23条的规定，各成员方应该给利害关系方提供法律手段，以防止将识别葡萄酒或烈性酒的地理标志用于并非来源于所涉地理标志所表明地方的葡萄酒或烈性酒，即使对货物的真实原产地已经标明，或者该地理标志用于翻译中，或者附有"种类"、"类型"、"特色"、"仿制"或类似表达方式。对于含有识别葡萄酒地理标志的葡萄酒商标，如果该商标被用以标志不具备此来源的葡萄酒或烈性酒，有关成员方应依法根据其职权或应利害关系方的请求，拒绝其注册或宣布注册无效。

对于地理标志同名的情况，《与贸易有关的知识产权协定》规定各成员方应对每一种地理标志均给以保护，并应确定如何区分有关同名标志。在公平对待有关生产者的同时，也应使消费者不致产生误解。

4.例外

对地理标志的保护并不是绝对的，也存在许多例外情况。《与贸易有关的知识产权协定》第24条列举了以下例外情况：

（1）如果含有地理标志的商标是善意申请或注册的商标，或在《与贸易有关的知识产权协定》过渡期满前或在该地理标志在其起源国获得保护之前通过善意使用获得使用权的商标，则有关成员方对地理标志的保护不得损害此类商标权人的利益。

（2）如果一成员方用以称呼货物或服务的通常用语与另一成员方表示同类货物或服务的地理标志相同，或该成员方用以称呼已存在的葡萄品种的惯用名称与另一成员方用以识别葡萄酒产品的地理标志相同，则该成员方可以不必对该另一成员方的此类地理标志提供保护。

（3）任何人（包括法人和自然人）均有权在贸易过程中使用自己的或者其业务前任人的名称，即使该名称的使用与地理标志相冲突，但其使用方式不应使公众产生误解。

（4）对于在起源国不受保护或已停止保护或已废止的地理标志，可以不提供保护。

（四）工业品外观设计

工业品外观设计是指对产品的形状、图案、色彩或者其结合所做出的富有美感并适于工业上应用的新设计。

根据《与贸易有关的知识产权协定》第25条和第26条的规定，各成员方有义务对新的或原创性的独立创造的工业品外观设计提供保护，保护期至少应达到10年。所谓"新的或原创性设计"，是指能显著区别于已知的设计或已知设计特征的组合。

如果第三方为商业目的生产、销售或进口的货物中所含或体现的设计是受保护设计的复制品或基本上是受保护设计的复制品，则受保护的工业品外观设计所有权人有权阻止第三方未经其许可而从事此类生产、销售或进口行为。需要指出的是，如果第三方的生产、销售或进口行为不是出于商业目的，而是出于自用、科研或其他目的，则即使事先未获许可，受保护的工业品外观设计所有权人也无权阻止。

需要注意的是，我国习惯上将工业品外观设计所有权人的权利称为"专利权"，但是，在《与贸易有关的知识产权协定》中，工业品外观设计与专利是分别被专门规定的。这说明，在国际上，并不是所有的国家都将工业品外观设计视为一种专利的。

由于纺织品设计具有周期短、数量大、易复制等特点，因此，《与贸易有关的知识产权协定》对纺织品设计的保护作了特别规定。要求各成员方针对纺织品设计保护所设定的条件，特别是关于费用、审查和公告方面的条件，不得不合理地减损当事人寻求和获得此种保护的机会。也就是说，各成员方对有关程序和收费等条件的设置应该是合理而必要的。

（五）专利权

1.专利权的授予客体

针对某些成员方限制可授予专利的客体范围的现象，《与贸易有关的知识产权协定》第27条规定，各成员方应对所有科技领域的任何发明授予专利，无论其是产品还是方法，只要其具有新颖性，涉及发明性的步骤，并适合工业应用。在专利的授予和专利权的获得方面，各成员方不得因发明地点、技术领域、产品的进口等属性的不同而有歧视行为。

如果有关发明的商业利用有损其公共秩序或道德的维护，包括有损人类、动物或植物的生命或健康或可能会对环境造成严重损害，则各成员方可以拒绝对此类发明授予专利。此外，对人类或动物的诊断、治疗和外科手术方法，以及不包括非生物、微生物在内的动植物的人工生产方法，各成员方也可以不授予专利。然而，对于植物新品种，各成员方应提供专利或其他制度方面的保护。

这里需要指出的是，对于可不授予专利客体的范围，《与贸易有关的知识产权协定》采取了尊重各成员方既有做法的态度，但也做出了某种限制。例如，在拒绝授予专利的客体方面，协定要求，此种拒绝不仅应在有关成员方法律中有禁止性规定；而且，此种拒绝应是有关成员方为维护其公共秩序或道德，包括保护人类、动物或植物的生命或健康或避免对环境造成严重损害所必需的。这样一来，有关成员方在采取此类措施时，就负有完善其立法和举证的义务，从而可以有效约束成员方滥用禁止性手段的行为。

2.专利权的具体内容

根据《与贸易有关的知识产权协定》第28条的规定，专利权包括下列专有权利：

（1）如果专利客体是产品，则专利所有权人有权防止第三方未经其同意而进行制造、使用、标价出售、销售或为这些目的而进口该产品的行为。

（2）如果专利客体是方法，则专利所有权人有权防止第三方未经其同意而使用该方法的行为，以及使用、标价出售、销售用该方法生产的产品或为上述目的而进口此种产品的行为。

此外，专利所有权人还有权转让或以继承方式转让其专利，并有权订立许可合同。

3.专利申请人

根据《与贸易有关的知识产权协定》第29条的规定，各成员方应要求专利申请人以足够清晰和完整的方式披露其发明，以使该专业领域的技术人员能够实施该发明；并可要求申请人在申请之日，或者，在要求优先权的情况下，在申请的优先权日，说明其所知的实施该发明的最佳方式。各成员方可以要求专利申请人就其相应的国外申请和授予情况提供信息。

4.专利权的强制许可

根据《与贸易有关的知识产权协定》第31条的规定，各成员方可以在其法律中规定，在特殊情况下，即使未经专利持有人授权，政府也可以自己或授权他人使用其权利，也即在特定条件下，政府可以强制使用。有关条件和限制主要有：

（1）有关授权使用必须一事一议，不能一揽子授权，也不能普遍授权。

（2）在授权使用之前，有关当事方在合理的时间内未能以合理的商业条件达成授权协议，也即申请强制授权使用的一方负有举证责任，以证明其在此前谈判所用时间和所提供商业条件的合理性。但是，在紧急状态或在其他极端紧急的情况下，有关成员方可以不必遵守此项限制，而直接强制授权使用。如在国家面临病毒威胁的情况下，可以强制授权有关药厂使用有关疫苗或药物的专利配方。

（3）此种使用应仅限于被授权的目的，并应向专利持有人支付合理的报酬。

5.专利的保护期限

根据《与贸易有关的知识产权协定》规定，各成员方对专利的保护期限应不少于20年，保护期限自申请之日起计算。

（六）集成电路布图设计

集成电路是指以半导体材料为基片，将两个以上元件（至少有一个是有源元件）的部分或全部互连集成在基片之中或者之上，以执行某种电子功能的中间产品或最终产品。

布图设计是指集成电路中的两个以上元件（至少有一个是有源元件）的部分或全部互连的三维配置，或者为集成电路的制造而准备的上述三维配置。

根据《与贸易有关的知识产权协定》第35条和第36条的规定，各成员方应对集成电路布图设计提供保护。在未经权利持有人授权的情况下，各成员方应将下列行为视为非法：为商业目的进口、销售或分销受保护的布图设计、含有受保护布图设计的集成电路或含有此种集成电路的产品，只要该集成电路仍然包含非法复制的布图设计。从中可以看出，协定对集成电路布图设计的保护不仅涉及布图设计本身，还涉及了含有布图设计的集成电路产品及含有此种集成电路的最终产品的销售，从而实现了对集成电路布图的全程保护。

根据《与贸易有关的知识产权协定》第37条的规定，如果从事或指示从事与含有非法复制的布图设计的集成电路或包含此种集成电路的产品有关行为的人，在获得该集成电路或包含该集成电路的物品时，不知道且无合理的根据知道其中包含此种非法复制的布图设计，则任何成员方不得将其从事的上述行为视为非法。对于此种行为，各成员方应规定，在充分得知有关集成电路或含有该集成电路的产品含有非法复制的布图设计后，该当事人应向布图设计权利持有人支付合理的费用。

根据规定，各成员方对集成电路布图设计的保护期限不得少于10年，保护期限自提交申请日或自其首次商业利用日起计算。

（七）未披露信息的保护

根据《与贸易有关的知识产权协定》的规定，所谓未披露信息是指属于秘密并因属于秘密而具有商业价值且已经由合法控制人采取合理保密措施的信息。

从上述定义可以看出，未披露信息具有以下特征：

1.属于秘密，即有关信息作为一个整体或就其各部分的精确排列和组合而言，该信息尚不为通常处理该领域信息的人所普遍了解或容易获得。

2.因属于秘密而具有商业价值。

3.合法控制人已经采取了合理的保密措施。

只有上述三个特征同时具备，才能被认为是未披露信息。

根据《与贸易有关的知识产权协定》第39条的规定，各成员方应对自然人和法人未披露的信息和数据进行保护，以防止不公平竞争。未披露信息的合法控制人应有权利防止他人在未经许可的情况下，以违反诚实商业行为的方式，披露、获得或使用此类信息。

（八）对许可合同中限制竞争行为的控制

在国际技术许可合同中设置限制竞争行为的商业条款，已经成为知识产权所有人限制竞争对手和实现利益最大化的手段之一。它既可能对贸易具有消极影响，又可能阻碍先进技术的转让与传播。如规定使用其技术的人必须以高价同时接受几种专利技术的转让，不得向其他人购买类似技术，并不得对技术做出改进或者该改进必须无偿提供其使用等。由于知识产权所有人享有专有权，他人未经其许可不得使用，因此，被许可方往往不得不接受这些不公平条款。有鉴于此，《与贸易有关的知识产权协定》第40条规定，各成员方均有权在其立法中采取适当的措施以防止知识产权所有人对其权利的滥用，以避免对市场竞争产生不利的影响。

四、知识产权的获得、维持及有关程序

对于有关的知识产权，《与贸易有关的知识产权协定》第62条规定，各成员方可根据协定规定制定合理的程序和手续，并以此作为获得或维持这些权利的条件。但各成员方必须保证，只要有关申请符合规定的实质性条件，就会在合理期限内授予申请人有关知识产权或者完成其注册，以避免无端地缩短保护期限；同时，各成员方还应保证其关于知识产权获得或维持的程序、其有关法律中关于行政撤销和当事人之间争议解决等的程序，不违反《与贸易有关的知识产权协定》关于知识产权执法的规定。原则上，各成员方应允许当事人请求司法机关或准司法机关对有关行政终审裁决进行审查，但是，在当事人有异议或行政撤销不成立的情况下，如果适用此类程序的理由也是无效程序的理由，则各成员方没有义务对有关当事人提供机会对这种行政裁决进行审查。

此外，根据该条规定，各成员方关于获得或维持货物商标权的规定，也应适用于服务商标。

五、争端的防止与解决

为防止各成员方因知识产权的保护发生争端，《与贸易有关的知识产权协定》规定，各成员方应将其普遍适用的与实施本协定有关的法律法规、司法终审裁决和行政裁定以及国际协定等以其本国文字公布，或者使之可以公开获得，以使各成员方政府和权利持有人能够知悉。同时，有关成员方还应将上述法律法规通知与贸易有关的知识产权协定理事会，以协助理事会检查《与贸易有关的知识产权协定》的执行情况。各成员方应其他成员方的书面请求，应向其提供有关法律法规或司法判决的足够详细的信息，除非有关信息属于机密信息，而其披露会妨碍执法或违背公共利益或损害特定公私企业的合法商业利益。

根据《与贸易有关的知识产权协定》第64条的规定，除非另有规定，各成员方因实施本协定而发生的争端，原则上应通过世界贸易组织的争端解决机制解决。

六、过渡性安排

《与贸易有关的知识产权协定》考虑到各成员方可能需要通过其国内立法程序对其现有知识产权立法做出修改，而广大发展中国家成员因其发展水平等方面的限制，不能立即适用本协定，各方约定，所有世界贸易组织成员在《建立世界贸易组织协定》生效后1年内均无义务执行本协定，而发展中国家成员和处于经济转型期的成员可以再推迟4年适用本协定，最不发达国家成员则可以再推迟10年。也就是说，发达国家成员的过渡期为1年，发展中国家成员或处于经济转型期成员的过渡期为5年，最不发达国家成员的过渡期为11年。

在过渡期中，各成员方有义务确保其法律法规和做法的任何变更不会导致对其知识产权保护水平的降低。此外，发达国家成员应向发展中国家成员和最不发达国家成员提供技术与资金支持，以协助其制定有关知识产权保护、执法及防止知识产权滥用的法律制度，并建立健全与此相关的政府机构和为其培训人员。

七、机构安排和最后条款

根据《与贸易有关的知识产权协定》规定，世界贸易组织设立了一个与贸易有关的知识产权理事会，由其负责监督协定的实施，并为各成员方提供机会就有关事项进行磋商，以及履行协定和各成员方所赋予的职责。在履行职责的过程中，该理事会可向其认为适当的任何来源进行咨询和寻求信息。该理事会在各成员方开始适用《与贸易有关的知识产权协定》后，每2年进行一次审议。此外，该理事会还可就协定的修改问题进行审议，并在协商一致的基础上向部长级会议提出建议。

《与贸易有关的知识产权协定》的最后条款，对该协定的审议和修正、保留、安全例外等做出了具体规定。

第三节　知识产权执法

关于知识产权执法的规定是《与贸易有关的知识产权协定》的主要内容之一。没有公正公平程序的及时救济，实体法的规定再好，当事人的权利仍然可能落空。也正是考虑到了这一点，各成员方在协定中约定应向知识产权权利人提供有效的法律保护程序和救济措施，以使知识产权权利人能够有效地行使权利。

一、各成员方在知识产权执法方面的一般义务

《与贸易有关的知识产权协定》对各成员方的有关司法制度提出了如下原则要求：

1.各成员方应保证其国内法中含有《与贸易有关的知识产权协定》规定的实施

程序，以便对任何侵犯该协定所涵盖知识产权的行为采取有效行动，包括防止侵权和遏制进一步侵权的救济措施。各成员方应保证其对这些程序的实施不会对合法贸易造成障碍，并应为防止这些程序被滥用提供保障。

2.各成员方应保证其关于知识产权实施程序的规定是公平、公正的。有关程序不应过于烦琐复杂或收费过高，也不应限定不合理的时限或造成无端的迟延。

3.对案件的裁决，最好采取书面形式并说明理由。有关裁决应在各方所提供证据的基础上做出，并应在合理的时间内使诉讼当事方获悉。

4.诉讼当事方应有机会要求司法机关对最终行政裁决进行审查，并在遵守有关成员方关于司法管辖权规定的前提下，要求至少对案件一审判决的法律适用进行审查。但是，对刑事案件中的无罪判决，各成员方没有义务提供审查机会。

5.该协定并不要求各成员方建立一套不同于其一般执法制度的知识产权执法制度，也不影响各成员方实施其一般法律的能力，更不要求各成员方在实施知识产权执法方面配置比实施一般法律更多的资源。这说明，知识产权作为一种私有权，其在法律上与其他私有权并无本质的区别，知识产权法与其他一般法律也是处于同样的法律地位，并不享有特殊的法律地位。

二、民事和行政程序及相关措施

从条款设计来看，《与贸易有关的知识产权协定》对保护知识产权的民事程序和行政程序是分别规定的，但二者在有关规则方面并无实质性的不同。在这两种程序需符合的规则方面，各成员方所承担的义务实质上是相似的。

1.制定公平和公正程序的义务

根据《与贸易有关的知识产权协定》第42条的规定，各成员方应制定相应的民事司法程序，以使权利持有人能够有效实施本协定所涵盖的任何知识产权。被告有权及时获得详细的书面通知，包括起诉依据。各成员方应允许当事方由独立的法律顾问代表出庭，且关于强制当事方本人出庭的程序不能过于烦琐。此类程序的所有当事方均应有权证明其权利请求，并提供所有相关证据。在不违反其现行宪法规定的前提下，各成员方应在其此类程序中规定一种鉴别和保护机密信息的办法，以保护有关当事方提供的机密信息。

2.证据

无论是民事诉讼还是行政诉讼，最终都要根据证据做出判决，因此，证据的收集与质证在诉讼程序中具有极其重要的法律意义。根据《与贸易有关的知识产权协定》第43条的规定，如果当事一方已出示其合理获得的、足以证明其权利请求的证据，并且已经详细说明与其权利请求有关的证据在对方控制之下，则司法机关在保证机密信息能够得到保护的前提下，有权命令对方提供有关证据。如果在合理期限内，当事一方无正当理由拒绝提供或不提供必要的信息，或严重阻碍与执法活动有关的程序，则有关成员方可授权其司法机关，在已向当事各方提供听证机会的前提下，根据已获得的信息做出初审或终审判决。也就是说，如果一方拒绝提供有关信息，则司法机关可以根据另一方的指控或主张及其所提供的证据做出判决。这也说明，对有关成员方司法机关而言，取证权固然是一项司法权力，但并不是强制性的；对于被要求提供证据的一方而言，其并没有义务提供司法机关所要求的证据，只要其愿意承担相应的后果，就可以拒绝提供有关证据。

3.禁令

根据《与贸易有关的知识产权协定》第44条的规定，各成员方司法机关有权责令当事方停止侵权行为，特别是有权在清关后立即阻止涉及知识产权侵权行为的进口货物进入其管辖范围内的商业渠道。但是，如果进口商是在知道或理应知道从事此种交易会构成侵权之前订购这些货物的，则进口方司法机关不应禁止其商品进入商业渠道。当然，在此情况下，进口商应向有关知识产权持有人支付适当的报酬或者向受侵权方做出适当的补偿。也就是说，进口商固然可以其事先不知情为理由推卸其侵权责任，但是，仍须向受侵权方做出适当的补偿。由此可见，《与贸易有关的知识产权协定》的缔造者并不以禁止侵权行为作为最终目的，而是以保障受侵权方的利益为最终目的。

4.损害

根据《与贸易有关的知识产权协定》第45条的规定，对于故意侵权或有充分理由应知道自己在从事侵权活动的侵权人，司法机关有权责令其对权利持有人所受损害进行足额赔偿，并有权责令其向权利持有人支付有关费用，包括律师费用。在适当情况下，即使侵权人不是故意侵权或者没有充分的理由知道自己在从事侵权活动，各成员方仍可授权其司法机关责令侵权人退还利润和/或支付预先设定的赔偿金。

从该条规定中可以看出，本协定对故意侵权和过失侵权并没有采取截然不同的态度，无论是否故意侵权，都需要向知识产权持有人承担赔偿责任。这说明，《与贸易有关的知识产权协定》是以保护权利持有人的利益为核心的，惩治侵权人只是保护权利持有人利益的一种手段。

5.其他补救措施

除了责令侵权人对权利持有人进行赔偿之外，各成员方司法机关还可以采取其他一些补救措施，以有效制止侵权，保护权利持有人的合法权益。比如，应权利持有人的请求，司法机关可以在不给予任何补偿的情况下，责令将已被发现侵权的产品清除出商业渠道，或将其销毁；对主要用于制造侵权产品的材料和工具，也可以将其清除出商业渠道。但是，在考虑权利持有人的此类请求时，司法机关应该权衡侵权的严重程度、要给予的救济以及第三方利益之间的均衡性。对于假冒商标产品，除例外情况外，一般不能简单除去非法商标后即允许其进入商业渠道。

为了有效制止侵权行为，充分保护知识产权持有人的合法权益，各成员方可规定其司法机关有权责令侵权人将生产和分销侵权产品或服务过程中涉及的第三方的身份及其分销渠道告知权利持有人，除非这些信息与侵权的严重程度关系不大。

6.赔偿

在商业竞争中，有许多商事主体为了打击竞争对手，往往会滥用诉讼程序打击对手的商誉或者使其产品不能正常生产或销售。为了防止这种情况发生，《与贸易有关的知识产权协定》第48条规定，如果司法机关应当事一方的请求采取了相应措施，而结果发现该当事方是在滥用有关执法程序，则司法机关有权责令该当事方向受到错误禁止或限制的另一当事方就因此种滥用而遭受的损害提供足额补偿，并有权责令其支付被告因此所支付的费用，包括适当的律师费用。

对应当事方请求采取此类禁止或限制措施的公共机构和官员而言，只要其是出于善意的，并且符合其有关知识产权保护的法律规定，各成员方可以免除其责任；如果其是出于恶意的，则其责任不能免除。需要指出的是，由于有关机构和官员究竟是否是出于善意或恶意而采取此类禁止或限制措施，有关当事方很难举证，因此，该款规定还是给有关机构和官员滥用职权留下了空间。但是，如果一概不免除有关机构和官员的责任，他们又可能会因惧怕承担责任而怠于执法，从而使有关知识产权持有人的合法权益得不到及时充分的保障。所以，在这个两难问题上，《与贸易有关的知识产权协定》的此种规定也不能不说是无奈之举。

三、知识产权保护的临时措施和边境措施

1.临时措施

根据《与贸易有关的知识产权协定》第50条的规定，各成员方司法机关有权采取迅速有效的临时措施来防止知识产权侵权行为，特别是防止侵权产品（包括办完清关手续后立即进入的进口产品）进入其管辖范围内的商业渠道。根据规定，有关司法机关也可以为了保存有关证据而采取临时措施。在采取临时措施时，如果迟延会导致证据被毁灭或者对权利持有人造成难以弥补的损失，司法机关可以不作预先通知。负责执行临时措施的主管机关有权要求申请人提供确认有关产品的其他必要信息。

为了防止滥用执法程序，保护被告的合法权益，司法机关有权要求申请人提供任何合理证据以证明其为权利持有人，且其权利正在或将受侵害；同时，司法机关可以要求申请人提供足以保护被告利益和防止滥用的保证金或相当的担保。如果有关措施是在事先未作通知的情况下采取的，则司法机关至迟应在采取措施后立即通知受影响的各方；并且，应被告的请求，司法机关应对有关措施的采取进行审查以决定是否应在合理期限内做出修改、撤销或确认的决定。如果临时措施被撤销或由于申请人的任何作为或不作为而失效，或者，如果随后认为不存在知识产权侵权行为或侵权的威胁，则应被告请求，司法机关有权责令申请人就这些措施造成的任何损害向被告提供相当的补偿。

2.边境措施

边境措施（海关措施）对防止侵犯知识产权的产品的进口具有极其重要的意义，因为边境措施的采取可将侵权行为在有关成员方境内的发生控制在萌芽阶段。有鉴于此，《与贸易有关的知识产权协定》第51条规定，各成员方应制定相关程序，允许权利持有人在有正当理由怀疑有假冒商标或盗版货物可能进出口时，向行政或司法机关提出书面申请，要求海关暂停放行此类货物的进出口。对于涉及其他

知识产权侵权行为的货物，权利人也可以提出这种申请。为了规范海关暂停放行措施的执行，该协定对有关程序的制定规定了一些特殊要求：

（1）申请程序

各成员方应在其程序中规定，请求海关暂停放行的权利持有人需要提供充分的证据，以使主管机关确信，根据其法律，可以初步推定权利人的知识产权受到了侵犯；同时，权利人还应在申请中提供有关货物的详细说明，以便海关辨认。主管机关应在一个合理期限内通知申请人是否已受理其申请，如果已确定海关采取行动的时限，应将该时限通知申请人。

（2）担保要求

为了保护被告的合法权益和主管机关利益，主管机关有权要求申请人提供足以保护被告和主管机关利益并防止其滥用边境措施的保证金或等效的担保。但是，有关保证金或等效担保的要求不能过高，以避免不合理地阻碍权利人对这些程序的援用。

海关根据非司法机关或其他独立机关的裁决，对涉及工业品外观设计、专利、集成电路布图设计或未披露信息侵权的货物暂停放行后，如果海关暂停放行的时限已经届满，有被正式授权采取临时措施资格的机构并未采取临时措施，那么，只要所有其他进口条件均已具备，此类货物的所有人、进出口商或收货人在交纳一笔足以保护权利持有人利益的保证金后，有权要求予以放行。该保证金的支付不得损害对权利持有人的任何其他可获得的补救。但是，如果权利持有人未能在一合理期限内行使诉讼权，则该保证金应予解除并返还此类货物的所有人、进出口商或收货人。

（3）通知要求

如果主管机关决定由海关暂停放行有关货物的进出口，则应将此决定及时通知有关货物的进出口商和申请人。

（4）时限限制

如果在申请人被通知海关暂停放行货物后的10个工作日内，海关未被告知除被告以外的当事方已就该案件提起诉讼，或未被告知获得正式授权的机关已采取临时措施延长货物暂停放行的期限，则只要其他所有进口条件均已具备，海关对此类货物应予放行。也即海关暂停放行的时限一般为10个工作日。当然，在适当的情况下，该时限可再延长10个工作日。

如果有关诉讼程序已经启动，则应被告请求，有关主管机关应进行审查，包括举行听证会，以在合理期限内决定是否修改、撤销或确认这些措施。

（5）对进出口商和货物所有人的赔偿

对因被错扣或因扣压超过期限而对进出口商、收货人或货物所有人所造成的损失，有关主管机关有权责令申请人给予相当的赔偿。

（6）检验和获得信息的权利

在不损害机密信息的情况下，各成员方应授权主管机关给予权利持有人充分的机会要求海关对扣押的货物进行检查，以证实权利持有人的权利请求。主管机关还有权给予进出口商同等的机会对此类货物进行检查。如果已就该案做出肯定性裁决，也即确认存在侵权行为，则各成员方可授权其主管机关将发货人、进出口商和收货人的姓名、地址及所涉货物的数量告知权利持有人，以便于其保护自己的合法权益。

（7）主管机关的职权行为

如果各成员方要求主管机关主动采取行动，并根据其已取得的初步证据对有关侵犯知识产权的货物暂停放行，则主管机关可随时要求权利持有人提供任何有助于行使其权力的信息。主管机关必须在符合其法律规定的前提下，善意采取暂停放行的措施；否则，该机构及其官员应对其行为承担相应的责任。主管机关在决定采取暂停放行措施后，有义务立即通知有关货物的进出口商和权利持有人。进出口商有权就主管机关的暂停放行措施提出上诉。在此情况下，主管机关对暂停放行措施的执行应符合本协定关于暂停放行期限的规定。

（8）救济

根据《与贸易有关的知识产权协定》第59条规定，在不损害权利持有人享有的其他诉讼权利和被告享有的向司法机构请求复议的权利的前提下，主管机关有权依法下令销毁或处置侵权货物。对于假冒商标货物，除非有例外规定，主管机关不得允许侵权货物在未作改变的状态下再出口或对其适用不同的海关程序。

（9）微量进口

对于旅客个人行李中夹带的或者在小件托运中运送的少量非商业性货物，各成员方可不必适用上述《与贸易有关的知识产权协定》中关于边境措施的规定。之所以这样规定，在于这种货物数量较少，运输成本较高，且属于非商业性质，即使对权利持有人的知识产权构成侵权，损害也较小。但是，需要注意的是，有些境外商事主体利用这种规定，以较低的费用委托旅客顺便捎带少量此类货物给境内收货人，这种方式对知识产权持有人的侵害积少成多，此种做法也应引起足够的重视。

四、刑事程序及相关措施

为加大知识产权侵权人的侵权成本，《与贸易有关的知识产权协定》要求各成员方制定相应的刑罚和刑事程序。这种刑罚和刑事程序至少应适用于具有商业规模的故意假冒商标或盗版案件。有关刑事处罚应包括足以起到威慑作用的监禁和/或罚金，并且，其处罚程度应与对同等严重性的犯罪所进行的处罚水平相一致。在适当的情况下，这些处罚措施还应包括查封、没收和销毁侵权货物以及主要用于侵权活动的任何材料和工具。除此之外，各成员方还可以针对其他知识产权侵权行为制定相应的刑事处罚和程序，以打击侵犯知识产权的行为。

基本概念

知识产权　版权　商标权　地理标志　工业品外观设计　专利权　集成电路布图设计　未披露信息

复习思考题

1.简述知识产权的含义。

2.《与贸易有关的知识产权协定》是怎样产生的？

3.《与贸易有关的知识产权协定》关注的是什么问题？

4.试述《与贸易有关的知识产权协定》的主要内容。

5.知识产权的保护措施包括哪些内容？

拓展阅读11-1

拓展阅读11-2

第十二章　世界贸易组织诸边协议

《国际奶制品协议》《国际牛肉协议》《政府采购协议》《民用航空器贸易协议》是世界贸易组织负责管理和实施的诸边贸易协议，其中《国际奶制品协议》和《国际牛肉协议》已经于1997年底废止。对于诸边协议，成员方可自愿参加，未签署的成员方不受其约束。因而，加入诸边协议并不是成为世贸组织成员的必备条件，诸边协议只对签字方有效，其所确立的权利与义务并不当然地及于世界贸易组织的所有成员方。

第一节　国际奶制品协议和国际牛肉协议

一、《国际奶制品协议》

世界奶制品市场的不稳定性由来已久，有时供应过剩、价格低，有时供应不足、价格高，因此价格一直摇摆不定。这种现象与各国政府普遍使用对奶制品进出口的控制措施紧密相关。1970年，部分国家为稳定奶制品贸易进行了第一次多边努力，一些GATT缔约方同意交换信息，并在必要时规定最低出口价格。这个最初的协议在东京回合结束时被《国际奶制品安排》所取代，该"安排"于1980年1月1日生效。这个协议在1994年3月进行了修改，被纳入新的世界贸易组织法律结构中，并被更名为《国际奶制品协议》（International Dairy Agreement）。该协议规定，设立国际奶制品理事会。它将根据各参加方向其提供的依据协议第2条规定的产品的生产、消费、价格、库存与贸易实绩、现状和前景预测等资料以及其认为必需的其他资料，监督和评估整个世界奶制品以及个别奶制品市场的情况，包括市场现状和前景预测等。该理事会还将履行为实施本协议各项规定所需的其他职责以及审议协议的执行情况。1997年9月30日，理事会决定于1997年底废止该协议，认为其职责由世界贸易组织农业委员会和动植物卫生检疫措施委员会承担更为经济有效。

二、《国际牛肉协议》

《国际牛肉协议》（International Bovine Meat Agreement）也是东京回合达成的一个有关守则的直接继任者。协议分为序言和3大部分，共6个条款。目的是通过在关贸总协定内设立国际肉类理事会，增强各成员方在牛肉和活动物贸易中的国际合作，以稳定和扩大这些产品的国际贸易，提高其自由化程度；并且，通过增加发展中国家成员参与上述产品贸易的可能性，尤其是通过长期稳定这些产品的贸易价格，使这些成员方从中得到更多的好处。为此，协议要求所有参加成员方都应定期、及时地向该理事会提供下述资料：协议第2条所提到的产品的生产、消费、价格、库存、贸易实绩、现状及前景预测和理事会认为必需的其他资料，以便理事会监视和评估世界肉类市场的总体情况及世界市场上每种肉类产品的具体情况。理事会还应为参加成员方提供磋商机会，讨论影响国际牛肉贸易的一切事项，并且监督协议的执行情况。1997年9月30日，理事会决定于1997年底废止该协议，认为其职责由世界贸易组织农业委员会和动植物卫生检疫措施委员会承担更为经济有效。

第二节　政府采购协议

政府采购是指，政府为政府机关自用或为公共目的而选择购买货物或服务的活动，其所购买的货物或服务不用于商业转售，也不用于供商业销售的生产。《政府采购协议》（Agreement on Government Procurement）的宗旨是，通过消除针对外国货物、服务和供应商的歧视，增强透明度，将国际竞争引入传统上属于国内公共财政管理的政府采购领域，实现国际贸易更大程度的自由化和世界贸易的扩大。

一、《政府采购协议》的产生背景

1947年关税与贸易总协定创立之初将政府采购排除在外。缔约方在政府采购领域没有义务对外国货物实行最惠国待遇。GATT 1947中有关国民待遇的规定，不适用于政府采购。这一规定，实际上允许缔约方在进行政府采购时可以优先购买本国货物。

20世纪50年代以后，随着国家公共服务职能的加强，许多国家的政府及其控制的机构成为重要的产品和服务采购者，政府采购占据的货物和服务市场份额不断增加。为消除政府采购政策可能引起的贸易壁垒，促进政府采购市场的对外开放和扩大国际贸易，需要一个有约束力的政府间公共采购协议。

20世纪70年代，欧洲共同体首先颁布了《关于协调公共工程服务合同、公共供货合同的授予规则和程序》的指令。欧洲共同体的这个重要举措，促使关税与贸易总协定在东京回合中正式将政府采购纳入了谈判议题。东京回合达成的《政府采购守则》于1981年生效，仅适用于签署方。

《政府采购守则》将关税与贸易总协定的非歧视、透明度、公平竞争等基本原则引入了政府采购领域，但该守则所规定的贸易自由化程度是有限的。第一，它只适用于货物的采购，没有包括服务（含工程服务）的采购，而后者在政府采购中占有越来越重要的份额。第二，它只约束中央政府采购实体，排除了地方政府和公用事业单位等重要的公共采购实体。为此，签署《政府采购守则》的12个缔约方在乌拉圭回合期间，通过谈判对该守则作了修订和补充，达成了《政府采购协议》。该协议于1996年1月1日起生效。

二、《政府采购协议》的主要内容

《政府采购协议》由24个条款和4个附录组成，主要包括适用范围、有关政府采购的基本原则和规则、成员间争端的解决、政府采购委员会的职能等内容。

（一）政府采购适用的基本原则和规则

1.非歧视原则

《政府采购协议》规定，在有关政府采购的一切法律、规则、程序和措施中，各成员方向来自其他成员方海关辖区的产品和供应商，立即无条件地提供的优惠待遇不得低于下列标准：第一，向国内产品和供应者提供的待遇；第二，向任何一个其他成员方的产品和供应者所提供的待遇。但是最惠国待遇仅限于中央级政府采购，对于地方实体和其他实体的采购行为主要在双边基础上按对等原则给予互惠。

2.透明度原则

协议第6条关于"资料和审查"的规定是透明度原则最集中的体现。协议要求：第一，各成员方政府采购的法律、司法与行政裁决、程序以及标准合同，应在有关报刊上公布。第二，政府采购实体有义务向供应商说明未被邀请投标或投标被拒绝的理由，并在合同签订后7天内向未中标的供应商发出通知；对采购程序方面的申诉要建立听证与复议程序。第三，各成员方应收集并向政府采购委员会提交有关年度购买的统计资料。

3.对发展中国家成员的特殊和差别待遇原则

《政府采购协议》对在资本和技术密集型产品以及服务方面具有优势的成员方有利，而发展中国家成员的企业由于缺乏竞争力难以在发达国家成员的政府采购市场上中标，而其在占有优势的劳动密集型产品和劳务领域，政府采购的金额相对来说又很少。因此，为了平衡发达国家成员与发展中国家成员之间的利益，协议第3条对发展中国家成员的特殊和差别待遇作了专门规定。发展中国家成员可以保障国际收支平衡、发展自身工业等为由，要求其政府采购的产品和服务背离国民待遇原则，并可对参加投标的供应商提出当地含量和补偿采购等要求。但应当注意的是，这些特殊和差别待遇必须通过与协议现有成员方逐个谈判经其同意后方可取得。

4.公平竞争原则

对于清单中列明的采购实体进行的达到或超过最低限额的政府采购，采购实体应当为供应商提供公平竞争的机会，即实行招标。为了实现此原则，协议对可能限制竞争的技术规格、供应商资格和原产地规则等做了规范。

（1）招标方式和招标程序

《政府采购协议》将招标分为公开招标、选择性招标和限制性招标三种。公开招标和选择性招标应是优先采用的采购方式。

公开招标是指所有有兴趣的供应商均可参加投标。

选择性招标是指由采购实体邀请的供应商参加投标。这实质上是对潜在供应商的预先选择。采购实体应拥有符合资格的供应商名单，该名单至少每年公布一次，并说明其有效性和条件。

限制性招标又称单一招标，是指采购实体在无人回应招标，情况紧急而又无法通过公开招标或选择性招标进行采购，或需要原供应商增加供应等条件下，与供应商进行个别联系。

对于招标程序，《政府采购协议》要求，采购实体应以透明和非歧视的方式进行招标，特别是保证实施国民待遇原则。该协议还对投标邀请，招标文件，投标期限，交货期限，投标书的提交、接受、开启，合同的授予等，都做了详细的规定。

对于未中标的供应商，采购实体应该向其解释未中标的原因。

（2）有关可能限制竞争做法的规定

技术规格、供应商资格和原产地规则可用于限制竞争，因此，《政府采购协议》对其分别进行了规范。

第一，技术规格的制定、采用或实施，不得对国际贸易造成不必要的障碍。

《政府采购协议》规定，采购实体不得在招标文件中提及某一特定的商标或商号、专利、设计或型号、原产地、生产商或供应商，除非没有准确或易懂的方法描述采购的技术规格要求。采购实体不得以妨碍竞争的方式，在制定具体采购规格时，寻求或接受与该采购活动有商业利益关系的公司的建议。

第二，采购实体在审查供应商的资格时，不得在其他签署方的供应商之间，或者在本国供应商与其他签署方的供应商之间构成歧视。

第三，一个签署方对于因为政府采购而从其他签署方进口的货物或服务实行的原产地规则，应该与正常贸易条件下进口的货物或服务所实行的原产地规则一致。

5.例外原则

成员方在武器、弹药、军用物资的采购方面，或在为国家安全、国防目的而进行的采购方面，可不适用《政府采购协议》的有关规定，以维护其根本的安全利益。另外，《政府采购协议》允许各成员方为维护公共道德、秩序或安全、人类或动植物的生命与健康、知识产权，以及为保护残疾人、慈善机构、劳改产品或服务而采取一些必要的例外措施，只要这些例外措施不构成对国际贸易的变相限制或造成不合理的歧视。

6.异议程序

《政府采购协议》规定，签署方应提供一套非歧视、透明和及时、有效的程序，以便供应商对采购过程中违反该协议的情形提出申诉。签署方有义务在3年内保留与采购过程相关的文件。供应商应在知道或理应知道该申诉依据时起的规定时限内（不得少于10天）提出异议。异议程序是防止歧视性政府采购做法的重要制度。异议案件应由法院或者与采购结果没有利害关系的公正独立的机构进行审理。为了维护商业和其他有关方面的利益，异议程序一般应及时结束。

（二）《政府采购协议》的适用范围

1.采购实体

《政府采购协议》只适用于签署方在各自承诺的清单中列出的政府采购实体。这些清单作为附件，是《政府采购协议》附录一的内容。清单中所列的采购实体包括3类，分别是中央政府采购实体、地方政府采购实体、其他采购实体（如供水、供电等公用设施单位）。只有列入清单的采购实体才受《政府采购协议》约束。

有关清单的具体内容，是成员方根据本国政府采购市场开放需要并通过谈判确定的，所以清单范围并不相同。例如，美国的清单，包括所有的联邦政府机构，37个州政府机构，11个政府管理的实体；欧盟的清单，包括其成员国的中央政府机构，次一级政府机构，以及电力、港口、机场等公用设施机构；日本的清单，包括所有的中央政府机构，47个都道府县和12个城市政府机构，以及84个特殊法人。

2.采购对象和采购合同

《政府采购协议》规定的采购对象是货物和服务（包括工程服务与非工程服务）。除了该协议规定的例外，政府进行的所有货物采购都应纳入约束范围。服务采购的具体范围，由签署方在清单中列明。

《政府采购协议》规定的采购合同，包括购买、租赁、租购、有期权的购买和无期权的购买等方式。

3.采购限额

当政府采购的金额达到《政府采购协议》规定的最低限额，或达到成员方经谈判达成的最低限额时，有关采购活动才受该协议约束。

中央政府采购实体购买货物和非工程服务的最低限额是13万特别提款权，中央政府采购实体购买工程服务的最低限额是15万特别提款权。地方政府采购实体和其他采购实体的最低限额，由各签署方根据自身的情况分别做出承诺。例如，美国承诺，地方政府采购货物和非工程服务的最低限额是35.5万特别提款权，采购工程服务的最低限额是500万特别提款权；政府所属机构采购货物和非工程服务的最低限额是25万特别提款权，采购工程服务的最低限额是500万特别提款权。日本承诺，地方政府采购货物和非工程服务的最低限额是20万特别提款权，采购工程服务的最低限额是1 500万特别提款权。

由于最低限额是适用《政府采购协议》的条件之一，签署方可能通过合同估价降低采购金额，从而不受该协议的约束。为避免出现这种现象，《政府采购协议》规定了进行合同估价的基本规则，要求不得为规避该协议的规定而分割任何采购项目。

三、机构设置和争端解决

（一）机构设置

世界贸易组织设立由签署方代表组成的政府采购委员会。该委员会在必要时召开会议，但每年不得少于一次。该委员会的职能是，为各签署方提供机会，就执行《政府采购协议》的任何事项进行磋商，并履行签署方指定的其他职责。

政府采购委员会可以设立工作组或其他附属机构，以执行委员会赋予的职能。

（二）争端解决

签署方之间争端的解决，原则上适用世界贸易组织《关于争端解决规则与程序的谅解》，但《政府采购协议》对于争端解决另有一些具体规定：

争端解决机构设立的专家组，应包括政府采购领域的专业人士；专家组应该尽量在不迟于其职责范围确定后4个月，向争端解决机构提交最后报告，如需推延提交时间，则应不迟于7个月；对于争端解决机构就《政府采购协议》下的争端做出的决定或采取的行动，只有签署方才可以参与；在《政府采购协议》下产生的任何争端，不应造成世界贸易组织其他协定（协议）下签署方所做的减让或其他义务的中止。

第三节　民用航空器贸易协议

《民用航空器贸易协议》（Agreement on Trade in Civil Aircraft）的宗旨是，通过消除贸易壁垒，加强补贴纪律，全面开放民用航空器（军用航空器除外）及其零部件的进口市场，实现全球范围内民用航空器贸易的最大限度自由化，促进航空工业技术的持续发展。

一、《民用航空器贸易协议》产生的背景

第二次世界大战以后，世界民用飞机制造业发展迅猛，美、欧发达国家垄断着世界民用飞机市场，加拿大及一些北欧国家及巴西等国的飞机制造业也具有一定的优势。由于民用飞机制造业资本投入大、技术含量高，因而各国政府一般都给予大量的生产补贴。在民用飞机的采购过程中，各国普遍存在关税壁垒、技术标准以及政府行政干预等限制进口的措施。在相当长的一段时期，该领域的贸易规则一直游离于关税与贸易总协定的有效约束之外。

在东京回合中，美国和欧洲共同体的主要飞机制造国发起了关于民用航空器问题的谈判，其目的是将飞机进口关税削减为零，规范各国对飞机制造业给予的补贴和其他支持措施。经过谈判，达成了《民用航空器贸易协议》，并于1980年1月1日正式生效。该协议由关税与贸易总协定缔约方选择加入。

乌拉圭回合中，《民用航空器贸易协议》签署方曾试图对该协议的内容进行补充，以扩大成员范围。由于意见分歧，最终未能取得共识，只能原样列入诸边贸易协议之中。

二、《民用航空器贸易协议》的主要内容

《民用航空器贸易协议》由9个条款和1个附件组成，主要内容包括适用范围、有关民用航空器贸易的规则、机构设置和争端解决等。

（一）适用范围

《民用航空器贸易协议》的适用范围，主要有以下4类产品：

1.所有民用航空器。

2.所有民用航空器发动机及其零件和部件。

3.所有民用航空器的其他零件、部件及组件。

4.所有地面飞行模拟机及其零件和部件。

在民用航空器的制造、修理、维护、改造、改型或改装中，上述产品无论是用作原装件还是替换件，都属于该协议的适用范围。

（二）有关民用航空器贸易的规则

1.关税减让

《民用航空器贸易协议》规定：各签署方在1980年1月1日前或该协议生效之日前，取消对该协议附件所列产品进口征收的关税，以及与进口有关的其他费用；取消对民用航空器修理所征收的关税和其他费用。上述关税和费用减让一并列入签

署方的货物贸易关税减让表。

按照多边最惠国待遇原则，这些关税减让优惠将适用于所有世界贸易组织成员。

2.技术性贸易壁垒

《民用航空器贸易协议》规定，各签署方关于民用航空器认证要求，以及关于操作和维修程序的规则，应执行《技术性贸易壁垒协议》。

3.规范政府在民用航空器贸易方面的行为

（1）购买者有权根据商业和技术因素选择供应商

协议规定：各缔约方应尊重和保护民用航空器采购者根据商业和技术因素选择供应商的权利；不得要求，也不得施加不合理的压力，使其向任何特定来源购买民用航空器，从而对来自任何缔约方的供应商造成歧视。这里，"民用航空器采购者"包括航空公司、航空器制造商或从事民用航空器采购的其他实体。

（2）贸易限制

协议规定，各缔约方不得因商业或竞争原因，以与GATT 1994规定相抵触的方式，实施数量限制（进口配额）或进口许可程序要求，从而限制民用航空器的进口。

（3）补贴和航空器定价

《民用航空器贸易协议》规定，《补贴与反补贴措施协议》应适用于民用航空器贸易，各缔约方在对民用航空器的生产和贸易提供补贴时应该遵守该协议的规定，以避免对民用航空器贸易产生不利的影响。

在政府对民用航空器进行定价时，各缔约方有义务保证其定价是以所有成本的回收为合理定价依据的。有关成本包括非经常性项目成本、先期为军用研发而后用于民用航空器生产的可确定的并按比例分摊的成本、平均生产成本以及财务成本。

此外，各缔约方不得直接或间接要求或鼓励其各级政府和主管机关、非政府机构以及其他机构采取与该协议不一致的措施，并有义务使其有关法律、法规、行政程序和做法等符合该协议的规定。

4.确保民用航空器贸易政策的统一性

《民用航空器贸易协议》规定，各签署方不得直接或间接要求或鼓励各级政府、非政府机构和其他机构采取与该协议不一致的措施。签署方应保证，在该协议对其生效之日，其法律、法规和行政程序符合该协议的规定。在透明度方面，签署方应将与该协议有关的法律、法规及其变化情况通知民用航空器贸易委员会。

（三）机构设置和争端解决

根据《民用航空器贸易协议》规定，成立了民用航空器贸易委员会。该委员会由所有签署方代表组成，每年至少召开一次会议，为签署方就该协议的实施问题举行磋商提供机会。该委员会应每年审议《民用航空器贸易协议》的执行情况，并向世界贸易组织总理事会报告审议结果。

《民用航空器贸易协议》规定，如签署方认为其在该协议下的贸易利益受到另一签署方的影响，应首先通过双边磋商寻求双方可以接受的解决办法。如磋商未果，可请求民用航空器贸易委员会审议。该委员会应在30天内召开会议，尽快审议并做出裁决或建议。

在解决《民用航空器贸易协议》所涉及的争端时，各签署方和民用航空器贸易委员会应适用世界贸易组织的争端解决程序，但在具体细节上可作必要的修改。

基本概念

诸边协议　政府采购　公开招标　选择性招标　限制性招标

复习思考题

1.简述政府采购的含义。

2.简述《政府采购协议》的主要内容。

3.《政府采购协议》中受到协议约束的金额是多少？

4.政府采购应遵循哪些规则？

5.简述《民用航空器贸易协议》的主要内容。

6.《民用航空器贸易协议》的目的是什么？

拓展阅读12-1

拓展阅读12-2

附录一

马拉喀什建立世界贸易组织协定

本协定各参加方：

认识到在处理它们在贸易和经济领域的关系时，应以提高生活水平、保证充分就业、保证实际收入和有效需求的大幅稳定增长以及扩大货物和服务的生产和贸易为目的，同时应依照可持续发展的目标，考虑对世界资源的最佳利用，寻求既保护和维护环境，又以与它们各自在不同经济发展水平的需要和关注相一致的方式，加强为此采取的措施；

进一步认识到需要做出积极努力，以保证发展中国家，特别是其中的最不发达国家，在国际贸易增长中获得与其经济发展需要相当的份额；

期望通过达成互惠互利安排，实质性削减关税和其他贸易壁垒，消除国际贸易关系中的歧视待遇，从而为实现这些目标做出贡献；

因此决定建立一个完整的、更可行和持久的多边贸易体制，以包含《关税与贸易总协定》、以往贸易自由化努力的结果以及乌拉圭回合多边贸易谈判的全部结果；

决心维护多边贸易体制的基本原则，并促进该体制目标的实现；

协议如下：

第1条　组织的建立

特此建立世界贸易组织（下称"WTO"）。

第2条　WTO的范围

1.WTO在与本协定附件所含协定和相关法律文件有关的事项方面，为处理其成员间的贸易关系提供共同的组织机构。

2.附件1、附件2和附件3所列协定及相关法律文件（下称"多边贸易协定"）为本协定的不可分割的组成部分，对所有成员方具有约束力。

3.附件4所列协议及相关法律文件（下称"诸边贸易协议"），对于接受的成员方，也属本协定的一部分，并对这些成员方具有约束力。诸边贸易协议对于未接受的成员方既不产生权利也不产生义务。

4.附件1A所列《1994年关税与贸易总协定》（下称"GATT 1994"）在法律上不同于1947年10月30日的《关税与贸易总协定》，后者附在《联合国贸易与就业会议筹备委员会第二次会议结束时通过的最后文件》之后，以后又历经更正、修正或修改（下称"GATT 1947"）。

第3条　WTO的职能

1.WTO应便利本协定和多边贸易协定的实施、管理和运用，并促进其目标的实现，还应为诸边贸易协议提供实施、管理和运用的体制。

2.WTO在根据本协定附件所列协定处理的事项方面，应为其成员间就多边贸易关系进行的谈判提供场所。WTO还可按部长级会议可能做出的决定，为其成员间就它们多边贸易关系的进一步谈判提供场所，并提供实施此类谈判结果的体制。

3.WTO应管理本协定附件2所列《关于争端解决规则与程序的谅解》（下称《争端解决谅解》或"DSU"）。

4.WTO应管理本协定附件3规定的《贸易政策审议机制》（下称"TPRM"）。

5.为实现全球经济决策的更大一致性，WTO应酌情与国际货币基金组织和国际复兴开发银行及其附属机构进行合作。

第4条　WTO的结构

1.设立由所有成员方的代表组成的部长级会议，应至少每2年召开一次会议。部长级会议应履行WTO的职能，并为此采取必要的行动。如一成员方提出请求，部长级会议有权依照本协定和有关多边贸易协定中关于决策的具体要求，对任何多边贸易协定项下的所有事项做出决定。

2.设立由所有成员方的代表组成的总理事会，酌情召开会议。在部长级会议休会期间，其职能应由总理事会行使。总理事会还应行使本协定指定的职能。总理事会应制定自己的议事规则，并批准本条第7款规定的各委员会的议事规则。

3.总理事会应酌情召开会议，履行《争端解决谅解》规定的争端解决机构的职责。争端解决机构可有自己的主席，并制定其认为履行这些职责所必需的议事规则。

4.总理事会应酌情召开会议，履行TPRM中规定的贸易政策审议机构的职责。贸易政策审议机构可有自己的主席，并应制定其认为履行这些职责所必需的议事规则。

5.设立货物贸易理事会、服务贸易理事会和与贸易有关的知识产权理事会（下称"TRIPS理事会"），各理事会应在总理事会的指导下工作。货物贸易理事会应监督附件1A所列多边贸易协定的实施。服务贸易理事会应监督《服务贸易总协定》（下称"GATS"）的实施。TRIPS理事会应监督《与贸易有关的知识产权协定》（下称"《TRIPS协定》"）的实施。各理事会应履行各自协定和总理事会赋予的职能。它们应自行制定各自的议事规则，但需经总理事会批准。各理事会的成员资格应对所有成员方的代表开放。各理事会应在必要时召开会议，以行使其职能。

6.货物贸易理事会、服务贸易理事会和TRIPS理事会应按要求设立附属机构。各附属机构应自行制定各自的议事规则，但需经各自的理事会批准。

7.部长级会议应设立贸易与发展委员会、国际收支限制委员会和预算、财务与行政委员会，各委员会应行使本协定和多边贸易协定指定的职能，以及总理事会指定的任何附加职能。部长级会议还可设立具有其认为适当的职能的其他委员会。作为其职能的一部分，贸易与发展委员会应定期审议多边贸易协定中有利于最不发达国家成员的特殊规定，并向总理事会报告以采取适当行动。各委员会的成员资格应对所有成员方的代表开放。

8.诸边贸易协议项下规定的机构履行这些协议指定的职责,并在WTO的组织机构内运作。各机构应定期向总理事会报告其活动。

第5条 与其他组织的关系

1.总理事会应就与职责上同WTO有关的政府间组织进行有效合作做出适当安排。

2.总理事会可就与涉及WTO有关事项的非政府组织进行磋商和合作做出适当安排。

第6条 秘书处

1.设立由总干事领导的WTO秘书处(下称"秘书处")。

2.部长级会议应任命总干事,并通过列出总干事的权力、职责、服务条件和任期的规定。

3.总干事应确定秘书处职责,并依照部长级会议通过的规定,确定其职责和任职条件。

4.总干事和秘书处职员的职责纯属国际性质。在履行其职责时,总干事和秘书处职员不得寻求或接受WTO之外任何政府或任何其他权力机关的指示。他们应避免任何可能对其国际官员身份产生不利影响的行动。WTO成员应尊重总干事和秘书处职员职责的国际性质,不得寻求在他们履行职责时对其施加影响。

第7条 预算和会费

1.总干事应向预算、财务与行政委员会提交WTO的年度预算和决算。预算、财务与行政委员会应审议总干事提交的年度预算和决算,并就此向总理事会提出建议。年度预算应经总理事会批准。

2.预算、财务与行政委员会应向总理事会提出有关财务条例的建议,该条例应包括列出下列内容的规定:

(1)根据WTO费用确定的各成员方会费分摊比例;

(2)对拖欠会费成员方所采取的措施。

财务条例应尽可能依据GATT 1947的条例和做法。

3.总理事会应以全体WTO成员2/3以上的多数通过财务条例和年度预算。

4.每一成员方应依照总理事会通过的财务条例,迅速向WTO交纳其应分担的费用。

第8条 WTO的地位

1.WTO具有法律人格,WTO每一成员方均应给予WTO履行其职能所必需的法定资格。

2.WTO每一成员方均应给予WTO履行其职能所必需的特权和豁免。

3.WTO每一成员方应同样给予WTO官员和各成员方代表独立履行与WTO有关的职能所必需的特权和豁免。

4.WTO一成员方给予WTO、其官员及其成员方代表的特权和豁免应与1947年

11月21日联合国大会批准的《专门机构特权及豁免公约》所规定的特权和豁免相同。

5.WTO可订立一总部协议。

第9条　决策

1.WTO应继续实行GATT 1947所遵循的经协商一致做出决定的做法。除非另有规定，否则如无法经协商一致做出决定，则争论中的事项应通过投票决定。在部长级会议和总理事会会议上，WTO每一成员方拥有一票。如欧盟行使投票权，则其拥有的票数应与属于WTO成员方的欧盟成员国的数目相等。部长级会议和总理事会的决定应以所投票数的简单多数做出，除非本协定或有关多边贸易协定另有规定。

2.部长级会议和总理事会拥有通过对本协定和多边贸易协定所作解释的专有权力。对附件1中的各多边贸易协定的解释，部长级会议和总理事会应根据监督该协定实施情况的理事会的建议行使其权力。通过一项解释的决定应由成员方的3/4多数做出。本款不得以损害第10条中有关修正规定的方式使用。

3.在特殊情况下，部长级会议可决定豁免本协定或任何多边贸易协定要求一成员方承担的义务，但是任何此类决定应由成员方的3/4多数做出，除非本款另有规定。

（1）有关本协定的豁免请求，应根据经协商一致做出决定的做法，提交部长级会议审议。部长级会议应确定一不超过90天的期限审议该请求。如在此期限内未能协商一致，则任何给予豁免的决定应由成员方的3/4多数做出。

（2）有关附件1A、附件1B或附件1C所列多边贸易协定及其附件的豁免请求，应首先分别提交货物贸易理事会、服务贸易理事会或TRIPS理事会，在不超过90天的期限内审议。在该期限结束时，有关理事会应向部长级会议提交一份报告。

4.部长级会议给予豁免的决定应陈述可证明该决定合理的特殊情况、适用于实施豁免的条款和条件以及豁免终止的日期。所给予的期限超过1年的任何豁免应在给予后不迟于1年的时间内由部长级会议审议，并在此后每年审议一次，直至豁免终止。每次审议时，部长级会议应审查证明豁免合理的特殊情况是否仍然存在及豁免所附条款和条件是否得到满足。部长级会议根据年度审议情况，可延长、修改或终止该项豁免。

5.一诸边贸易协议项下做出的决定，包括有关解释和豁免的任何决定，应按该协议的规定执行。

第10条　修正

1.WTO任何成员均可提出修正本协定或附件1所列多边贸易协定条款的提案，提案应提交部长级会议。第4条第5款所列各理事会也可向部长级会议提交提案，以修正其监督实施情况的附件1所列相应多边贸易协定的条款。除非部长级会议决定一更长的期限，否则当提案正式提交部长级会议后90天内，部长级会议应经协商一致做出任何有关将拟议的修正提交各成员方供接受的决定。除非本条第2款、第5款或第6款的规定适用，否则该决定应列明是否适用第3款或第4款的规定。如协商一致，部长级会议应立刻将拟议的修正提交各成员方供接受。如在确定期限内，在部长级会议的一次会议上未能协商一致，则部长级会议应以成员方的2/3多数决定是否将拟议的修正提交各成员方供接受。除本条第2款、第5款和第6款的规定外，第3款的规定适用于拟议的修正，除非部长级会议以成员方的3/4多数决定应适用第4款的规定。

2.对本条的规定和下列各条款的修正应经所有成员方接受方可生效：

本协定第9条；

GATT 1994年第1条和第2条；

GATS第2条第1款；

《TRIPS协定》第4条。

3.对本协定条款的修正或对附件1A和附件1C所列多边贸易协定条款的修正，除本条第2款和第6款所列条款外，如其具有改变各成员方权利和义务的性质，则经成员方的2/3多数接受后，应对接受修正的成员方生效，并在此后对接受修正的每一其他成员自其接受时起生效。部长级会议可以成员方的3/4多数决定根据本款生效的任何修正是否属如下性质：在部长级会议对每种情况指定的期限内未接受修正的任何成员方有权退出WTO，或经部长级会议同意，仍为成员。

4.对本协定条款的修正，或对附件1A和附件1C所列多边贸易协定条款的修正，除本条第2款和第6款所列条款外，如其具有不改变各成员方权利和义务的性质，则经成员方的2/3多数接受后，应对所有成员方生效。

5.除以上第2款的规定外，对GATS第一部分、第二部分和第三部分及相应附件的修正，经成员方的2/3多数接受后，应对接受修正的成员方生效，并在此后对接受修正的每一其他成员方自其接受时起生效。部长级会议可以成员方的3/4多数决定根据前述规定生效的任何修正是否属如下性质：在部长级会议对每种情况指定的期限内未接受修正的任何成员方有权退出WTO，或经部长级会议同意，仍为成员。对GATS第四部分、第五部分和第六部分及相应附件的修正，经成员方的2/3多数接受后，应对所有成员方生效。

6.尽管有本条其他规定，但是满足《TRIPS协定》第71条第2款要求的对该协定的修正，可由部长级会议通过，而无须进一步的正式接受程序。

7.任何接受对本协定或附件1所列多边贸易协定修正的成员方，应在部长级会议指定的接受期限内，将接受书交存WTO总干事。

8.WTO任何成员方均可提出修正附件2和附件3所列多边贸易协定条款的提案，此类提案应提交部长级会议。批准对附件2所列多边贸易协定修正的决定应经协商一致做出，这些修正经部长级会议批准后，应对所有成员方生效。批准对附件3所列多边贸易协定修正的决定，经部长级会议批准后，应对所有成员方生效。

9.应属一贸易协议参加方的成员方请求，部长级会议可决定将该贸易协议加入附件4，但此种决定只能经协商一致做出。应属一诸边贸易协议参加方的成员请求，部长级会议可决定将该协议从附件4中删除。

10.对一诸边贸易协议的修正应按该协议的规定执行。

第11条　创始成员资格

1.本协定生效之日的GATT 1947缔约方，如接受本协定和多边贸易协定，并将减让表附在GATT 1994之后，将具体承诺减让表附在GATS之后，则可成为WTO创始成员。

2.联合国承认的最不发达国家只需承担与其各自发展、财政和贸易需要或其管理和机构能力相符的承诺和减让。

第12条　加入

1.任何国家或在处理其对外贸易关系及本协定和多边贸易协定规定的其他事项方面拥有完全自主权的单独关税区，可按它与WTO议定的条件加入本协定。此加入适用于本协定及所附多边贸易协定。

2.有关加入的决定应由部长级会议做出。部长级会议应以WTO成员方的2/3多数批准关于加入条件的协议。

3.一诸边贸易协议的加入应按该协议的规定执行。

第13条　多边贸易协定在特定成员间的不适用

1.任何成员，如在自己成为成员时或在另一成员成为成员时，不同意在彼此之间适用本协定及附件1和附件2所列多边贸易协定，则这些协定在该两成员之间不适用。

2.对于原属GATT 1947缔约方的WTO创始成员，只有在这些缔约方以往已经援引GATT 1947第35条，且在本协定对其生效时，该条款仍然在它们之间有效的前提下，第1款的规定方可在它们之间援引。

3.对于根据第12条加入WTO的成员，只有在不同意对另一成员适用的一成员在部长级会议批准关于加入条件的协议之前，已按此通知部长级会议的前提下，第1款的规定方可在该两成员之间适用。

4.在任何成员请求下，部长级会议可审议本条在特殊情况下的运用情况，并提出适当建议。

5.诸边贸易协议参加方之间的不适用应按该协议的规定执行。

第14条　接受、生效和文本交存

1.本协定应开放供依照本协定第11条有资格成为WTO创始成员的GATT 1947缔约方和欧洲共同体以签字或其他方式接受。此接受应适用于本协定及其所附多边贸易协定。本协定及其所附多边贸易协定应在部长们依照《乌拉圭回合多边贸易谈判结果最后文件》第3段所确定的日期生效，并在此日期起2年内开放供接受，除非部长们另有决定。本协定生效之后的接受应在此接受之日后的第30天生效。

2.在本协定生效之后接受本协定的成员方，应执行自本协定生效开始的期限内应执行的多边贸易协定中的减让和义务，如同该成员方在本协定生效之日即接受本协定。

3.在本协定生效之前,本协定和多边贸易协定的文本应交存GATT 1947缔约方全体的总干事。总干事应及时向已接受本协定的每一国政府和欧洲共同体提供一份本协定和多边贸易协定经核证无误的副本和每一份关于接受的通知。在本协定生效时,本协定和多边贸易协定及任何修正应交存WTO总干事。

4.一诸边贸易协议的接受和生效应按该协议的规定执行。此类协议应交存GATT 1947缔约方全体的总干事。在本协定生效时,此类协议应交存WTO总干事。

第15条 退出

1.任何成员均可退出本协定。此退出适用于本协定和多边贸易协定,并在WTO总干事收到书面退出通知之日起6个月期满后生效。

2.一诸边贸易协议的退出应按该协议的规定执行。

第16条 杂项条款

1.除本协定或多边贸易协定项下另有规定外,WTO应以GATT 1947缔约方全体和在GATT 1947范围内设立的机构所遵循的决定、程序和惯例为指导。

2.在可行的情况下,GATT 1947的秘书处应成为WTO秘书处,GATT 1947缔约方全体的总干事在部长级会议依照本协定第6条第2款任命总干事之前,应担任WTO总干事。

3.在本协定的条款与任何多边贸易协定的条款产生抵触时,应以本协定的条款为准。

4.每一成员方应保证其法律、法规和行政程序与所附各协定对其规定的义务相一致。

5.不得对本协定的任何条款提出保留。对多边贸易协定任何条款的保留应仅以这些协定规定的程序为限。对一诸边贸易协议条款的保留应按该协议的规定执行。

6.本协定应依照《联合国宪章》第102条的规定予以登记。

1994年4月15日订于马拉喀什,正本一份用英文、法文和西班牙文写成,三种文本具有同等效力。

解释性说明

本协定和多边贸易协定中使用的"国家"一词应理解为包括任何WTO单独关税区成员。

对于WTO单独关税区成员,如本协定和多边贸易协定中的措辞被冠以"国家(的)"一词,则此措辞应理解为与该单独关税区有关,除非另有规定。

附件清单

附件1

附件1A 货物贸易多边协定

《1994年关税与贸易总协定》

《农业协议》

《实施卫生与植物卫生措施协议》

《纺织品与服装协议》

《技术性贸易壁垒协议》

《与贸易有关的投资措施协议》

《关于实施〈1994年关税与贸易总协定〉第6条的协议》

《关于实施〈1994年关税与贸易总协定〉第7条的协议》

《装运前检验协议》

《原产地规则协议》

《进口许可程序协议》

《补贴与反补贴措施协议》

《保障措施协议》

附件1B　　服务贸易总协定及附件

附件1C　　与贸易有关的知识产权协定

附件2　　关于争端解决规则与程序的谅解

附件3　　贸易政策审议机制

附件4　　诸边贸易协议

《民用航空器贸易协议》

《政府采购协议》

《国际奶制品协议》

《国际牛肉协议》

附录二

中华人民共和国加入议定书

世界贸易组织（"WTO"），按照WTO部长级会议根据《马拉喀什建立世界贸易组织协定》（"《WTO协定》"）第12条所做出的批准，与中华人民共和国（"中国"），

忆及中国是1947年关税与贸易总协定的创始缔约方，

注意到中国是《乌拉圭回合多边贸易谈判结果最后文件》的签署方，

注意到载于WT/ACC/CHN/49号文件的《中国加入工作组报告书》（"工作组报告书"），

考虑到关于中国WTO成员资格的谈判结果，

协议如下：

第一部分　总则

第1条　总体情况

1.自加入时起，中国根据《WTO协定》第12条加入该协定，并由此成为WTO成员。

2.中国所加入的《WTO协定》应为经在加入之日前已生效的法律文件所更正、修正或修改的《WTO协定》。本议定书，包括工作组报告书第342段所指的承诺，应成为《WTO协定》的组成部分。

3.除本议定书另有规定外，中国应履行《WTO协定》所附各多边贸易协定中的、应在自该协定生效之日起开始的一段时间内履行的义务，如同中国在该协定生效之日已接受该协定。

4.中国可维持与《服务贸易总协定》（"GATS"）第2条第1款规定不一致的措施，只要此措施已记录在本议定书所附《第2条豁免清单》中，并符合GATS《关于第2条豁免的附件》中的条件。

第2条　贸易制度的实施

（A）统一实施

1.《WTO协定》和本议定书的规定应适用于中国的全部关境，包括边境贸易地区、民族自治地方、经济特区、沿海开放城市、经济技术开发区以及其他在关税、国内税和法规方面已建立特殊制度的地区（统称为"特殊经济区"）。

2.中国应以统一、公正和合理的方式适用和实施中央政府有关或影响货物贸易、服务贸易、与贸易有关的知识产权（TRIPS）或外汇管制的所有法律、法规及

其他措施以及地方各级政府发布或适用的地方性法规、规章及其他措施（统称为"法律、法规及其他措施"）。

3.中国地方各级政府的地方性法规、规章及其他措施应符合在《WTO协定》和本议定书中所承担的义务。

4.中国应建立一种机制，使个人和企业可据以提请国家主管机关注意贸易制度未统一适用的情况。

（B）特殊经济区

1.中国应将所有与其特殊经济区有关的法律、法规及其他措施通知WTO，列明这些地区的名称，并指明界定这些地区的地理界线。中国应迅速，且无论如何应在60天内，将特殊经济区的任何增加或改变通知WTO，包括与此有关的法律、法规及其他措施。

2.对于自特殊经济区输入中国关境其他部分的产品，包括物理结合的部件，中国应适用通常适用于输入中国关境其他部分的进口产品的所有影响进口产品的税费和措施，包括进口限制及海关税费。

3.除本议定书另有规定外，在对此类特殊经济区内的企业提供优惠安排时，WTO关于非歧视和国民待遇的规定应得到全面遵守。

（C）透明度

1.中国承诺只执行已公布的且其他WTO成员、个人和企业可容易获得的有关或影响货物贸易、服务贸易、TRIPS或外汇管制的法律、法规及其他措施。此外，在所有有关或影响货物贸易、服务贸易、TRIPS或外汇管制的法律、法规及其他措施实施或执行前，应请求，中国应使WTO成员可获得此类措施。在紧急情况下，应使法律、法规及其他措施最迟在实施或执行之时可获得。

2.中国应设立或指定一官方刊物，用于公布所有有关或影响货物贸易、服务贸易、TRIPS或外汇管制的法律、法规及其他措施，并且在其法律、法规或其他措施在该刊物上公布之后，应在此类措施实施之前提供一段可向有关主管机关提出意见的合理时间，但涉及国家安全的法律、法规及其他措施、确定外汇汇率或货币政策的特定措施以及一旦公布则会妨碍法律实施的其他措施除外。中国应定期出版该刊物，并使个人和企业可容易获得该刊物各期。

3.中国应设立或指定一咨询点，应任何个人、企业或WTO成员的请求，在咨询点可获得根据本议定书第2条（C）节第1款要求予以公布的措施有关的所有信息。对此类提供信息请求的答复一般应在收到请求后30天内做出。在例外情况下，可在收到请求后45天内做出答复。延迟的通知及其原因应以书面形式向有关当事人提供。向WTO成员做出的答复应全面，并应代表中国政府的权威观点。应向个人和企业提供准确和可靠的信息。

（D）司法审查

1.中国应设立或指定并维持审查庭、联络点和程序，以便迅速审查所有与《1994年关税与贸易总协定》（"GATT 1994"）第10条第1款、GATS第6条和

《TRIPS协定》相关规定所指的法律、法规、普遍适用的司法决定和行政决定的实施有关的所有行政行为。此类审查庭应是公正的，并独立于被授权进行行政执行的机关，且不应对审查事项的结果有任何实质利害关系。

2.审查程序应包括给予受须经审查的任何行政行为影响的个人或企业进行上诉的机会，且不因上诉而受到处罚。如初始上诉权需向行政机关提出，则在所有情况下应有选择向司法机关对决定提出上诉的机会。关于上诉的决定应通知上诉人，做出该决定的理由应以书面形式提供。上诉人还应被告知可进一步上诉的任何权利。

第3条 非歧视

除本议定书另有规定外，在下列方面给予外国个人、企业和外商投资企业的待遇不得低于给予其他个人和企业的待遇：

（a）生产所需投入物、货物和服务的采购，及其货物据以在国内市场或供出口而生产、营销或销售的条件；及

（b）国家和地方各级主管机关以及公有或国有企业在包括运输、能源、基础电信、其他生产设施和要素等领域所供应的货物和服务的价格和可用性。

第4条 特殊贸易安排

自加入时起，中国应取消与第三国和单独关税区之间的、与《WTO协定》不符的所有特殊贸易安排，包括易货贸易安排，或使其符合《WTO协定》。

第5条 贸易权

1.在不损害中国以与符合《WTO协定》的方式管理贸易的权利的情况下，中国应逐步放宽贸易权的获得及其范围，以便在加入后3年内，使所有在中国的企业均有权在中国的全部关境内从事所有货物的贸易，但附件2A所列依照本议定书继续实行国营贸易的货物除外。此种贸易权应为进口或出口货物的权利。对于所有此类货物，均应根据GATT 1994第3条，特别是其中第4款的规定，在国内销售、特许经营、购买、运输、分销或使用方面，包括直接接触最终用户方面，给予国民待遇。对于附件2B所列货物，中国应根据该附件中所列时间表逐步取消在给予贸易权方面的限制。中国应在过渡期内完成执行这些规定所必需的立法程序。

2.除本议定书另有规定外，对于所有外国个人和企业，包括未在中国投资或注册的外国个人和企业，在贸易权方面应给予其不低于给予在中国的企业的待遇。

第6条 国营贸易

1.中国应保证国营贸易企业的进口购买程序完全透明，并符合《WTO协定》，且应避免采取任何措施对国营贸易企业购买或销售货物的数量、价值或原产国施加影响或指导，但依照《WTO协定》进行的除外。

2.作为根据GATT 1994和《关于解释〈1994年关税与贸易总协定〉第17条的谅解》所作通知的一部分，中国还应提供有关其国营贸易企业出口货物定价机制的全部信息。

第7条 非关税措施

1.中国应执行附件3包含的非关税措施取消时间表。在附件3中所列期限内，

对该附件中所列措施所提供的保护在规模、范围或期限方面不得增加或扩大，且不得实施任何新的措施，除非符合《WTO协定》的规定。

2.在实施GATT 1994第3条、第11条和《农业协议》的规定时，中国应取消且不得采取、重新采取或实施不能根据《WTO协定》的规定证明为合理的非关税措施。对于在加入之日以后实施的、与本议定书或《WTO协定》相一致的非关税措施，无论附件3是否提及，中国均应严格遵守《WTO协定》的规定，包括GATT 1994及其第13条以及《进口许可程序协议》的规定，包括通知要求，对此类措施进行分配或管理。

3.自加入时起，中国应遵守《TRIPS协定》，但不援用《TRIPS协定》第5条的规定。中国应取消并停止执行通过法律、法规或其他措施实施的贸易平衡要求和外汇平衡要求、当地含量要求和出口实绩要求。此外，中国将不执行设置此类要求的合同条款。在不损害本议定书有关规定的情况下，中国应保证国家和地方各级主管机关对进口许可证、配额、关税配额的分配或对进口、进口权或投资权的任何其他批准方式，不以下列内容为条件：此类产品是否存在与之竞争的国内供应者；任何类型的实绩要求，例如当地含量、补偿、技术转让、出口实绩或在中国进行研究与开发等。

4.进出口禁止和限制以及影响进出口的许可程序要求只能由国家主管机关或由国家主管机关授权的地方各级主管机关实行和执行。不得实施或执行不属国家主管机关或由国家主管机关授权的地方各级主管机关实行的措施。

第8条　进出口许可程序

1.在实施《WTO协定》和《进口许可程序协议》的规定时，中国应采取以下措施，以便遵守这些协定：

（a）中国应定期在本议定书第2条（C）节第2款所指的官方刊物中公布下列内容：

按产品排列的所有负责授权或批准进出口的组织的清单，包括由国家主管机关授权的组织，无论是通过发放许可证还是其他批准；

获得此类进出口许可证或其他批准的程序和标准，以及决定是否发放进出口许可证或其他批准的条件；

按照《进口许可程序协议》，按税号排列的实行招标要求管理的全部产品清单，包括关于实行此类招标要求管理产品的信息及任何变更；

限制或禁止进出口的所有货物和技术的清单；这些货物也应通知进口许可程序委员会；

限制或禁止进出口的货物和技术清单的任何变更；

用一种或多种WTO正式语文提交的这些文件的副本应在每次公布后75天内送交WTO，供散发WTO成员并提交进口许可程序委员会。

（b）中国应将加入后仍然有效的所有许可程序和配额要求通知WTO，这些要求应按协调制度税号分别排列，并附与此种限制有关的数量（如有数量），以及保留此种限制的理由或预定的终止日期。

（c）中国应向进口许可程序委员会提交其关于进口许可程序的通知。中国应每年向进口许可程序委员会报告其自动进口许可程序的情况，说明产生这些要求的情况，并证明继续实行的需要。该报告还应提供《进口许可程序协议》第3条中所列信息。

（d）中国发放的进口许可证的有效期至少应为6个月，除非例外情况使此点无法做到。在此类情况下，中国应将更求缩短许可证有效期的例外情况迅速通知进口许可程序委员会。

2.除本议定书另有规定外，对于外国个人、企业和外商投资企业在进出口许可证和配额分配方面，应给予不低于给予其他个人和企业的待遇。

第9条　价格控制

1.在遵守以下第2款的前提下，中国应允许每一部门交易的货物和服务的价格由市场力量决定，且应取消对此类货物和服务的多重定价做法。

2.在符合《WTO协定》，特别是GATT 1994第3条和《农业协议》附件2第3、4款的情况下，可对附件4所列货物和服务实行价格控制。除非在特殊情况下，并须通知WTO，否则不得对附件4所列货物或服务以外的货物或服务实行价格控制，且中国应尽最大努力减少和取消这些控制。

3.中国应在官方刊物上公布实行国家定价的货物和服务的清单及其变更情况。

第10条　补贴

1.中国应通知WTO在其领土内给予或维持的、属《补贴与反补贴措施协议》（"《SCM协议》"）第1条含义内的、按具体产品划分的任何补贴，包括《SCM协议》第3条界定的补贴。所提供的信息应尽可能具体，并遵循《SCM协议》第25条所提及的关于补贴问卷的要求。

2.就实施《SCM协议》第1条第2款和第2条而言，对国有企业提供的补贴将被视为专向性补贴，特别是在国有企业是此类补贴的主要接受者或国有企业接受此类补贴的数量异常之大的情况下。

3.中国应自加入时起取消属《SCM协议》第3条范围内的所有补贴。

第11条　对进出口产品征收的税费

1.中国应保证国家主管机关或地方各级主管机关实施或管理的海关规费或费用符合GATT 1994。

2.中国应保证国家主管机关或地方各级主管机关实施或管理的国内税费，包括增值税，符合GATT 1994。

3.中国应取消适用于出口产品的全部税费，除非本议定书附件6中有明确规定或按照GATT 1994第8条的规定适用。

4.在进行边境税的调整方面，对于外国个人、企业和外商投资企业，自加入时起应被给予不低于给予其他个人和企业的待遇。

第12条　农业

1.中国应实施中国货物贸易承诺和减让表中包含的规定，以及本议定书具体规定的《农业协议》的条款。在这方面，中国不得对农产品维持或采取任何出口补贴。

2.中国应在过渡性审议机制中，就农业领域的国营贸易企业（无论是国家还是地方）与在农业领域按国营贸易企业经营的其他企业之间或在上述任何企业之间进行的财政和其他转移做出通知。

第13条　技术性贸易壁垒

1.中国应在官方刊物上公布作为技术法规、标准或合格评定程序依据的所有正式的或非正式的标准。

2.中国应自加入时起，使所有技术法规、标准和合格评定程序符合《TBT协议》。

3.中国对进口产品实施合格评定程序的目的应仅为确定其是否符合与本议定书和《WTO协定》规定相一致的技术法规和标准。只有在合同各方授权的情况下，合格评定机构方可对进口产品是否符合该合同的商业条款进行合格评定。中国应保证此种针对产品是否符合合同商业条款的检验不影响此类产品通关或进口许可证的发放。

4.（a）自加入时起，中国应保证对进口产品和国产品适用相同的技术法规、标准和合格评定程序。为保证从现行体制的顺利过渡，中国应保证自加入时起，所有认证、安全许可和质量许可机构和部门获得既对进口产品又对国产品进行此类活动的授权；加入1年后，所有合格评定机构和部门获得既对进口产品又对国产品进行合格评定的授权。对机构或部门的选择应由申请人决定。对于进口产品和国产品，所有机构和部门应颁发相同的标志，收取相同的费用。它们还应提供相同的处理时间和申诉程序。进口产品不得实行一种以上的合格评定程序。中国应公布并使其他WTO成员、个人和企业可获得有关其各合格评定机构和部门相应职责的全部信息。

（b）不迟于加入后18个月，中国应仅依据工作范围和产品种类，指定其各合格评定机构的相应职责，而不考虑产品的原产地。指定给中国各合格评定机构的相应职责将在加入后12个月通知TBT委员会。

第14条　卫生与植物卫生措施

中国应在加入后30天内，向WTO通知其所有有关卫生与植物卫生措施的法律、法规及其他措施，包括产品范围及相关国际标准、指南和建议。

第15条　确定补贴和倾销时的价格可比性

GATT 1994第6条、《关于实施〈1994年关税与贸易总协定〉第6条的协议》（"《反倾销协议》"）以及《SCM协议》应适用于涉及原产于中国的进口产品进入一WTO成员的程序，并应符合下列规定：

（a）在根据GATT 1994第6条和《反倾销协议》确定价格可比性时，该WTO

进口成员应依据下列规则，使用接受调查产业的中国价格或成本，或者使用不依据与中国国内价格或成本进行严格比较的方法：

（i）如受调查的生产者能够明确证明，生产该同类产品的产业在制造、生产和销售该产品方面具备市场经济条件，则该WTO进口成员在确定价格可比性时，应使用受调查产业的中国价格或成本；

（ii）如受调查的生产者不能明确证明生产该同类产品的产业在制造、生产和销售该产品方面具备市场经济条件，则该WTO进口成员可使用不依据与中国国内价格或成本进行严格比较的方法。

（b）在根据《SCM协议》第二、三及五部分规定进行的程序中，在处理第14条（a）项、（b）项、（c）项和（d）项所述补贴时，应适用《SCM协议》的有关规定；但是，如此种适用遇有特殊困难，则该WTO进口成员可使用考虑到中国国内现有情况和条件并非总能用作适当基准这一可能性的确定和衡量补贴利益的方法。在适用此类方法时，只要可行，该WTO进口成员在考虑使用中国以外的情况和条件之前，应对此类现有情况和条件进行调整。

（c）该WTO进口成员应向反倾销措施委员会通知依照（a）项使用的方法，并应向补贴与反补贴措施委员会通知依照（b）项使用的方法。

（d）一旦中国根据该WTO进口成员的国内法证实其是一个市场经济体，则（a）项的规定即应终止，但截至加入之日，该WTO进口成员的国内法中须包含有关市场经济的标准。无论如何，（a）项（ii）目的规定应在加入之日后15年终止。此外，如中国根据该WTO进口成员的国内法证实一特定产业或部门具备市场经济条件，则（a）项中的非市场经济条款不得再对该产业或部门适用。

第16条　特定产品过渡性保障机制

1.如原产于中国的产品在进口至任何WTO成员境内时，其增长的数量或所依据的条件对生产同类产品或直接竞争产品的国内生产者造成或威胁造成市场扰乱，则受此影响的WTO成员可请求与中国进行磋商，以期寻求双方满意的解决办法，包括受影响的成员是否应根据《保障措施协议》采取措施。任何此种请求应立即通知保障措施委员会。

2.如在这些双边磋商过程中，双方同意原产于中国的进口产品是造成此种情况的原因并有必要采取行动，则中国应采取行动以防止或补救此种市场扰乱。任何此类行动应立即通知保障措施委员会。

3.如磋商未能使中国与有关WTO成员在收到磋商请求后60天内达成协议，则受影响的WTO成员有权在防止或补救此种市场扰乱所必需的限度内，对此类产品撤销减让或限制进口。任何此类行动应立即通知保障措施委员会。

4.市场扰乱应在下列情况下存在：一项产品的进口快速增长，无论是绝对增长还是相对增长，从而构成对生产同类产品或直接竞争产品的国内产业造成实质性损害或实质性损害威胁的一个重要原因。在认定是否存在市场扰乱时，受影响的WTO成员应考虑客观因素，包括进口量、进口产品对同类产品或直接竞争产品价格的影响以及此类进口产品对生产同类产品或直接竞争产品的国内产业的影响。

5.在根据第3款采取措施之前，采取此项行动的WTO成员应向所有利害关系方提供合理的公告，并应向进口商、出口商及其他利害关系方提供充分机会，供其就拟议措施的适当性及是否符合公众利益提出意见和证据。该WTO成员应提供关于采取措施的决定的书面通知，包括采取该措施的理由及其范围和期限。

6.一WTO成员只能在防止和补救市场扰乱所必需的时限内根据本条采取措施。如一措施是由于进口水平的相对增长而采取的，而且如该项措施持续有效的期限超过2年，则中国有权针对实施该措施的WTO成员的贸易暂停实施GATT 1994项下实质相当的减让或义务。但是，如一措施是由于进口的绝对增长而采取的，而且如该措施持续有效的期限超过3年，则中国有权针对实施该措施的WTO成员的贸易暂停实施GATT 1994项下实质相当的减让或义务。中国采取的任何此种行动应立即通知保障措施委员会。

7.在迟延会造成难以补救的损害的紧急情况下，受影响的WTO成员可根据一项有关进口产品已经造成或威胁造成市场扰乱的初步认定，采取临时保障措施。在此种情况下，应在采取措施后立即向保障措施委员会做出有关所采取措施的通知，并提出进行双边磋商的请求。临时措施的期限不得超过200天，在此期间，应符合第1款、第2款和第5款的有关要求。任何临时措施的期限均应计入第6款下规定的期限。

8.如一WTO成员认为根据第2款、第3款或第7款采取的行动造成或威胁造成进入其市场的重大贸易转移，则该成员可请求与中国和/或有关WTO成员进行磋商。此类磋商应在向保障措施委员会做出通知后30天内举行。如此类磋商未能在做出通知后60天内使中国与一个或多个有关WTO成员达成协议，则请求进行磋商的WTO成员在防止或补救此类贸易转移所必需的限度内，有权针对该产品撤销减让或限制自中国的进口。此种行动应立即通知保障措施委员会。

9.本条的适用应在加入之日后12年终止。

第17条　WTO成员的保留

WTO成员以与《WTO协定》不一致的方式针对自中国进口的产品维持的所有禁止、数量限制和其他措施列在附件7中。所有此类禁止、数量限制和其他措施应依照该附件所列共同议定的条件和时间表逐步取消或加以处理。

第18条　过渡性审议机制

1.所获授权涵盖中国在《WTO协定》或本议定书项下承诺的WTO下属机构，应在加入1年内，并依照以下第4款，在符合其授权的情况下，审议中国实施《WTO协定》和本议定书相关规定的情况。中国应在审议前向每一下属机构提供相关信息，包括附件1A所列信息。中国也可在具有相关授权的下属机构中提出与第17条下任何保留或其他WTO成员在本议定书中所作任何其他具体承诺有关的问题。每一下属机构应迅速向根据《WTO协定》第4条第5款设立的有关理事会报告审议结果（如适用），有关理事会应随后迅速向总理事会报告。

2.总理事会应在加入后1年内，依照以下第4款，审议中国实施《WTO协定》和本议定书条款的情况。总理事会应依照附件1B所列框架，并按照根据第1款进行的任何审议的结果，进行此项审议。中国也可提出与第17条下任何保留或其他WTO成员在本议定书中所作任何其他具体承诺有关的问题。总理事会可在这些方面向中国或其他成员提出建议。

3.根据本条审议问题不得损害包括中国在内的任何WTO成员在《WTO协定》或任何诸边贸易协议项下的权利和义务，并不得排除或构成要求磋商或援用《WTO协定》或本议定书中其他规定的先决条件。

4.第1款和第2款规定的审议将在加入后8年内每年进行。此后，将在第10年或总理事会决定的较早日期进行最终审议。

第二部分　减让表

1.本议定书所附减让表应成为与中国有关的、GATT 1994所附减让和承诺表GATS所附具体承诺表。减让表中所列减让和承诺的实施期应按有关减让表相关部分列明的时间执行。

2.就GATT 1994第2条第6款（a）项所指的该协定日期而言，本议定书所附减让和承诺表的适用日期应为加入之日。

第三部分　最后条款

1.本议定书应开放供中国在2002年1月1日前以签字或其他方式接受。

2.本议定书应在接受之日后第30天生效。

3.本议定书应交存WTO总干事。总干事应根据本议定书第三部分第1款的规定，迅速向每一WTO成员和中国提供一份本议定书经核证无误的副本和中国接受本议定书通知的副本。

4.本议定书应依照《联合国宪章》第102条的规定予以登记。

2001年11月10日订于多哈，正本一份用英文、法文和西班牙文写成，三种文本具有同等效力，除非所附减让表中规定该减让表只以以上文字中的一种或多种为准。

参考文献

［1］石广生. 中国加入世界贸易组织知识读本（一）：世界贸易组织基本知识［M］. 北京：人民出版社，2001.

［2］石广生. 中国加入世界贸易组织知识读本（二）：乌拉圭回合多边贸易谈判结果：法律文本［M］. 北京：人民出版社，2002.

［3］石广生. 中国加入世界贸易组织知识读本（三）：中国加入世界贸易组织法律文件导读［M］. 北京：人民出版社，2002.

［4］薛荣久. 世界贸易组织概论［M］. 2版. 北京：高等教育出版社，2010.

［5］刘丽娟. 世界贸易组织概论［M］. 北京：中国商业出版社，2012.

［6］刘丁有，黎虹. 世界贸易组织规则概论［M］. 北京：对外经济贸易大学出版社，2014.

［7］孙志贤. 世界贸易组织概论［M］. 北京：电子工业出版社，2016.

［8］付亦重. 世界贸易组织概论［M］. 北京：北京师范大学出版社，2018.

［9］世界贸易组织官方网站 http：//www.wto.org.